U0873668

高等学校经济管理类核心课程教材

创业管理

数字时代的商机

数字教材版

于晓宇 王 斌 ———— 编著

中国人民大学出版社
·北京·

推荐序一

习近平总书记在主持中共中央政治局第三十四次集体学习时强调："要提高全民全社会数字素养和技能，夯实我国数字经济发展社会基础。"数字经济的高质量发展离不开人才支撑。培育适应、胜任、引领数字经济发展的人才是每一位创新创业教育者肩负的时代责任。

培养数字经济创业人才，首先要强化人才的数字经济意识，瞄准国家战略需要，确定创新创业新基点和创新创业新定位，明确创新创业的主目标，要提高学科专业和人才培养与数字经济的相关度、契合度。此外，还要强调交叉融合型、复合型人才的培养，紧扣数字经济夯实创新基础，打造双创教育升级版，与新工科、新农科、新医科等建设紧密融合，强化交叉跨界，探索创新创业培养新模式。在这方面，我在湖南工商大学进行了长期的探索与实践，紧扣国家"数字中国"建设整体布局，注重师资队伍的选择和培养，注重学科交叉培养与学生的个性化培养，打造培育数字经济卓越人才的"湖工商模式"。

《创业管理：数字时代的商机》的编写理念与我的人才培养思路不谋而合，旨在培养数字经济卓越企业家人才。在创业管理经典理论框架的基础上，这本教材引入并融合数字时代理论与实践前沿，既是理论学习的知识导引，也是实践探索的行动指南。这本教材的几点特色令人印象深刻：

一是数字经济意识贯穿始终。洞察数字经济中的商机，读懂数字经济是基础，强化数字经济意识是关键。这本教材在这方面做出了有益探索，例如，在理论方面重点介绍了数据作为生产要素的独特作用和价值，在案例方面重点介绍了元宇宙、NFTE 等数字创业新实践。无论是对于数字原住民还是数字移民，这些内容都具有一定的启示。

二是将社会主义核心价值观有机融入教材。教材必须回答"培养什么人""为谁培养人"等一系列根本性问题。创业者、企业家群体创新活力强、影响范围广，更需要社会主义核心价值观引领。融会习近平总书记在企业家座谈会上的重要讲话等系列论述，本教材特别强调创业过程中的伦理、道德、价值观和社会责任等议题，致力于培养具有爱国情怀、勇于创新、诚信守法、承担社会责任、具备国际视野的企业家人才。

三是创业案例多元包容。这本教材多数案例都来自于晓宇教授团队多年开发的中国本土案例，在教材中均衡安排了创业成功与失败案例的比例，既不神话创业成功实践，也不回避创业失败挑战，帮助读者理解创业成败实践的科学性、随机性。此外，这本教材选用的案例既涵盖了农业、制造业等传统产业创新创业实践，也涵盖了利用数字技术、数字平台开展的新兴创新创业模式，为各专业背景的读者提供了有益启示。

总之，在培养能够胜任数字经济时代企业家人才方面，这本教材做出了重要且有益的探索。希望这本教材能帮助读者洞察并把握数字经济时代的机会，不断做强做优做大我国数字经济。

陈晓红　中国工程院院士，湖南工商大学党委书记，中南大学商学院名誉院长，教授、博士生导师，全国政协委员。

国家自然科学基金委员会委员、国务院学位委员会学科评议组召集人，国家自然科学基金委基础科学中心主任，湘江实验室主任，国家自然科学基金委创新研究群体、教育部“长江学者创新团队”负责人与首席教授，国家“万人计划”哲学社会科学领军人才，中国管理现代化研究会顾问委员会主席。

1999年获东京工业大学工学博士学位，2001年获国家杰出青年科学基金，1999年国家首批“百千万人才工程”第一、二层次跨世纪学术与技术带头人。“复旦管理学杰出贡献奖”和“湖南光召科技奖”获得者，全国优秀教师。

推荐序二

随着我国数字经济持续快速发展，创新与创业深度融合的趋势愈发明显，创业活动呈现出“创新驱动创业”的新范式。习近平总书记指出，要牵住数字关键核心技术自主创新这个“牛鼻子”，发挥我国社会主义制度优势、新型举国体制优势、超大规模市场优势，提高数字技术基础研发能力，打好关键核心技术攻坚战，尽快实现高水平自立自强，把发展数字经济自主权牢牢掌握在自己手中。技术创新、制度创新和商业模式创新等创新活动持续驱动企业生产效率提升和经营模式变革，也为创业者、企业家创造出更多商机，为创业生态带来更多生机；与此同时，也对创业者、企业家素质、知识、能力和方法等诸多方面提出了更高的要求和更大的挑战。

中国创业者如何才能持续创新驱动高质量创业，成为适应、胜任乃至引领数字时代的企业家？《创业管理：数字时代的商机》在回答这道时代必答题方面做出了有益的探索。这本教材汇聚了于晓宇教授等深耕创业研究的中青年学者的观察和思考，从数字技术特征出发，基于数字技术创新驱动创业的底层逻辑诊断数字时代创新创业中的新问题和新挑战，帮助读者理解创业经典理论核心与前沿，分析并掌握创新驱动创业实践成败的深层规律。本教材有三个突出特色：

1. 基于创新驱动创业理论指导创业实践。本教材使用了国家自然科学基金重大项目“创新驱动创业的重大理论与实践问题研究”的部分成果，强调当前创新创业活动深度融合的趋势，辅以众多典型案例论述创新驱动创业跨层面、多主体和迭代性等不同于传统创业活动的核心特征，帮助读者理性认识数字时代创新与创业耦合逻辑，并以此为基础在各章介绍如何科学地开展创新驱动创业。

2. 基于数字技术特征更新创业知识体系。数字技术广泛应用并重构社会经济每一个场景，与过往相比，数字时代的创业环境具有更高的不确定性。本教材强调数字技术有别于其他科学技术的本质特征，融合数字创业、数字创新等前沿理论成果，更新创业知识体系，为创业者应对、拥抱不确定性提供理论与方法。

3. 强调使用科学方法开展创业实践。创业实践一半是科学，一半是艺术。对于那些在高不确定性环境开展创业活动的创业者而言，更需要像科学家一样“大胆假设，小心求证”，采用科学方法开展创业探索。本书不吝笔墨，结合编写者多年研究积累，将效果推理、精益创业、商业模式画布等科学理论、方法与工具融入创业知识体系，帮助读者知行合一，止于至善。

每个时代都有其历史使命，每一代创业者都有与时代相呼应的历史际遇。这本教材对培养适应、胜任并引领数字时代的创业者、企业家提供了系统的知识、方法与工具，赋能新时代的创业者、企业家持续创造价值，造福社会，不负这个时代的历史使命与这个时代赋予的历史际遇。

蔡　莉

蔡　莉　吉林大学商学与管理学院教授、博士生导师，吉林大学创新创业研究院院长。国家杰出青年科学基金获得者，首批新世纪百千万人才工程国家级人选。教育部高等学校工商管理类专业教学指导委员会副主任委员，第六届全国工商管理专业学位研究生教育指导委员会委员，国家自然科学基金委管理科学部专家咨询委员会委员，中国科学学与科技政策研究会副理事长，中国管理现代化研究会创业与中小企业管理专业委员会主任委员。

前言

习近平总书记在十九届中共中央政治局第三十四次集体学习时强调，数字技术、数字经济是世界科技革命和产业变革的先机，是新一轮国际竞争重点领域。在二十国集团领导人第十六次峰会上，习近平主席指出二十国集团要共担数字时代的责任，积极营造开放、公平、公正、非歧视的数字发展环境。互联网、大数据、云计算、人工智能、区块链等数字技术加速创新，日益融入经济社会发展各领域全过程，新一轮科技革命和产业变革正在重构全球创新版图、重塑全球经济结构，既为创业者带来巨量的、瞬变的机会，也带来技术上、认知上的挑战。如何培养适应、胜任并能够引领数字时代的企业家？本书正是源于对数字时代中国特色创业理论与实践体系的追问与思考。

数字时代已经到来，三个重大且潜在的变化在社会经济系统中悄然展现。首先，数据已成为生产要素之一，它不仅能够改变土地、劳动、资本、技术、管理、知识等生产要素的价值，提高资源配置效率，还对生产方式具有重大影响。其次，数字技术的“社会物理性”决定了其不仅仅是创新创业活动中的一项技术，还会持续重构创新创业活动开展的主体、过程与边界，并创造无限可能。最后，数字经济的创新驱动本质是数字人才驱动，胜任并能引领数字时代的企业家正成为构建新发展格局、建设现代化经济体系、推动高质量发展的关键稀缺资源。

社会经济与创业实践的深刻变革，对创业教育、创业课程、创业教材提出了全新的要求。围绕习近平总书记对企业家的要求，即要在爱国、创新、诚信、社会责任和国际视野等方面不断提升自己，我们为满足数字时代对创新创业人才的培养需求编写本书，力求凸显四大特色。

1. 构建面向数字时代的创业理论与实践体系。在经典创业管理知识体系的基础上，本书结合数字技术、数字经济的核心特征对知识体系进行重构与更新。例如，对创新驱动型创业、数字创业、数字生态系统等前沿问题进行探索、分析与总结，通过延伸阅读等专栏帮助读者把握前沿理论成果和最佳创业实践。

2. 牢牢扎根本土情境，培养知行合一能力。数字时代的企业家需要国际视野，更需要本土智慧。本书在介绍经典理论与前沿实践的过程中，突出中国本土情境，帮助到海外拓展事业的创业者理解中外差异，帮助在国内创办企业的创业者洞察区域差异，以增强读者学以致用、知行合一的能力。

3. 采用精心自研案例，讲好当代中国故事。我们在过去十年高频深入企业实地调研，围绕数字时代创业实践积累了几百万字的案例素材、百余位创业者的访谈视频和百余个本土创新创业的案例。本书大部分案例为我们自主开发的案例，不仅向读者展示了数字时代创业实践的复杂性和规律性，而且将我们身边的许多优秀创业故事讲给读者。

4. 推动科学创业，从对失败案例的学习和反思中培养德行、理性、韧性。创业教育通常强调创业者要有激情，创业教材也往往记载创业成功者的实践。但若忽视创业成败的偶然性，在一定程度上会导致失败管理在创业教育中的“缺席”。本书对创业失败秉持相对积极的态度，希望创业者在意识和方法上都做到科学创业，并通过对失败案例的学习和反思，培养面对失败或逆境时的德行、理性和韧性。

尽管非常用心、努力，但编写一本负责任的教材，仍挑战巨大。所幸许多学者、专家的成果为我们应对挑战提供了宝贵的精神与知识源泉，如陈晓红院士关于“数字经济理论体系”的系列研究、许庆瑞院士关于“中国特色的技术创新管理理论体系”的系列研究、蔡莉教授等主持的国家自然科学基金重大项目“创新驱动创业的重大理论与实践问题研究”的系列研究、李垣教授关于“中国企业自主创新创业”的系列研究、张玉利教授关于“公司企业家精神”的系列研究、李新春教授关于“家族企业与创业”的系列研究、路江涌教授关于“共演战略”的系列专著、魏江教授关于“数字创新创业与战略”的系列专著、谢康教授关于“大数据合作资产”等原创理论、穆荣平教授关于“基于创新的创业”等系列研究、陈劲教授关于“整合式创新”等中国创新范式系列研究、王永贵教授关于“数字化赋能与定制化战略”的系列研究、毛基业教授关于“数字化转型”的系列研究、苏敬勤教授关于“案例学”及中国本土企业战略创新的系列研究、周长辉教授关于“中国企业战略变革过程”的系列研究、田轩教授关于“创新的资本逻辑”的系列研究等。

编著本书也是一次“创业”，上海大学许多老师加盟了这支“创业团队”。我们结合多年的教学和研究经验，在各自研究领域推敲更适合读者的知识体系与案例。在此感谢参与编写工作的同事：李远勤教授、赵红丹教授、金晓玲教授、王家宝副教授、邹海亮副教授、王海花副教授、董学兵副教授、厉杰副教授、贾迎亚副教授等。博士生马晓书、郭晗等作为本书的第一批读者提供了许多宝贵的意见。

数字时代的创业理论与实践仍在快速变化，编写本书可谓一次大胆的“创业之旅”。本书作为我们这支“创业团队”推出的“最简可行产品”，一定存在诸多不足，我们非常期待读者的批评、反馈和建议，这将是我们持续创新创业的“数据资产”，帮助我们持续迭代，向着我们的愿景不断迈进——培养胜任并能引领数字时代的中国企业家。

于晓宇　王　斌

目 录

第 1 篇

数字时代的商机

第1章

创业与创新驱动型创业

| 学习目标 |

- 理解创业和创新的含义及其对企业生存和成长的重要性。
- 理解创业与创新之间的关系。
- 理解创新驱动型创业的含义及作用。
- 了解数字时代的创业机遇与挑战。

引例

字节跳动：从0到1的秘密

张一鸣创建今日头条并非一帆风顺。区别于中国第一代互联网巨头网易、新浪、搜狐三大门户网站，今日头条的逻辑从传统的“人找信息”思维转向“信息找人”思维，今日头条是利用机器学习功能来预测用户的喜好。但是，对处于初期的今日头条来说，要预测用户喜好还面临巨大的技术障碍，需要开发最先进的个性化推荐引擎。但刚开始许多知名投资人对此并不看好，然而，连续6年位居中国早期投资公司之首的真格基金联合创始人徐小平坦言“我们错过了天使投资。永远的遗憾”。传奇风险投资家沈南鹏领导的红杉资本中国基金“买下了中国互联网的一半”，偏偏拒绝了字节跳动的A轮融资。类似的还有“独角兽猎手”朱啸虎，互联网企业家投资人周鸿祎。的确，真正下定决心做推荐引擎的公司屈指可数，而且大多数以失败告终。但是，固执的张一鸣选择坚持下去，2012年8月，字节跳动发布信息综合应用程序今日头条，同年9月，首个个性化推荐系统上线，后续不断取得技术性突破，在推荐引擎技术方面创造出了长久优势，并建立了全球最大的信息内容机器学习平台。

张一鸣并没有“固守城池”，而是在经过慎重思考之后，进入了短视频行业，抖音则成为现象级的产品。尽管步伐落后于快手，但抖音却“后发先至”。此外，张一鸣也在布局海外市场，包括推出TikTok，使其成为全球下载量最大的App。而与之相比，Facebook（已改名为Meta）作为社交媒体的巨头，却在各方面因素的作用下，股价大跌。

字节跳动三大业务的崛起（今日头条、抖音和TikTok）揭示了字节跳动发展的三大阶段：2012—2016年的信息聚合、2016—2018年的短视频和2018年以后的国际视频。每个阶段都直接建立在前一阶段开发的产品和技术之上。字节跳动的产品和服务已覆盖的 150 个国家和地区，已然发展成了一家庞大的企业巨头。张一鸣的字节跳动在 2021 年胡润全球独角兽排行榜名列第一，估值为 22 500 亿元人民币。与之相比，蚂蚁集团、菜鸟网络的估值分别只有 10 000 亿元人民币、2 200 亿元人民币，而作为上海第一，小红书的估值也只有 1 300 亿元人民币。

字节跳动成功的主要原因可以总结为：(1) 技术创新，字节跳动专注于推荐引擎的开发，多次的技术性突破和全球最大的信息内容机器学习平台，同时也包括算法方面的诸多专利，奠定了其在推荐引擎方面的地位；(2) 商业模式创新，张一鸣为了给今日头条、抖音寻找可以持续盈利的商业模式，进行了大量的试错；(3) 管理创新，包括建立适应数字时代的组织结构、组织流程，提升了动态能力，即适应外部环境变化的能力；(4) 最重要的是张一鸣个人，张一鸣自己在采访视频中总结，认为认知的高度对创业是最关键的，其他资源都可以整合。

资料来源：布伦南．字节跳动：从 0 到 1 的秘密．刘勇军，译．长沙：湖南文艺出版社，2021.

请思考：最初不受投资人看好的今日头条是如何快速成长的？

第 1 节　认识创业和创新

一、认识创业

（一）创业的定义

创业（entrepreneurship）是一种存在已久的社会现象，创业概念诞生至今已超过 200 年，其解释与定义也随着时代的发展而演进。对创业的解释，最常见的主要包括：新建或创造一项新事业、创新或新资源组合、追求机会、获取必要资源、冒险精神、追求利润、创造价值。有关创业的本质，存在七种普遍的解释，具体见表 1－1。

表 1－1　创业的七种解释

财富创造	创业包含承担为追求利润进行生产所产生的风险
创新创造	创业与促使现有生产方式或产品过时的独特资源组合相联系
企业创造	创业是促使前所未有事业的相关发现细化
变革创造	创业包含依靠调整、改变、修改个人职业生涯与方法而创造变革，以及满足环境中不同可获取机会的技能
工作创造	创业涉及生产要素的配置、管理与开发，包括劳动力
价值创造	创业是通过开发尚未利用的机会，为顾客创造价值的过程
增长创造	创业是一种强烈且积极的增长导向，其增长包括销售、收入、资产和雇员

创业要求创业者贡献时间、付出努力，承担相应的财务、精神和社会风险，但可获得金钱的回报、个人的满足和独立自主。创业涉及科技创业、社会创业以及创新和创业的组织化整合管理等问题。创业是一项涉及多部门、多学科的系统工程。约瑟夫·熊彼特（Joseph Alois Schumpeter）曾说：创业，首先要有一个梦想和创建个人王国甚至王

朝的意愿，尽管这不一定是必需的；其次，要有一种征服的欲望，即战斗的冲动，为了证明自己比其他人强大，为了寻求成功，不在意成功的结果，而在乎成功的过程；最后，要能在创新、胜任某项工作或是运用自己能力和智慧的过程中体会到愉悦感，这些人寻找困难，为了改变而改变，在创业中自得其乐。

威廉·加特纳（William B. Gartner）在其1985年发表于《管理学评论》（*Academy of Management Review*）的论文中，从四个角度对创业进行了解释，认为新企业创建就是创业者、组织、环境和过程四个要素相互作用的一个综合过程，创业就是新企业的创建过程。之后，有学者提出一种基于创业核心元素视角的解释，认为创业是"依靠整合资源的特殊组合以发掘新机会的一种价值创造过程"（Stevenson & Jarillo-Mossi, 1986），包含四个主要元素。第一，创业是一个过程。创业可以分为不同阶段，并持续发展，是可以被管理的，创业适合任何组织环境。第二，创业者可以创造出新价值。创业可以在组织内部创造价值，也可以在市场中创造价值。第三，创业是将资源以独特的方式组合在一起。创业活动是将资金、劳动力、技术、设备、渠道、材料，以及其他资源以独特的方式进行组合。第四，创业包含机会导向型行为。

斯科特·谢恩（Scott Shane）和桑卡兰·文卡塔拉曼（Sankaran Venkataraman）在其2000年发表于《管理学评论》的论文中，梳理了创业领域的研究内容，进一步将创业定义为"创造未来商品和服务的机会是如何被发现、评估和利用，由谁来发现、评估和利用"，即对机会的识别、评估和利用。随着创业研究不断深入，创业活动的定义和内涵不断丰富，到20世纪末，以机会识别、利用和开发为线索的创业定义得到学者们的认可。

（二）创业的类型

2001年，全球创业观察（GEM）报告的撰写者雷诺兹（Reynolds）等最先提出了机会型创业和生存型创业的概念，并不断对机会型创业和生存型创业的概念进行丰富。但是，我国创业学者斯晓夫（2011）认为，生存型创业也是以机会为基础，只是机会型创业的机会特征更加显著。从创业的本质来说，创业就是基于机会的经济活动，看不到任何机会的创业是一种盲目创业，很难取得成功。机会是成功创业的核心，贯穿于各类创业活动与创业过程中。创业可以划分为：生存型创业与创新型创业、外部创业与企业内部创业、经济创业与社会创业等。当然，关于创业类型也有其他的划分方法，比如按动力划分为生存型创业和机会型创业，按创业者地位划分为白手起家型创业和内部创业，按性质划分为营利性组织创业、社会性企业（组织）创业和非营利性机构创业。

1. 生存型创业与创新型创业

生存型创业是指创业者为了生存，没有其他选择而无奈进行的创业，它显示出了创业者的被动性。生存型创业的特征主要体现在以下方面：

（1）生存型创业面对的是现有市场，最常见的是在现有市场中捕捉机会，表现出创业市场的现实性。

（2）生存型创业从事的是技术壁垒低、不需要很高技能的行业。

（3）生存型创业受生活所迫，物质资源贫乏，是低成本、低门槛、低风险、低利润的创业，往往无力用工。

在我国所有创业活动中，生存型创业占大多数。这类创业起点较低，创业者大部分文化水平不高，创业项目主要集中在餐饮副食、百货等微利行业，创业大多是为了养家糊口、补贴家用。但是，社会效应明显，它不仅能解决自身的就业问题，经营状况较好的还能聘请员工，带动他人就业。创新型创业是指创业者建立新的市场和顾客群，突破传统的经营理念，通过自身的创造性活动引导新市场的开发和形成，通过培育市场来创造商机，不断满足顾客的现有需求以及开发其潜在需求，逐步建立起顾客的忠诚度和对企业的依赖，为经济社会的全面进步提供巨大源动力的一类创业模式。创新型创业分为以下两种类型：

（1）技术驱动型创业。技术驱动型创业是指创业者以自己拥有的专业特长或已有技术成果为核心竞争力而进行的创业活动。创业者具备某一专业（技术）特长，或成功研制一项新产品、新工艺，同时发现潜在市场或利润空间，将拥有的专长或技术发明发展成新创企业，并将其成功推向市场。也可以说，技术驱动型创业是创造市场价值的机会型创业，但难点在于组织创新，其中风险投资的支持非常重要。

（2）创意驱动型创业。创意驱动型创业是指创业者根据全新的运营理念或创新构想，探索新经营模式的创业活动。这是所有创业模式中难度最大的一类，但一旦成功将拥有先发者优势。如果在创业过程中相关互补性资源迅速跟进，这类创业企业能够成为新辟市场的领导者，拥有标准和价格制定权。此类创业需要创业者具有敏锐的市场眼光、独特的个性特征和旺盛的创业欲望，善于洞察商业机会并敢于冒险，是一种开创性价值创造型创业。

从历史来看，一个国家的人均 GDP 从几百美元上升到四五千美元，政策的成功可以起决定性作用；但人均 GDP 从 5 000 美元达到 10 000 美元或 15 000 美元以上，在世界上大多数发达国家都是经由创业推动创新，通过创新型创业的成功来实现的。如美国创业的创新带来了大数据技术、云技术航天技术等，而这些技术又推动了美国的创业。就技术创新而言，有人认为现在是一个相对的空窗期。但也有一种观点认为，如果说创业是创新的实践，只要创业风起云涌，一定会在某种程度上推动创新发展，因为很多创新是通过创新型创业发现或构建的。中国目前比任何时候都更需要大批的创新型创业活动。我国能否建设成为一个创新型国家，在相当程度上要看创新型创业是否在未来风起云涌。如果中国的创业与高科技、先进制造业没有关联，那么，创业就不能推动高科技与先进制造业的发展，对社会的发展和进步也将意义有限。

2. 外部创业与企业内部创业

创业者一般在外部环境中进行创业，这里的外部环境包括政治环境、经济环境、行业环境和社会文化环境。但组织在本身的小环境内也可以进行创业。企业内部创业，包括公司创业，是一种借势发挥的创业。其一般是由一些有创业意向的企业员工发起，在企业的支持下承担企业内部某些业务内容或工作项目，进行创业并与企业分享成果的创业模式。这种激励方式不仅可以满足员工的创业欲望，同时也能激发企业内部活力，改善内部分配机制，是一种员工和企业双赢的管理制度。例如，2000 年，华为为了解决机构庞大和老员工问题而鼓励内部创业，将华为非核心业务与服务业务，如生产、公交、餐饮业以内部创业方式社会化，先后成立了广州市鼎兴通讯、深圳市华创通等。这些内创公司依托华为强大的经济实力与市场占有率为其产品提供相关技术服务，同时也成就了企业内部优秀员工的创业梦。

3. 经济创业与社会创业

经济创业是创业者通过创造与把握机会，创立自己的事业，提供产品和服务，以创造经济价值的过程。有关这方面的论述很多。关于社会创业，从理论上来说，它是一种通过创业为社会增加价值的过程。社会创业由一个“群构念”（cluster concept）组成，如社会价值创造、社会创业者、市场导向、社会创新等。研究认为社会创业是一个多维构念，包括提供创业的善意来实现社会愿景、实现社会价值创造机会的能力，以及创新、先动性和风险承担的决策特性。社会创业涉及很多内容与变量，但核心内容与变量是创新与减少贫穷、环境保护与优化以及可持续发展这三个维度。社会创业就是要通过创业的途径来推动以上三个方面的发展，为社会进步增加价值与传递正能量。现在创业的时空已经发生巨大变化，创业的根本目的是通过创业，既要使经济得到发展，又要使我们的社会变得更美好。如何实现这一目标呢？经济创业与社会创业的同步发展，这是一个国家成功创业的标志。我国目前明显注重经济创业，相对轻视社会创业，导致不少创业带来社会问题。

二、认识创新

（一）创新的定义

创新（innovation）最初是由奥地利经济学家约瑟夫·熊彼特 1912 年在著作《经济发展理论》（*Theory of Economic Development*）中提出的，他认为创新是某些新事物，如新产品、新的流程和生产方法、新的市场和供应来源、新的商业或金融组织形式的商业或工业应用，它推动了经济的整体变革。关于创新的解释，比较经典的是熊彼特的创新理论和彼得·德鲁克（Peter F. Drucker）的创新理论。

熊彼特被誉为“创新理论”的鼻祖，其创新理论强调创新是一种新的生产函数，是要素的“新组合”。熊彼特在《经济发展理论》一书中最先提出了“创新理论”，并以“创新理论”解释了资本主义的本质特征，以及“创新”在经济发展中的作用。按照熊彼特的定义，创新就是建立一种新的生产函数，即实现生产要素和生产条件的新组合，包括五种情况：

（1）引入一种新的产品或提供产品的新质量。

（2）采用一种新的生产方法。

（3）开辟一个新的市场。

（4）获得一种原料或半成品的新的供应来源。

（5）实行一种新的企业组织形式。

在熊彼特看来，创新是一个内在的因素，经济发展不是依靠外部的加强，而是来自经济活动内部的一种创造性变动。企业家的职能是创新，实现要素的“新组合”。而企业家之所以进行创新活动，是因为他们看到了创新能带来盈利的机会。首先实现创新的企业为其他企业开辟了道路，其他企业可以进行模仿，这种由模仿掀起的创新浪潮，造成了对银行信用和生产资料的需求扩大，带动了经济发展。但是，随着这种模仿的增多，这种盈利机会也就趋于消失。熊彼特认为，只有在实现了创新和发展的情况下，才存在企业家，才产生利润，才有资本和利息。

德鲁克被誉为“现代管理学之父”，其创新理论强调变革的重要性。德鲁克认为创新是通过有目的的专注的变革努力，提升一家企业的经济潜力或社会潜力，是一项系统性的、有目的性的工程。在德鲁克的管理学体系中，创新、企业家精神素来占有举足轻重的地位，近年更成为国内企业家关注的焦点之一。在激烈的竞争、瞬息万变的市场和技术环境下，创新的重要性不言而喻，而如何创新更是关键所在。德鲁克在《创新与企业家精神》中揭示：如果懂得在哪里以及如何寻找创新机遇，就掌握了系统化地管理创新的方法；如果懂得运用创新的原则，就能使创新发展为可行的事业。创新是每位高层管理者的职责，始于有意识地寻找机会。这些机会可以分门别类，但无法事先预知。要找到这些机会并加以利用，需要人们严格有序地工作。德鲁克在《创新与企业家精神》中首次将实践创新与企业家精神视为所有企业和机构有组织、有目的、系统化的工作。

进入 21 世纪，各方对创新有了新的定义，具有代表性的定义见表 1－2。

表 1－2　创新概念的其他界定

年份	来源	定义
2001 年	经济合作与发展组织的报告《在学习型经济中的城市和地区》（Cities and Regions in the New Learning Economy）	创新被理解为组织采用产生了经济意义的新的创造
2004 年	美国竞争力委员会（Council on Competitiveness）向政府提出的“创新美国”计划报告《国家创新倡议》（National Innovation Initiative）	创新是把睿智和技术转化为能够创造新的资本市值、驱动经济增长和提高生活标准的新的产品、新的过程与办法和新的服务
2005 年	经济合作与发展组织发布的《奥斯陆手册》（第三版）	创新是在业务时间、工作场所或外部关系中实现产品或服务的新的重大的改进、新的营销方式或新的组织方法。创新活动是指所有现实或打算实施创新的科学、技术、组织、财政和商务过程
2006 年	美国国家科学基金会（NSF）召开的“创新与发现研讨会”	创新作为创造的子集，除了新观念的创造，还包括它的实施、采纳和转化。创新与发现把睿智和技术转化为能够创造资本市值和社会价值的新产品、新的过程与方法和新的服务

对创新概念的再定义有以下几点值得注意：其一，所有定义都是在熊彼特理论基础上的发展；其二，全面拓展了创新的范畴，把创新从狭窄的技术创新扩展到了包括营销、组织、体制、社会系统甚至艺术等在内的非技术领域，形成了广义的创新概念；其三，特别强调了创新的价值实现，这一点与国外近年来的创新理论研究密切相关。

瑞贝卡·亨德森（Rebecca M. Handerson）和金·克拉克（Kim B. Clark）在其 1990 年发表在《管理科学季刊》（*Administrative Science Quarterly*）的论文中，从知识的角度将创新过程描述为企业将现有知识进行重组，即创新的产生并不是源于突然产生的全新知识，而是源于对已有知识的重新组合。知识的重新组合促进了新思想的产生，这些新思想并不一定都是可行的，只有那些符合目标的或者对现状有所改进的结果才能导致创新产生。当某个新组合比原有组合更加符合组织目标或能更好地适应外部环境，就可以看作创新产生。被誉为“知识创造理论之父”的野中郁次郎在1995年出版的《创新求胜》（*The Knowledge-Creating Company*）一书中也提出了知识创造对创新的重要性。野中郁次郎在《创新的本质》一书中提出，在当前的动态环境中，商业组织必须在“创新”和“死亡”中二选一，企业应该以“为社会创造更好的产品”为理念，以“创造未来”的精神实施创新活动。

对创新概念的重新认识和再定义使得其更加全面，更加深刻，更加明晰，更加切合地显示创新活动的本质。其一，现实的创新驱动并非完全是由技术推动，需求的拉动起着至关重要的作用，有时甚至是决定性的作用。现实中，大量的工业创新源于用户。其二，现实的创新活动有相当一部分不是技术性的，特别是服务业的创新。其三，经验研究表明，大量创新并不是从研发开始的，尤其是许多小企业没有能力开展研发活动，它们照样能活跃在创新的前沿。它们大多靠引进技术（购买或合作）——这些技术往往也不是最新和最先进的——同时通过改进自身的生产方法、组织形式或营销方式实现创新。显然，传统的狭义的技术创新概念已经无法准确反映现实中创新如此丰富的内涵。

对创新概念的重新认识和再定义意义重大，它反映了面对当前世界经济日益深化的知识化和越来越广泛的全球化挑战，准确把握创新概念的基本要义成为世界各国制定各自的创新战略和相关政策的关键。

（二）创新的核心

创新理论有很多种，熊彼特的创新理论得到了广泛的认可，其具有以下特点。

第一，创新是生产过程中内生的。熊彼特曾说：“我们所指的‘发展’只是经济生活中并非从外部强加于它的，而是从内部自行发生的变化。”尽管投入的资本和劳动力数量的变化能够导致经济生活的变化，但这并不是唯一的经济变化；还有另一种经济变化，它不能用从外部强加于数据的影响来说明，而是从体系内部发生的。这种变化是那么多的重要经济现象的原因，所以，为它建立一种理论似乎是值得的。这另一种经济变化就是“创新”。在中国东北有许多国有企业，政府非常鼓励创新，但是政府作为外部力量，在创新方面的投资效率是比较低的，企业自身不重视创新，从而无法很好地发展，这也说明创新是内生的。

第二，创新是一种“革命性”变化。“革命”的对象是原来的产品、原来的组织、原来的企业。熊彼特曾做过这样一个形象的比喻：不管你把多大数量的驿站马车或邮车连续相加，也绝不能得到一条铁路。而恰恰就是这种“革命性”变化的发生，才是我们所要涉及的问题，也就是一种非常狭窄和正式意义上的经济发展问题。这就充分强调了创新的突发性和间断性的特点，主张对经济发展进行“动态性”分析研究。

第三，创新同时意味着毁灭。一般来说，“新组合并不一定要由控制创新过程所代替的生产或商业过程的同一批人去执行”，即并不是驿站马车的所有者去建造铁路，而恰恰相反，铁路的建造意味着对驿站马车的否定。所以，在竞争性的经济生活中，新组合意味着对旧组织通过竞争加以消灭，尽管消灭的方式不同，如完全竞争状态下的创新和毁灭往往发生在两个不同的经济实体之间；而随着经济的发展、经济实体的壮大，创新更多地转化为一种经济实体内部的自我更新。

第四，创新必须能够创造出新的价值。熊彼特认为，先有发明，后有创新；发明是新工具或新方法的发现，而创新是新工具或新方法的应用。“只要发明还没有得到实际的应用，那么它在经济上就是不起作用的。”因为新工具或新方法的使用在经济发展中起作用，最重要的含义就是能够创造出新的价值。把发明与创新割裂开来，有理论上的缺陷；但强调创新是新工具或新方法的应用，必须产生新的经济价值，这对创新理论的研究具有重要的意义。所以，这个思想为此后诸多研究创新理论的学者所继承。

第五，创新是经济发展的本质规定。熊彼特力图引入创新概念以便从机制上解释经济发展。他认为，可以把经济分为“增长”与“发展”两种情况。所谓经济增长，如果是由人口和资本的增长所导致，并不能称为发展。“因为它没有产生在质上是新的现象，而只有同一种适应过程，像在自然数据中的变化一样……我们所意指的发展是一种特殊的现象，同我们在循环流转中或走向均衡的趋势中可能观察到的完全不同。它是流转渠道中的自发的和间断的变化，是对均衡的干扰，它永远在改变和代替之前存在的均衡状态。我们的发展理论只不过是对这种现象和伴随它的过程的论述。”所以，所谓的发展，可以定义为执行新的组合。这就是说，发展是经济循环流转过程的中断，也就是实现了创新，创新是发展的本质规定。

第六，创新的主体是“企业家”。熊彼特把“新组合”的实现称为“企业”，那么以实现这种“新组合”为职业的人便是“企业家”。因此，企业家的核心职能不是经营或管理，而是看其能否执行这种“新组合”。这个核心职能又把真正的企业家活动与其他活动区别开来。每个企业家只有当其实际上实现了某种“新组合”，才是一个名副其实的企业家。这就使得“充当一个企业家并不是一种职业，一般说也不是一种持久的状况，所以企业家并不形成一个从专门意义来讲的社会阶层”。熊彼特对企业家的这种独特界定，其目的在于突出创新的特殊性，说明创新活动的特殊价值。但是，将能否实现某种“新组合”作为企业家的内在规定性，就过于强调企业家的动态性，这不仅给研究创新主体问题带来困难，而且在实践过程中也很难把握。美国就是一个企业家经济型国家，在美国，企业家具有较高的社会地位。有时候，一个企业家甚至会决定企业的生死。现在，理论界也提议建立企业家的评价机制。

学术界在熊彼特创新理论的基础上展开了进一步的研究，使创新的经济学研究日益精致和专门化，仅创新模型就先后出现了多种，代表性模型有技术推动模型、需求拉动模型、相互作用模型、整合模型、系统整合网络模型等，构建起技术创新、机制创新等理论体系，形成关于创新理论的经济学理解。

在熊彼特假定的存在一种所谓循环运行的均衡情况下，不存在企业家，没有创新，没有变动和发展，企业的总收入等于总支出，生产管理者得到的只是“管理工资”，因而不产生利润，也不存在资本和利息。只有在他所说的实现了创新发展的情况下，才存在企业家和资本，才会产生利润和利息。这时，企业的总收入超过总支出，这种余额或剩余就是企业家利润，是企业家由于实现了新组合而应得的合理报酬。资本的职能是为企业家进行创新提供必要的支付手段，对应的利息便是用企业家利润偿付的，如同对利润的一种课税。

（三）创新的类型

既有研究对创新类型的划分主要依据相关的技术、市场和企业对既有能力的利用程度来进行。创新类型的划分方式主要有：（1）按照创新对应的技术激进程度划分，可分为激进式创新和渐进式创新；（2）按照创新对应的产品与市场既有产品之间的关系划分，可分为连续性创新与非连续性创新；（3）按照创新过程中企业对既有能力的利用程度划分，可分为探索式创新与利用式创新。影响企业创新类型选择的因素有很多，有学者认为企业的动态能力、高层管理者的特质，以及产业生命周期均有可能对创新的类型、程度产生不同影响。

（四）创新的影响

创新是一个重大主题，同样是一个国家优先考虑的问题。一方面，这是因为创新与经济增长紧密联系。经济学家在探讨创新与增长之间的关系的本质时，将创新作为经济增长的一种解释，认为创新是现代经济的引擎。著名经济学家熊彼特明确指出，正是技术革命带动了经济的起飞。德国经济学家门施（G. Mensch）通过对 112 项重要的技术创新进行考察后发现，重大基础性创新的产生高峰均接近于经济萧条期，技术创新周期与经济繁荣周期“逆相关”，他认为经济萧条是刺激创新的重要推动力，技术创新又将是使经济发展达到新高潮的基础。而著名学者弗里曼（C. Freeman）认为技术创新周期与经济繁荣周期“正相关”，绝大部分的技术创新会导致大规模的投资和就业。但无论创新与经济危机是正相关还是负相关，这些观点都指向创新与经济危机具有相关性的结果。历史经验同样表明了这一点，如 1929 年的经济大萧条后，出现了以电子、航空航天和核能等技术突破为标志的第三次技术革命。

企业的生存与创新密切相关。任正非在《创新是华为发展的不竭动力》的讲话中说：“在实践中我们体会到，不冒风险才是企业最大的风险。只有不断创新，才能持续提高企业的核心竞争力，只有提高核心竞争力，才能在技术日新月异、竞争日趋激烈的社会中生存下去。”我们所处时代最大的特征就是不确定性，各类新技术对人类的生活产生了深远的影响，同时也是当今时代变革的重要力量。移动通信和互联网在 21 世纪初成为发展最快、市场潜力最大、前景最诱人的两大业务。2019 年，全球移动通信系统协会（GSMA）发布报告称，截至 2018 年底，全球共有 51 亿人使用移动服务，占全球人口的 67%。自 2013 年以来的 4 年里，新用户平均每年增长 5%，人类对移动性和信息的需求随着技术的迭代，由最初的短信、铃图下载、移动音乐等迅速发展为以微信、Facebook、抖音、支付宝等为代表的即时通信软件、短视频应用、移动支付应用，移动通信和互联网的结合深刻地改变着信息时代的社会生活。而 5G、大数据和生命科学技术的发展，进一步推动信息时代向数据时代迈进，物联网、元宇宙、人工智能、数字孪生等新的概念通过新的创新赢得了市场。

创业视角 1-1 启航、追赶、领航：激智科技的技术创新模式选择

创新受到识别和利用机会能力的驱动。企业之所以得以生存，是由于具备应对变化的能力，相对于缺乏创新的企业，创新型企业增长更快或更容易成功。这种创新有时候是一种全

新的可能，如技术上的突破性创新，但有时候，不一定非得是真正的技术层面的变革才能带来创新的机会。字节跳动正是一个成功的案例。字节跳动基于个性化推荐的底层逻辑，利用成熟的技术创新性地创造了个性化推荐的算法技术，成功捕获了社会中个体的需求与偏好，解决了各行业的信息分发问题，进而利用社交的动力，建立交流和分享的平台，吸引众多的实名注册用户，实现商业模式上的创新，从而获得成功。

第 2 节　创新驱动型创业

一、创新与创业

（一）创新与创业的关系

创新驱动是一种国家战略。那么，如何实施创新驱动来推动我国的发展，把我国建设成为一个创新型国家？无论是转变经济结构还是经济发展转型或实施新的管理模式，无论是在理论方面还是在实践方面，创业与创新都是相互联系的，两者很难截然分开。创新性创业是实现这一目标不可缺少的步骤，也是创业的重要意义之一。

从企业管理的角度来说，创新就是一种新的思想从产生到首次商业化的过程。创新就是美好的梦想加上有效的实施过程，并实现价值创造。通用电气 2011 年发布《全球创新趋势调查》报告，对来自 12 个国家的 1 000 位企业高管进行了调查。结果显示，所有受访者都是公司创新项目的直接参与者，其中有 30%担任首席执行官（CEO）、首席信息官（CIO）、首席技术官（CTO）等级别的职务。在最具创新性国家的评价中，美国获得 67%的票数，名列榜首，第二名是德国（44%），第三名是日本（43%），接着是中国（35%）。有 77%的企业高管认为，21 世纪最伟大的创新将是那些能够最大限度地满足人类基本需求的发明创造，而非创造最高利润的项目。有 95%的企业高管认为，创新是决定国家经济竞争力的主要因素；而有 88%的企业高管则认为，创新是为一个国家提供就业机会的最佳途径。

管理改变世界，创新和创业强国，并且富民。经济、社会及科技等各方面的发展激发了大量的创业机会，丰富的创意带来了大量的创新活动，这些创新活动又推动了大量的创业实践，并带动了就业与社会发展。从全球过去 100 多年的创业实践变化过程来看，创业是一项充满挑战又非常复杂的系统工程。目前，无论是国家层面上的结构调整与发展战略，还是技术层面上大数据、云计算、智能化等迅猛发展的高新技术，都为我国的创业者提供了前所未有的创业机会。通过创业创新推动国家经济与社会发展的趋势将会持续相当长的时间，我国的创业正在从一般创业向创新性创业过渡与发展，更大的创新性创业浪潮会一波接一波地涌现。

创新研究以关注宏观经济增长与创新的关系为起点，创业研究则首先从创业者的特质切入，使创新与创业逐渐演化成两个相对独立又相互联系、各有侧重的研究领域。有学者认为创新是创业的要素之一，并将创新视为创业导向的一个重要维度；还有学者提出创新是展现创业精神的特定工具，能够刺激新机会的产生，创新是赋予资源新的创造财富可能性的行为。一方面，创业和创新是一个动态性和整体性过程，不局限于新企业发展的初始阶段，创业持续发现或创造机会，由此激励创新产生，二者在提升企业绩效上具有互补作用。另一方面，创新和创业可以被视为一个持续的过程，创新是创业的源泉，创业促进创新蓬勃发展并实现其经济和社会价值。创新和创业存在于同一过程中，二者并不总是同时发生，而是存在部分平行和重叠。

（二）创新驱动

近年来，全球科技创新进入空前密集活跃期，新一轮科技革命和产业变革正在重构全球创新版图、重塑全球经济结构。人工智能、云计算、物联网、区块链等一系列数字技术快速发展并渗透到经济社会的各个领域，催生数字经济的崛起；先进制造技术正在加速推进制造业向智能化转型；以基因编辑、脑科学、再生医学等为代表的生命科学领域孕育新的变革，引领生物医药行业的腾飞。信息、生命、制造等领域的原创突破提供了更多创新源泉，创新与创业活动的深度交融使创业实践有了全新的内涵，如小米基于商业模式创新，协同生态链企业共同构建以手机为核心的智能家居生态圈，给传统手机、零售等多个行业带来颠覆性变革；三一重工通过技术创新搭建工业互联网平台，并基于商业模式创新建立三一众创孵化器，通过与在孵企业相互赋能，共同推动传统工程机械行业的数字化转型。这些新兴的企业实践颠覆了传统的创新创业模式，呈现出创新驱动创业的新范式。

从国家发展的现实需求来看，改革开放 40 余年，中国经济取得了举世瞩目的发展成就，成为世界第二大经济体，并诞生了华为、阿里巴巴、腾讯、小米和大疆科技等具有国际影响力的行业领军企业，极大地推动了产业技术的赶超和经济结构的调整。同时，创业活动的性质发生了巨大的变化，具体表现为生存型创业的比例逐渐降低，机会型创业的比例不断上升。尽管如此，现有的经济增长模式仍存在着发展质量和效益较低等问题，长期以来的“卡脖子”问题仍没有得到有效的解决，如芯片制造。为应对新一轮科技革命和产业变革，以及以“逆全球化”为代表的新全球化格局带来的挑战，中国传统的经济增长动力亟须从“要素驱动”“投资驱动”向“创新驱动”转变，走向创新驱动发展的快车道。党的十八大首次明确提出创新驱动发展战略，将创新驱动摆在国家发展的核心位置。此后，党的十九大报告指出，创新是引领发展的第一动力，是建设现代化经济体系的战略支撑。实施创新驱动发展战略，是应对世界科技革命和提高竞争力的需要，是经济发展新阶段和转变增长方式对创新的紧迫需求，是推进产业结构调整的基本动力和重要途径，是现阶段我国经济社会发展的必然要求，也是维护国家安全的需要。

实现创新驱动发展包括两个关键环节：一是取得一系列原创性创新成果，尤其是重大技术创新成果；二是促进创新向创业活动转化，实现“创新和创业相连一体、共生共存”形态。对于创新驱动的产出，从企业层面看，实施创新驱动战略的企业通过技术的不断创新，推动企业生产效率的提高和经营模式的变革，进而实现可持续成长；从产业层面看，创新驱动的发展模式能够通过促进产业资源的优化配置，实现产业的转型升级；从国家层面看，创新驱动的发展模式以创新驱动重构经济增长动力，不仅能够推动经济增长从数量型增长向质量型增长转变、实现经济的可持续发展，而且还能实现经济与社会、环境等多方面的平衡、协调与发展。

二、创新驱动型创业的内涵

（一）创新驱动型创业概念的界定

创新驱动（innovation-driven）一词最早由迈克尔·波特（Michael Porter）提出，他将创新驱动视为国家竞争力发展的四个阶段之一。自党的十八大将创新驱动作为国家发展战略以来，国内学者对创新驱动的背景、定义、特征及产出等方面展开探索。从国际背景来看，全球新一轮科技革命、产业变革加速演进，以智能、绿色为特征的技术革命引发国际产业分工的重大调整，正在重塑世界竞争格局、改变国家力量对比，创新驱动成为许多国家谋求竞争优势的核心战略。从国内背景来看，一方面，我国传统依靠物质资源的高投入、高消耗和廉价劳动力发展起来的粗放的劳动密集型产业发展模式，越来越受到能源、环境等约束而难以为继；另一方面，建立在高积累、低消费基础上的投资驱动发展模式不可持续。大量投资集中于传统制造业、房地产、基础设施等领域，只有少数投向自主创新及技术的改造、升级。因此，产业结构升级缓慢，产业链低端环节形成生产过剩的趋势。经济发展动力亟须从原有的要素驱动、投资驱动向创新驱动转变。

从要素组合视角来看，创新驱动是指利用知识、技术、企业组织制度和商业模式等创新要素对现有的资本、劳动力和物质资源等有形要素的重新组合，以创新的知识和技术改造物质资本、提高劳动者素质和科学管理水平。从创新主体视角来看，创新驱动是指以知识、信息等为主要投入因素，依靠企业家的市场选择打造先发优势，实现增强综合国力并提高民生福祉的目标。从创新驱动的特征视角来看，创新驱动具有主动性、动态性和系统性等特征。其中，主动性强调创新主体从依赖外来技术向自主创新的战略转变；动态性强调创新驱动不是“基础研究→应用研究→开发→生产经营”这样的线性发展模式，而是各环节相互影响的循环过程；系统性强调创新驱动是一个复杂的系统过程，涉及多方位、多层次的全面创新，这种全面创新是技术创新、产业创新、制度创新和文化创新等多方面创新所产生的协同作用。从创业结果视角来看，有学者将创新驱动定义为一种新的学习型组织通过利用和转化现有知识并产生新知识，以便在创新系统内进行创新（Malerba & Mckelvey，2020）。

创新驱动型创业（innovation-driven entrepreneurship）也称创新驱动创业，是指在技术创新、制度创新、商业模式创新等的触发下，通过多要素迭代互动，实现多主体共同开发机会、创造价值的过程，能够为整个市场或部分市场带来全新的产品或服务（González-Pernía et al.，2015）。在创新驱动型创业过程中，创新能够触发要素发生改变，并促进要素新组合的出现，从而不断释放新机会，促进价值创造。此外，创新驱动型创业并非简单的线性过程，而是经历不同阶段不断迭代互动的过程。在创新驱动型创业过程中，某一阶段内部要素互动的结果在影响后续阶段发展的同时，也会对前一个或多个阶段形成反馈，从而引发新一轮的驱动效应，通过不断迭代互动，最终实现价值创造。

（二）创新驱动型创业的特征

创新驱动型创业表现出跨层面、多主体和迭代性三大特征。

第一，跨层面特征。创新驱动型创业不局限于单一层面的活动，还涉及个体向组织层面、单一组织向多主体层面的跨越，如在触发阶段涉及个体层面认知向组织层面认知跨越的过程；在聚变阶段，不同主体围绕创业机会进行开发，能够实现系统层面的高质量产出。

第二，多主体特征。创新驱动型创业不仅涉及来自相同及不同行业的多个企业，还涉及其他类型的主体，如政府、大学、科研机构、客户、孵化器等。多主体的聚集并非无序、随机，而是遵循追求机会开发所带来的潜在价值的商业逻辑。创新驱动型创业首先触发原有价值网络中的某一环节，该环节内机会的开发能够将变革引入整个价值网络，进一步在该环节周围催生出新的机会，从而吸引网络内其他主体以新的方式聚集起来，共同开发机会。伴随机会在价值网络内的不断传递及多主体对多个机会的共同开发，能够实现价值共创并最终构建生态系统。

第三，迭代性特征。从过程视角来看，迭代性体现在创新驱动型创业带来高质量产出的同时，通过创业反作用于创新进一步产生新的机会，进而促进机会的开发。从创新驱动型创业的发展阶段来看，触发、催化和聚变三个阶段亦是不断迭代发生的。在催化阶段要素之间相互作用能够对触发阶段形成反馈，促进原始创新的不断修正与改进；在聚变阶段多主体互动，伴随信息、知识和资源的交流，能够对触发、催化阶段形成反馈，如孕育新的机会或释放更大的机会潜能等。同时，从行为视角来看，多主体通过创新驱动，在机会开发行为上也体现出迭代性，在互动中修正和完善自身行为并不断提升能力，这些新能力的聚合促进由多主体构成的小生态的跃迁，以实现价值共创。

延伸阅读 1-1

创新驱动型创业：新时期创新创业研究的核心学术构念

新一轮科技革命和产业变革的加速演进，呈现出创新驱动型创业的新范式。面对新情境带来的挑战，更多的企业走上创新驱动型创业之路。创新驱动型创业成为一个独立的学术构念。创新驱动型创业不是某种类型的创业或创新，而是创新驱动发展这一国家战略在企业层面的发展模式和路径。创新驱动型创业不仅体现了一种新的创新创业形态，也是一种新的创新创业范式，超越了已有创新型创业等概念的研究范畴。创新驱动型创业研究更加关注创新创业的内在逻辑，旨在揭示创新驱动型创业过程中创新向创业转化、创业反作用于创新的机制。创新驱动型创业构念的提出旨在把握新兴的创新创业活动特征，对指导我国创新驱动型创业实践、推动经济的高质量发展具有重要的实践价值；对突破现有创业构念的局限性，从过程视角完善创新和创业理论具有重要的学术意义。在界定创新驱动型创业构念的基础上，未来值得从以下方面更深入地探索：

第一，创新驱动型创业的分类研究。创新驱动型创业是一个复杂现象，具有跨层面、多主体的特征，为更好地揭示复杂现象背后的科学规律，有必要开展分类研究。首先，考虑到创新驱动型创业过程中创新的主导作用，对创新的分类是对创新驱动型创业进行类型划分的前提。其次，考虑到创新驱动型创业是由不同层面的多主体与情境相互作用构成的系统，且所涉及的关键是主体，即创新所触发的源头主体是不同的，所处的区域/国家情境也是不同的，因此创新驱动型创业的机制也会有所差异。

第二，创新驱动型创业的关键要素研究。构建创新驱动型创业理论首先需明晰其构成要素。在数字化、生态化和新型全球化情境下，创新驱动型创业活动呈现出新范式，使传统蒂蒙斯（Timmons）模型所涉及的创业要素在数量、内涵和结构等方面发生了根本性变化，明确创新驱动型创业的关键要素十分重要。

第三，创新驱动型创业的过程机理研究。创新驱动型创业过程涉及认知、行为、情境的迭代互动。一方面，技术创新、制度创新或商业模式创新会触发创业者的认知变化，然后通过认知传递机制实现组织及跨组织层面认知的一致性，使组织内部及跨组织间协调行动成为可能，对不同层面主体认知产生反馈。另一方面，考虑到创新驱动型创业的多主体互动行为需要与情境相适配才能促进价值的创造，在这个过程中多主体需要通过有效互动适应情境，在一定条件下还能塑造新的情境。因此，探索认知从个体到组织再到跨组织层面的跨层机制及其与不同层面行为的互动机理，多主体互动行为与情境的迭代作用机制等，对解释创新驱动型创业的过程机理具有重要意义。

资料来源：蔡莉，张玉利，蔡义茹，等，2021. 创新驱动型创业：新时期创新创业研究的核心学术构念. 南开管理评论，24（4）：217-226.

第 3 节　数字时代的创业环境、挑战与机遇

一、数字时代的创业环境

创业环境包括影响个体创业行为的一切社会文化、经济、政治和获取创业帮助的可能性，是影响创业活动的重要因素组合（张玉利和陈立新，2004））。从企业管理角度来看，我们必须要考虑企业所处的内部和外部环境，从而分析企业所面临的机遇与挑战。企业面临的外部环境涉及竞争、顾客、技术、经济、规章制度、社会、劳动力以及供应商等。企业内部环境涉及结构、体制、流程和文化。

企业外部环境一直处于变动之中，这是一种连续不断的变化，派生出源源不断的新挑战。企业外部环境主要包括以下八个方面：

（1）技术环境：新技术加速发展；产品淘汰加快；保护知识产权的难度更大。

（2）经济环境：价格、成本、汇率、利率、税收激励、经济周期的不可预测性。

（3）竞争环境：日益激烈的竞争；高度创新的竞争者；使用非传统方法的非传统资源竞争；来自利基市场的威胁；顾客或伙伴成为竞争者。

（4）劳动环境：熟练工人日益缺乏；员工流动性高且忠诚度低；员工福利成本高；高度依赖合约劳动力。

（5）资源环境：资源日益稀缺；资源日益专业化；未知的供应来源；资源报废加快。

（6）顾客环境：具有高需求且复杂的顾客；更分散和更细化的市场；强调投资于并抓住顾客生命时间价值。

（7）法律和管制：更严格的管制；无限期的产品责任；环境规制的遵从成本；日益强调自由和公平贸易；日益增加的环境规制；强制性的员工福利成本。

（8）全球化与逆全球化环境：遍布世界各地的实时沟通、生产和销售；遍布世界的更为精明的供应商、顾客和竞争者；通过全球外包和国际战略联盟获取的竞争优势；通过回归传统的国家主义立场稳固国际地位的反多边主义现象；通过制造业回流、再工业化与贸易保护主义维护国家利益的民族主义现象；利用政府权力对资本流动加以限制的极端政治倾向。

当前，数字技术的应用正在影响并逐步塑造社会、经济和生活的各个领域。以大数据、云计算等为代表的数字技术的突破和融合发展推动了数字经济的快速发展。以数字技术为基础的创新在多个领域并发进行，商业领域的新模式和新业态持续涌现，产业组织形态和实体经济形态不断重塑。数字技术的不断渗透，同时改变了创业行为和创新绩效（蔡莉等，2019）。

二、数字时代的创业挑战与机遇

（一）创业“最坏的”时代

数字时代的创业面临以数字技术为基础设施所带来的不确定性挑战。从企业生存来看，数字技术的可再编程性（reprogrammability）和可供性（affordance）在一定程度上给创业企业的生存带来了威胁。一方面，由于数字技术的可再编程性，平台内数字基础设施的修改可能会破坏现有生态位，直接危害新创企业的生存，如淘宝、天猫、京东等平台 App 对其数据共享协议的修改，可能会使许多原本以通过分析用户购买行为数据而进行决策的创业企业失去活力。同时，数字技术的可再编程性可以实现突破式创新，大大提高了创业过程中的不确定性，不利于企业的生存。另一方面，数字技术的可供性使得平台所有者所获得的信息量远大于平台内创业企业所获得的信息量，形成极大的信息不对称，可能会造成平台所有者对创业企业的吞并，危及创业企业的生存。

从企业发展来看，数字技术的开放性和可编程性在某种程度上阻碍了创业企业获取资源和提高资源配置效率，同时也会产生相应的法律和道德问题，阻碍创业企业的发展。首先，数字技术的开放性使得创业活动的负面信息难以掩盖，而这些信息的揭示不利于创业企业获取资源。其次，数字技术的开放性使得一些创业活动可以凭较低成本复制和传播，阻碍创业企业对内容创造者资源的整合和利用，企业难以建立长期且持久的竞争优势。最后，数字技术的开放性和可编程性使有些创业企业收集个体隐私信息、进行数据交易、传播虚假信息，产生相应的道德问题。以上这些都在一定程度上限制了创业企业的进一步发展。

数字时代的创业将面临由创新驱动所导致的“跨界”打击。科技的快速发展、环境的复杂多变消灭了传统的竞争壁垒，行业边界和竞争壁垒的消失则提供了这个时代最大的机会。不同的组合与合作，可以给消费者带来极致的体验。因此，越来越多的企业采取跨界合作的方式。一些传统的创业活动，如果不是创新驱动型创业，恐怕会遭遇“跨界”打击。比较典型的案例是小米。小米以手机终端为控制核心切入智能家居市场，依托长期积累的智能硬件生态链，形成较为成熟的生态闭环，于 2021 年跃居我国智能家居市场榜首。小米在智能家居市场能够获得如今的成就，在于其从产品到生态和技术的创新驱动，小米的 IoT 平台也逐渐发展成为全球领先的消费级 IoT 平台。总体而言，低端创业时代已经落下帷幕，如果不是创新驱动型创业，恐怕很难在以技术创新为主导的数字时代生存或建立竞争优势。

（二）创业“最好的”时代

习近平总书记在 2020 年企业家座谈会上指出：“改革开放以来，一大批有胆识、勇创新的企业家茁壮成长，形成了具有鲜明时代特征、民族特色、世界水准的中国企业家队伍。企业家要带领企业战胜当前的困难，走向更辉煌的未来，就要在爱国、创新、诚信、社会责任和国际视野等方面不断提升自己，努力成为新时代构建新发展格局、建设现代化经济体系、推动高质量发展的生力军。”在构建新发展格局、建设现代化经济体系、推动高质量发展的进程中，绝大多数的创业都值得再来一遍。

近年来，以移动互联网、大数据、人工智能、区块链等为代表的数字技术极大地改变了企业的运作模式和行业格局，数字技术也为创业者提供了更广阔的创业空间。依托数字技术，一大批数字初创企业呈现出爆发式成长趋势。世界主要国家均在加速数字技术、产品和服务创新，积极制定相关激励战略。美国发布《联邦云计算战略》（Federal Cloud Computing Strategy）、《大数据研究和发展计划》（Big Data Research and Development Initiative）、《支持数据驱动型创新的技术与政策》（Data Innovation 101：An Introduction to the Technologies and Policies Supporting Data Driven Innovation），将技术创新战略从商业行为上升到国家战略。德国则通过对信息与通信技术、信息安全、微电子和数字服务等领域的投资，推动大数据创新在“工业 4.0”、生命科学、医疗健康领域的应用。英国鼓励本土数字科技企业成长，并通过吸引世界各地的科技创新企业来促进经济发展。欧盟在《欧洲 2020 战略》中提出了数字创业的政策愿景，认为数字技术的发展和应用为欧洲创造了更多的新商业机会。中国信息通信研究院 2021 年发布的《中国数字经济发展白皮书》显示，2020 年我国数字经济规模达到 39.2 万亿元，占 GDP 的 38.6%。尽管受到新冠肺炎疫情的冲击，数字经济依然保持 9.7%的高位增长，是同期 GDP 名义增速的 3.2 倍多，数字产业化规模达到 7.5 万亿元，占数字经济的 19.1%，产业数字化规模达到 31.7 万亿元，占数字经济的 80.9%，农业、工业和服务业数字经济渗透率分别为 8.9%、21.0%和 40.7%。

数字时代的创业与传统创业相比，创业资源的可获得性和可替代性更高。传统创业资源相对有限，沟通成本和资源拼凑成本较高。数字技术的开放性能够降低创业者感知到的风险，提高创业者开发机会的可能性；数字技术的嵌入以及平台型企业对数字技术的共享行为，能够减少创业者的进入障碍、降低市场扩张成本。例如，云计算等数字技术产生的信息与通信技术服务更有效地支撑了中小企业创业，为中小企业提供了进入全球市场和加强合作创新的机会。这种数字技术背景下的创业趋势将会不断改变社会生活和经济发展的模式与速度。另外，数字技术的关联性促使创业者以较低的成本与多样化的主体建立连接，促使创业者网络的建立及深化，降低了创业活动中资源的获取门槛。

传统创新从创意产生、研究开发到商业化，各环节边界清晰且确定，具有一定的规律性和模块化创新特征，创新过程和结果相对稳定。随着数字时代的到来，在数字技术的赋能下，数字创新与产业呈现出显著的融合性，社会经济存在更多需要改进的机会空间，在产业数字化的进程中，将催生出新的创业机会。以大数据技术为例，新兴的创业企业可以通过出售数据和服务，为行业提供更专业的解决方案，这种新型创业正成为数字经济时代重要的商业模式。

基本概念

创新　　创业　　创新驱动　　创新驱动型创业

创业环境

思考与练习

1. 创新对创业存在哪些影响？
2. 创新与创业存在什么样的联系？
3. 什么是创新驱动？它的作用是什么？
4. 简述创新驱动型创业的概念与内涵。
5. 数字时代的创业存在哪些机遇，面临哪些挑战？
6. 为什么说数字时代的新创企业更需要实现创新驱动？

第2章
创业过程

| 学习目标 |

- 掌握创业的全过程以及各个阶段涵盖的主要内容。
- 理解创业模型，把握创业过程的关键要素及其内在关系。
- 了解创业推理及其对创业过程的积极影响。
- 了解数字创业。

引例

如何突破发展瓶颈?

在工业机器人领域拥有丰富项目经验的郑勇发现国内仓储物流行业存在诸多痛点问题，迫切需要转型升级。在此形势下，郑勇嗅到了商机，并相信机器人技术在物流和仓储领域拥有巨大的价值和潜力。随之，郑勇组建了创业团队并创立了北京极智嘉科技有限公司（以下简称“极智嘉”），四位创始人丰富的研究和工作经验为公司提供了关键资源和核心竞争力。

创立之初，郑勇对公司定位就有清晰的认识，他致力于打造一个包括硬件和软件的智能机器人物流系统。在此定位下，团队成员通过持续研发创新，完成技术攻关，进而不断完善智能仓储方案，同时获得天使融资。团队就在想要凭借仓储机器人在市场上“大展拳脚”之时，却在销售方面遇到困境。由于电商行业的仓储需求存在明显的波动周期，同时还需要花费大量时间来培训员工掌握全新的仓储管理系统，大部分客户选择继续观望。为破解销售困境，郑勇决定创新商业模式，并在业内首次提出“机器人即服务”的创新解决方案，这一方案广泛得到客户的欢迎与认可。然而，随着订单量猛增，公司出现订单急剧增加所带来的规模化和定制化冲突。为解决这一问题，郑勇及团队提出“硬件标准化模块化+系统模块化定制化+生态圈”的方案，在行业中形成独特的优势。

目前，该公司已成为众多国内外知名品牌的智慧物流合作伙伴，不断引领全球智慧物流变革。虽然极智嘉在短时间内迅速发展，但是依然需要进一步成长和探索，以满足客户对供应链更加敏捷和更具强韧性的新需求。

资料来源：薛奕曦，龙正琴，于晓宇．极智嘉：AI仓储机器人企业进阶之路．上海MBA课程案例库开发共享平台，2022.

请思考：影响创业过程的关键因素有哪些？这些关键因素有何内在关系？

第 1 节　经典的创业过程

创业是一种复杂的社会现象。创业活动涵盖新技术开发、产业化经营、资源的合理获取和有效利用以及一系列复杂的商业活动。因此，创业所涉及的各个环节并不是孤立的，创业者需要从整体把握创业的过程。

一、创业的一般过程

（一）创业过程的含义

创业过程是指创业者发现和评估创业机会，并且将创业机会转化为创业者对新创企业的成长进行管理的过程。在早期研究中，创业过程通常与组织这一要素紧密相连。加特纳（Gartner，1985）认为创业过程就是新组织的创建过程。卡茨和加特纳（Katz & Gartner，1988）对组织的创建过程进行了细致的分析，提出了组织创建的四个必要条件：为了创建组织而收集的信息、进入壁垒、必要的财务资源、与外部的供应商和消费者的联系。在近期的研究中，研究者们从不同的角度对创业过程加以理解和阐述，逐渐意识到创业过程不应当局限于单纯的组织创建。巴韦（Bhave，1994）认为创业过程是一个理性的、非线性的、反复修正的过程，包括最初的机会识别、产品生产线的建设、组织的创建、市场上的交易以及顾客的反馈等。

（二）创业过程的阶段划分

一般而言，创业过程可划分为四个阶段：识别与评估创业机会、准备并撰写创业计划书、确定并获取创业资源、管理创业企业。

1. 识别与评估创业机会

创业往往是从发现、把握、利用某个或某些商业机会开始的。创业机会也被称为商业机会或市场机会，是指具有较强吸引力的、较为持久和适时的有利于创业的商业机会，创业者据此可以为消费者提供有价值的产品或服务，并同时使自身获益。创业机会的出现往往是因为政策法规的调整、技术革新、消费者偏好发生变化以及各种其他因素的影响。创业机会的相关内容详见本书第 3 章。

2. 准备并撰写创业计划书

（1）创业计划书内涵及作用。

创业计划书是创业者描述创建一个新企业的基本思想以及对企业创建有关事项进行总体分析和安排的综合性文本。作为创业实践的规划性文件，创业计划书重点回答涵盖 5 个 W 和 1 个 H 的问题，即我们是谁（who）、做什么（what）、为什么要做（why）、何时做（when）、在何地做（where）以及怎样做（how）。一份好的创业计划书可以较为全面地描述创业过程的各个要素和创业实施的内在逻辑。

对于每一位创业者来说，撰写创业计划书是一项非常重要的工作，具有很强的目的性和现实意义。创业计划书能够为项目的发展提供指南，同时能够吸引创业融资；撰写创业计划书可以使创业者发现推进项目所必需的资源，了解所需资金、设备、人员等各方面的情况；创业计划书还能展示项目的商业价值，有助于增强创业者、投资者以及员工对企业发展的信心，从而得到各方的充分理解和支持。

（2）创业计划书的主要内容。

创业计划书主要包括以下几方面内容：

1）企业概况。主要阐述企业背景和发展立足点，包括企业定位、企业战略以及企业成功的关键因素等内容。

2）行业分析。主要对企业所在行业的现状和前景进行分析，不仅要考虑行业结构、市场大小、企业的成长趋势和竞争者，还要考虑新产品、新市场、新顾客、新进入者和退出者以及其他对企业产生正面或负面影响的行业或经济因素。

3）市场营销计划。主要对如何达到销售预期进行分析，需要详细说明发掘创业机会和竞争优势的总营销战略，而且要明确做什么、怎样做、何时做以及由谁来做。

4）管理组织计划。主要概述企业的组织结构，描述关键管理人员及其主要职责、企业所有权与董事会状况、绩效考核制度、奖惩制度以及任用标准与培训计划等。

5）财务计划。主要包括企业融资的时间、数量，资金的用途、投向何处，以及企业未来的财务状况等。

6）风险分析。主要是确认投资计划的风险，并用数据来衡量风险对投资计划的影响，目的是向投资者说明控制和规避风险的策略。

7）创业计划执行纲要。主要描述创业机会获得成功的条件、能够将创业机会付诸实施的主体、企业如何进入市场并实现市场渗透等。执行纲要对筹集创业资金非常重要，因为它是投资者会具体阅读的部分，如果没有吸引力和说服力，投资者将不会浏览全部内容，进而也就无法得到与投资者面对面讨论或向投资者演示的机会。

（3）创业计划书的撰写要求。

成功的创业计划书要完整且有逻辑性，能够清楚、简洁地描述和分析创业活动；要阐述关键风险和假设，说明为什么在这些情况下可以创业以及如何创业，并揭示现存问题或潜在问题，突出竞争优势和创业者的创造性洞察力等；要了解目标投资者的关注和兴趣，说明投资者如何盈利；同时计划书也要具有可读性，做到通俗易懂。

（4）创业计划书的展示。

1）项目路演及其价值。创业计划书的展示又称项目路演，是实现创业者与多个投资者零距离对话、平等交流、专业切磋的一个重要渠道，可以促进创业者和投资者之间的充分沟通和深入了解，最终推动创业项目汇集资源的进程。

2）项目路演流程。项目路演虽然没有固定的汇报流程，但是存在相对有效的思路和认知逻辑。其流程大致可以分为以下几个步骤：

第一，简要介绍自己与企业品牌。

第二，直击痛点，明确项目定位。

第三，对创业的优势和竞品进行分析，表明在市场中该项目具有超越对手的巨大潜质。

第四，介绍并演示推出的产品或服务，详细说明该产品或服务如何解决痛点问题，目前该产品或服务是否成熟，未来将会遇到什么样的困难等。

第五，说明项目取得的阶段性成就，展示现有的运营数据和成果以及其他能够证明该项目具有市场价值和未来发展潜力的支撑性材料，如媒体报道、专家推荐等。

第六，介绍项目团队及核心成员，强调团队成员能够各司其职且相互配合，以强化投资者对项目顺利执行的信心。

第七，展示项目的财务预估和融资信息，介绍融资目的、融资对项目的促进、效能预测、融资使用计划等。

第八，说明项目需要哪些资助及其具体数额，并将向投资者提供哪些投资回报。

3. 确定并获取创业资源

成功创业需要的资源主要包括可行的创业计划书、必要的资金支持、创业所需的技术和人才、市场及政策信息、关系网络、营销网络等。创业所需的资源主要有两个来源，一是自有资源，二是外部资源。自有资源是指创业者自身所拥有的可用于创业的资源，如自有技术、资金和其他物质资源，自身获得的创业机会信息，自建的营销网络以及创业者自身的管理才能等。外部资源是指其他企业的资源和公共资源等。对于创业者来说，有效运用外部资源是一种非常重要的方法，关键是具有资源的使用权并能控制或影响资源部署。外部资源包括商务伙伴或投资者提供的资金、服务、空间、设备或其他原材料等。创业资源的相关内容详见本书第 9 章。

4. 管理创业企业

（1）创业企业成长阶段的特点。

企业创建以后不是一成不变，而是会经历不同程度的成长。一般而言，企业创建之前的三年时间，通常被称为研究与开发（R&D，简称研发）阶段。创建之后的前三年为起始阶段，该阶段企业面临的经营风险最大，特点是领头创业者和关键团队成员直接驱动企业前进。在这一阶段，企业在关键群体、市场、财务和竞争力方面已奠定了一定的基础，同时也获得了投资者和消费群体的信任，但是在此阶段创业企业的失败率较高。之后，创业企业开始进入快速成长阶段，此时，企业的销售额变化幅度很大，创业者也面临着非常大的挑战，如创业者为了做出关键决策，不得不放弃拥有的某些权力，在不放弃根本领导权并对结果负责的前提下下放一些关键权力。而后，企业从快速成长阶段进入成熟阶段，在该阶段，企业面对的关键问题不再是生存问题，而是稳定成长和盈利。最后是稳定阶段，在这一阶段，企业的发展平稳，有一定的盈利能力，在行业中也具有一定的竞争力，但同时企业依然要有居安思危的意识，为长期持续发展做出努力。创业企业成长的相关内容详见本书第 11 章。

（2）创业企业不同成长阶段的管理方式。

创业企业在不同的成长阶段，会出现不同程度的增长，也会存在不同的问题，因此管理方式也会相应发生变化。

1）研发阶段。在创业团队方面，创业者要关注创业企业的销售能力，即创业团队要具备经营企业所必需的销售和结算技能，并按时制订企业计划；关注企业的管理能力，即创业团队要具备必要的管理技能和相关经验，能够胜任相关专业领域的工作。在经营运作方面，企业经营要以用户/顾客和市场需求为导向，根据自身情况进行合理定位，并制定完善的战略，明确经营目标。在资源方面，企业首先要整合自有资源，明确自身欠缺的资源以及如何获取这些资源，而后再通过各种方式获取外部资源。

2）起始阶段。在创业团队方面，创业者要协调好成员之间的关系，明确各自的权力和职责，以保证企业能够有序运营；明确企业的目标，保证目标的一致性。在经营运作方面，企业要及时洞察市场的变化趋势，有充分的准备来应对突如其来的问题，如市场上出现新的竞争对手和替代品等；检验以往制定的经营战略是否得当，并根据现存问题适时调整战略。在资源方面，创业者要合理配置资源，严格按照之前制订的计划执行。

3）快速成长阶段。在创业团队方面，创业者要重点思考促进企业长期发展的战略，根据企业的规划推进管理工作。在经营运作方面，创业者要关注企业的销售收入是否达到预期，销售计划是否在行业内有一定的经营优势，如果在这些方面存在问题，就需要审视哪些环节存在问题并提出相应的解决措施。在资源方面，创业者要根据现金流的状况考虑是否需要融资，以及通过哪种方式进行融资，同时还要控制财务成本，保证企业的利润率。

4）成熟阶段。在创业团队方面，创业者要重点关注团队成员之间的关系问题，团队合作是否顺畅，团队成员是否经过长期磨合后依然在目标、价值观等方面存在冲突，是否存在成员对工作不满等问题；密切关注团队成员的工作热情，在发现问题后要及时解决以避免后期问题恶化。在经营运作方面，要重点考虑已有的产品和服务是否依然能够满足市场需求，是否需要拓展产品线或开发新产品，针对这些问题提出相应的计划。在资源方面，企业要整合现有资源，并不断挖掘外部资源以保证企业高效运转。

5）稳定阶段。在创业团队方面，创业者要重点考察成员的团队合作能力，在工作分配方面是否合理，工作效率如何，同时还要注重提高团队成员的士气，通过各种激励制度调动成员的工作积极性。在经营运作方面，创业者要重点提高企业的创新能力，不断在业务方面取得突破，形成企业特有的经营优势，同时还要提升企业的盈利能力，创造更多的企业财富。在资源方面，创业者应当考虑是否能够通过新技术的使用来降低运营成本，同时还要考虑资源配置是否合理高效，资金运用是否得当，为企业未来的发展奠定良好的资源基础。

二、技术对创业过程的影响

技术创业作为一种特殊的创业形式，是当前科技和产业融合一类的典型创业形态，是我国产业结构优化升级的主要驱动力。技术创业是基于具有高潜能的技术密集型创业机会，通过整合各种资源，并利用实时动态的决策制定技巧来实现创业企业快速成长的企业创建行为。进行技术创业，能够帮助企业实现技术革新，提升企业的创新能力，从而为企业创造更大的价值。

创新和技术进步是经济增长的内生变量，也是企业间存在差异的关键影响因素。充分运用新技术能够帮助创业企业获得创新性机会，通过对生产要素重新进行组合或架构，开发和识别市场需求，进而将新要素组合用于生产活动或者将研发的新产品投入市场，以达到获取经济收益的目的。对于企业而言，创新性机会的开发和利用是获得市场竞争优势的来源，也是实现财富创造的重要方式。创业企业通过技术创新，超越现有技术轨道，发展新的机会窗口，从而获得新增长和新发展。

第 2 节　经典的创业模型

在相当长的时期里，研究者认为创业是少数人天赋使然的特殊活动，创业者特质论占据着创业研究的主导地位。但随着创业研究的不断深入，学者们开始意识到，创业作为一种复杂现象，仅仅关注创业者或者新创企业的特质是不够的，他们开始把研究重心转向不同创业要素之间的互动以及创业过程等问题，并构建了一系列多要素模型。

此外，也有学者将创业要素关系作为划分标准，将这些创业模型分为要素均衡型和要素主导型两类（董保宝和葛宝山，2008）。本节简要介绍这两类模型中的经典代表。

一、要素均衡型模型

要素均衡模型是指模型中的各个要素互相协调、均衡发展并发挥作用，主要包括蒂蒙斯创业模型和萨尔曼创业模型。

（一）蒂蒙斯创业模型

蒂蒙斯在《创业学：21 世纪的创业精神》（*New Venture Creation*：*Entrepreneurship for the 21st Century*）中提出了其经典的创业管理模型（见图 2－1）。他认为，创业过程就是创业三要素相互匹配和平衡的持续动态过程。其中，创业三要素指商业机会、创业资源和创业团队。而在商业计划中则需要创业者组织合适的语言来描述创业三要素的驱动力，以及它们之间的匹配度和平衡度，以此吸引投资。

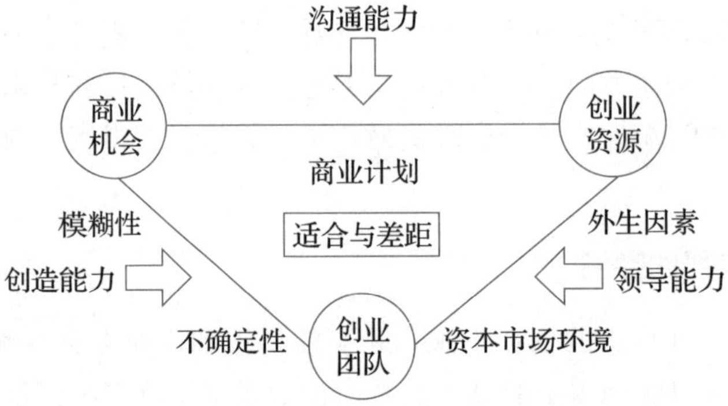

图 2－1　蒂蒙斯模型

资料来源：Timmons J A，Spinelli S，Tan Y，2004. New venture creation：entrepreneurship for the 21st century. New York：McGraw-Hill/Irwin.

1. 商业机会

商业机会简称商机，是指具有吸引力的、较为持久的有利于创业的商业活动空间，根植于可以为客户或最终用户创造或增加价值的产品和服务中。商机是创业过程的核心，商机的特征、规模与深度决定了在创业过程中企业所需的资源和团队的特征、规模与深度。换言之，商机直接驱动创业团队的组建调动以及资源的整合分配。

识别商机是创业过程的起点，创业过程本质上也是发现与开发创业机会的过程。创业者需要在众多创业思路中识别、发现和转化商机。在此过程中，创业者可以凭借对市场需求、结构和规模的判断以及利润分析等多种方式来确定商机。蒂蒙斯认为，行业成长率越高，持续时间越长，市场规模越大，毛利润、净利润和自由现金流越多，企业的商机就越具有吸引力。

2. 创业资源

创业资源是创业的基础，是指新创企业在创造价值的过程中需要的特定资源，为创业者开发、利用机会提供支持。创业资源主要包括以下四类：（1）人，如管理团队、董事、律师、会计师和顾问；（2）财务资源；（3）资产，如厂房和设备；（4）商业计划。在识别创业机会的过程中，创业者往往需要发挥聪明才智，制订设计精巧、用资谨慎的创业战略。

值得注意的是，蒂蒙斯认为，在创业过程中，创业者不应将目光局限于拥有更多资源，而是在企业成长的各个阶段思考如何用尽可能少的资源来推进企业的发展。特别是在创业初期企业资源相对有限的情况下，创业者可选择依靠自有资源的方式来获得竞争优势。而这种方式所提倡的就是企业将资源使用量最小化并尽力控制资源，而不是完全拥有资源。

3. 创业团队

创业团队是指为了进行创业而形成的集体，位于蒂蒙斯模型的下顶点，是实现创业的关键组织要素。在整个创业过程中，创业团队或创业者在本质上承担着动态管理和平衡风险与回报等职责，是创业成功的关键要素。

另外，蒂蒙斯为一支优秀的创业团队所应具备的素质提出了若干标准。优秀的创业者或创业团队必须具备善于学习、从容应对逆境的品质，并拥有高超的创造、领导和沟通能力。但更重要的是，创业团队必须具有柔性和韧性，能够适应市场环境的变化。创业团队成员在技能、知识、能力和创业经验之间的异质性和互补性也会影响创业效率（李雪灵等，2009）。蒂蒙斯还指出，成功的创业领导者需要扮演好“引导者”的角色，吸引更多专业人才加入创业团队。

4. 三要素之间的匹配

蒂蒙斯模型指出，创业三要素之间的匹配度是新创企业获得成功的关键。在创业这样一个充满模糊性和不确定性的环境中，创业者想要提高商业成功的概率，需要分析企业中存在的匹配点和差距。具体而言，首先，创业者需要评估和确定商机，并分析当前的创业风险。由于外部环境的模糊性和不确定性，商机往往会带来一系列的创业风险，例如市场风险、技术风险、竞争风险、管理风险和财务风险。为了更好地把握商机，创业者需要积极思考企业实施哪些变革才能尽量规避或降低创业风险。其次，创业者需要组建合适的管理团队。而目前的创业团队是否适宜在很大程度上取决于团队整体能力是否与商机相匹配，这就要求创业者在创业过程中不断评估、优化和调配创业团队。最后，创业者必须不断了解商机与资源之间的缺口，并及时调配资源来填补缺口。在创业过程中，由于资本市场环境和其他外生因素所带来的不确定性，创业者想要获得成功必须积极思考：如何利用最少的、最必要的资源将一切做得更好？创业者只有努力做到这些，创业计划才能顺利开展。

蒂蒙斯认为，在整个创业过程中，创业者或创业团队必须依靠自身的领导、创造和沟通能力，来应对机会模糊、市场不确定性、资本市场风险以及其他不确定因素导致的创业风险，并找出缩小差距的解决方案，及时调整机会、资源、团队之间的匹配度，吸引能为企业增添价值的关键合作者。如此，创业成功的概率将大大提高。

5. 三要素的动态均衡

蒂蒙斯模型将创业视为一个高度动态的过程，强调模型的动态均衡。随着创业活动在不同阶段开展，企业所面临的环境也不断发生变化。环境变化所带来的不确定性意味着商业机会、创业团队和创业资源三种要素之间不可能永远维持某一个平衡状态。相反，这三种要素会由于相对重要性发生变化而出现“失衡”。对于优秀的创业者而言，其必须能够根据创业活动重心的变化及时做出调整，确保创业过程恢复平衡状态。

蒂蒙斯模型认为新创企业的动态发展过程如下：在创业初始阶段，商业机会较多，而资源较为稀缺，于是“三角形”向左边倾斜；随着新创企业的发展，企业可支配的资源不断增多，从而导致“三角形”向右边倾斜。创业者必须不断寻求更大的商业机会，并合理利用和整合资源，以保证企业健康发展。这就是蒂蒙斯模型所诠释的创业过程。

（二）萨尔曼创业模型

蒂蒙斯模型是基于机会、资源和团队三要素提出的典型创业模型。然而，影响创业的因素有很多，例如，罗曼内利（Romanelli，1989）发现创业环境、创业战略与新创企业存活率之间存在密切关系；汉森（Hansen，1995）发现创业者的社会网络对社会资源利用有重要影响。在借鉴这些创业研究成果的基础上，学者们构建了其他典型的要素均衡型模型来解释创业成败，例如萨尔曼模型。

萨尔曼（Sahlman）在《关于商业计划的几点思考：创业活动》（*Some Thoughts on Business Plans*：*The Entrepreneurial Venture*）一文中提出了自己的创业模型（见图 2-2）。萨尔曼认为，创业过程是人和资源、机会、环境和交易行为四种关键要素相互协调、相互促进的过程。这里的交易行为是指创业者与一切资源供应者进行的隐性或显性契约交易。

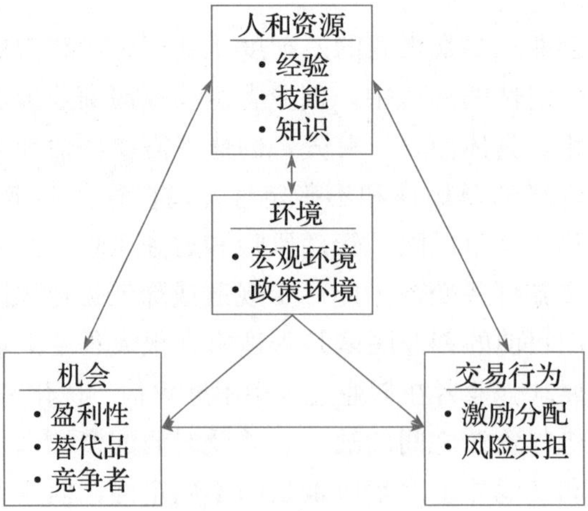

图 2-2 萨尔曼模型

资料来源：Sahlman W A，1996. Some thoughts on business plans：the entrepreneurial venture. Harvard Business School.

与蒂蒙斯创业模型相比，萨尔曼创业模型有两个特点。一是萨尔曼创业模型更强调环境的重要性，认为其他创业因素受外部环境的影响，同时，人具有主观能动性，可以动员资源来适应或影响环境。二是相对于蒂蒙斯创业模型，萨尔曼创业模型引入交易行为这一要素，强调社会网络对创业成败的重要性，拓展了创业要素的范围，无疑，这对创业者而言也更具实践指导意义。

二、要素主导型模型

要素主导型模型中的各要素之间不再是协调均衡的关系，而是通过以某一要素为主导来协调其他要素之间的关系，即一种主要因素的存在影响另一些因素的存在和相互作用，最终影响创业结果。威克姆模型和布鲁亚特-朱利安模型是要素主导型模型的重要代表。

（一）威克姆模型

威克姆（Wickham）在其著作中提出了基于学习过程的创业模型（见图 2－3）。与蒂蒙斯模型所包含的要素相似，威克姆模型包含了四大要素，分别是创业者、资源、机会和组织。但与蒂蒙斯模型不同的是，该模型更加强调创业者的主导作用，认为创业者承担着识别机会、管理资源和领导组织，从而实施创业活动的职能。此外，威克姆模型首次引入学习的概念，认为创业过程是不断学习的过程。创业型组织（entrepreneurial organization）就是学习型组织，其通过学习来调整要素间的匹配度和平衡度，以此成功实施创业活动。

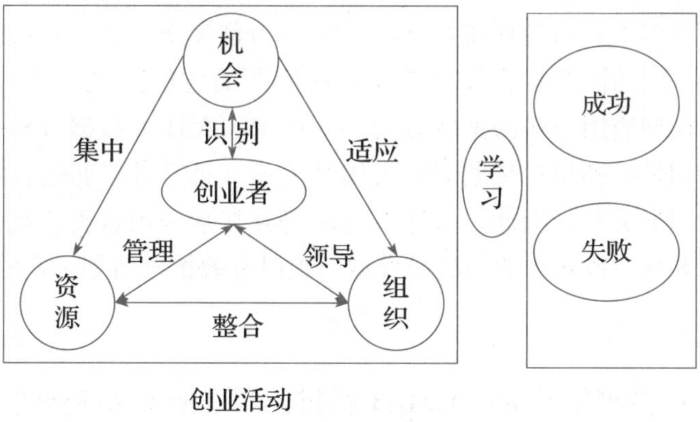

图 2－3　威克姆模型

资料来源：Wickham P A，2006. Strategic entrepreneurship. Pearson Education.

（二）布鲁亚特-朱利安模型

布鲁亚特和朱利安（Bruyat & Julien，2001）提出了侧重于企业成长的创业模型（见图 2－4）。该模型强调：（1）创业者与新价值创造（new value creation）两大要素之间的互动关系主导整个创业过程，并强调创业者的才能是创业管理的关键；（2）随着时间的变化，新创企业需要根据一定的流程演进与发展；（3）环境会随时间变化，而环境的变化会使得创业者与新创企业之间的关系变得错综复杂，进而影响创业活动；（4）创业流程管理的核心问题在于如何创立新创企业、如何动态进行创业过程管理以及掌握外部环境如何影响创业活动。

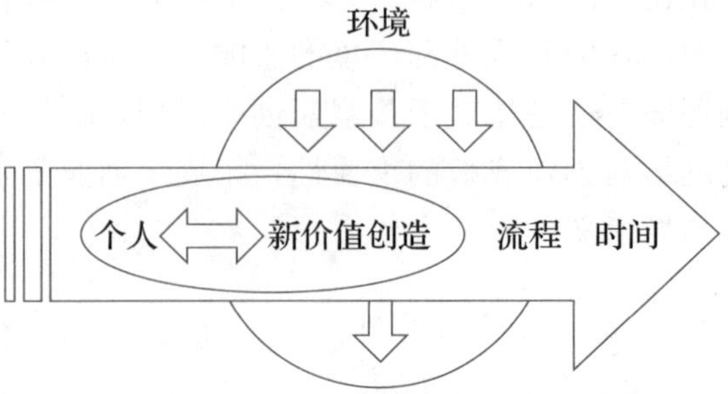

图 2-4 布鲁亚特-朱利安模型

资料来源：Bruyat C，Julien P A，2001. Defining the field of research in entrepreneurship. Journal of Business Venturing，16（2）：165-180.

布鲁亚特-朱利安模型非常强调创业者与新创企业之间的互动，与蒂蒙斯模型强调创业三要素的互动有异曲同工之处。不同的是，蒂蒙斯模型强调创业系统的动态平衡，而布鲁亚特-朱利安模型则更重视创业过程管理。

要素均衡、要素主导两类模型揭示了影响创业过程的重要因素，两者呈现显著的相同点：（1）各个模型都呈现一定的动态特征，认为要素之间的动态协调与平衡是创业成功的关键特征。各个模型都意识到创业环境的动态变化，而这要求模型必须具有一定的动态特征来增强模型对现实的解释力。（2）各个模型均强调创业者的能力。正如蒂蒙斯认为的那样，创业者或创业团队在本质上承担着平衡风险与收益的职责，是创业过程的主体。

但是，在应用范围上，两者存在差异。董保宝和葛宝山（2008）指出，要素均衡型模型强调各创业要素之间的协调均衡发展关系，而所谓的均衡只是一种短期、动态的均衡。研究者常常把这类模型应用于典型案例分析，而很少在大样本数据分析中应用。而要素主导型模型通常反映的是一种相对长期的稳定均衡关系。研究者可通过各种计量分析来求得各要素之间量化的因果关系，因此，大样本实证研究常常采用这类模型。但是，值得注意的是，这类模型主要参考成熟企业的战略模型，难以有效指导新创企业的创业活动。

延伸阅读 2-1

有些素质是 IQ、GMAT 和其他测试都无法衡量的

在创业研究的初期，大多数研究者将创业归纳为少数人天赋使然的特殊活动。实际上，创业的高度动态和微妙复杂也要求进行创业的人具有某些特殊智力。研究者或管理者为了筛选出拥有这类智力的人群，设计了一系列精妙的测试，例如，IQ（intelligence quotient）、GMAT（graduate management admission test）。但随着创业研究的深入，人们发现创业者素质难以由 IQ、GMAT 和其他测试来衡量。

首先，智力本身的广泛程度是大多数研究者和测试设计者都无法想象的。创业者具备的智力与 IQ 测试所测得的智力分数“相去甚远”，测试分数所代表的“智力”只能部分反映真实的智力。

其次，面对创业这样有高度不确定性的活动，我们更应考虑的是决定创业领导和创业成就的一些关键技能、能力和素质，而这些难以由 IQ、GMAT 等测试来精确衡量和分类。这些测试无法衡量的技能、能力和素质有：

- 领导技能
- 人际交往能力
- 团队建设和合作能力
- 创造力
- 价值观、道德准绳、诚实、正直
- 目标导向
- 应对逆境的能力与恢复力

最后，值得注意的是，虽然智力对创业者来说是非常宝贵的特质，但是还有更多的品质值得我们关注。例如，有学者认为成功的创业者的特征是：充满激情、不怕失败、坚忍不拔、执行能力强等。

资料来源：希斯瑞克．创业学．李志能，郁义鸿，译．上海：复旦大学出版社，2003.

第 3 节 创业推理

一、创业推理类型及其含义

创业者的决策是创业成败的关键。因果推理和效果推理正是研究创业现象时基于不同创业环境提出的两种决策逻辑。因果推理是在给定目标下选择实现目标的手段，而效果推理是在给定手段下选择可以实现的目标（Sarasvathy，2001），两者都可以用来指导新创企业的创业过程和创业行为。

（一）因果推理

1. 因果推理的含义

因果推理作为一种由目的驱动的传统决策逻辑，认为创业主体应预先设定目标，再选择恰当的方式达成创业目标。这种决策逻辑假设市场和创业机会已经存在，创业者需发现机会，明确目标，然后制订切实可行的企业经营策略来达到目标。当创业者明确了自己未来的行动方向，就会努力找到连接现在与目标（end）之间的桥梁（mean）。在此过程中，创业者需要资源实现一个个小目标。资源整合行为是一种有意识的整合，创业者考虑自己拥有的所有资源，并且判断什么类型资源的整合会产生自己想要的结果，然后采取行动。

具体而言，创业者在目标驱动下，对市场调研数据和自己所拥有的资源进行分析，计算投资利润率，选择实现目标的最佳方案，创制详细的创业计划书，吸引投资者并启动创业。在因果推理创业决策逻辑下，创业者关注对未来风险的预测和计算，重视竞争者分析，尽量将不确定因素保持在可预测的范围内，并尽可能规避意外。

2. 因果推理的特点

作为决策逻辑，因果推理最显著的特点是强调未来的创业风险可以预测，这种可预测的前提是创业者拥有丰富的知识和经验。在此基础上，创业者通过各种手段使自己的预测更加精准，一旦创业者通过预测认为某一行动可行，他们便会对自己的判断持有更坚定的信念，因而会扩大创业行动的规模，加大创业行动的力度。

3. 因果推理的局限

因果推理适用于稳定创业环境中的创业决策，但在多数环境中，创业活动并没有成熟的“模板”，而是在高度资源约束、高度不确定的环境中展开。环境不确定性的来源包括市场、制度、技术等多个方面，难以预知和预测，目标也很难在一开始就确定并保持不变，而是在不确定的环境中不断重新定义。

（二）效果推理

1. 效果推理的含义

针对因果推理存在的局限性，萨拉斯瓦西（Sarasvathy，2001）将其导师赫伯特·西蒙（Herbert A. Simon）的决策理论和设计方法科学运用于创业研究，并融合实用主义哲学思想，提出效果推理这一决策逻辑。效果推理是将既有手段作为给定条件，通过现有的资源和手段探索能够实现预期效果的不同方式，使目标在基于手段的创业过程中逐步清晰。这是区别于受目标驱动的因果推理的显著特点。

2. 效果推理的三个基本问题

采用效果推理作为决策逻辑的创业者在创业过程中通常会分析三个问题：“我是谁?”“我知道什么?”“我认识谁?”（Sarasvathy，2001）。对“我是谁?”的回答体现了创业者的个体特质和独特能力。对“我知道什么?”的回答体现了创业者的知识储备。对“我认识谁?”的回答体现了创业者的社会网络。这三个备受关注的问题体现出创业过程不仅受到创业者和新创企业微观主体的影响，也受到外部环境变化的约束。基于对这三个问题的思考和回答，创业者判断自己能做什么、可以创立何种企业（Sarasvathy，2008）。

这种适用于高度不确定的创业环境和不可预测的未来环境的效果推理被认为是近年来非常重要和具有创见性的创业理论，为创业者在不确定性环境下进行思考、决策并付诸行动提供了新的决策逻辑。

3. 效果推理的四项基本原则

遵循效果推理逻辑的创业者从一般愿景开启创业，避免预测和规划未来，在决策过程中根据新获取的信息随时改变创业方向，通过可承受的损失（affordable loss）、战略联盟（strategic alliance）、利用意外事件（exploitation of contingencies）、控制不可预测的未来（control of an unpredictable future）四项原则指导企业的创业行为。

（1）可承受的损失原则。创业者选择损失在可承受范围内的决策目标。谨慎的决策使得企业拥有多次迭代机会，大量的“手段-目的”组合试验使得组织创造出更多接近创业成功的条件与机会。

（2）战略联盟原则。该原则鼓励创业者争取战略合作者以及利益相关者的支持，通过他们增加创业者可利用的手段，从而有效降低不确定性，实现战略成功。

（3）利用意外事件原则。利用意外事件则是鼓励创业者对意外事件持开放态度，甚至将其作为机会加以开发和利用，找到走向成功的新的可能路径。

（4）控制不可预测的未来原则。该原则强调非预测式控制，即创业者应该专注于控制人为可控的因素，而不是将精力用于预测未来，突出创业者的主观能动性。

根据效果推理理论，创业者基于手段导向，将既有的资源和手段作为创业过程的输入，积极主动与熟人和意外遇到的人进行互动，在可以承担而且愿意承担的损失范围内，自主选择并构建与利益相关者的战略联盟，利用战略合作者的预先承诺降低不确定性，根据创业环境的变化创造性地利用意外，灵活地开展创业活动。

二、效果推理与因果推理的区别

因果推理和效果推理都是重要的决策思考方式，但不同的本质导致两者在多个方面存在差异，主要包括目标设定、创业机会、潜在逻辑、分析导向、资源来源、成功方式、使用者和应用情境八个维度。

在目标设定上，因果推理有给定的清晰的目标和明确的执行计划，而效果推理没有清晰的目标，关注的是手头有什么资源。在创业机会维度上，持有因果推理逻辑的创业者认为创业机会是发现与识别得来的，但在效果推理逻辑下，创业机会是创造出来的，创业者的努力可以在一定程度上改变或者重塑未来。在潜在逻辑方面，因果推理关注“预期回报最大化”，决策者对未来的控制取决于他能在多大程度上预测未来，而效果推理关注的是“可承受的损失”，未来在一定程度上是可控的，因此认为无须进行预测。在分析导向方面，因果推理认为进行内外部分析非常重要，包括竞争者分析、客户分析和内部资源分析等，而效果推理认为难以进行战略分析，通过从战略合作者及利益相关者处得到支持从而有效降低不确定性，助力战略成功。在资源来源上，为了实现战略目标，持有因果推理逻辑的创业者需要从外部获取资源或者从内部开发资源，但持有效果推理逻辑的创业者关注的是自己手头拥有的资源和手段，思考“我是谁?”“我知道什么?”“我认识谁?”三个重要问题。在成功方式上，持有因果推理思考方式的创业者通常通过实施竞争战略在已有市场上抢占更大的份额，而持有效果推理思考方式的创业者会通过结盟以及与其他利益相关者互动来创造新的市场。在使用者上，已有研究发现新手型创业者倾向于使用因果推理，而专家型创业者（有丰富创业经验的人）则倾向于使用效果推理。最后在应用情境上，因果推理适用于更具自然普遍性，静态、线性、独立的情境，效果推理适用于非线性变化的动态情境，在人类行为中更为普遍。效果推理和因果推理的对比总结见表 2-1。

表 2-1　效果推理和因果推理的对比总结

	因果推理	效果推理
目标设定	有给定的清晰目标	没有清晰的目标
创业机会	创业机会是识别得来的	创业机会是创造出来的
潜在逻辑	关注“预期回报最大化”	关注“可承受的损失”
分析导向	怎么去	去哪里
资源来源	从外部获取优质资源	关注“手头资源”
成功方式	实施竞争战略在已有市场上抢占份额	结盟以及与其他利益相关者互动创造新的市场
使用者	新有型创业者（创业新手）	专家型创业者（创业老手）
应用情境	静态、线性、独立的情境	非线性变化的动态情境

资料来源：秦剑．基于创业研究视角的效果推理理论及实证研究前沿探析与未来展望．外国经济与管理，2010，32（7）：1-7.

三、效果推理与因果推理的双元关系

（一）双元关系产生背景与含义

早期有关创业决策逻辑的研究认为创业者或创业企业无法兼得因果推理和效果推理，会将因果推理和效果推理视为相互对立的决策逻辑（Brettel et al.，2012）。实际上，强调预测的因果推理逻辑与强调控制的效果推理逻辑可以兼得，两者是正交关系，而不是只能取其一（Wiltbank et al.，2006）。较大的企业会同时追求手段导向与目标导向（Kraaijenbrink et al.，2012）。因果推理与效果推理的兼得即为两种决策逻辑的双元关系。

（二）双元关系的三种模式

当前因果推理与效果推理的关注点逐步转向两者如何共生共存的双元模式研究。共生共存的双元模式被描述为连续发生或者同时发生，有研究者基于25次对从事杂志行业创新工作的高管的长时间访谈，发现了三种双元模式：同时使用、相继使用以及权变使用。在同时使用模式中，对两种决策逻辑的使用与组织实践、业务环境和个人偏好相关。相继使用模式则更清楚地基于不同的因素在项目的不同阶段发挥作用的事实。在权变使用模式中，使用哪种决策逻辑依赖于情境，有些情境下需要因果推理，有时候又需要效果推理（Johansson et al.，2015）。

决策主体在不同阶段的多元目标组合存在差异，这就使得决策主体在使用因果推理与效果推理时应用不同的模式。此外，决策主体还受到企业发展阶段、文化背景以及创新活动阶段等因素的影响。例如，学者对企业进行跟踪研究，发现创业者在创业早期较多使用效果推理，当创业企业迈入成熟阶段时对因果推理的使用会逐渐增加，其目标灵活性与对偶然事件的利用水平均随着时间的推移而降低（Harmeling et al.，2002）。类似地，所面对新市场的动态性越强，创业者也可能越倾向于使用效果推理，反之会使用因果推理。

（三）决策逻辑双元对创业实践的价值

整体而言，虽然目前这两种决策逻辑的双元关系研究尚处于起步阶段，但已经被研究者证实因果推理与效果推理对创业过程与结果均具有积极影响。因果推理和效果推理不仅都对新创企业绩效有正向影响，对创业资源整合也有正向影响（于晓宇等，2018）。此外，因果推理与效果推理的结合对创业过程中的探索式学习与利用式学习也能产生正向促进作用。

第4节　数字创业

时代不断演进，人类已逐步进入数字技术革命时代，数字经济正稳步成为当前经济发展的重要组成部分。《全球数字经济白皮书》的相关数据表明，2020年，全球47个国家数字经济增加值规模已达32.6万亿美元，同比名义增长3.0%，占GDP的比重约为

43.7%。世界各国均将数字经济纳入国家战略，以此进一步巩固、扩大其发展态势。

早在2017年中共中央政治局就实施国家大数据战略进行第二次集体学习时，习近平总书记就提出了要加快完善数字基础设施，推进数据资源整合和开放共享，保障数据安全，加快建设数字中国的国家大数据战略。作为融合了数字技术、数字经济的时代性产物，数字创业是推动社会变革的重要力量，也是数字经济增长的核心动力，能够从根本上改变经济增长方式、调整产业布局、重构创业过程、优化生产生活方式。数字创业已成功突破传统创业所受的时间、空间限制，以“数字+创业”助推企业的飞速发展。

一、数字创业的内涵

创业学者侧重于对创业过程和结果的探讨，聚焦于数字技术对企业机会识别、评估和利用，以及价值创造、分配和获取的作用。数字创业是数字技术与创业的交叉领域。从过程视角看，数字创业是基于对数字媒体和其他信息通信技术的使用来寻求机会（Davidson et al.，2010）。从结果视角看，数字创业是指创业者在数字平台系统中开发机会、创造和分配价值的过程（Nambisan & Baron，2021）。

与传统创业相比，数字创业在创业要素、创业团队、创业机会、创业资源、创业过程和结果以及理论基础等六个方面存在差异（见表2-2）。

表2-2　传统创业与数字创业的比较

维度	传统创业	数字创业
创业要素	创业机会、创业资源、创业团队	数字技术、数字创业能力、数字创业机会、数字创业资源、数字商业模式
创业团队	单一且明确	多层次性、可演化性、无预定义性
创业机会	对某一市场机会的持续深耕	创业机会碎片化和识别过程动态化
创业资源	资源有限，获取成本高	可获得性和可替代性高、获取成本低
创业过程和结果	边界清晰，产出确定	开放无边界，产出不确定
理论基础	资源基础观和不确定性理论等	数字创新理论、平台理论等

资料来源：刘志阳，林嵩，邢小强．数字创新创业：研究新范式与新进展，研究与发展管理，2021，33（1）：1-11.

二、数字创业的特征

数字创业包括数字性、创新性、开放性、灵活性和价值性等五大特征。

数字性是数字创业的技术性特征。数字性体现在数字技术与载体的开发与应用过程，包含数据性、虚拟性以及无边界性。其中，数据性的核心为数字技术，其载体为数字数据，整体过程受大数据驱动。虚拟性是指借助网络载体，实现的产品和服务无形化。无边界性是指数字创业所具备的高度开放性、流动性，能够完美吸引多主体共同参与数字创业，达成高度协同。

创新性是数字创业的创业性特征。创新性是指在创业过程中，创业团队依托数字技术，构建用户共同参与的开放式创新模式，以此提升创业的创新效率。开发者通过对旧有程序功能的改进、更新，以较低成本实现渐近性创新结果，提高了数字创业者的创新能力，有效降低了创业风险。另外，开源社区、数字创业生态系统，也正积极发展为数字创业者获取创意、挖掘机会和降低风险的重要依托性平台（朱秀梅等，2020）。

开放性是数字创业的边界性特征。开放性是指企业在吸纳参与者、输入要素、创业过程以及创业结果等方面的开放程度、规模及范围。数字技术能够以各种方式促进开放，借助其可编辑性、可沟通性，企业能更好地实现开放式协作、集中分散的数据。例如，数字制造商可使用开源协议发布相关程序，以供同行交流、重复使用。

灵活性是数字创业的过程性特征。灵活性是指企业感知整体环境，鉴别、评估可用机会并积极行动的灵敏度。通过大数据以及快速响应机制，数字技术可以帮助企业快速感知、适应环境条件的变化，并捕捉机会，提升其灵活柔性。通过时刻关注外部环境的有价值变化，数字技术尽可能地避免了企业受到复杂外部环境的不利影响。依托数字技术搭建的数字平台，则为企业交换知识信息提供了更为便捷的途径，有利于创业者及时获取信息、更新相关创业战略。

价值性是数字创业的结果性特征。价值性是指创业过程中的价值创造、分配以及可实现的结果与回报，包含低成本性、高回报性以及资源易整合性等。其中，低成本性是指企业可将低廉的数字信息资源作为新的创业要素，以此减少中间环节和沟通成本；高回报性是指企业借助数字创业的创新模式，获得高收益、高成长；资源易整合性是指创业主体可基于网络，利用数字技术的信息优势，整合现有资源，降低创业资源的匹配成本。

三、数字技术对数字创业的作用

数字技术是指数字组件、数字基础设施和数字平台三种不同但相关的元素（Nambisan，2017）。其中，数字组件是为用户提供特定功能或价值的单独的软件或硬件，如智能手机应用。数字基础设施是一种数字技术工具，提供通信、沟通、计算服务和集聚信息资源的功能。数字平台是具有共享性和通用性的服务集、用于承载产品组件的架构体系、基于软件系统的可扩展代码库创建的操作系统，如 iOS 系统和 Android 系统等。

在创业领域，数字技术带来的不仅仅是对传统工作方式的更新，更是对传统商业模式的颠覆。

1. 建立数字性

数字性强调在创业过程中对数字技术、载体、内容的开发与应用。数字技术利用其特有机制生成海量的数据资源，以此为基础，促进新旧资源的绑定与再利用，从而实现无限的发展潜力。

2. 重塑创新性

创新性是一种对新开发、新改进或应用新模块的描述。数字技术在一定程度上颠覆了传统创业的底层逻辑，在改进现有实体的基础上发展出新的趋势，重塑创新活动的规模、范围和导向。

3. 提高开放性

开放性是关于创业过程开放程度、规模和范围的综合描述。新时代的数字创业者更偏向于与合作伙伴进行开放式的协作，从而实现价值的共同增长。

4. 保持灵活性

灵活性是指发现并利用创业机会的灵敏程度。尽管创业企业最初有相当强的灵活性，但是随着企业规模扩大、人员冗余，组织结构不可避免地出现僵化，由此会带来管理决策滞后等问题，如何保持灵活性成为一个巨大的挑战。数字技术的计算特征和连接特征可以帮助创业企业在复杂的市场环境中拥有更强的灵活性。

5. 放大价值性

价值性揭示了创业活动的价值创造结果。数字技术绕过中介，实现价值网络参与者之间的信息资源直接交换。价值网络参与者之间的耦合得到加强，数字技术有助于实现参与者之间的密切协作和协调。数字技术还可赋予客户成为价值网络中价值共同创造者的能力。数字创业在价值创造、分配、获取等环节中的价值性被数字技术放大，从而实现更大的价值。

四、数字创业的模式

1. 捍卫者模式

捍卫者模式是指企业在现有行业或发展轨道，利用成熟的数字技术进行组织创新和价值创造。这种模式对企业的数字技术资源要求不高，强调通过对已有资源的创造性应用，实现企业在各个职能领域的组织创新。在零售、消费等传统行业，企业往往缺乏数字技术资源和资金实力，同时也较少有强烈扩张的意愿，适合选择捍卫者模式开展数字创业。

2. 重塑者模式

重塑者模式是指并未完全颠覆创业的所有底层逻辑，通过修订类和创造类机制在改进现有实体的基础上发展出新的趋势，重塑创新活动的规模、范围和导向。选择重塑者模式的企业往往更注重整个行业的良性发展，希望能够成为相关行业的引领者。

3. 赋能者模式

赋能者模式是指企业将持续改进的数字技术引入新行业，从而开辟新的发展路径以实现自身的发展。它强调跨行业应用数字技术来实现企业目标市场范围的扩张。运用赋能者模式的企业强调持续改进数字技术，以此模块化技术方案，从而构建具有高度普适性的数字商业模式；助力数字技术实现稳健的跨行业应用，从而帮助企业进入新行业和领域，形成基于通用数字技术的商业生态系统或价值网络，使企业处于核心生态位。

4. 冒险者模式

冒险者模式是指企业脱离现有发展轨道，将全新的数字技术应用于新行业开展新事业，形成新的发展路径。选择这种模式进行创业一般有主动和被动两类情形。在被动情形下，往往是因为企业所在行业受到内外部影响，整体发展停滞，缺乏发展前景，企业被迫跳出原有发展路径。而在主动情形下，则是受政策或企业家精神等内外部因素的驱动，企业选择将数字技术应用于新的行业，希望能够取得新发展。

五、数字创业的价值创造

现有的创业理论认为创业是有边界的、固定的，创业参与者（创业代理）是预先定义好的、集中化的，创业过程和创业结果是相互独立的。而在数字创业情景中，这些理论的局限性逐一凸显出来。首先，创业的边界不再固定。数字产品的范围、功能和价值可以在创业启动或实施后继续拓展。数字化设计处在不完整和不断变化的状态，创业的规模和范围由于各种创业代理的参与而扩大。除了创业结果，数字技术也打破了不同创业阶段的界限，像新的数字设施（如 3D 印刷）通过重复性实验使产品创意迅速形成、实施、调整和再实施。其次，创业代理难以预设，这被称为分布式创业。在分布式创业的环境中，具有不同目标和动机的参与者参与创业过程，他们有各自的想法，不受主要创业者的控制。最后，创业过程和创业结果不再相互独立，而是相互依赖。数字创业过程和创业结果的依赖关系是复杂和动态的。比如，在建筑项目中，使用 3D 工具作为数字流程设施，引发了不同行业的设计师和其他利益相关者之间的互动和合作，从而在整个项目网络中产生多种多样的创业活动。因此，数字创业涉及过程和结果（产品/服务）的塑造和被塑造。

延伸阅读 2-2

数字创业与开源协作

新兴的数字技术改变了创业者识别、追逐和开发新的商机的方式。创业过程和结果的数字化强调开放性（Nambisan et al.，2018）。数字技术使得创业的边界更加流动，创业代理也更加分散。一方面，因为数字组件可编辑，数字产品和服务的范围、特征和价值随着客户投入和第三方补充快速发生变化。另一方面，数字技术和平台的可获得性降低了开源协作（open source collaboration）的成本，同时提升了共享和价值共创的收益。

新兴的数字技术催生了数字创业和开源协作的普遍现象。虽然开放是数字创业的共同主题，但数字初创企业如何真正从投入开源协作中实现价值还不清晰。为此，林和马如平（Lin &Maruping，2021）对数字创业中的开源协作进行了探讨。

林和马如平开发了一个理论框架来解释投入开源协作中如何影响数字初创企业的价值，以及这种影响如何取决于风险投资成熟度的阶段（概念、商业化和成长）和开源投入的模式（知识从外流向内部或知识从内流向外部）。

在对汇集了 17 552 家匹配的数字初创企业从 2008 年至 2017 年的月度面板数据进行观察分析后，研究发现，数字初创企业处于概念和商业化阶段从知识流向内部（参与者从开源社群中吸收外部的软件创新）的在线开源协作中受益更多，而在成长阶段更多地受益于知识流向外部（参与者对开源社群贡献自己的软件创新）的在线开源协作。研究的贡献在于展示在线开源协作的知识流是否、何时以及如何影响数字初创企业的价值。

资料来源：Lin Y K，Maruping L M，2021. Open source collaboration in digital entrepreneurship. Organization Science. https://pubsonline. informs. org/journal/orsc.

基本概念

创业过程　　蒂蒙斯模型　　因果推理　　效果推理
双元关系　　数字创业

思考与练习

1. 你是否有过关于创业的奇思妙想？如果有，请试着撰写一份优秀的创业计划书来呈现你的奇思妙想。

2. 在数字经济时代，商机对创业者来说有哪些特殊意义？创业者应当如何把握这些商机？

3. 具体的数字技术会对创业过程产生怎样的影响？

4. 如何应用蒂蒙斯模型分析一个创业企业近十年来的发展情况并用图形表示？

5. 因果推理和效果推理的双元关系在创业过程中是如何体现的？

6. 数字创业企业应当如何把握创业机会？

7. 你如何看待数字创业带给你的影响？

8. 在数字创业中，创业者和用户需要承担哪些角色？

第3章

创业机会

| 学习目标 |

- 掌握创业机会的内涵、来源与分类。
- 掌握识别创业机会的基础条件、方式以及创造创业机会的方法。
- 了解评估和筛选创业机会的主要方法与步骤。

引例

快乐的蛋：数字技术赋能农产品创业

自2015年起，广告传媒出身的王炜晟在一次偶然中开始接触和关注畜牧业。王炜晟和团队用一年的时间走访了几十家蛋鸡养殖场，调查结果显示：中国作为全球最大的鸡蛋生产国和消费市场，约90%的鸡蛋生产却处于近乎“无监管”的状态，泛用甚至滥用抗生素的现象相当普遍。众多的中小型养殖户不仅养殖设施简陋，而且养殖技术落后，管理简单粗放。目睹这样的行业现状，他们希望应用移动互联网技术帮助养殖户养鸡，促进蛋鸡养殖的科学化和精细化，让消费者吃到“无抗”的安全鸡蛋。

辞职后，王炜晟创办邦铭农信科技有限公司，全身心投入“养鸡管家”项目。2016年7月公司第一款企业服务产品“360°养鸡管家”上线，实现了实时监控与温度、湿度、光照等环境数据分析。面对投入了精力、物力却卖不出好价格的窘境，王炜晟深知要做到“优质优价”就要拥有属于自己的品牌。2016年11月，自有品牌“快乐的蛋”正式诞生，以科学标准筛选养殖场，对养殖全流程进行监测与管理，确保雏鸡种源健康、养殖场员工严格规范操作、溢价收购后再进行运输与销售。“快乐的蛋”承包了一枚鸡蛋从鸡舍到餐桌的一生。

王炜晟和团队一方面通过区块链技术让消费者亲自见证鸡蛋生产的全流程，另一方面通过该领域专家的加盟与权威机构的认证，提升信息传播的可信度与说服力。2017年的“双12购物节”期间，“快乐的蛋”日均销售额突破10万元。凭借实力与口碑，“快乐的蛋”陆续在微店、淘宝、本来生活、每日优鲜等平台上架，成为好利来、原麦山丘等餐饮烘焙企业的原料供应商。通过明星大伽自主传播，“快乐的蛋”以较低的成本提升了影响力；通过开发策划虚拟+现实的社交网络游戏“快乐鸡舍”，公司获得了不少新用户。

王炜晟投资开发“非笼养”福利养殖场，与基金会共同研发公益衍生品，提升公众对“快乐的蛋”品牌的了解与关注，帮助其在目标受众中建立起对社会负责、对儿童有爱的形象，公司声誉显著提升。

资料来源：钱婧，屈逸，徐逸凡，等，2021. 农产品的价值创新：快乐的蛋的产品价值传播之路. 中国管理案例共享中心案例库.

请思考：王炜晟面临的创业机会是什么？他是如何发现这个商机的？

第1节　创业机会的基本概念

一、创业机会概述

创业是从发现、把握、利用某个创业机会开始的。创业机会，也称为商业机会（简称商机）。一般而言，创业机会作为一种关键的创业要素，被视为整个创业过程的核心。在创业过程中，识别、创造、评估和开发创业机会是开展创业活动的关键。

（一）创业机会的内涵

创业机会的内涵可以从静态和动态两个理论视角进行理解。静态观点认为，创业机会是开创新企业或开展新业务的有利通道和恰当时机。例如，柯兹纳（Kirzner，1997）将创业机会定义为尚未明确且亟待满足的市场需求或未得到充分利用的资源与能力。巴林杰和爱尔兰（Barringer & Ireland，2006）也提出了类似的观点，他们将创业机会理解为一组有利于创造新产品、新服务或新需求的环境因素。而动态观点则认为，创业机会是包括最初商业创意的产生到创业者将之付诸行动的一系列连续动态过程。例如，经济学家约瑟夫·熊彼特将创业机会理解为一种创造性地结合各种资源以满足市场需求并创造与传递价值的可能性。经济学家卡森（Casson，1982）在其著作中也指出，创业机会是指在新的市场、新的产出或者两者关系的形成过程中不断引进新产品、服务、原材料及组织方式等，以获得超过创业成本价值的一个动态发展过程。

虽然目前研究者们对创业机会的内涵尚未完全达成共识，但创业机会内涵的静态和动态观点并非完全相悖。创业机会是在多主体（创业者与其他利益相关者）的共同作用下，经过一系列动态互动演化而形成，具备有吸引力、持久性和适时性等特征，并且最终表现在能够为消费者或客户创造价值或增加价值的产品或服务中。

（二）创业机会的来源

识别、创造、开发和利用创业机会是创业者创建新企业和开发新业务的关键环节，然而，只有厘清创业机会的来源和影响因素，创业者才能更好地发现、抓住创业机会，并加以开发利用。

研究者普遍认为，创业机会诞生于变化——包括技术、政治制度、产业/市场结构和人口结构等外部环境的变化。彼得·德鲁克认为机会既有可能来自外部环境的变化，也有可能源于组织内部，他在《创新与企业家精神》一书中系统总结了七种创业机会的来源。

（1）出乎意料的事件或结果。意料之外的成功意味着一个新的或者更大的市场，这往往蕴含着开发新产品或新服务的机遇。意料之外的失败也能提供机会，但需要创业者获取更多信息，以识别引发失败的深层次原因。

（2）不协调。不协调是指事物与人们的设想不同，事物间的“不协调”表明其背后可能存在“断层”，而这种断层往往能够提供创新的机会。

（3）流程（改进）需要。与不协调不同，流程（改进）需要往往十分明显，某一流程中的一个瓶颈或薄弱环节通常意味着利用新技术或新流程进行优化完善的机会。

（4）产业和市场结构的变化。德鲁克认为产业和市场结构一般是较为稳定的，但出乎意料的变化将会创造巨大的机遇。产业结构的变化，比如企业的新生或消亡或者企业并购也将产生新的创业机遇，因为这一系列活动将改变行业的竞争状态。市场的变化，例如新需求的产生、市场供求关系的转变以及市场竞争态势的变化等，也将为创业者带来新的创业机遇。

（5）人口结构变化。人口结构的变化表现为人口规模、年龄结构、就业情况、教育情况、收入情况的变化等，这些方面的变化也会带来创业机会。例如，人口老龄化为养老服务领域带来了创业机会。在外部环境中，人口统计数据所透露出的信息最为直接，由人口结构变化所带来的机会也最容易预测。

（6）观念。意料之外的成功和失败能产生创新，主要是因为它能引起认知上的变化，基于观念转变而产生的机会如果能抓住则通常鲜遇竞争对手。

（7）新知识的引入。基于新知识的机会能够为创业者带来丰厚的回报，但在众多机会来源中，基于知识的创新往往无法预见、成本高昂且耗时长，因此这一过程中的创业管理尤为重要。

二、创业机会的类型

根据不同的标准，创业机会可以划分为不同的类型，本书着重介绍以下三种分类标准。

（一）基于“目的-手段”的分类

“目的”是创业者希望产品或服务具备的核心价值或核心竞争力，“手段”则是指创业者为了达到目的所想出并实施的方法。

依据“目的-手段”关系的明确程度、“目的-手段”关系中目的的性质以及“目的-手段”关系中手段的形式，可以得到三种不同的创业机会分类标准。

1. 基于“目的-手段”关系的明确程度进行分类

基于此标准，创业机会可以划分为识别型、发现型和创造型三种。其中，识别型机会是指当机会识别目的与手段均明确时，创业者可以通过“目的-手段”关系来识别的创业机会；发现型机会是指机会识别目的或手段任意一方不确定时，创业者需要主动发现和挖掘的创业机会；创造型机会是指在机会识别目的和手段二者都不明确的前提下，创业者难以建立起“目的”和“手段”之间的关系与联系，他们需要依靠敏锐的洞察力，先他人一步创造出市场价值的创业机会。

2. 基于“目的-手段”关系中目的的性质进行分类

基于此标准，创业机会可以划分为问题型、趋势型和组合型三种。问题型机会是指由现实中尚未解决的问题所带来的机会，通常出现在人们的日常生活和企业的实践中（例如消费者的不便等）；趋势型机会指的是创业者可以在变化中看到市场的未来发展方向，并预测未来市场潜力的机会，一般出现在经济、人口、政治以及社会的变革中，这种机会有可能带来巨大的利益并具有较强的可持续性；组合型机会是指以实现新的用途和价值为目的，将现有的两项或两项以上的技术、产品或服务进行组合而获得的创业机会，此种机会是对现有多种因素的重新组合，以创造出不同于原有的某一种因素的功能，并达到倍增（1＋1＞2）的效果。

3. 基于“目的-手段”关系中手段的形式进行分类

基于此标准，创业机会可以被划分为模仿型、改进型和突破型三种。模仿型机会指的是对现有手段进行模仿性创新的创业机会（例如一些支付平台对支付平台 PayPal 的模仿）；改进型机会是指对现存的产品或服务在一定程度上进行渐进性创新，以打开新市场的创业机会（例如手机制造商在新型号手机上增加新的软件或硬件，增加手机的服务功能）；突破型机会指的是在现有产品或服务的基础上进行开创性创新的创业机会（例如数码相机相较于胶卷相机的突破）。

（二）基于变化点的分类

创业机会产生于变化，因此，创业机会也可以按照变化点（locus of changes）进行分类。

1. 基于价值链不同环节的变化进行分类

产品或服务价值链中的任何一环发生变化，创业机会都有可能随之产生。熊彼特提出了价值链中最常见的五个变化点：新事物的创造、新市场的出现、新材料的发现或发明、新生产方法的发明和新组织形式的诞生。基于这五个变化点，创业机会可以被划分为新产品或新服务、新的市场、新的原材料、新的生产方式、新的组织形式等五种类型。

2. 基于创业环境的变化进行分类

创业机会的产生与经济环境系统中供应组合关系的变化息息相关。基于创业环境的变化，创业机会可以被划分为技术机会、市场机会、政策机会三种。其中，技术机会是由技术发展和变化带来的；市场机会是由市场的动荡变化带来的；而政策的变化将带来政策型创业机会。

（三）基于机会来源及发展程度的分类

阿迪克威利等（Ardichvili et al.，2003）依据创业机会的来源、发展情况、价值是否明确以及创业者创造价值的能力等，把创业机会划分为梦想型、尚待解决的问题、技术转移及市场形成四种类型，如表 3－1 所示。

（1）在梦想型创业机会中，寻求的价值（即探寻的价值是否已经明确）与创造价值的能力（即人力资本、财务能力和其他必需的资源等）都是未知的。对于此种机会，创业者需要充分结合自身的创意和知识，发挥超越当前极限的创造力。

（2）在尚待解决的问题型创业机会中，寻求的价值是已知的，但创造价值的能力未知，在这种情况下，机会的产生一般来自对特定产品或服务的设计和创造。

（3）在技术转移型创业机会中，寻求的价值是未知的，但创造价值的能力是已知的，例如将搜索应用程序的能力和闲置容量利用起来，去完成一些其他的工作。此种机会的产生更强调原有技术的应用，而不是新的产品或服务开发。

（4）在市场形成型创业机会中，寻求的价值是已知的，创造价值的能力也是已知的，这种机会的产生涉及匹配已知的资源和需求，以形成能够创造和交付价值的业务。

表 3-1　基于机会来源及发展程度的机会类型

	寻求的价值未知	寻求的价值已知
创造价值的能力未知	梦想型	尚待解决的问题型
创造价值的能力已知	技术转移型	市场形成型

资料来源：Ardichvili A，Cardozo R，Ray S，2003. A theory of entrepreneurial opportunity identification and development. Journal of Business Venturing，18（1）：105-123.

三、创业机会的“发现说”与“创造说”

围绕创业机会的本质，研究者形成了“发现说”与“创造说”两大流派。

创业机会“发现说”认为创业机会先于创业者的意识存在于外部的客观环境中，等待创业者去发掘，即创业机会是发现型机会。例如，由于大量创业者与小微企业的生存与发展亟须联合办公场地、资金、人脉以及其他各类企业孵化服务，2015 年 3 月，万科集团原执行副总裁毛大庆发现了这一需求，通过创建优客工场抓住并利用了这一机会。

创业机会“创造说”则认为创业机会并不是预先客观存在的，创业者需要根据自身对社会环境、顾客及市场的认知和理解构建和创造机会，换言之，创业机会是创造型机会。例如，20 世纪 80 年代索尼公司推出的“随身听”以及 2007 年乔布斯推出的苹果手机都是通过极致的创新创造出的创业机会。

近期的研究表明，发现型机会和创造型机会并不是非此即彼的关系，两者可以互相转化（蔡莉等，2018）。开发创造型机会的各个阶段都有助于产生发现型机会。创造型机会的初始创意来自核心主体（创业者），随后，创业者通过与外部环境中的利益相关者互动，逐渐使初始创意客观化，并予以实施。这一过程中，创业者与利益相关者围绕该创意不断进行信息、认知和资源互动，促进了组织学习和知识的共享与传播。基于所学习的新知识，各参与主体将识别更多潜在机会并构建一系列相关机会的集合，而机会集合的创建和拓展又将带来大量具有创新性的潜在机会，且将进一步吸引各参与主体通过组织学习加强其对机会集合中资源与知识的理解和整合，并增强其识别和发现机会的能力，从而实现创造型机会向发现型机会的转化。

对发现型机会的开发同样会实现向创造型机会的转化。在发现型机会情境中，创业者与利益相关者基于某一存在的初始机会进行信息、认知和资源互动。在这一过程中，他们将可能发现相关的其他机会或产生新的创意，从而创建一系列相关机会的集合，而机会集合的创建和拓展又将带来大量的潜在机会，并吸引其他不同的主体参与。随着参与主体不断增多，主体间频繁地交流与互动将进一步触发组织学习过程，并带来知识的溢出效应，进而诱发一些主体实现突破性技术创新，从而导致发现型机会向创造型机会的转化。

综上，“发现”和“创造”二者是相互关联的，创业机会既包含了“发现”的特征，也包含了“创造”的特征。但创业机会作为一种由市场、需求、技术以及社会等不同因素共同影响而产生的潜在事物，首先应该是存在于客观环境中的。它在未被发现时，只是一种客观存在，只有通过人脑主动的认知过程被创业者所把握，最终才能成为真正的创业机会。如果创业者无法对这些潜在的机会做出反应，或者这些潜在的机会并没有激发创业者产生创业的想法，那么这种机会并不能成为创业机会。因此，创业机会既是客观存在的，又是由创业者的思维所创造的。

延伸阅读 3-1　元宇宙经济：你不知道的商机藏在哪里

第 2 节　识别和创造创业机会

一、识别创业机会

准确识别创业机会是创业的起点。然而，机会通常不易被觉察，往往只有少数的创业者才能敏锐地识别常人难以发现的机会。虽然能否识别创业机会受到创业者个人能力、知识水平以及经历等因素的影响，但识别创业机会的能力也可以通过学习获得，本节的内容将帮助创业者识别隐藏于市场中的创业机会。

（一）创业机会识别的基础条件

根据阿迪克威利和卡多佐（Ardichvili & Cardozo，2000）提出的创业机会识别模型（如图 3-1 所示），我们认为识别创业机会通常需要创业者具备以下基础条件：

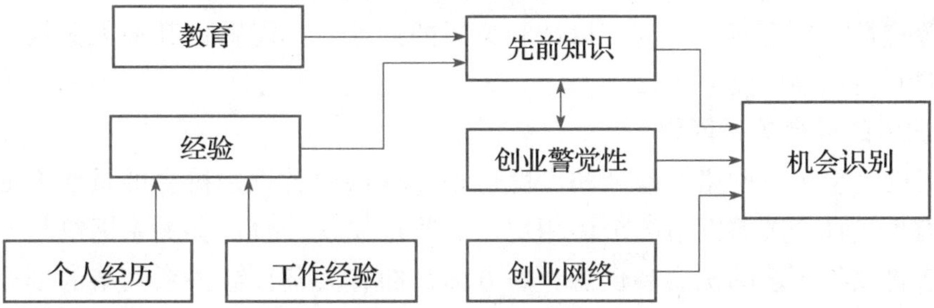

图 3-1　创业机会识别模型

1. 先前知识

创业者的先前知识与其接受的教育和个人经验有关。其中，创业者的个人经验包括先前的工作经验与个人经历，主要通过相关工作和个人活动进行积累。创业者通过先前的工作接触并学习到相关领域的知识，这种知识与经验的积累可以帮助其辨别潜在的商业投资机会。先前知识越丰富的创业者越有可能全面地考察外界环境，从而理解和识别出创业机会；而先前知识越贫乏的创业者越容易片面地理解和识别创业机会。

此外，创业者先前“成功”或“失败”的工作经历同样会影响创业者的机会识别结果。

一般而言，如果创业者在先前的工作中有了诸多“成功的实践”，这些成功经验的积累将使他能够恰当地分析和理解新的创业机会，而且他在面对新的机会时将呈现出积极的心态，并在理性分析的基础上选择合适的机会；反之，虽然一定程度的“失败的实践”能够带来宝贵的经验，但如果创业者经历过多失败，这些受挫的经历将不利于创业者发现新的机会，甚至可能使其在面对恰当的创业机会时不自信，或是迟疑不决，最终错失良机。

2. 认知因素

识别创业机会的本质是一个认知过程，创业者充分理解以及掌握创业机会的基本内涵和特征是其迅速捕捉和察觉创业机会的重要前提。目前，仍有不少创业者简单地将细分市场的某些机会视作创业机会，而没有充分考虑创业机会的特殊性和基本内涵。

3. 行业知识的了解程度

虽然“外行人”具备崭新的视角，可能产生有别于专业人士的新观点，但随着现代社会技术分工的不断深化，创业者所具备的专业知识以及对行业现状的了解程度对推动和组织创业活动变得越来越重要。因为，当创业者精通某一专业领域并掌握某一行业发展动态时，他们将对这个行业的细分市场拥有较为清楚的认知，从而有助于他们把握该行业的细分市场；反之，如果创业者缺乏某一领域的知识或不了解某一行业的动态，他们将很难充分把握行业的细分市场，因而创业机会的识别能力也将降低。

4. 创业者的思路、悟性及灵感

思路是创业者手中的工具，能够帮助创业者将自身的创造力转化为创业机会。悟性是指创业者对事物的理解、分析、感悟和觉悟能力，也指一种触类旁通的思维方式。创业中的悟性能够让个体直接识别因果关系，换言之，它能够帮助创业者分析实现某种效果的原因，以及预测某些原因可能导致的结果。灵感指的是创业者在探索的过程中由于某种契机而迸发出的豁然开朗、精神亢奋并取得一定突破的心理现象，它会给创业者带来意料之外的创造性，并且不受创业者个人的主观控制，具有突然性、短暂性、亢奋性和突破性等特征。研究表明，富有悟性和灵感的创业者，能够比其他人更快、更深入地了解和理解其所面临的创业机会。

5. 创业者的社会关系网络

创业者的社会关系网络的深度和广度也是影响创业者识别机会的重要方面。研究表明，与拥有少量社会关系网络的个体相比，那些建立了大量社会关系网络与专家联系网络的创业者将获得更多的机会和创意。一方面，拥有大量社会关系网络的创业者具有更广的信息来源渠道，从而拓宽机会的来源。通过社会关系网络，他们还能先一步获得相关信息，提高机会识别效率。另一方面，丰富的社会关系网络能够为创业者提供创业所需的各种资源。

“强联系”与“弱联系”是两个描述创业者社会关系网络在创业机会识别过程中起关键作用的重要概念。其中，强联系是指个体间频繁地相互作用，多出现在同事之间、朋友之间和配偶之间；弱联系是指个体间的相互作用并不频繁，通常发生于偶然认识的人或者间接认识的人之间。有研究证据表明，创业者通过弱联系比通过强联系更有可能获得新颖的创意。因为强联系主要出现在具有相似思维的个体之间，这种联系更倾向于强化创业者个人既有的认知和观念，很难碰撞出创新的想法；而弱联系常发生于并不具有相似思维的个体之间，从而可能更容易激发全新的创意。

上述五个条件于创业者的创业机会识别能力和识别效果而言都具有重要作用。其中，创业者的先前知识关系到创业者的机会识别能力和机会选择态度；创业者的认知能够促使创业者全面迅速地理解、识别和捕捉创业机会；创业者对领域知识和行业现状的了解程度，与创业者机会识别的广度和深度有关；创业者的思路、悟性与灵感决定了创业者识别机会的准确度；创业者的社会关系网络影响到创业者识别机会的效率。

（二）创业机会的识别方式

当具备识别创业机会的基础条件后，创业者可以通过观察趋势、识别待解决的问题和寻找市场缺口这三种方式进行创业机会的识别。

1. 观察趋势

识别创业机会的第一种途径是观察趋势并对趋势进行分析。实际上，观察趋势的本质是对环境变化进行解读，其中，经济趋势、社会趋势、技术进步、政策变化是环境中创业者和潜在创业者需要关注的最重要的因素。

（1）经济趋势。

理解新的经济趋势能够有效帮助创业者发现新市场并选择新的创意领域。经济因素在很大程度上会影响到消费者的可支配收入水平。当经济处于强势期时，消费者更倾向于选择能够提升他们生活质量的服务或产品；但当经济处于低迷期时，由于担心经济可能变得更加低迷，消费者不愿意进行消费，从而导致某些市场的萎缩，并进一步导致人们失业。不过，有时低迷的经济也有可能为创业者提供创业机会，例如，可帮助消费者和企业省钱的创业实践更有可能在经济低迷期获得成功。此外，对经济趋势的理解还可以帮助创业者避开特定时期不利于创业的领域。例如，2020 年新冠肺炎疫情给我国经济带来了较大的影响，在这一时期，一些消费者收入来源减少，可支配收入不断降低，因此，旅游、汽车这类需求弹性较高的行业为创业者提供的机会就相对减少。

（2）社会趋势。

理解社会趋势及其对新产品、新服务和新业务的影响，是创业机会识别过程中最基本的环节。例如，快餐行业能够稳定而持续地发展，除了有产品品质不断提升的原因，最根本的原因是在快节奏的生活状态下人们往往追求速度与便捷，而快餐能够在很大程度上减少人们用餐的时间，为人们节约大量的时间成本。同样，微信、QQ 以及微博的成功也不仅仅是因为这些平台能够供人们分享、发布、上传照片，更重要的是它们提供了一种使人们能够更便捷地与其他人交流、了解外部信息的渠道，而这些都是当今社会发展的趋势。由此可见，社会趋势的变化将会引起消费者和企业的改变，进而影响产品或服务的提供。每种社会趋势都有可能为创业者带来新的机会。例如，围绕“双碳”目标，提供共享单车、共享电瓶车以及共享汽车等出行服务的领域将涌现一系列创业机会。类似地，人口老龄化为家庭医疗和老年人服务等领域的创业活动提供了大量机遇。

（3）技术进步。

技术进步常常通过影响经济和社会变革来孕育创业机会。比如，技术进步影响人们对健康的关注程度，可穿戴设备的出现可以为使用者提供睡眠、心率等相关可视化的数据，以实时监测使用者的健康状况，引起了人们对自身健康状况的重视。技术进步还能够为人们的日常出行和工作带来很大的便利。例如，导航类 App 通过将导航技术与商业化技术相结合，更具多元化功能。以高德地图为例，除了地图导航，这一 App 还兼具打车、酒店预订、外卖服务、运动记录等多种功能，为使用者提供了极大的便利，也在一定程度上丰富了人们的日常生活。此外，技术进步还具有一种典型的特征，即一旦某项技术被实现，就会产生一系列的相关产品来推动该技术不断进步。

（4）政策变化。

政策变化同样为创业机会的出现创造了条件。政府出台的一些政策将直接影响到某个行业的发展。例如，2017 年出台的《中华人民共和国能源法（征求意见稿）》既对现有企业提出了严格的环保要求，又给环保能源等行业带来了新的发展机遇；此外，2019 年的“三农”政策为发展乡村特色产业提供了新的创业机会。同时，国际局势的变动也会在一定程度上为创业者提供机会。例如，在全球一些国家政局不稳定的情况下，企业的安全意识将会大大增强，因而需要相关的服务来保护有形资产、知识产权以及员工和客户。以数据资料保护为例，近年来，由于众多企业越来越重视内部资源和数据的安全性，网络安全和数据备份及存储行业得到空前的发展。图 3－2 描述了环境中各种趋势与识别机会缺口之间的关系。

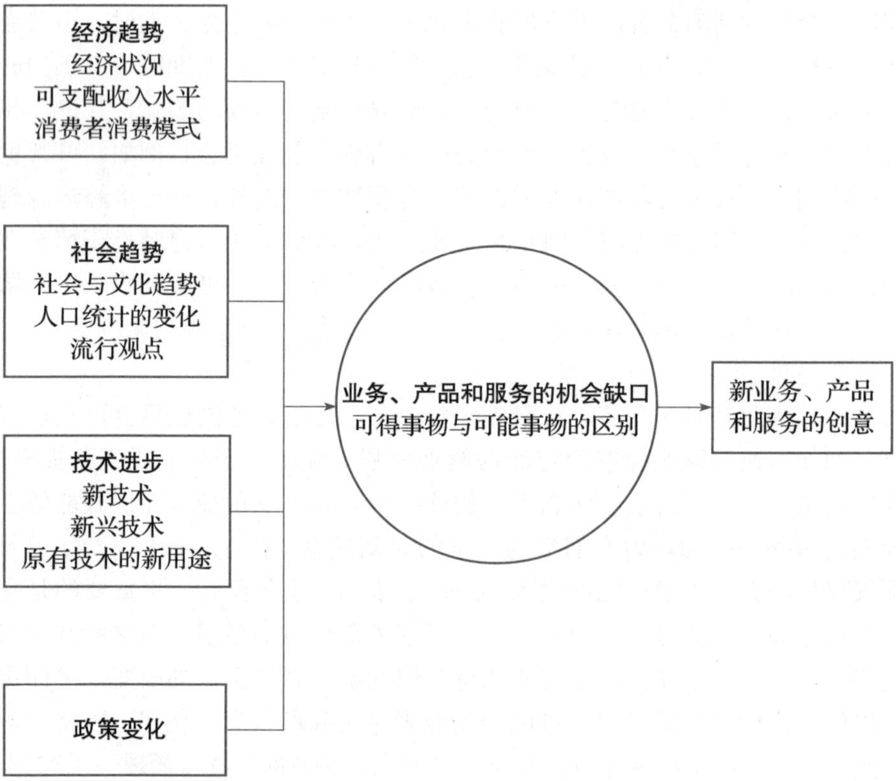

图 3－2　环境变化趋势与识别机会缺口之间的关系

在观察上述四种趋势的同时，创业者还应当注意避免两类常见的陷阱：

（1）混淆趋势与时尚。新创企业通常无法快速整合资源来利用时尚，因此更应该关注形成这种时尚背后更本质的原因。

（2）孤立地考虑单一趋势。尽管本书分开讨论了不同的趋势所带来的影响，但某种产品或服务受欢迎的原因可能是多种趋势共同作用的结果。

2. 识别待解决的问题

识别创业机会的第二种途径是认识问题并找到解决问题的方法。正如组织共同事业（Common Cause）创始人约翰·加德纳（John Gardner）所言，“每个问题都是一个被精巧掩饰的机会”。发现现实生活中的各种问题也是识别创业机会的一种重要方式。下面为创业者提供了三种识别问题的主要途径：

（1）通过分析事件（尤其是意外事件）来识别未被解决的问题。

（2）通过跟踪技术进步来识别亟待解决的问题。

（3）通过识别新兴趋势与问题之间的联系来识别未被解决的问题。

3. 寻找市场缺口

识别创业机会的第三种途径是寻找市场缺口。以运动服饰为例，虽然李宁、安踏等公司为各类运动场景提供了丰富的产品选项，但它们对消费者的个性化需求或者特殊消费偏好关注有限，因而使得小部分市场存在空缺。加拿大品牌露露乐蒙（lululemon）发现了高端瑜伽服的市场缺口，并凭借其“爆款”瑜伽裤快速打开了全球市场。

市场缺口既可以被“发现”，也可以被“创造”。

（1）通过识别不同人群的需求来发现市场缺口。例如，创业者可以通过识别小部分消费者的特殊消费偏好或类型，即针对小众需求或是特定人群来提供产品或服务，以此占据利基市场的稳定份额。

（2）将现有产品或服务定位于完全不同的目标市场。这种方法从根本上说涉及创造空缺并填补它。例如，王老吉将原来用于医药领域的草本茶配方用于饮料领域，创造了一款可以降火的凉茶饮料。

二、创造创业机会

根据创业机会“创造说”的基本观点，创业者不仅可以发现机会，还可以根据自身对社会环境、顾客及市场的认知和理解构建和创造机会。机会创造与机会发现有本质的区别，被“发现”的机会通常是指一个行业或市场本身就存在的客观现象，例如不同的消费人群具有不同的消费需求；而被“创造”的机会与创业者有根本的关联性，它主要源于创业者及创业者与利益相关者的交流和互动，例如洗脸巾以“不会出现长期处于湿润状态从而引发细菌等微生物快速滋生的健康危害”为主要卖点，抢占了部分毛巾的市场。

如何创造机会一直是创业机会研究领域和市场营销领域探讨的重要话题。

（一）创造创业机会的方法

机会的创造往往与创意（idea）的形成密不可分。创意形成是创业机会产生的基础，创造机会的前提就是形成创意。以下总结了四种较为常用的创意生成方法。

1. 头脑风暴法

头脑风暴是一种常见的快速产生大量创意的方法，用于激发个人的创造性思维，通常以会议的形式呈现。头脑风暴法通常是指由某一个负责人引导其他参与者围绕某个中心议题毫无顾忌地发表独立见解，从而营造出一种创新和热烈的氛围，在短时间内获得大量的观点和创意。虽然通过这种方法产生的大多数创意没有得到进一步的开发，但当其聚焦于特定产品或市场时，则容易出现很好的创意。

使用头脑风暴法产生创意时需要严格遵守以下四项规则：

（1）任何参与者都不准批评，包括出现一系列表示怀疑/疑问的面部表情，以及负面的讨论，因为这些表现将扼杀创造力，并抑制创意的自由流动。

（2）鼓励随心所欲，鼓励产生更多、更好的创意。参与者的发言不受表达规则的限制和约束，创意即使不符合实际、稀奇古怪，也依然得到鼓励。

（3）鼓励对初步的想法进行组合和改进，以此产生新的创意。

（4）过程随意而有趣，没有人禁止或限制讨论。

2. 焦点小组法

焦点小组通常由 5～10 名与议题相关的参与者组成，他们通常聚集起来对特定的某个问题做出反应，然后通过相互评价来明晰该问题，从而产生满足市场需求的新创意。这种方法广泛应用于各种场合，不过在进行头脑风暴之后展开焦点小组讨论效果会更好。因为通过头脑风暴法已经形成了一般性的创意，应再通过焦点小组讨论的形式对创意进行进一步优化。例如，参与者通过头脑风暴法提出了“为腿部残疾人士设计拖鞋”的创意，再通过焦点小组法就这一创意展开进一步讨论。

使用焦点小组法时有以下两个注意点：

（1）需要一位训练有素的主持人指导实施。主持人的首要目标是使小组维持“聚焦”某一个话题的状态，并营造活跃积极的讨论氛围。

（2）焦点小组法的有效性主要依赖于主持人提问以及让讨论持续进行的能力。

此外，除了产生新创意外，焦点小组法也可以用于产品概念的初步筛选。

3. 线上线下资料研究

线上线下资料研究包括图书馆研究和互联网研究，这也是一种产生新创意的方法。产生新创意的一种方式是选择一个创意，并对这一创意展开研究。在产生新创意时，图书馆资料往往是没有被充分利用的资源。创业者可以通过浏览相关产业杂志、交易日志和产业报告等，形成新创意，此外，一些大学图书馆和大型公共图书馆还提供免费使用的功能强大的搜索引擎和数据库。

互联网也是一个重要的创意来源，当创业者还没有任何想法时，可以通过搜索引擎，例如百度和必应等进行粗放式检索，就会出现涉及最热门和最新商业创意的链接，这些都可以作为创意的最初来源；而当创业者确定了一些想法，同样可以通过搜索引擎锁定感兴趣的关键词，进行深入了解。

4. 问题库分析

创业者通过集中获取分析和解决问题来获得新创意。这种方法充分利用市场和消费者的力量。创业者将创意（新产品或服务）展示在消费者面前，围绕这一创意创业者可以提出一系列问题，然后让消费者从中选择并讨论有关这一创意的特殊问题；同时，消费者也可以主动提出一些他们认为重要的问题。通过收集消费者的评论和问题，创业者可以对现有创意进行改进并从中提炼出新的创意。最典型的例子是创新社区和一些品牌社区，例如海尔的 HOPE 平台、华为的花粉俱乐部、星巴克的 My Starbucks Idea 等，它们都通过收集消费者的问题和反馈来改进现有创意或产生新的创意。

（二）影响创业机会创造的因素

1. 创业者的个人特征

创业者的个人特征将对其创造机会产生重要影响，包括创业者的先前经验、思维方式、认知程度、创造力等。举例而言，具有丰富先前经验的创业者比没有先前经验的创业者有更多可参考的真实经历和经验知识，在创意提出时，他们可供搜索和利用的“经验知识库”更大，因而能够影响创意的形成。

2. 创业团队

创意的起点可能源于某一个创业者，但创业机会的正式形成离不开创业团队的服务，以及创业者与其他利益相关者的交流与互动。创业团队的支持对于创业者而言不仅是创业资源，也是创业机会创造的重要助推器。如前所述，不管是采用哪种方法，创意的形成都离不开共同探讨的参与者，他们的存在为创意的提出提供了思路来源。

3. 决策环境

决策环境也将影响机会创造过程。被“发现”的机会往往是市场环境中的一个客观现象或事物，与之不同的是，被“创造”的机会主要与创业者及利益相关者有关。因而，创业者提出的创意必须与外部环境相互匹配（例如，创业者提出的新产品或服务能够满足市场需求，符合外部环境的要求等），但实际上，在机会创造过程中决策环境是不确定的，因此，这也对创意的筛选和开发提出了更大的挑战。

第 3 节　评估和检验创业机会

一、评估创业机会

创业者还应该认真评估每一个具有创新性的创意，因为并不是所有的创意都能转化为创业机会，也并不是所有的创业机会都能带来丰厚的市场回报。依据创业机会的内涵及特殊性，本节将创业机会的评估总结为以下四个部分：

（一）创业机会的价值性评估

创业机会的价值性评估是指分析特定创业机会所对应的市场需求规模与结构，尤其是该机会面临的起始市场需求规模与结构，还包括可能的客户群、客户群的偏好与特征以及哪些客户有可能成为“目标客户”等。此外，出现机会的细分市场属于什么产业，该产业处于什么发展阶段等也需要重点关注。对于成长性行业中的创业机会，其未来潜藏着较大的商业价值，创业者需要重点关注。而萎缩性行业中的机会，不管行业是“相对萎缩”还是“绝对萎缩”，于创业者而言，都是不可取的。

（二）创业机会的时效性评估

创业机会的时效性评估指的是对特定机会的持续时间与市场的成长性进行分析。有意义、有价值且适合创业的机会，一般具有一定的持续性和成长性。所谓持续性，指的是机会所对应的市场需求可能存在的时间长度。对应的市场需求存在的时间越长，该机会越值得关注。反之，市场需求持续的时间越短，该机会越不可取。而成长性指的是机会对应的市场需求的成长性。通常，只有在市场需求处于不断成长的情况下，市场才有可能容纳较多的企业，新创企业才会获得较大的成长空间。

（三）机会、创意、资源、能力的匹配度评估

适当的机会、有价值的创意、可获得的资源、团队的能力四者之间的匹配也是评估创业机会的一个重要维度。首先，机会与创意应当相互匹配，形成有价值、有意义的创业机会。接下来应当评估创业者是否有能力实施该创意，以及创业者是否掌握或者能获得实施该创意所需的资源。如果创业者识别出有价值、有意义的创业机会，但是没有能力实施该创意或者无法获得实施该创意所需的资源，该机会依然不可取。

（四）风险收益评估

创业机会往往伴随着风险与收益。完成前三部分的评估，即最后得出“该机会适合本团队进行创业”的结论后，创业者需要对该创业机会进行风险和收益评估。值得注意的是，不同创业者对同一创业机会的潜在风险和收益也会表现出不同的认知，创业者可能会因高估收益而创业失败，也有可能因高估风险而错失机会。

二、筛选创业机会

创业者能用于创业的资源是有限的，因此，即使通过评估确认了适合创业的机会，也应当对这些机会进行筛选，最终选择最合适的创业机会进行下一步的检验和开发。

（一）机会聚焦

机会聚焦，即创业者在筛选创业机会的过程中应该将精力集中在机会上，这是筛选创业机会最有效的出发点。许多创业者在机会筛选过程中可能从公司战略（由创业机会特性衍生出）、财务能力以及该创业机会将带来多大的价值和股份分配等其他方面入手，但这往往本末倒置，因为创业机会本身才是关键。

（二）筛选步骤

对创业机会的筛选主要包括以下三个步骤：

1. 对创意及其竞争力的描述

对创意及其竞争力进行描述是创业机会筛选的第一步，这一步在创造机会时尤为重要。创业者需要尽可能详细地描述创意（所指向的产品或服务）的细节和特征，并评估是否可以通过该创意迎合或满足利基市场客户群体的需要，为客户提供高价值或高增值的利益。如果不能满足客户群体的需要，创业者应当重新考虑该创意的潜力。

此外，创业者应当确认并列出将创意付诸实施后可能面临的竞争对手，并将该创意与同一或相似目标市场的至少三个竞争对手进行详细对比。通过对比发现自身的优势和劣势，从而确定如何突出差异化并形成独特的竞争优势。如果与竞争对手相比，该创意没有鲜明的独特性，那么创业者需要仔细考虑该创意是否能够成功地开发市场。

2. 创业机会的国内国际市场分析

对创业机会的国内国际市场进行分析是创业机会筛选的第二步。实际上，并不是只

有在识别、创造机会时需要考察市场环境，机会识别和创造出来后，创业者还需要对市场保持足够的灵敏性。通过对国内国际市场或行业数据的收集和分析，创业者可以对整个行业、整个市场、细分市场和目标市场的变化趋势有较为深刻的了解和掌握。如果创意或机会出现在高度集中、完全竞争、处于成熟期或衰退期的市场或行业，那么即使创业者抓住该机会创办了新企业，该新企业也将难以生存；反之，如果创意或机会出现的市场或行业是细分的、不完善的或新兴的，则这一类市场或行业属于没有人进入或进入者不多的夹缝市场，比较利于新企业的创建和生存。

3. 创业者及其团队评估

创业者及其团队评估在机会分析计划中占的比重相对较小，但也是创业机会筛选的一个重要步骤。在评估创业者和创业团队时，需要确保至少有一人对新创意所属的领域极其熟悉或具有相关领域的经验，这与机会落地成功密不可分。在开发创业机会前，还需要让创业者和创业团队回答一系列问题：例如，为什么会对这个机会/创意感兴趣？当创业激情过去之后，这个机会是否还会吸引你/你们？以此评估该创业者或创业团队对该领域的了解程度以及对该机会的热情程度。

三、检验创业机会

在对创业机会和创意进行评估与筛选之后，进一步对创业机会进行检验是辨别其价值的关键步骤。检验创业机会最常用的方式是进行可行性分析，如图 3-3 所示，可行性分析包括产品/服务可行性、产业/目标市场可行性、组织可行性和财务可行性四个方面。如果某个机会或创意不能满足四个方面中的一个或多个方面，那么创业者应当考虑放弃或重新思考创业机会的价值；而倘若四个方面都能满足，那么意味着这个机会或创意是可行的。

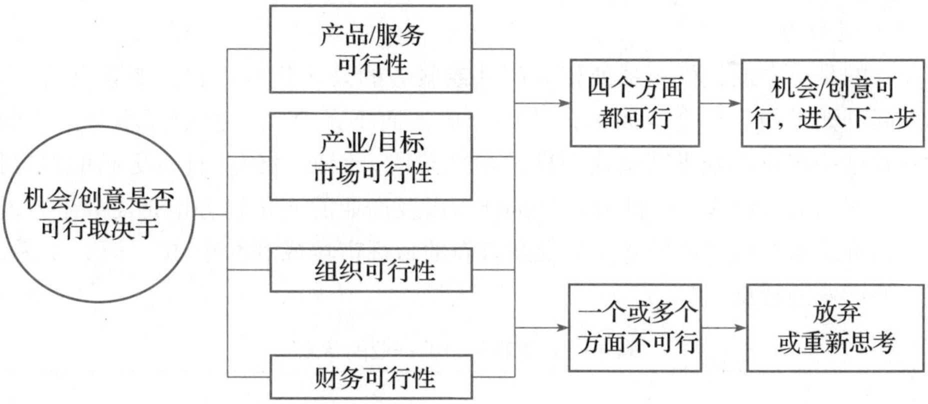

图 3-3　可行性分析在创业机会检验中的作用

（一）产品/服务可行性分析

产品/服务可行性分析指的是对机会或创意对应的产品或服务的总体吸引力进行评估。如果机会或创意对应的产品或服务对客户不具备吸引力，或者无法满足客户的需求，那么该产品或服务就是失败的。创业者可以与目标客户进行交流以了解他们的切实需求，也可以利用图书馆、互联网等获取二手数据分析可行性。

1. 与潜在客户深入交流

可行性分析需要确认就创业机会所预期的产品或服务是否符合消费者需求。当消费者对预期的产品或服务表现出较低的需求时，意味着产品或服务面对的市场范围较小，这很容易导致机会开发的失败。因此，在检验创业机会的过程中，创业者可以与目标客户或潜在客户进行深入的交流，以确保预期的产品或服务拥有足够大的市场。在与潜在客户交流的过程中，创业者需要避免两类典型错误：

（1）访谈错误的人。如果你访谈的人与你的目标客户定位不相符，或者只是朋友和家人，你得到的答案可能对你没有帮助。

（2）谈论你的想法而不是他们的问题/行为。如果你让别人告诉你他们是否喜欢你的想法，你可能会得到有偏见的回答，得不到你需要的信息。

2. 利用图书馆、互联网等获取二手数据

除了与潜在客户交流之外，收集关于一个市场或产业的二手数据也是十分重要的。对于特定的产品或服务，创业者需要进行充分的档案研究和一手资料分析来评估需求的规模，而图书馆、互联网等为创业者获取资料提供了足够大的平台。通过图书馆和互联网展开调研，对预期的产品或服务的创意价值或优势进行持续检验是十分重要的，如何在有限的时间内收集到更多有价值的资料，在很大程度上决定了检验的效率和准确性。

（二）产业/目标市场可行性分析

产业/目标市场可行性分析指的是对就创业机会所预期提供的产品或服务的整体市场吸引力进行评估的过程。对于创业者来说，明确理解机会所属的产业与目标市场之间的区别是十分重要的。因此，产业/目标市场可行性分析可以从以下两个方面入手：产业吸引力和目标市场吸引力。

1. 产业吸引力

产业指的是生产或提供一系列相似产品或服务的公司集群，它们所具有的吸引力往往有所不同。如果创业机会所属的产业处于成长而不是衰退、分散而不是集中的状态，那么意味着这一产业正处于其生命周期的早期阶段，因而对创业具有更高的包容性，有利于新创企业的加入和成长。此外，外部环境以及商业的变化趋势也是需要考察的方面，因为，它们可能影响到产业的发展以及孕育新的目标市场或利基市场。表 3-2 总结了具有吸引力的产业的特点。

表 3-2 有吸引力的产业的特点

产业趋于年轻
处于产业生命周期的早期阶段
分散而不是集中的
产业处于成长状态
以销售顾客“必须拥有”而不是“想要拥有”的产品或服务为主
企业数量不多
较高的盈利率
并不高度依赖于关键原材料的低价格来保持盈利

2. 目标市场吸引力

目标市场通常代表了一群拥有相同或相似需求的客户群体。具有高潜力的机会往往对应一个较小的目标市场，因为基于这类机会开发的预期产品或服务可以避免与产业中的领导者直接进行竞争。通过聚焦于利基市场，创业者可以集中更多资源，用于建立一个服务于细分市场的企业。此外，如果创业机会对应的目标市场的容量比较恰当，也就是说，该市场既可以容纳新企业，也能够避免吸引强大的竞争对手，那么该机会对应的目标市场具有较大的吸引力。

（三）组织可行性分析

创业者在开发机会并创建新企业时，要充分评估自身和团队成员的能力。组织可行性分析可以用来判断利用创业机会的创业者和创业团队是否具有足够的管理知识、组织能力以及相应资源以确保企业的成立。组织可行性分析可以从以下两方面入手：管理能力和资源丰富度。

1. 管理能力

在将创业机会转化为新创企业之前必须要充分评估自身的能力，不管进行创业活动的是个人还是团队。创业者或创业团队必须要对自身有清晰的认识，进行充分的自我评估，其中两个因素十分重要：其一，创业者或创业团队对自己的创意所抱有的激情；其二，创业者或创业团队对将要进入市场的熟悉程度。

除自身能力外，创业者在管理方面可以考虑一些其他的因素。创业者可以尝试将自己的职业或社会关系网络转变为自身优势，换言之，创业者可以通过同事或朋友的帮助来弥补自身的不足。除此之外，创业者也可以创建一支管理团队，即他可以主动识别并邀请那些有才能、可信赖的人加入团队，这样可以提高新创企业可行性分析的可信度，增强新创企业的竞争力。

2. 资源丰富度

资源丰富度是组织可行性分析的第二个部分，它要求创业者确定自身的资源，如财务资源的充裕性以及非财务资源的可获得性，是否能够支持自己完成产品或服务的开发。对某些新创企业而言，在相关领域获得及保护知识产权的能力是一个关键的资源问题，该问题主要针对那些预期开发新产品或引入新服务的企业。要想检验资源的丰富度，创业者可以列出 6～12 种有助于推进机会开发的非财务资源，并对其可获得性进行评估，如果核心领域内的资源难以获取，那么继续将该机会或创意商业化并不是一个好的选择。表 3－3 总结了一些非财务资源。

表 3－3　非财务资源类型

负担得起的办公空间
实验室空间、制造空间或开展服务性业务的空间
签约的制造商或服务提供商
关键的管理人员
关键的辅助人员
企业运行所需的关键设备（计算机、机械装置、运输工具）
在企业的关键领域获得及保护知识产权的能力
当地政府的支持
建立有利的商业合作关系的能力

（四）财务可行性分析

财务可行性分析是可行性分析的最后一步。对于创业机会，财务可行性分析是指捕捉该机会并将其转化为预期产品或服务所需的财务资源，以及可能实现的财务绩效的可行性分析。通常情况下，创业者只需进行初步的财务可行性分析，具体程度可视每个创业者的情况而改变。财务可行性分析主要涉及以下两个方面：启动创业所需资金总量和类似企业的财务绩效。

1. 启动创业所需资金总量

启动资金就是指创业者准备做第一笔生意所需的资金总额。创业者需要对此制定一份详细的预算，包括资本支出和创立及运行所需的全部费用。在确定了金额后，就需要解释企业从何处获取资金。在这个过程中一定要避免草率地结束，例如，尽量不要使用“我将会借钱”“我计划投入”等说法。

2. 类似企业的财务绩效

通过利用现存类似企业的财务绩效来预估创业机会可能实现的财务绩效是财务可行性分析的第二步。但是通过这种方式得到的结果只是一个大致的结论而不是精确的数字，而且准确性可能很难得到保证。随着互联网的不断发展，创业者可以通过在线查阅许多企业的档案资料来分析其财务绩效（多数大公司会选择公开其财务报告），但是通过这种方式获得的资料和数据大多都来自相对成熟的大型企业或上市公司，因而可能并不适合与新企业对比。还有一种途径是，寻找一家类似但不构成竞争关系的小型企业，请求该企业的所有者分享相关财务数据，即便对方只愿意告知数据概况，也将会对创业者产生巨大的帮助。

进行可行性分析不仅能对特定的机会或创意的价值进行检验，通过分析得到的反馈和结果也可以作为修正、更改和完善创意的重要依据。

四、创业机会风险

由于多数创业机会都蕴含着诸多的不确定性，一个有价值的创业机会也必然伴随着一定的风险。因此，在评估创业机会时，创业机会所带来的风险也是需要重点考察的对象。创业机会风险，通常是指在识别、创造、开发和利用创业机会的过程中面临的潜在风险因素，以及一旦遇到某种风险就会导致创业活动难以持续甚至终止的情况。其中，一部分风险是可以预测的，另一部分风险通常难以预测；一部分风险可以通过各种方式进行化解，而另一部分风险只能尽量规避而不能彻底消除。

创业机会风险主要包括两类，即系统性风险与非系统性风险。

（一）系统性风险

系统性风险是指由创业环境的不确定性带来的一系列创业者自身难以掌控的风险，例如商品市场需求及竞争的不确定性，生产要素市场供给的不确定性，以及国家法律和政府政策规制的不确定性等带来的风险。针对这类风险，创业者没办法完全化解，只能加强监测和预警，努力规避。

1. 商品市场风险

商品市场风险是指创业者在创业的市场实现环节可能遭遇市场需求的不确定性，或是竞争的不确定性，从而导致创业失败。引起这一风险的主要原因包括以下四点：

（1）新产品市场大多是潜在的、待开发的、待成长的，因而创业者很难事先把握市场对新产品的接受程度。

（2）创业者很难准确判断新产品被接受的具体时间或是直接误判了这一时间，从而导致创业者很难确定适合新产品上市的时间。

（3）创业者很难凭借某一创业机会准确地预测新产品的市场需求发展速度。

（4）创业者很难预测未来同行市场竞争的实际态势从而忽视未来可能的同行竞争。

2. 要素市场风险

创业作为一种商业活动，资金、技术、人力资源及上游产品等生产要素自然成为必不可少的投入。但对于特定的创业团队来说，能否获得所需的生产要素在客观上也有很大的不确定性，因此就形成了创业机会的要素市场风险。要素市场风险主要包括以下四个方面：

（1）资本市场上资金获取的不确定性。资金是创业活动中最重要的生产要素，但在资本市场中，资金是否可得却有着很大的不确定性。目前我国的创业者主要通过自主筹资、债权融资、股权融资、争取政府支持等手段来获取起步资金，但客观来看，这些方法都有很大的不确定性。

（2）技术市场中技术的可得性和实用性是不确定的。创业活动越来越离不开技术，但是，从外部获取的技术无论是其可得性还是其实用性都是不确定的。

（3）人力资源市场上人员获取的不确定性。创业初期，企业有限的经营业绩可能导致企业难以在人力资源市场上招到合适的员工，甚至难以留住有能力的员工，这种不确定性会给新创企业的发展带来风险。

（4）上游产品供应商的机会主义。一些企业存在机会主义销售心理，更愿意将产品销售给出价高、采购条件好、有利于自身的下游企业，因此，就存在着不严格执行供货协议的情况，从而导致原材料供应面临较大的不确定性。

3. 国家法律和政策规制风险

创业机会受到国家法律法规和政策规制的影响，并且这是创业者无法掌控和预测的，可能让创业者先前认定的创业目标存在一定的变数。国家法律和政策规制风险主要体现在以下两个方面：

（1）相关政策的出台有可能超出创业者的预期。当认定某些事物会损害公共利益，或是引发市场竞争不平衡，或是扰乱公共秩序，国家就会做出一些政策上的安排以对相关事项进行管制。如果颁布的相关政策超出了创业者的预期，那么创业者先前认定的创业机将有可能变得不可行或不可取。

（2）相关事项能否得到政府许可存在不确定性。创业者开发的新产品或新服务在正式上市销售之前，需要获得政府相关部门的一系列审批和认证，但这些新产品或新服务不一定会顺利获得认可，因而会带来一定的不确定性。同时，当新产品或新服务被成功开发但存在较大的负面效益，政府极有可能基于社会整体的利益对该产品或服务加以限制，这种事后限制的行为必然会对新创企业造成一定的打击。

（二）非系统性风险

非系统性风险指的是由创业者自身行为的不确定性带来的、可以通过努力防范甚至化解的风险，例如技术风险、财务风险和团队分化风险。

1. 技术风险

创业者进行创业活动，首先要解决技术的开发及价值实现的问题。这类风险主要表现为：

（1）新产品研发和销售的不确定性。在创业过程中，首先，新产品的研发往往充满了不确定性；其次，新产品研发成功之后，能否实现批量化销售同样也有很大的不确定性。

（2）相关行业能否提供相应技术的不确定性。新产品的批量化生产离不开相关行业的技术支持，但新创企业能否得到相关行业提供的相应技术支持极其不确定。

2. 财务风险

创业者进行创业活动必然会承担一定的财务风险。其主要体现在以下两个方面：

（1）研发新产品的资金需求难以判定。在现实中，实现一个项目所需的资金往往受到各种因素的影响，最终导致实际所花费的资金远远超过预估的资金需求。

（2）打开新产品市场的资金需求难以判定。如前所述，新产品市场大多是潜在的、待开发的、待成长的，因此打开该市场所需的资金同样难以预测和判定。尤其是初期，为了推广新产品，可能采取免费试用等机制，将进一步增加资金需求的不确定性。

3. 团队分化风险

在创业过程中，“团队问题”也时有发生，即某些原因引发创业团队的内部矛盾，进而导致创业活动无法继续进行。这一风险主要由以下几个原因所导致：

（1）团队成员缺乏共识性，内部容易产生分歧。一个创业团队拥有凝聚力的关键是团队成员拥有一致的愿景、目标、利益和思路，例如一套共同的“行动纲领”等。创业初期，如果团队内部产生了分歧，无论是哪一方面，都有可能让大家失去共同的愿景，使团队分崩离析。

（2）机会主义和部分成员的“畏惧心理”。一方面，创业团队的部分成员可能只看到了未来的美好愿景，而忽视了潜在的风险和困难，一旦遇到困难，团队内部就可能出现“畏难而逃”的情况。另一方面，大多数人都属于“利益导向”，一旦团队内部部分成员遇到更有诱惑力的商机，他们可能就会选择离开，而如果创业者没有及时对余下的“坚定分子”进行激励和引导，那么该创业团队可能面临散伙的风险。

（3）团队内部没有领袖人物。创业活动需要有领袖人物进行领导，维持凝聚力，在必要的时候还可以通过他的品格、能力、态度和精神对其他团队成员产生激励效应。但在许多创业团队中，往往缺少这样的领袖人物，而一个团队若缺乏核心人物、则在某一时刻很容易因为某种问题而分崩离析。

案例分析

丫米厨房的浮沉

2012 年初，波士顿大学硕士毕业不久的丁其骏入职喜马拉雅。2014 年底，任职产品经理的丁其骏带领喜马拉雅实现了用户数量 1 亿的突破，成为互联网圈的产品专家。在一次创业者训练营活动中，丁其骏在投资人的鼓励下决定开始创业。

受国家创业政策红利以及“共享经济”模式的影响，他最终决定进入共享家厨领域，开始撰写该项目的商业计划书，在资本市场上获得了 400 万元的投资，并在陆家嘴附近注册成立了上海庭味信息科技有限公司，从而开启了创业之路。在用户调研阶段，丁其骏等人在陆家嘴附近的地铁站、商场内、公司大厦门口和餐馆周围发放事先设计好的问卷，利用白领早晨上班和中午用餐的时间收集问卷。通过问卷分析，他们发现 80%以上的人表示更愿意吃家厨做的饭菜。为进一步测试共享家厨模式的可行性，丁其骏找了一位家厨吴叔在微信平台上试运营，并制作了宣传短片和传单，客户复购率高达 60%左右，于是丁其骏等人决定立即开发一款名为“丫米厨房”的共享家厨 App。2015 年 6 月 23 日，丫米厨房 App 正式上线，并获得了戈壁投资 2 000 多万元的 A 轮融资。丁其骏等人不断升级软件功能并招募家厨，同时加大平台补贴力度。

上海历来是餐饮人的必争之地，其中规模比较大的两家共享家厨平台分别是“回家吃饭”和“觅食”。融资规模只有“回家吃饭”1/10 的丫米厨房在激烈的竞争中，从原本的行业老大变成了第二，“回家吃饭”迅速凭借资本的加持，占据上海 50%的市场份额。为了避免竞争对手进一步吞噬市场，丁其骏决定走出上海，加快丫米厨房的扩张速度。一方面丁其骏创办的丫米厨房因为资质问题而被上海市食品药品监督管理局约谈。另一方面投资人对共享家厨模式的政策风险存有担忧，丫米厨房因没人愿意投资而融资受限。初具规模的丫米厨房因平台客服态度、送餐时间、餐饮卫生等问题面临客户流失的困境。2016 年 6 月初，国家食品药品监督管理总局表示，不支持“家厨”类网络订餐平台，一夜之间，上海的共享家厨赛道彻底消失，丫米厨房也随之关闭。

资料来源：于晓宇，曹港，张铖，等．丫米厨房：如何科学验证创业机会？．中国管理案例共享中心案例库，2021.

讨论题

1. 在丁其骏的案例中，创业机会是被“发现”的还是被“创造”的？
2. 试分析丁其骏选择开发该创业机会的合理性。
3. 请从创业机会视角出发，分析丫米厨房失败的原因。

基本概念

创业机会　　机会发现　　机会创造　　机会评估
可行性分析

思考与练习

1. 创业机会“发现说”与“创造说”最主要的区别是什么？
2. 什么是机会识别？如何进行机会识别？
3. 哪四种环境变化趋势有助于识别创业机会？
4. 影响创业者识别创业机会的因素包括哪些？
5. 创业者创造机会的有效途径有哪些？
6. 什么是机会聚焦？如何对创业机会进行评估和筛选？
7. 检验创业机会时应当考虑哪几个方面的可行性？
8. 创业机会风险有哪些？

第 4 章

商业模式：开发商机

| 学习目标 |

- 了解商业环境的内涵和本质。
- 掌握商业环境分析方法。
- 了解商业模式的内涵与本质。
- 掌握商业模式的设计流程。
- 了解创业商业模式选择的注意事项。

引例

粉笔科技的商业模式转型

北京粉笔未来科技有限公司（简称“粉笔科技”）成立于 2012 年，是一家致力于在线教育的企业，在粉笔网还未正式上线时，便获得 IDG 200 万美元的天使投资。创业者在对市场上现有的产品进行分析后发现“多贝网”“第九课堂”“沪江”这些产品缺少课前师生之间的互动交流，学生只能凭借平台提供的信息识别可能合适的老师和有用的学习资料。但是这样学生的“成本”就会很高，还不一定能找到适合自己的老师和资料。因此创业者希望开发一款能够实现师生课前互动点评的产品以减少学生的判断成本。基于此，该产品被定位为“师生互动点评平台”。

确定了产品定位后，创业者决定效仿微博打造“粉笔网”，将其打造成在线教育领域的“微博”。具体来看，粉笔网设置了“名师堂”和“资料室”两个模块，“名师堂”用于查找老师信息，“资料室”用于下载学习资料。

运营 2 个月后，粉笔网的入驻教师达到 698 位，10 余家教育机构的名师在粉笔网收获了粉丝，体验到了平台带来的便利，纷纷表达对粉笔网的认可。但与教师端热火朝天的反响不同，学生端却是冷冰冰的。产品发布 4 个月后，学生注册用户勉强达 10 万，活跃用户不足 1 万，创业者对学生用户进行访谈后发现粉笔网存在许多问题，难以满足学生用户的需求。一是教学资源雷同，学生反映粉笔网上同领域教师发布的资源大同小异、习题重复率很高。二是很难准确搜索知识点，学生反映常常搜不到自己想要的结果。创业者本来希望粉笔网能成为教育领域的“微博”，连接教师端和学生端，实现双方互动，各取所需。但现在看来，师生之间的互动模式与博主与粉丝之间的互动模式完全不同。

所以，创业者开始思考粉笔网应该往哪里走或者是否继续往前走。

创业者认真分析了粉笔网两大板块“名师堂”和“资料室”的用户使用情况。用户数据显示，学生在“资料室”的活跃度更高，相比获得教师的信息，学生对学习资料更感兴趣，“资料室”模块中学习资料主要分为“学习笔记”和“课程习题”两类，学生对“课程习题”部分的点击率更高一些。同时，数据显示学生用户在使用习题资料时的“弹出率”也更低，这也说明粉笔网提供的习题能达到学生的预期。这些数据指标让创业者从濒临关闭的粉笔网中看到了希望，即“刷题”才是活跃学生的“刚需”，而且是高频的“刚需”。

最终，公司决定关闭粉笔网，打造题库：首先，邀请职考类领域的专家参与习题编写；然后，招聘大量教研人员检查习题，邀请培训机构的老师校对习题解析，力求为学生用户提供最佳的“刷题”体验。为了强化算法，公司从网易、360、IBM 等企业聘请技术人员，建立 AI 实验室，研发机器学习和智能算法，强化题库定制化习题推送功能，并利用微博、贴吧、微信公众号等一系列社交媒体对题库进行推广，“猿题库”正式上线。此外，公司希望利用产品矩阵，构建“全生命周期”学习“教育生态”，让学生用户在各年龄段都能在“猿辅导”上找到适合自己的产品。目前，公司依据“备、教、练、测、评”的学习闭环一步步构建产品矩阵：“猿辅导”“斑马 AI 课”向学生提供“教”学服务，进行在线辅导；“小猿口算”“猿题库”提供大量“练”习题、巩固知识点，同时“猿题库”还能够“测”评学生的错因；“小猿搜题”则向学生提供更好的解题思路。

截至 2021 年 5 月，“猿题库”已经提供了 8 亿次的习题服务，“小猿搜题”有 2 亿学生用户使用，提供了 360 亿次的作业辅导服务，“小猿口算”每日批改题目的数量超过了 2.5 亿。这些都为“猿辅导”源源不断地提供着流量与用户数据，实现用户在不同产品间的流转。

资料来源：于晓宇，刘小敏，王奕涵，等．粉笔科技：连环创业的失败起点．中国管理案例共享中心案例库，2021.

请思考：对比粉笔网和猿辅导两个平台的商业模式，分析猿辅导成功的主要原因。

第 1 节　商业环境

一、商业环境的内涵

商业环境是组织以外的所有东西，是对组织绩效产生潜在影响的所有外部机构或力量，存在于组织边界之外，并可能对组织的全部或部分产生影响的所有因素。研究者多从空间维度对环境进行分类，即将商业环境分为任务环境和一般环境。任务环境是由竞争者、供应者、顾客、管制者组成的直接影响组织目标达成的相关主体。一般环境由一个或多个任务环境构成，包括社会、经济、政治、技术趋势等。也有学者将环境分为内部环境、外部环境。内部环境是组织范围之内的相关实体及社会因素，包括组织结构、组织文化、人力资源配置等；外部环境则是组织范围之外的相关实体及社会因素，由消费者、供应商、竞争者、社会政策及技术等构成。

当前，全球数字化技术与经济飞速发展，伴随着数字时代的到来，数字新情境不仅更新了创业环境，而且萌生了新的数字生产要素，在整个创业市场中逐渐占据主导地位，掀起一场新兴产业和社会制度的变革。而前沿技术在产业中的规模化应用，一方面不断推动实体经济与数字技术的深度融合，另一方面则不断打破传统经济形态的边界，在拓展商业路径和想象空间的同时，也在推动企业持续的商业创新。

二、商业环境分析的作用

人类发展的规律告诉我们，我们的生存环境会越来越复杂，企业的市场环境也随之变得更加复杂。无论是移动互联网带来的网络经济的复杂性，还是工业机器人代表的新的劳动生产工具操作的复杂性，抑或是现代商业模式的复杂性，又或是此次新冠肺炎疫情给中国乃至全世界人民带来的灾难，以及带给中国经济和企业界的影响与造成的损失，都使得我们在分析和判断商业环境时面对越来越复杂的局面。商业环境分析的作用正是让企业对自身所处的内外部环境有充分的认识，进而对组织的各个方面进行调整以适应环境，从而获得生存的机会。

对商业环境进行密切跟踪也是企业实现长久发展的必要条件，外部环境的快速变化，也让信息变成稀缺资源。企业需要对信息进行收集、整理、分析和评价，从而进行商业环境分析，这有助于企业自身积极主动地发现环境变化，采取应对措施；反之，创业就难以获得成功。即使有的企业在短期内侥幸存活，但由于没有充分考虑到环境因素，也会非常低效，甚至会面临消亡。

创业视角 4-1

倒在新冠肺炎疫情下的金牛角王："幸存者"的陷阱

2001 年，霍全林在长沙创建金牛角王中西餐厅（以下简称"金牛角王"），这是湖南第一家提出"中西餐厅"概念的餐饮企业。金牛角王以其浓郁的文化氛围、强势的文化品牌迅速发展壮大，成为湖南餐饮文化的重要代表。金牛角王的餐厅配备书吧和驻唱歌手，菜单上有"葡萄酒""极品铁观音""黑椒牛柳炒意面"等中西混搭的丰富产品。凭借着这些创意，金牛角王挤走了当时火爆的蒙娜丽莎、名典等长沙老牌西餐厅，迅速发展成为湖南知名餐饮企业。

2002 年底，金牛角王逐渐步入正轨。2003 年，在"非典"时期，霍全林只让那些自愿留下的员工照常上岗工作。在此期间，为了增加客流量，金牛角王打出"卫生、安全用餐环境"的旗号。金牛角王每天对店面进行消毒，给顾客提供安全放心的消费环境、给员工提供有安全保障的工作环境。同时，霍全林积极响应餐饮行业协会的要求，在门店里推行小桌、分桌制以及排队用餐等措施，预防顾客用餐时感染。在一系列的举措下，金牛角王顺利度过这一特殊时期。

2016 年，金牛角王认为家庭顾客逐渐成为金牛角王的消费主力，于是提出战略转型，以"带小孩吃饭到金牛角王"的广告词和严格控制身心健康与食物规范的经营管理理念开启了亲子主题餐厅的运营模式。2017 年开始，金牛角王将企业的流动资金等资源集中用于这次战略转型。金牛角王不仅推出了多款儿童套餐，还优化了用餐体验，以吸引更多的家庭顾客。两年的时间里，金牛角王亲子餐厅更迭了两个版本。对于金牛角王的转型，顾客、业内人士的评价褒贬不一，但霍全林并不打算停下脚步。他认为亲子主题餐厅能够给金牛角王带来新的发展，并且已通过银行贷款和股东借款的方式筹集大量资金集中用于转型发展。霍全林筹划，2020 年，金牛角王还要推进企业品牌升级、扩充四家新门店的发展计划，并投入了资金开始初步实施。

2020 年初，突如其来的新冠肺炎疫情再次让全国许多餐饮企业陷入困境。每年春节都是餐饮企业的销售旺季，也是资金短缺的高峰期。疫情初期，霍全林并不是特别在意。这份自信源于创业之初他成功应对过“非典”时期，他认为凭借“非典”时期的经验也能应对新冠肺炎疫情。在疫情初期，霍全林沿用了与“非典”时期类似的举措。然而，新冠肺炎疫情来势汹汹，全国各地的形势都十分严峻。此时，金牛角王在疫情初期所采取的门店内防疫举措已无法发挥效果，即使店内安全工作做到位，依旧没有顾客敢出门吃饭，门店的生意惨淡。此后金牛角王也采取了诸如建立社区、提高客户留存率等一系列措施。尽管金牛角王采取的措施在短时间内使生意有所起色，客流量得到提升，营业额得到部分恢复，为医护人员送餐的举动也让金牛角王获得了社会尊重，但这些还远远不够。高峰时期外卖实现的收入占比不超过支出的 20%，正式营业后的客流量相比从前也锐减。这些举措还是没能帮助金牛角王敌过每月数百万元成本和银行贷款的压力。

2021 年 2 月 3 日，金牛角王关闭了湖南全部 7 家门店，发布了停业公告。2021 年的“五一黄金周”，全国各消费领域的景气度大幅提升，各地的消费需求持续释放，消费市场活力十足。然而，此时的金牛角王正在处理破产清算事宜，银行贷款、股东借款、客户预充值款等累计 7 273 万元的负债让金牛角王难以翻身。

资料来源：于晓宇，胥婉恬，周冲，等．倒在新冠下的金牛角王：幸存者的陷阱．中国管理案例共享中心案例库，2021.

三、商业环境分析方法

商业环境从广义上来说包括对商业运行的过程和结果有影响的一切因素，包括市场供求状态、商业制度、社会文化和市场秩序等常规因素。一般而言，商业环境分为宏观环境和行业环境，对二者的分析是发现创业机会的基础，也是进行创业可行性分析的前提。本节关于商业环境分析的整体框架如图 4－1 所示。

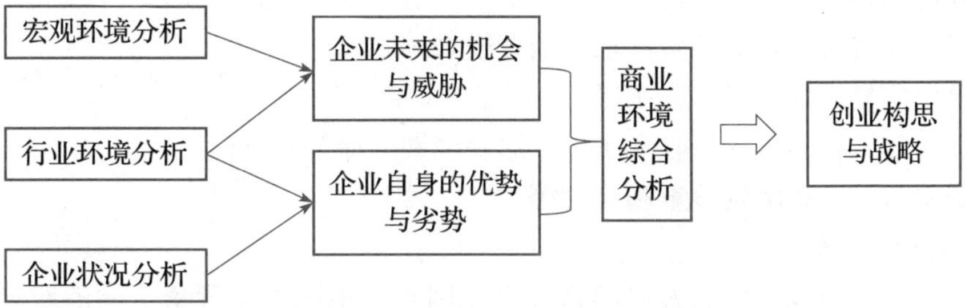

图 4－1　商业环境分析的整体框架

（一）宏观环境分析

一般而言，外部宏观环境由政治法律环境、经济环境、社会文化环境和技术环境共同构成。对外部宏观环境的分析也称为PEST分析（见表4-1），是一种企业所处宏观环境分析模型，目的是捕捉机会与避开威胁，赢得企业的生存与持续发展。如李（Lee，1999）在对硅谷地区移民创业者进行的研究中，探讨了当地的创业环境，主要包括以地区网络为基础的工业体系、密集的社会网络、开放的人才市场以及当地的社会文化氛围。

表4-1 PEST分析示例

政治法律	经济	社会文化	技术
环保制度	经济增长	收入分布	政府研究开支
税收政策	利率与货币政策	人口统计、人口增长率与年龄分布	产业技术关注
国际贸易章程与限制	政府开支	劳动力与社会流动性	新型发明与技术发展
合同法 消费者权益保护法	失业政策	生活方式变革	技术转让率
劳动法	征税	职业与休闲态度、企业家精神	技术更新速度与生命周期
政府组织/态度	汇率	教育	能源利用与成本
竞争规则	通货膨胀率	潮流与风尚	信息技术变革
政局稳定性	商业周期所处的阶段	健康意识、社会福利及安全感	互联网变革
安全规定	消费者信心	生活条件	移动技术变革

1. 政治法律环境

它包括一个国家或地区的政治情况、方针政策、法律法规等。比如，政府政策的持续性、投资政策、信贷政策（如创业信贷等）、税收政策、财政补贴政策（如创业培训补贴等）、反垄断法等。

2. 经济环境

它包括构成企业生存和发展的社会经济状况和国家经济政策，是影响消费者购买力和支出模式的重要因素。重要的经济变量有：

（1）经济结构：如产业结构等。

（2）经济发展阶段：如消费需求、消费模式等。

（3）经济周期：如通货膨胀率等。

（4）国民收入：如可支配收入水平、居民消费（储蓄）倾向等。

（5）资本市场：如融资数量和难度等。

3. 社会文化环境

它包括一个国家或地区的人口因素和文化因素。不同文化背景下的消费者有不同的消费偏好，进而影响了他们对不同商品的消费。重要的社会变量有：

（1）人口因素：人口结构、就业结构等。

（2）文化因素：民族风俗、宗教信仰、消费习惯、审美观念等。

4. 技术环境

它包括企业所处社会环境中的科技要素，以及与这些要素直接相关的技术手段的发展变化等，技术环境直接影响企业内部生产和经营。需要关注的是，国家对技术研发的投资和支持重点、专利方面的法律法规及政策、技术转移和技术商品化的速度以及该领域的技术发展动态等。

（二）行业环境分析

通过了解行业基本竞争情况及潜在的发展机会，可以帮助创业企业尽量避免投资失误和资源浪费。波特五力模型是迈克尔·波特于 20 世纪 80 年代初提出的。他认为行业中存在着决定竞争规模和程度的五种力量，这五种力量综合起来影响了产业的吸引力以及现有企业的竞争战略决策。如图 4－2 所示，五种力量分别为行业内现有竞争者的竞争、新进入者的威胁、替代品的威胁、供应商的议价能力与购买者的议价能力。

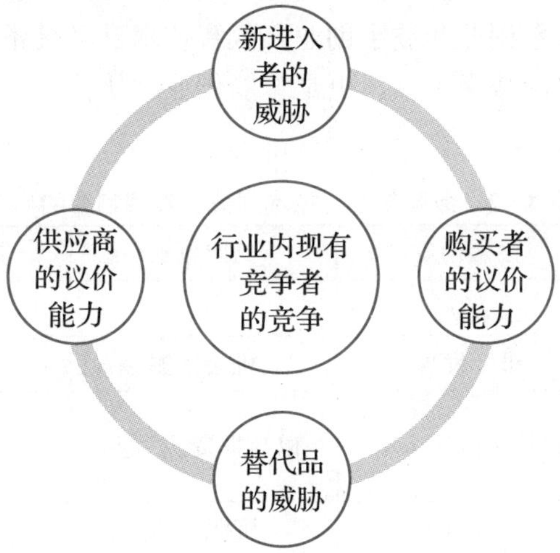

图 4－2　波特五力模型

1. 供应商的议价能力

供应商提供的东西包括资金、设备、劳动力及生产材料等，供方力量的强弱主要取决于其提供给买主的投入要素的价值，若构成了买主产品总成本的较大比例或对买主关键业务具有较大的价值，供应商的议价能力就越大，反之则越小。

2. 购买者的议价能力

购买者的议价能力包括作为受众的消费者购买的意愿及能力，购买者主要通过要求商家降低价格或提高产品或服务质量发挥议价能力的作用。购买者的消费次数越多，购买力越强，议价能力就越强，反之，议价能力就越弱。

3. 新进入者的威胁

潜在竞争者的进入会带来新的生产能力和资源，但同时也会瓜分蛋糕，占领行业市场上的部分资源；太多的潜在竞争者容易造成该市场的饱和，使该行业的相关产品或服务价格下跌，利润减少；优质的潜在竞争者更是会分走一部分购买力，对企业构成很大的威胁。

4. 替代品的威胁

替代品即行业内或不同行业功能相同或相近的其他产品或服务，能够满足客户的需要。例如现有的共享单车或电动车，正慢慢地替代传统的自行车。

5. 行业内现有竞争者的竞争

现有竞争者、潜在竞争者以及替代品，都是行业内的竞争主体。同时，行业内竞争主体的比例关系、竞争强度也会影响内部的竞争结构。

在当今的时代背景下，最重要的两种关键元素是“数”和“智”。“数”即数字化，从消费端到供给端的全域、全场景、全链路的数字化。“智”即智能化，是基于数字化的闭环来进行智能决策，实现对市场需求变化的精准响应、实时优化和智能决策。数智经济的深入发展带来了商业环境的变化，具体表现在：规模效应，基于数据形成的边际成本更低；从以产品为中心转变为以消费者为中心，企业实现对全域会员的数字化经营的程度决定了其对竞争的主导权；技术创新更加重要，技术要解决的核心问题从“提升效率”转向了如何支撑产品创新、业务创新、组织创新和管理创新。

数智创业也不同于技术创业和数字创业，数智技术已经具备拟人化、智能化的能力，不再只是传统互联网时代的数字工具，更是智能创业“伙伴”。数智创业与技术创业、数字创业的具体区别见表 4-2。

表 4-2 数智创业与技术创业、数字创业的比较

		技术创业	数字创业	数智创业
创业主体		人	人	人和机器
创业机会		机会发现	机会挖掘	机会甄别
创业资源	资源构成	以技术资源为主	以数据资源为主	以算法资源、心智资源和数智资本为主
	获取方式	资源拼凑	资源编排	资源调用
创业制度	组织形式	科层制	扁平化	平台化和簇群化
	制度保障	强有力的知识产权制度	互联网法律	社会包容监管理念和数智文化护栏

资料来源：刘志阳，邱振宇，2020. 数智创业：从“半数智”时代迈向“全数智”时代. 探索与争鸣，(11)：141-149.

第 2 节 商业模式与商业模式设计工具

一、商业模式的内涵

（一）商业模式的概念

商业模式是指企业的价值创造、交付和捕获机制的设计或架构。20 世纪 90 年代以来，随着互联网的兴起，商业模式日益受到人们的重视。初创企业的生存、发展和成功通常取决于其商业模式、团队和商业战略的质量。商业模式是任何一家成功的初创企业的核心，因为无论一个想法多么酷、产品看起来有多么独特，初创企业都必须有一种可行的盈利方式，以获得投资并实现持续发展。

从本质上讲，一种完善的商业模式需要解决六个关键问题：

（1）如何创造价值。这一问题与价值提供有关，包括企业销售的产品/服务，以及产品/服务组合的深度和广度。此外，还包括价值主张、产品/服务的生产或销售方式等。

（2）为谁创造价值。这一问题关注企业将要参与竞争的市场的性质和范围。其中重要的是，价值传递是主要面向消费者客户（B2C），还是主要面向企业客户（B2B），抑或是两者兼而有之，以及企业客户在价值链上的位置。如果是向企业客户销售产品，创业者需要进一步区分其在价值链上的位置，是上游、下游、批发、零售，还是其他环节；还要明确市场的地理范围，如本地、省内、全国还是国际。

（3）竞争优势的内部来源是什么。一家企业的竞争优势来源大致可以分为七个方面：生产/运营系统、技术开发/创新能力、销售/营销专业知识、信息管理/挖掘/包装能力、财务管理/套利能力、供应链管理能力以及管理网络和利用资源的技能。

（4）如何实现差异化。源于内部的竞争优势要使企业能够脱颖而出，能否开发出在市场上独一无二的产品取决于创业者如何利用这些优势。考虑到企业之间快速模仿的能力，创业者要寻找用于建立差异化的基础，而不是仅仅满足于表面的或短暂的差异化。差异化设计通常考虑以下几个方面：运营（卓越性）、产品（质量/选择范围/可获取性/性能）、领导力（创新性）、低成本、客户关系/体验（密切性）。

（5）如何盈利。商业模式的核心是可持续获取利润的盈利模式。盈利模式由四个部分构成。一是经营杠杆：变动成本高吗？考虑企业固定成本占总成本的比重，衡量企业成本结构受固定成本影响的程度。二是产量：能否实现规模经济？综合考虑市场需求和企业产能，以确定企业的产量。三是利润率：能实现溢价吗？创业者要考虑企业利润水平的高低。四是收入来源：收入稳定吗？主要考虑企业有没有较有弹性的收入来源。

（6）创业者的理想和抱负是什么。商业模式必须反映创业者的目标和抱负。创业者在考虑商业模式时，需要从投资的视角来看待企业，并正确看待商业模式的增长潜力。从投资视角来看，需要考虑生存性、收入情况、成长性和未来前景四个方面。

（二）商业模式的要素

商业模式除了在定义上存在争议之外，关于其要素组成也有不同的观点，主要包括九要素说、八要素说、六要素说以及四要素说：

（1）九要素说认为商业模式包括客户细分、价值主张、渠道通路、客户关系、收入来源、关键资源、关键业务、重要合作伙伴、成本结构。

（2）八要素说认为一种真正伟大的商业模式，应该具备出色的产品或服务，将产品或服务货币化的能力，以及维持产品或服务的能力。由此，将商业模式的要素分为市场吸引力、独特价值主张、销售绩效、盈利模式、体面退出、风险规避、创新性、持续性竞争优势八个方面。

（3）六要素说认为一种商业模式需要考虑顾客需求、运营活动、运营活动之间的联结、运营活动的安排与执行、如何为利益相关者创造价值以及企业的收入模式。

（4）四要素说主要有两种视角，一是以哈默尔为代表的战略视角，认为商业模式包括核心战略、战略资源、顾客界面和价值网络；二是以约翰逊为代表的创新视角，认为商业模式包括客户价值主张、盈利公式、关键资源和关键生产过程。

实践中，九要素说和约翰逊的四要素说应用较为广泛。

二、商业模式设计流程

商业模式设计对新创企业有重要影响。对于渴望在市场上发现或者创造新的需求，并开创新商业模式的创业者来说，仅仅观察和理解他人的设计是远远不够的，他们自己更应该成为商业模式的设计者。而作为商业模式的设计者，创业者必须坚定地探索各种不同的可能性，直到设计出一种能够满足企业需求的商业模式。

如图 4－3 所示，商业模式设计过程分为生成创意、分析可行性、制作原型、做出决策四个阶段。为了提高企业未来成功的可能性，商业模式必须能够通过每个阶段的审查。

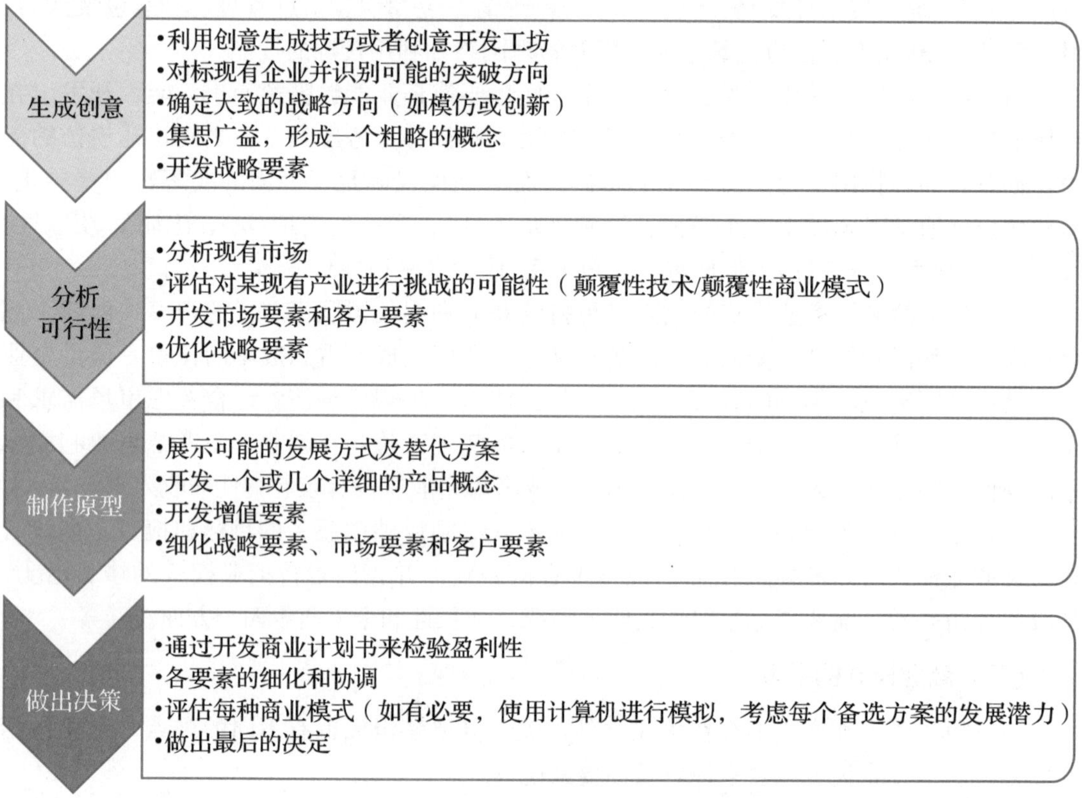

图 4－3　商业模式设计流程

资料来源：Wirtz B W，2011. Business model management. Gewerbestrasse：Springer：194.

（一）生成创意

在创意生成阶段，创业者使用创意生成技术提出一系列想法，为商业模式开发打下基础。这些想法不一定是全新的，可以是分析现有企业的不足，并在此基础上开发新的商业模式。不管是何种方式，创业者都应该确定一个大致的方向。这样，创业者就可以判断所设计的商业模式是在创新还是在模仿，在此基础上确定初步的战略要素和理念。

用于生成创意的方法有很多，常用的如头脑风暴法、矩阵图、635 法和类比法等。图 4－4 展示了这些创意生成技术的目标，包括需要的时长、小组的规模等。不同的方法可以综合使用，还可以增加商业模式创意的多样性。

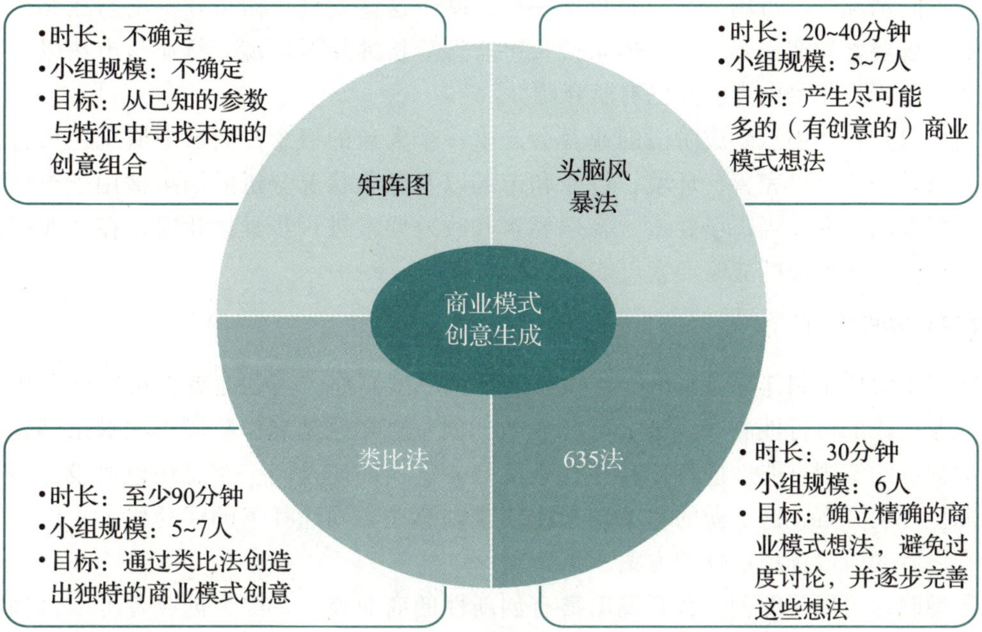

图 4－4 传统的商业模式创意生成技术

资料来源：Geschka H，1983. Creativity techniques in product planning and development：A view from West Germany. R&D Management，13（3）：169－183.

总体而言，在开发商业模式时，可以沿两个方向思考。第一个方向是注重设计的创新性。这就意味着，商业模式开发的重心是新颖性。例如电商购物平台拼多多，其主导的“低端颠覆”，将传统电商平台中的中间商省去，采用客户直接面向商家的方式，打造了独特的渠道通路，这使其不到五年就突破万亿元市值。第二个方向是采用模仿的策略。通过对竞争对手商业模式的关键要素进行复制，所开发的商业模式与市场现有的商业模式类似。如小猪短租等分享经济型商业模式，就是借鉴了爱彼迎（Airbnb）的商业模式，并针对中国市场的需求特点进行了调整。

当创业者对商业模式特征以及市场环境特点进行综合评估以后，接下来就需要构思一个大致的概念。要最先考虑战略要素模块，包括资源、战略、合作网络等。

创业者在这一过程中需要注意对团队创造力的引导，可以让团队在正式开始讨论创意之前，先进行一定时间的预热训练，范围要足够广泛而不局限于特定行业，保证其能够自由发挥。这将帮助人们摆脱常规思维，放飞创造力，进而产生多种不同的商业模式创意。

（二）分析可行性

创业者成功获得创意后，需对自身所处环境进行审查，可通过可行性分析来获得有关商业模式的大致想法。在此基础上，创业者及其团队就可以进一步明确市场要素与客户要素，评估潜在的优势和劣势。

在可行性分析阶段，创业者需要对宏观环境和行业环境进行分析。一方面，新的商业模式可能与现有行业无关，甚至可能创造出一个新的行业，如颠覆性技术所带来的变化。另一方面，新创企业可以明确地针对现有行业，开发新的商业模式与现有企业展开竞争。不同情况下，市场和客户完全不一样。基于这些发现，初步开发出与战略要素相一致的市场要素和客户要素。具体来说，可行性分析涉及对环境、行业与市场以及竞争状况进行分析，相关内容前文已有所介绍。

前文提到，在创意生成阶段创业者会产生一个大致的概念，而这个概念在可行性分析的最后进一步得以完善。环境、行业和市场以及竞争状况分析的结果被用于市场要素和客户要素的开发。当市场要素、客户要素和收入要素进一步具体化时，在商业模式设计第一阶段已经形成的战略要素可能需要相应修改。

（三）制作原型

第三个阶段是制作原型（prototype）或者说原型制作。当创业者在可行性分析中完成了商业模式的可行性测试，最有可能成功的创意会在原型制作阶段再次被采纳。为了对不同创意的实现可能性进行比较并找到最佳方案，即使是同一个想法也要设计多个不同的原型开发方案。这么做的目的，是比较该创意在不同途径下的成功概率，以便于创业者在之后的阶段选择最佳的方案。

原型制作可以帮助创业者开发出富有创新性的商业模式，因为创业者可以将抽象的概念具象化，帮助其进行新奇创意的探索。原型制作的方法发源于设计学和工程学，并且在产品设计、信息模型架构中得到了广泛的应用。而近些年来，原型制作的身影逐渐在产业流程和服务设计，乃至组织和战略领域出现。商业模式原型代表着未来可能出现在市场中的商业模式，供创业者验证创意，并实现商业目的。需要注意的是，早期所构建的商业模式（原型）并不需要看起来很精致、很完美。

原型制作使得创业者从一开始就可以选择最具前景的商业模式，从而节省时间和金钱，而不是凭借直觉来创建企业。因为如果一个企业家选择跟随自己的直觉，执行他认为最有前途的模式，那么以后可能需要多次对其商业模式进行修正，而每次的试错与调整都需要一定的时间，这就会产生不必要的资源与时间的损耗。与此相反，原型制作要求各种概念模型只被考虑一次，并且只在有限的时间内被考虑。因此，在这一阶段，某模型在成功构建并成为商业模式之后，可以帮助创业者节省大量的时间和资源。

原型制作阶段的一个重要任务是开发和落实增值要素，以呈现不同的原型开发路径。已经开发的战略要素、市场要素和客户要素形成了一个框架，通过该框架可以设计不同的原型。原型使得创业者能够了解各要素之间全面的联系，找出弱点，发现更多生产产品和服务的替代方案。

在前两个阶段，已经形成了关于商业模式的大致概念，而原型制作过程会使商业模式第一次变得详细而具体。该过程会综合考虑并协调战略、市场、客户和增值等要素，如图 4 - 5 所示。

（四）做出决策

做出决策是商业模式设计过程的最后阶段，是对之前确定的详细概念进行评估和比较，以选择最有前景的方案，这是非常重要的环节。创业者必须首先了解每种方案的优势和劣势。

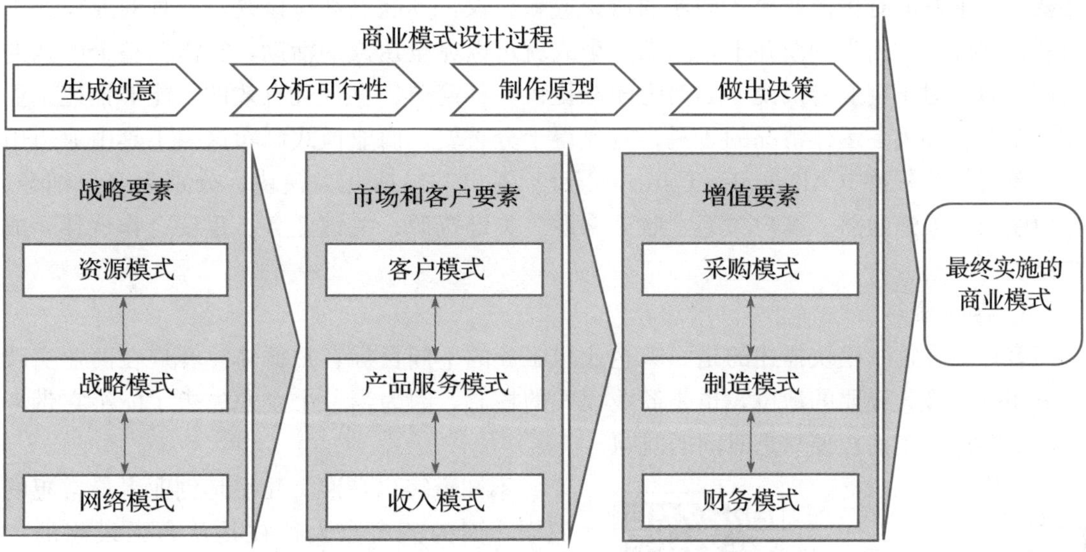

图 4－5　商业模式设计中的要素开发

资料来源：Wirtz B W，2011. Business model management. Gewerbestrasse：Springer，198.

首先，创业者需要就多种不同的商业模式设计，对不同的方案进行评估，缩小选择范围，最后保留三四个可行方案。其次，创业者需要将这些商业模式转变为商业计划书，并对这些商业模式的盈利能力进行客观的评估，即以一种更加结构化和详细的方式描述企业增值活动的基本要素。

当创业者经历了设计过程的所有阶段，会形成一些商业模式方案，相应的心智模式或详细的概念、商业计划书及商业情境，可帮助创业者进行商业模式的选择。在完成对比之后，创业者最有可能选择能为企业带来竞争优势的商业模式，以保证企业的盈利能力。

创业者在确定了最具盈利空间的商业模式后，有四种处理方式：创业者可以自己实施该商业模式，或者可以出售、修正或暂时放弃该商业模式。如果商业模式达到了创业者的期望，他可以尝试将该商业模式出售，以获得尽可能多的利润，或者自己实施该商业模式，以迅速进入市场。反之，创业者就需要进行调整，并重复之前的设计步骤，直到找到满意的商业模式。最后还有一种可能，那就是暂时放弃该商业模式。在这种情况下，该商业模式原型可能会被存档，供以后使用。尽管商业模式设计过程是一个结构化的过程，并为创业者建立了一个可用的概念方案，但有时在实践中拒绝一种商业模式是有必要的，其中外部因素的影响是主要原因。例如，竞争对手可能已经抢先一步实施了一种类似的商业模式，或者可能启动资金无法得到保证等。

三、商业模式设计工具

（一）商业模式画布

尽管在了解商业模式的设计与选择之后，创业者已经对商业模式的相关操作有了一定的理解，但是一种适宜的商业模式并不足以支撑创业者充分应对复杂多变的市场环境，以及预测的未来发展情况。因此，正如前文所述，保持对商业模式的持续创新成为一种必要。一个好的有关商业模式创新的讨论或者会议，其起点都应该是对一种商业模式本质的共同理解，因为创新并不是只靠一个人就可以完全达成的活动，它需要整个团队的共同努力。对于创业者来说，如何为团队提供一种简单、直观且有效的，能够描述企业在复杂市场环境下运作情况的工具，就显得十分重要。商业模式画布这一工具由亚历山大·奥斯特瓦尔德（Alexander Osterwalder）提出，包括九大模块，分别为客户细分、价值主张、渠道通路、客户关系、收入来源、关键资源、关键业务、重要合作伙伴、成本结构。

1. 客户细分

客户细分这一模块描述的是一家企业想服务的不同目标客户群体。客户在商业实践中处于一个极为重要的地位，也是商业模式的核心，因为当一个企业失去了能给它带来利润的客户，其消亡便只是时间的问题。

创业视角 4-2 字节跳动的“爆款秘诀”

不知道客户是谁，几乎是创业者最常犯的错误，因为大多数人往往是从自己设想的产品、功能出发，而不是从客户想要什么出发。其实，创业者应该按照其目标客户群体的需求、行为以及特征，将他们分为不同的类别。一种优良的商业模式可服务于一个或者多个客户群体，但一个企业却需要慎重地挑选要服务的客户群体，并筛选掉一些客户群体。而在这之后，创业者就需要基于对这些客户的个性化需求的透彻理解来进行商业模式的设计。需要进行细分的客户群体要符合以下条件：

（1）这部分客户的需求催生出了一项新的供给。

（2）为此需要创建一个新的销售渠道。

（3）为此需要创建全新的客户关系类型。

（4）这部分客户所产生的利润与其他客户相比具有显著的不同。

（5）这部分客户愿意为某些方面的独特性买单。

2. 价值主张

商业模式画布中并没有产品/服务这一项，这是因为客户购买的并不是产品/服务本身，而是其背后的价值主张。价值主张正是客户选择一家企业的产品/服务，而放弃另外一家企业的产品/服务的原因所在，因为它解决了客户所面对的问题，并满足了其个性化需求。进一步来说，每一个价值主张就像是一个产品/服务的组合，并且这一组合契合了某一特定客户群体的需求。从这个方面来讲，价值主张就是一家企业为客户提供的利益整合体。

价值主张的性质并非一成不变，它可以是具有创新性的，并给市场带去一种全新的甚至具有革命性的产品或服务，例如苹果公司曾经推出的平板电脑 iPad。同时价值主张也可以是在既有产品或服务的基础上进行属性添加。

价值主张是指企业针对某个客户群体的独特需求，进而构建一套全新的元素组合，来为该群体创造价值。企业所创造的价值可以体现在效率上，也可以体现在质量上（Zott & Amit，2007）。因此，创业者需要考虑其要向客户传递怎样的价值。

奥斯特瓦尔德还提出了价值主张画布，用来了解客户真正的需求，以及验证价值主张与所提供解决方案之间的匹配度。

工具箱 4－1　价值主张画布

3. 渠道通路

渠道通路这一模块主要描述的是企业与客户群体进行沟通并建立联系以传递价值主张的方式。而企业与客户的沟通、分销与销售渠道构成了一个动态的交互体系。渠道通路则在客户的体验中扮演着关键角色，因为其是企业与客户之间的交互纽带。渠道通路的作用主要包括以下几点：

（1）实现客户对企业产品和服务的更深刻了解。

（2）供客户评估一家企业的价值主张。

（3）借此客户得以购买某产品或服务。

（4）能够向客户传递价值主张。

（5）能够为客户提供售后服务。

对于创业者来说，要将一种价值主张向市场推广，找到正确的渠道组合，并且以一种目标客户满意的方式与之建立起紧密的联系，具有十分重要的意义。一个企业可以选择利用自身的渠道来与客户建立联系，也可以与其他企业进行合作，选择使用合作者的渠道，或者将合作者的渠道与企业自有渠道进行组合使用。然而，对于创业者来说，最大的难题在于要如何整合不同类型的渠道，达到最佳的平衡状态，为目标客户创造最好的体验和最大化的收益。

4. 客户关系

客户关系这一模块描述了企业与某一特定客户群体所建立的关系类型。对于创业者来说，其需要明确所创企业要与不同的客户群体建立这样或那样的关系。此外，从依赖人员维护的客户关系，到利用人工智能或者其他信息技术与客户进行的交互，都属于客户关系的范畴。促进企业建立客户关系的可能因素有：

（1）企业需要发掘新的客户。

（2）企业需要留住既有客户。

（3）企业需要增强客户忠诚度来提升单位客户的平均收益。

对于创业者来说，需要明白不同的客户群体希望与企业建立并且保持怎样的关系，已经建立起了何种类型的关系，以及关系的建立和维护成本情况。最重要的是，创业者要考虑这些不同的客户关系类型与自身商业模式中的其他模块是如何整合的。

5. 收入来源

收入来源这一模块描述的是企业从不同客户群体中所获得的货币收益。如果说客户是商业模式的心脏，那么收入来源便是这一商业模式的动脉所在。一个创业者需要了解每个不同的客户群体真正愿意向其付款的原因。当创业者成功地找到这一问题的答案，那么企业就有可能从各个不同的客户群体中获得收益。

每个收入来源可能包含不同的价格机制，以及收益管理系统，而一种商业模式中可能的收入来源主要分为以下两种类型：

（1）由客户一次性支付而产生的交易收入。

（2）因向目标客户传递新的价值主张或向目标客户提供售后服务而产生的持续性收入。

因此，创业者还应该了解其目标客户目前所使用的支付方式，以及每一个收入来源占总收入的比例情况，以进行后续的调整。

6. 关键资源

关键资源这一模块描述的是保证一种商业模式顺利运行所需的重要资源。任何一种商业模式都需要一定的核心资源，对于创业者设计的商业模式来说则更是如此，因为这些资源有助于企业进行价值主张的创造和传递，以占领市场，并从中获得收益。不同的商业模式所需的核心资源不一样，这也是创业者需要考虑的一个重要因素。

关键资源可能是任何东西，从知识产权（专利、商标、版权等）到实物资产（工厂、办公室、送货车等），再到财务资源（初始现金流等）。在数字时代，传统企业要实现自己的价值主张，则需要诸如库存管理系统、互联实体店网络、品牌、物流和供应链基础设施等资源。

7. 关键业务

关键业务这一模块描述的是企业保障其商业模式稳定运行需要开展的重要活动。每种商业模式都包含一系列不同的关键业务，而这些业务对一个企业的成功运营非常重要。

与关键资源类似，关键业务也是企业创造并传递价值主张，占领市场，并取得收益所必需的，而且其类型也因行业不同而有所差异。以从事网约车业务的企业为例，它们的主要活动可以分为：网络和移动应用程序开发，司机招聘，营销（获客），客户服务活动（司机评分），事故及投诉处理等。它们需要为使用该应用程序的客户提供快速、干净、舒心的用户体验，让司机便捷地提供服务，还要具备产品营销和处理任何客户查询请求的能力。

因此，创业者需要结合自身的商业模式来明确需要从事何种关键业务。

8. 重要合作伙伴

重要合作伙伴这一模块描述的是保证一种商业模式顺利运行所需的供应商和其他合作伙伴。在复杂的市场环境中，存在许多不同的原因促使一家企业去建立合作网络，而重要的合作关系在商业模式占据重要的地位。通过合资企业和非股权战略联盟等合作关系，以及与买家、供应商和生产商的典型关系，创业者可以优化自身的商业模式，进而降低失败的风险或者获取资源。

9. 成本结构

绘制商业模式画布的最后一步是问自己这样一个问题：运行这种模式需要多少成本？成本结构描述了一种商业模式的运行所产生的主要成本总和。如果不确定成本结构准确包含哪些内容，可查看所在行业相似的竞争对手或企业的损益表（P&L），会发现许多重叠的项目，如研发（R&D）、销售成本、管理费用、运营成本等。一旦完成，应该优先考虑企业的关键业务和资源，并确定它们对应固定成本还是可变成本。

虽然不管使用何种商业模式都会追求成本最小化，但是低成本结构对某些行业企业的商业模式更为重要，例如，以提供短程廉价机票取得成功的美国西南航空公司。因此，创业者应该对自身的商业模式有充分的了解，不断进行成本结构的优化调整，以获得更大的利益。

如图 4－6 所示，商业模式画布就像美术家手里的画布，而创业者可以将新的或者既有的商业模式在画布上进行描述，并与其团队一同进行分析、讨论并创造自身的商业模式。

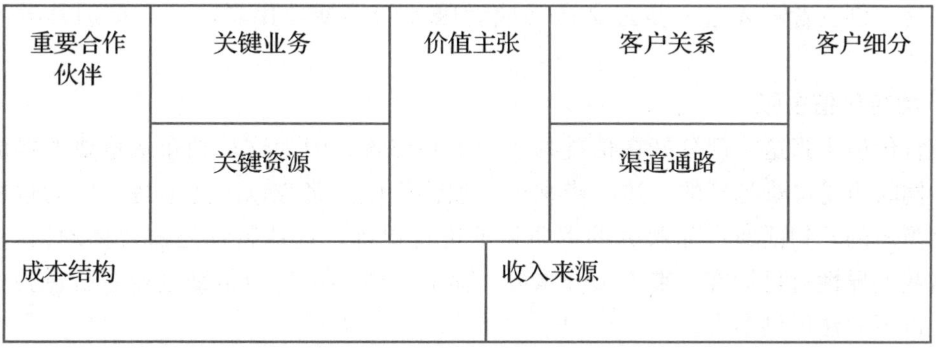

图 4－6　商业模式画布

资料来源：www. businessmodelhub. com.

对于多边平台即平台型商业模式来说，仅绘制一次画布是不足以满足其商业化要求的，需要进行多重画布的绘制。这一情况是由平台型商业模式的特点决定的。

首先平台型商业模式是将两个或者多个独立且互相依存的客户群体进行连接的多边平台。大部分多边平台并不是客户所需产品或服务的生产者，而是通过充当连接这些目标群体的媒介，进而创造价值。以淘宝平台为例，其将商家与消费者进行连接，自身只是供两者交流的平台；类似地，微软的 Windows 计算机操作系统将硬件生产商、应用软件开发商与用户相连接。这些平台型商业模式取得成功的关键就在于同时吸引并服务所有的客户群体，以创造价值。而平台对某一客户群体的价值，从本质上来看，取决于平台中的另一对应客户群体的情况。

因此，创业者在这一过程中，针对不同的目标客户群体，需要进行多重商业模式画布的绘制，以满足不同客户群体的相关需求，达到平台价值创造与传递的最大化。

（二）精益画布

对于想要进一步打造适宜且独特的商业模式的创业者来说，基本的商业模式画布可能无法满足其行动需求，因为商业模式画布并不是专门为创业者提供的工具。因此，为了能让创业者更好地应对创业过程中的商业模式设计挑战，以下将介绍阿什·莫瑞亚（Ash Maurya）提出的精益画布（lean canvas），该画布分为七个部分，即问题和客户群、独特价值主张、解决方案、渠道、收入来源和成本结构、主要绩效指标以及不公平优势。

1. 问题和客户群

在前面介绍的商业模式画布中，客户被表述为商业模式的核心，而企业的主要问题也与客户紧密相关。于是问题与客户群也成为精益画布的核心模块，创业者可以将它们放到一起解决。

首先，创业者需要分析目标客户群体，对于存在的问题根据重要程度列出 1～3 个，并对其进行准确的描述。

其次，创业者需要观察和思考相同类型或是近似的企业对这些问题的做法，并进行记录。因为在一个成熟的市场环境中，大多数问题都有一定量的解决方案。

再次，创业者需要确定即将与目标客户产生交互的其他用户角色。例如微博的客户是博主，而其用户则是读者。

最后，创业者需要进一步定义产品或者服务的早期使用者，并且帮助其学习如何使用。

2. 独特价值主张

独特价值主张这一部分处在精益画布的中心位置，因为这是画布最重要的构成要素之一，同时也是最难处理的。进一步来说，独特价值主张难以表述清楚，因为这要求创业者用简短的几句话对产品服务的本质特征进行提炼。这些特征还需要体现出差异性，并且这些差异性对目标客户来说十分重要。而为了能够更好地帮助创业者打造独特价值主张，以下方法可供参考。

首先，创业者需要将产品或服务定位于早期使用者，而不是急于接触主流客户，否则将导致价值主张传递效果的弱化。这是因为在早期企业还没有为主流客户准备好产品或服务。此时创业者应该寻找和瞄准早期使用者。

其次，创业者需要关注已设计完成的产品或服务。具体来说，企业强调自身产品或服务为客户带来的好处，而不是产品或服务的特性，虽然这一点非常重要，但仍然需要企业的目标客户将企业所强调的该好处转化为他们的自身观念。因此，一个好的独特价值主张会深入人心。创业者需要关注客户使用产品或服务后获得的好处，并使之形成客户所认同的独特价值主张。

再次，创业者还可以通过创建一些热词，并将其与产品或服务特性联系起来，让客户产生联想，以进一步强化企业价值主张的独特性。

最后，创业者还可以通过研究分析自己所欣赏企业的独特价值主张，对所创企业进行优化调整。

3. 解决方案

在问题、客户群分析和独特价值主张研究之后，创业者接下来便需要制订解决方案。但由于此时制订的解决方案是未经验证的假设，因此创业者不宜在此阶段对解决方案进行完整的定义，而是明确一个大致的方向，并且在每个问题旁边勾勒出产品或服务的主要特性或功能，再逐步完善解决方案。

4. 渠道

与商业模式画布类似，精益画布的下一个模块也是渠道。对于创业者来说，除了定义要开发的产品或服务外，从第一天开始寻找、构建和测试一条通往客户的重要路径也同样重要。

创业者可以选择先直接销售，然后依靠渠道进行销售。作为一种学习渠道，直接销售是最有效的渠道之一，因为这能够让企业与客户面对面交流，加快向客户学习，从而更好地进行调整。

初创企业往往会过早地建立战略伙伴关系，却忽略了建设与优化自身渠道的重要性。因此，创业者可以先与一家更大的企业合作，利用其渠道和信誉。但问题仍然存在，那就是除非创业者拥有一款经过验证的产品，否则将无法从大企业的销售代表那里获得适当的关注来实现这一目标。也就是说，创业者可以先打造一款引人注目的产品，并对渠道商进行推销，然后让渠道商去做市场推广。这样创业者就有可能有效地扩展商业渠道。

5. 收入来源和成本结构

收入来源关乎商业模式能否正常运作，而成本结构模块也与之密切相关，因此精益画布将两者放在一起进行讨论。

一些初创企业选择推迟考虑某产品的定价问题，是因为其认为该产品还没有准备好。但即使是一款只达到最低可行标准的产品，它仍具备该产品的核心功能，因此也具有为客户带来价值并收取费用的合理性。也就是说，产品的价格也是产品的一部分。

因此，创业者应该给予定价问题足够的重视，并且提前做好相关的准备，因为这是创业者要面对的最复杂和最重要的事情之一。一个好的定价模式不仅能让企业保持商业活力，还标志着企业自身的品牌和定位，同时它决定了目标客户对企业的期待。

具体来说，创业者可以像构建商业模式一样，先创制一定量的定价模式备选方案，并且依次从中选取方案进行测试。这可帮助客户在其心目中建立一个大致的参考点，而这些参考点将有助于创业者修订自身的定价模式，使定价模式更完善。

最后，创业者还需要将成本纳入考量范围，因为精益画布的最终目标是找到一种可扩展的商业模式。创业者需要关注交付解决方案所需的成本，并确保有一个稳健的利润空间。

6. 主要绩效指标

初创企业往往缺乏明确的行动指标，因此精益画布将原始商业模式画布的关键业务模块换成了主要绩效指标，用于帮助创业者进行企业的绩效评估。其主要分为五个部分（McClure，2007）：

（1）获取：用户通过各种渠道访问网站。

（2）激活：用户第一次访问，并且体验到愉悦感。

（3）留恋：用户回访，多次访问网站。

（4）推荐：用户对产品的喜爱程度足以使其向他人推荐。

（5）收益：用户进行一些使企业盈利的行为。

创业者在此阶段可以先记录自身认为会推动产品使用的一两项关键业务，之后再利用绩效指标进行评估。

7. 不公平优势

精益画布的最后一个模块是不公平优势，即不公平的竞争优势。不公平优势是该画布中最难以填写的部分，这也是它被列在最后的原因。这一模块是为了避免创业者过早地将一些事实并非如此的东西列为企业的竞争优势，从而可能导致对自身的市场定位产生偏差。

因此，创业者可能一开始就必须暂时跳过这一部分，而之后在这个阶段开始思考如何让企业与众不同，并且让这种与众不同变得重要。例如，行业内幕消息就是不公平优势的一种。

就初创企业和商业模式而言，尽管精益画布可以提供短期好处，并且能够更好地检验商业模式，但它最重要的作用是帮助创业者找到一种有效的商业模式，并最终打造成功的产品。精益画布的构造如图 4－7 所示。

<table>
<tr><td rowspan="2">问题</td><td>解决方案</td><td rowspan="2" colspan="2">独特价值主张</td><td>不公平优势</td><td rowspan="2">客户群</td></tr>
<tr><td>主要绩效指标</td><td>渠道</td></tr>
<tr><td colspan="3">成本结构</td><td colspan="3">收入来源</td></tr>
</table>

图 4－7　精益画布

资料来源：Ash M，2012. Running lean：Iterate from plan A to a plan that works. Sebastopol：O'Reilly Media.

第 3 节　创业商业模式选择

通过对商业模式设计流程的学习，创业者已经初步掌握了选择商业模式的方法，但是由于创业者所处环境的特殊性，其需要更进一步评估待选的商业模式。

一、明确自身定位，选择正确的开始

创业者在选择创业商业模式的过程中，首先要明白的一点是，一个好的创意并不意味着会形成一笔好的生意。换言之，看似前景理想、具有高额回报的商业模式，并不一定是适合创业者的选择。因此，创业者在选择创业商业模式时，应当首先专注于建立自身的品牌和定义明确的业务，并改进需要提升和发展的业务领域，以实现高绩效。

通过分析国际市场、参加贸易展览和与行业专家交流，一家企业需要确定其品牌的下一个发展方向是在哪里才有可能获得成功，这对初创企业来说尤为关键。选定的发展方向需要与当前的商业计划保持一致，需要创业者在头脑中形成一个明确的预算，这也是实现成功最具挑战性的阶段。如果创业者过度相信所选商业模式可以在未来带来较大的利润，而忽略了其所需的资金额度，过早陷入超支状态，就会使初创企业陷入负债困境，阻碍初创企业的发展。如果一家企业不打算在国际上扩张，它需要确定如何在国内市场上发展自己的品牌，这也是创业者在选择商业模式时需要考虑的一点。

二、识别市场机遇，设定正确的目标

企业在开展业务或者开发产品之前，通常会先进行市场调研，并且愿意为此付出大量的资金。然而，在最后回归产品与服务的设计时又会选择忽略掉通过调研得到的客户观点。想要形成符合创业者理念的商业模式，就必须避免这样的错误行为。因此，创业者在挑选商业模式时，就需要先透过客户的眼睛来观察商业模式，洞察客户需求，这样才有可能发现新的商机，进而确定最适合的方案。然而，客户的想法不是创业者需要考量的唯一指标，只是说在进行商业模式评估时，创业者需要将客户的观点纳入考量范围。因为成功的创新得益于设计者对客户的深刻理解，包括其关于生活环境、工作情况以及个体的担心与渴望（Osterwalder，2010）。

创业视角 4－3　拼多多“低端颠覆”

将客户的想法纳入商业模式的设计考量固然重要，但要对客户观点进行提炼则不是一件容易的事情，也就是透彻理解客户是创业者面临的一大难点。因此，在产品和服务的设计领域，业界的许多领先企业都选择与社会学家一起合作来强化其对相关设计开发的理解。例如，英特尔和挪威电信都建立了由不同领域学者组成的专家小组，来帮助其进行产品与服务的设计开发。虽然创业者受资源限制，可能无法建立类似的专家小组，但是就相关问题咨询外部专家也能够获得有效的意见，帮助创业者确定更加适宜与完善的商业模式。

另一个难点在于创业者是否能够清楚地认识到哪些客户需要加强关注、哪些应该忽略，也就是客户的关注优先级别问题。在多数情况下，能够为企业带来进一步的利润增长的并不是当前的金牛客户群体。因此，创业者在对商业模式进行创新设计时，不能局限于现有的客户群体，也要加强对新客户群体的关注，并且应该重新对潜在市场及客户需求进行考虑。因为当创业者过于执着于所选择的商业模式可以带来的产品或服务的独特性时，其就无法真正地察觉市场对所提供的商业模式的兴趣和商业模式的市场发展潜力。

因此，在确定了设计完成的商业模式可能带来的不同市场机会之后，创业者可能不仅要了解这些机会的相对吸引力，还要考虑与每个机会相关的不同不确定性水平（Gruber et al.，2013）。换言之，对于创业者来说，重要的是要进一步了解市场中的不确定性条件在机会之间所存在的差异，以及这些差异对创业过程意味着什么，这将有助于创业者挑选出符合市场预期的商业模式，降低失败的风险。需要指出的是，对于一些简单、经验性的探索式决策选择，可以通过拇指法则进行决策，即依靠创业者的经验或直觉来进行判断。

三、快速迭代，让产品匹配市场

数字时代的高度不确定性与信息更迭的高速化对创业者的决策能力也提出了极高的要求。创业者如何在这一高速变化的环境下快速完成初创企业的迭代，是帮助初创企业迅速适应市场，并顺利发展的重要因素之一。要实现产品与市场的匹配，唯有进行快速迭代，用最短的时间、最低的成本为新的想法获得市场反馈，降低试错成本，增大成功的概率。还需要注意的是，要尽可能找到可验证的数据，从验证满足需求开始，到看得见的增长。

四、即时转型，提高市场竞争力

数字技术的可供性使得市场和客户的个性化、定制化需求处于急速变化的状态，需要新创企业随时准备好对核心逻辑进行结构性迭代，这要求创业者对其发展道路上的关键转折（pivot）——创业转型——做好准备，以即时转变商业模式。这要求创业者协调自身、内外部利益相关者的身份属性和认同属性，这是由于创业转型是一个涉及多主体、多层次的系统工程。找准方向立刻动手，在实践的过程中自由探索和反复试错，是持续创造瞬时竞争优势的最佳动态手段，也是创业者应对迅速变化的市场环境的重要方法。

以美团为例，从其十余年的成长历程来看，经历了“直面消费者的服务网页端团购”→“移动端本地服务”→“团购＋外卖＋社区”布局→融合“到店＋大零售＋酒旅＋出行”四大业务的“本地服务超级平台”共四次正式转型，其中包含无数次的试错和迭代。可以看出，新创企业的成长与转型紧密相关。而创业者在这一过程中需要根据企业转型情境的不同，进行符合自身发展之路的转型变革，挑选与之匹配的商业模式才能突破发展瓶颈，进一步提高企业的市场竞争力。

五、关注成长，避免发展困境

除了商业模式与市场的契合度之外，未来发展潜力也是创业者挑选商业模式的重要参考因素。这是因为当新创企业发展至成长期，会面临快速适应的重大挑战。为品牌探索新市场和新机会，吸引更广泛的受众，扩大业务规模，处于成长期的企业需要制定最佳的战略，并且将对原始的商业模式进行调整，以实现持续成长。而如果创业者所选择的商业模式从一开始就缺乏足够的发展潜力，未来的商业模式调整难度就可能会提高，甚至导致企业无法实现进一步的成长。

因此，选择一种富有发展潜力的商业模式虽然可能无法在短期内为创业者带来回报，但是却可能成为企业未来发展的基石。

六、保持创新，确保企业活力

尽管创业者可以通过各种不同的方式，在商业模式设计完成阶段对多种方案进行挑选，但商业模式并不表现为一个固定的模型，而是会随着企业的发展不断演化。对于创业者来说，最重要的是商业模式的执行过程，也就是商业实践中的创新。

创业者应该专注于持续创新，保持自身品牌的趣味性，开发新的创意，并利用创新保持业务的相关性和客户的兴趣。创业者应鼓励企业员工不断学习和成长，并为企业设定更高的目标。此时，创业者需要评估出现的某些机遇，例如筹集更多的资金以促进企业进一步成长，又或者是寻求一个合作伙伴。因为在理想的情况下，一个更大的组织可以通过其资源、覆盖范围、客户群和专业知识将创业公司自身的业务发展提升到新的高度。这也是帮助创业者进行商业模式创新的一种手段。

当创业者成功带领企业度过了初期成长阶段，其吸引人才和资金的能力便得到了增强。此时，创业者可以选择利用前期积累的资源来进一步发展企业。如果创业者能做到这一点，并能引进可为企业带来价值的新员工，则将有助于确保企业的活力。

基本概念

商业环境	商业模式	商业模式设计流程	商业模式画布
价值主张	精益画布		

思考与练习

1. 商业环境包括哪些方面？

2. 商业环境分析方法有哪些？

3. 商业模式解决的关键问题有哪些？

4. 商业模式设计流程由哪几个阶段构成？

5. 如何基于商业模式画布进行新创企业的商业模式设计？

6. 平台型商业模式如何设计？

7. 精益画布与商业模式画布有何不同？在创业过程的不同阶段应该如何有效使用这两种工具？

第 2 篇

创业者与创业团队

第 5 章

创业思维与创业激情

| 学习目标 |

- 掌握创业思维的基本概念和构成要素。
- 掌握塑造和影响创业思维的因素。
- 了解情感性因素对创业者认知过程的影响。
- 尝试使用创业思维发现身边的创业机会。

引例

垂衣：掘金男装市场

无论是在线下实体店中购买，还是从当下流行的电商平台上购买，选购衣服往往是一个既耗时又耗力的过程，因为“逛”是其中一个必经的步骤。然而，对于那些追求效率和便捷性的男性消费者而言，这是一个巨大的烦恼。“不逛”，意味着有限的时间内只能随便挑选搭配；而“逛”，则需要消耗大量的时间与精力。“垂衣”的出现，瞄准了男性消费者的这一痛点，利用理型师和数据算法，把原来购物中的多选题简化成判断题。

“垂衣”创始人陈曦毕业于美国芝加哥大学，曾在华尔街一家对冲基金公司担任亚洲区交易主管。在金融行业浮沉的五年，使他练就了敏锐的商业嗅觉和缜密的商业思维，也让他积累了丰富的人脉资源和社会资本。陈曦发现身边的金融从业人员在职场中西装革履，回归日常生活后还是会延续呆板的职业风格，与周围轻松的环境格格不入。IT 工作者也陷入同样的困境，他们大多缺乏穿衣搭配的意识。此外，由于工作繁忙，这类人群缺乏逛街选购的时间。但随着职位的晋升，得体的着装既是基本的职场礼仪，更是个人品位的彰显。为有效满足男性消费者得体穿衣搭配的刚性需求，陈曦创建了“垂衣”。

与传统电商模式下价值创造过程直接体现在服饰产品上不同，陈曦另辟蹊径，开发了新颖的“垂衣模式”，即从服装搭配和形象设计，以及提升消费者购物效率视角出发，致力于为男性消费者带来更大的购物便利。“垂衣模式”包括简单风格测试、理型师深度沟通、“垂衣盒子”配送、逐一试穿保留中意搭配等步骤。理型师是“垂衣模式”重要的一环，他们一方面通过与消费者进行结构化交流获取基本用户信息，另一方面在用户收到“垂衣盒子”后跟进访谈，了解并记录消费者对搭配的具体感受及评价，为构建用户画像和消费者偏好数据库提供重要依据。

不同于当时的强劲竞争对手“穿行”（着重关注产品时尚性），陈曦认为除去个性化需求，购物的效率和便捷性对众多男性消费者而言也许更为重要。鉴于此，“垂衣”打造了自己的数据库与智能算法，在满足消费者实际偏好需求的同时，也加速了对市场的响应。

猎豹移动的傅盛在节目上曾称陈曦是“思路最为清晰的创业者”。创业伊始，陈曦对“垂衣”的战略选择和发展方向就有着极为清晰的认识。“自主设计生产虽然能够降低成本，但是当用户对产品不满意时，他们也会产生对平台的负面评价。但如果只专注于搭配服务，即使用户对产品品质不满，其负面情绪也会更多地转移至品牌厂商，对垂衣的影响则相对较小。”

资料来源：钱婧，2016. 垂衣：掘金直男经济. 清华管理评论（22）：124-128.

请思考：陈曦在创建“垂衣模式”的过程中，其创业思维有什么突出特点？

第 1 节　创业者的思维模式

一、创业思维的内涵

（一）创业思维的定义及要素

创业者拥有区别于常人的独特思维模式吗？麦克格拉斯和麦克米伦（McGrath & MacMillan，2000）认为，创业思维的核心是感知能力、快速行动的能力以及在不确定的情境中调动资源的能力。他们将创业思维定义为一种思考商业的特定思维模式，并认为拥有创业思维的个体将更关注不确定性，并且能够捕捉到不确定性带来的积极价值。在此基础上，爱尔兰等（Ireland et al.，2003）进一步完善了创业思维的定义，认为创业思维本质上是一种成长导向的思维模式，它能够帮助个体保持灵活性和创造力，以进行持续创新和自我更新。换言之，即使身处充满不确定性的环境，拥有创业思维的个体也能够从模糊而零散的信息中找到有用的信息，进而识别和利用机会。

爱尔兰等认为创业思维主要包括四个要素（component）。

1. 识别创业机会

识别创业机会是创业思维的重要体现。拥有创业思维的人能够敏锐地捕捉到环境中的变化，例如人口结构、社会变革、新的细分市场的出现以及政府政策的变更，进而洞察变化中潜在的创业机会。在数字时代，外部不确定性进一步增加，创业者更需依赖创业思维识别潜在的创业机会。

2. 创业警觉

创业警觉（entrepreneurial alertness）代表个体对创业机会的“卓越的洞察力”。创业警觉并不是创业者刻意展开对创业机会的搜索，而是依据身边环境发生的变化，警觉、敏锐地把握机会的能力。创业警觉、创业机会识别和创业成功之间存在着密切的关联，创业警觉能帮助创业者准确地把握市场客户的需求，有助于提高创业成功率。在创业过程中，高度的创业警觉能够帮助创业者更快地识别新产品或服务的可行性，或发掘现有产品或服务潜在的新价值。

3. 实物期权逻辑

实物期权逻辑（real options logic）源于金融领域的期权投资研究，随后被引入管理研究中。期权是一种赋予持有人在某一特定日期或期间以固定价格买卖标的物的权利的合约。常见的期权有股票期权与实物期权。而实物期权对应的是商业投资机会，通常指的是在不确定的情况下，企业管理层根据不断变化的经济、技术或市场条件，为扩大、改变或缩减项目而做出的选择。由于其往往与有形资产有关，所以称为实物期权。

创业投资是一种高风险投资，在其运作过程中往往存在高度的信息不对称。创业者能否根据有限的信息，动态且准确地评估创业机会的价值，并做出相应的投资决策，将直接关系到创业资本运作的成败。利用实物期权逻辑思考创业决策的关键在于，面对外部的不确定性，创业者可以根据市场条件的变化，灵活地制定和调整创业决策，从而避免损失，提高收益，创造价值。创业伊始，市场中的不确定性与机会共存，创业者凭借创业警觉发现机会，之后通过对其进行评估，尝试开发机会，进行试错。最初的少量投资是为了抓住机会，相当于创业者拥有了对创业机会的买入期权，后续的分阶段投资是为了抓住不确定性降低的时机和条件，对创业机会进行进一步的开发和利用。在这一过程中产生的一系列期权，形成了一条贯穿整个创业决策过程的实物期权链，其中前一段期权的执行将设定下一阶段的期权。

如果有限投资产生的信息表明，进一步投资所确定的机会可能会创造财富，那么创业者可以更自信地去开发这个机会，并投入更多的资源。大多数成功的创业者都会开发一个充满活力的创业机会组合（期权），以平衡期权所产生的风险并获得更多的回报。在创业过程中，创业者应当拥有实物期权逻辑这样的创业思维，成功地运用期权可以最大限度地减少资源的浪费，同时使企业更专注于最有价值的创业机会。

4. 创业框架

将创业思维应于用创业框架（entrepreneurial framework），创业框架产生财务绩效的潜力将会增强。通常来说，创业框架的应用应当贯穿整个创业过程，以确保每个资源分配方案在被评估的过程中受到同等程度的重视。创业框架的应用主要包括以下几个方面：设立并共享目标、创建机会登记册（opportunity register）、确定开发创业机会和实施战略的时机。

（1）设立并共享目标。应用创业框架的第一步是利用创业思维设立创业所追求的财务目标，需要注意的是，本质上而言此过程并非渐进完成；目标设立之后，各利益相关者有权知晓具体的创业机会开发过程以及实施目标。

（2）创建机会登记册。应用创业框架的第二步是将发现的所有创业机会记录在册，即创建企业的机会登记册。企业的机会登记册记录了企业各部门（团队）发现或识别的所有可能的创业机会，在企业内部完全共享。当企业的某一个部门（团队）识别出某个潜在的创业机会，但该部门（团队）无法对其进行开发利用，而其他部门（团队）已经具备开发这一机会的能力，那么该部门（团队）可以通过将其记录在机会登记册中让其他部门（团队）加以利用，最终实现最大化该潜在创业机会的价值。

（3）确定开发创业机会和实施战略的时机。创业框架应用的最后一步是确定开发利用创业机会的适当时机。换句话说，创业者应当重点关注利用创业机会的准确时机。例如，在进行机会开发和战略实施之前，创业者会充分考察外部市场环境状况与内部资源和能力状态，只有当二者相互匹配，他们才会采取正式的行动。

（二）创业思维与非创业思维的比较

从工业时代迈向数字时代，万物互联、不确定性、非线性增长、系统重构等成为时代新的趋势和特征。在数字时代，资源配置和价值创造方式、经济和社会发展的驱动力都在发生根本性的变化。正因为这一时代下各种变化的发生以及典型特征的存在，在面对机会、竞争和困境时，创业过程对创业者的创业思维提出了新的要求，而创业思维与非创业思维之间的差异也将被进一步放大。

1. 面对机会

在数字时代，创业者需要打破过往的认知局限，应当清晰认识到，当今世界，不仅有传统的生产要素，还有基于数字要素而衍生出的数字资产（如 NFT 艺术品）。在这一背景下，具有创业思维的个体对外部世界的认知更加广泛，对身边的创业机会更加敏感，而且将更有可能将机会转化为创业活动。首先，具有创业思维的个体能够迅速捕捉到时代“风口”，并从细节中发现创业机会。在发现创业机会后，他们的活动重心将迅速转向聚集资源、创立企业、占领市场、谋求新企业的生存，并最大限度地实现创业机会的价值。其次，具有创业思维的个体还会主动通过社会关系网络寻找创业机会。研究显示，除了深厚的市场与技术知识以外，从社会互动中发现的问题也是创业机会的主要来源，半数创业者都曾通过其社会关系网络发现创业机会。

不具备创业思维的个体对机会的感知会相对逊色，他们很难迅速且敏锐地感知社会大众的需求变化并从中捕捉创业机会。从某种意义上来说，不具备创业思维的个体通常缺乏变通性与灵活性，他们习惯按照流程和制度行事，甚至内心害怕机会、不愿意冒险。因此，即使面对着创业机会，他们也很难把握。

2. 面对竞争

传统竞合关系在数字时代受到了巨大的挑战，创业者与竞争对手更可能是“共生”，而非对立。例如，对基于数字平台的内容创业者而言，其他优秀的内容创业者可以为平台吸引更多用户，这将为自身的发展提供更多机会。在此背景下，具有创业思维的创业者更能理解与对手既竞争又共同发展的重要性。一方面，他们认同竞争是“优胜劣汰”，但不会片面地将自己与竞争对手的关系理解为水火不容的关系，因为优势的发挥、制高点的争取以及市场的占领往往涉及多种因素。另一方面，他们也深刻认识到，在当前日趋激烈的市场竞争中，仅凭单个企业的力量及内部所拥有的资源和能力难以建立独特的竞争优势，也无法应对市场竞争。因此，具有创业思维的创业者会进一步理解并认识到，只有跳出组织边界，在更大的范围内整合资源，才有可能建立自己的综合优势，最终实现双赢甚至多赢。

然而，大多数不具备创业思维的个体在面对竞争时常常表现出患得患失的心态，他们容易自我满足，同时又会害怕甚至逃避竞争。除此之外，缺乏创业思维的个体的另一种典型表现就是快速退出竞争，转而进入其他领域，因为他们往往会过早地定义竞争失败。换言之，一旦接收到可能失败的信号，或者短期处于下风，他们便会选择退出。

3. 面对困境

相较于工业时代，数字时代具有更高的不确定性，因而创业的风险更大，创业者更有可能经历困境。例如，由于数字化实现了物理世界与数字世界的融合，消费者不仅关注功能性诉求，而且关注内容、服务、参与度、社交、分享与交流等体验诉求，这对创业者的创业过程提出了更大的挑战。相较于缺乏创业思维的个体而言，具有创业思维的个体往往更善于思考、勇于探索以及敢于挑战自我。在面对困境时，他们不会轻言放弃，反而会在可承受的损失范围内大胆尝试。同时，他们也不会盲目坚持，在综合分析前期投入、当前掌握的资源、可承受的风险和可承受的损失等因素后，才会判断是继续坚持还是转战新的领域。

而缺乏创业思维的个体容易在困境中做出情绪化的决策。例如，部分创业者可能缺乏足够的耐心与毅力，过早做出退出创业的选择；而另一部分创业者可能会以赌徒的眼光看待创业，从而忽视自身可承受的损失，未能及时止损。

上述对比分析揭示了（高）创业思维与非（低）创业思维在面对机会、竞争与困境时的差异。但值得注意的是，创业者与创业者之间的差异可能比创业者与非创业者之间的差异更大：并非所有创业者都具有高度的创业思维，也并非所有非创业者都不具备创业思维。此外，我们还需明确，创业思维并不一定总会带来积极的结果，本章后续内容将进一步介绍创业思维带来的认知偏差和可能引发的负面结果。

二、创业思维的过程

具有不同创业思维水平的个体在认知、动机和行为等多方面都会表现出较大的差异。在复杂多变的环境中，创业者究竟是如何进行认知思考的？

为解答这个问题，海尼和谢泼德（Haynie & Shepherd，2009）提出了认知适应性（cognitive adaptability）。认知适应性是一个与元认知理论高度相关的学术概念。他们认为，创业者的思维（认知）过程嵌于环境之中，个体对环境中的各种变化做出反馈并有效调整认知，使之与环境相匹配的能力，存在差异。认知适应性体现了个体为了达成目标而主动管理环境变化的能力，是一个刻画创业者动态性、灵活性、自律性以及关于感知和过程变化的多维决策框架。高水平的认知适应性可以帮助创业者探索未知的领域，在不确定的环境下管理企业。研究发现，认知适应性强的创业者能够更好地反思现有的战略行动，吸纳环境中的反馈因素，以及应对动态任务。

如图 5－1 所示，认知适应性包括以下五个紧密联系的要素：

1. 目标导向

创业情境下的目标导向（goal orientation）指的是创业者根据自身、他人以及企业的目标来理解环境变化程度的认知能力。目标导向旨在实现创业者的某些创业成果，这种导向不仅会使创业者在执行创业任务的过程中评估任务的执行情况与目标的差距，而且会影响个体对所处环境的感知和理解。

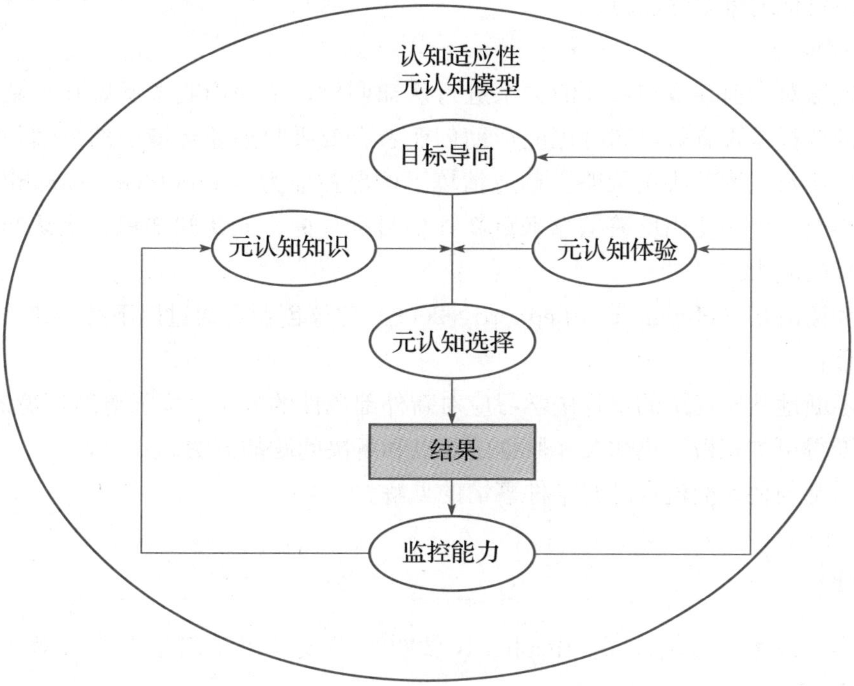

图 5-1　元认知模型视角下的认知适应性

资料来源：Haynie M，Shepherd D A，2009. A measure of adaptive cognition for entrepreneurship research. Entrepreneurship Theory and Practice，33（3）：695-714.

2. 元认知知识

元认知知识（metacognitive knowledge）是创业者个体对内在和外在事物有意识的理解。对内在事物的元认知知识指的是创业者对自身认知过程的理解，即创业者对自身在某一创业任务上的优势和劣势的理解。而对外在事物的元认知知识体现在创业者个体对不同创业任务的特征、性质、难易程度的理解以及对创业任务所采取的决策策略的认识。在创业情境下，元认知知识反映的是创业者在参与制定多个用于规划和实现组织目标的决策策略时，对自身、他人、任务以及策略的已有认识的认知能力。

3. 元认知体验

元认知体验（metacognitive experience）是伴随着创业者当前认知活动产生的各种认知体验或情感反应。这种认知体验或情感反应包括创业者已知的体验、未知的体验，积极的体验、消极的体验，成功带来的喜悦以及失败带来的沮丧等。这些体验或反应可能会持续相当长的一段时间，也可能会转瞬即逝。创业情境下的元认知体验反映的是创业者在参与制定多个用于规划和实现组织目标的决策策略时，对特殊体验、情感和直觉的认知能力。

4. 元认知选择

为了应对不断变化的创业环境，认知适应性强的创业者在执行创业任务时，会制定若干备选决策策略。元认知选择（metacognitive selection）会使创业者在目标导向的背景下，从众多可利用的备选方案中提取出一种特定策略来解决特定问题，是创业者认知适应环境的重要因素。创业情境下的元认知选择正是一种从众多备选决策策略中挑选最有助于实现目标的策略的能力。

5. 监控能力

监控能够对当前绩效和目标的关系进行认知调控，帮助创业者反思和重新评估当前决策策略的选择是否有效，同时也能帮助创业者有效吸收创业环境中的反馈信息并识别新信息，以便及时调整决策策略。创业情境下的监控能力（monitoring capability）反映了创业者不断识别和使用反馈信息来重新评估目标导向、元认知知识、元认知体验以及元认知选择的能力。

海尼和谢泼德（Haynie & Shepherd，2009）建议创业者通过以下练习来增强自己的认知适应性：

（1）不断地从所经历的事件中学习应对新外部条件的方法，增强对新环境的适应性。

（2）变得更加积极，更加关注原创的观点和解决问题的方法。

（3）时常与他人交流自己对某件事情的见解。

工具箱5-1

海尼和谢泼德（Haynie & Shepherd，2009）开发了用于测量个体认知适应性的量表，如表5-1所示。

表5-1 认知适应性量表

下列表述在多大程度上符合你的真实情况？ 从1到11打分，1表示“完全不符合”，11表示“非常符合”	1＝完全不符合～ 11＝非常符合
目标导向：	
[1] 我经常为自己设定目标。	
[2] 我明白完成一项任务与我的目标之间的关系。	
[3] 我在开始一项任务之前会设定明确的目标。	
[4] 当我完成了我的目标，我会问自己完成得有多好。	
[5] 当执行一项任务，我经常根据我的目标来评估我的进度。	
元认知知识：	
[1] 我会想出若干解决问题的方法，然后选择一个最好的。	
[2] 在开始一项任务之前，我会质疑自己对此任务的设想。	
[3] 我会考虑别人对我的行为会有什么反应。	
[4] 我发现自己潜意识中会采用过去行之有效的策略。	
[5] 当我已经对任务有所了解，我会表现得最好。	
[6] 为了让接收到的信息更有意义，我会自己寻找能够印证该信息的例子。	
[7] 我会尝试使用在过去奏效的策略。	
[8] 我在开始之前会问自己一些关于这项任务的问题。	
[9] 我会尝试把新信息翻译成我自己的话。	

续表

下列表述在多大程度上符合你的真实情况？ 从 1 到 11 打分，1 表示“完全不符合”，11 表示“非常符合”	1＝完全不符合～ 11＝非常符合
[10] 我会尝试把问题分解成更小的部分。	
[11] 我关注的是新信息的内涵与重要性。	
元认知体验：	
[1] 在开始一项任务之前，我会考虑我真正需要完成的事情。	
[2] 我会依据不同情况使用不同的策略。	
[3] 我会合理安排时间以实现我的目标。	
[4] 我善于组织信息。	
[5] 当遇到问题，我知道什么样的信息是最需要考虑的。	
[6] 我会有意识地把注意力集中在重要的信息上。	
[7] 我的“直觉”告诉我什么时候我使用的策略是最有效的。	
[8] 我依靠直觉来制定策略。	
元认知选择：	
[1] 在解决问题的过程中，我会反思自己是否考虑了所有的选择。	
[2] 在完成一项任务后，我会反思是否有更简单的方法来做事情。	
[3] 在解决一个问题之后，我会反思是否考虑了所有的选择。	
[4] 当我感到困惑，我会重新评估我的假设。	
[5] 我会问自己，当我完成任务，我是否学到了我所能学到的。	
监控能力：	
[1] 我会定期回顾任务，厘清重要关系。	
[2] 我会暂停手中的任务，回顾意义不明的信息。	
[3] 在完成既定任务时，我清楚该使用什么策略。	
[4] 在完成既定任务时，我会分析现有策略的有/实用性。	
[5] 在完成新任务时，我会反思自己的表现如何。	
[6] 我经常停下来检查我对手头的问题或情况的理解。	
[7] 当我感到困惑，我会暂停任务并重新阅读（相关资料）。	

资料来源：Haynie M，Shepherd D A，2009. A measure of adaptive cognition for entrepreneurship research. Entrepreneurship Theory and Practice，33（3）：695－714.

三、具有创业思维的管理模式

（一）与传统管理模式的区别

创业思维也可以体现在日常管理中，具有创业思维的管理模式在以下八个方面区别于传统的管理模式：战略导向，机会利用，资源的获取，资源的控制，组织结构，薪酬体系，发展导向，创业文化。

1. 战略导向和机会利用

战略导向和机会利用有助于区别遵循创业思维管理模式的创业者和遵循传统管理模式的创业者。战略导向是指导企业家制定企业战略的因素，是企业家决策的准则，可使企业家对自身和战略背后的影响因素有更深入的了解。遵循创业思维管理模式的创业者较少考虑机会所需的资源，往往更多地关注新的市场机会从而制定战略。例如，医药行业新药物和新技术的研发，往往与市场需求密不可分，因此，创业者可能会更少关注所需要的具体资源。遵循传统管理模式的创业者则更注重对现有资源的有效利用。例如，企业对原有技术的新应用，比如将无人机技术应用于农业情境。因此，对于这类创业者而言，现有资源的种类和数量是战略决策的重要出发点，只有那些能够充分利用的机会才会被重视。

战略导向是对未来的展望，其事关企业前景，对创业者来说自然重要，但更重要的是创业者需要采取行动利用机会。遵循创业思维管理模式的创业者更关注潜在的机会，能够快速开发和评估潜在的利益。当初始投资的利润不高时，创业者会迅速收回资源。相反，在传统管理模式下，创业者需要做大量的研究、评估和数据收集工作，并根据研究结果决定是否利用机会。一旦创业者决定抓住一个机会，就会投入大量的初始资源，而且时间跨度很长。

2. 资源的获取与控制

在创业思维管理模式下，资源是创业者进行创业的首要条件，也是新创企业发展的保障，但核心关注点始终是机会。拥有创业思维的创业者会选择用较少的初始资源开发重要的机会，因为这可以确保他们在失败后只需承担较小的损失。这种利用较少初始资源开发机会的策略可以使创业过程具有高度的灵活性，当有关机会的重要信息变得清晰时，创业者可以迅速做出反应。同时，较低的成本也能够帮助创业者免于或者避免过早陷入失败的泥沼。相比之下，遵循传统管理模式的创业者更愿意在行动前充分准备。当企业决定利用一个机会时，通常会投入大量的初始资源。

此外，遵循创业思维管理模式的创业者非常关心资源的使用，如资本、智力资源、人力资源、技术等，而不太关心资源的所有权，他们利用外部资源来开发机会并愿意分享利润。相比之下，遵循传统管理模式的创业者更关心资源的所有权，因为拥有这些资源是他们使用特定资源来发展业务的唯一方法。

3. 组织结构和薪酬体系

遵循创业思维管理模式的创业者通常更倾向于组建扁平和灵活的组织结构。对这类企业家来说，他们深刻地了解到，较少的管理层级可以让组织的网络结构更具弹性。由于组织足够扁平和高度灵活，他们可以从外部环境获得更多的信息和资源，以此来帮助企业充分利用机会，提升绩效。此外，在这种结构下，企业内部的信息具有足够的流动性，这为快速行动提供了可能。而在传统管理模式下，创业者更倾向于建立机制来重组现有资源。这种非常正式的等级制度通常包括具体的角色和责任，高度流程化的工作，以及庞大的中层管理结构，这些都给企业的资源带来了沉重的负担。这种类型的企业家通常更关注效率，而不是如何快速利用外部环境提供的机会。

在薪酬体系方面，遵循创业思维管理模式的创业者通常将员工的薪酬与员工创造、发现和利用机会挂钩，因为他们更强调抓住机遇，进入新市场，为企业创造新价值。在这种薪酬制度下，员工将拥有更强的动力去尝试潜在的机会，并得到相应的奖励。相比之下，传统管理模式下的创业者将员工的薪酬与他们所控制的资源的表现联系起来，并建立严格的问责机制。因此，员工能否晋升与他们拥有的资源数量挂钩。

4. 发展导向与创业文化

无论是在创业思维管理模式下还是在传统管理模式下，创业者都有着快速成长的强烈意愿。在创业思维管理模式下，创业者更关注非线性成长，如指数型增长模式。相较而言，在传统管理模式下，创业者更偏好以较为稳定的速度发展业务。

除此之外，企业文化也可以用来区分一家企业的管理风格。在创业思维管理模式下，创业者鼓励员工以自己的激情和创造力开展工作，因为这往往有利于新产品的开发。相比之下，在传统管理模式下，创业者更关注资源存量，即注重利用现有资源开展各项业务活动。鉴于此，传统管理模式下的创业者抓住机会的能力较为有限。

（二）局限性

不容忽视的是，创业思维管理模式也存在局限性。研究表明，具有创业思维的个体容易产生一定的认知偏差，如过度自信、自我服务偏差等，这都将对企业的成长和管理构成挑战。

1. 过度自信

过度自信往往源于个体自身认知结构的局限性，进而形成先入为主的偏见。首先，具有高度创业思维的创业者基于敏锐的洞察力能够捕捉到他人难以掌握的信息差，而这种敏锐性又往往会让他们产生“我知道的比实际更多”这类过度自信的心理，使其高估自己所掌握的知识和经验，认为自己比其他人拥有更好的条件。在这种情况下，他们可能会选择性地接受他人的建议，且错误地感知到更低的风险和不确定性。基于这种对自身能力的认知偏差，创业者会大胆采取行动，即使决策失败也不会自我反思，因为他们更倾向于将失败归结为外在因素。其次，过度自信者一旦形成对某一事件的印象就会选择性接纳信息，甚至对新信息不予理睬，而这种行为在创业初期将导致创业者无法准确做出理性的判断。最后，创业者的过度自信会使其对现状持有更加非理性的乐观态度，他们总会高估风险项目的成功率，认为失败率微乎其微。如果创业者无法察觉自身的这种认知偏差，非理性决策就会很快体现在企业行动中，典型表现就是业务缺乏聚焦，企业盲目扩张。而一旦扩张大大超出了创业者的能力范围，企业将可能陷入困境。

不可否认，在动态复杂的创业环境下，创业者高于正常水平的自信程度使其更容易获得风险投资，以此取得更高的创新绩效。但过度自信很有可能会导致创业者对自己创业行为的盲目坚持，拒绝退出注定失败的项目，导致资源的大量浪费，以至最终失去竞争优势。

2. 控制幻觉

控制幻觉是指创业者为了减轻对不确定性的不适感，会倾向于高估个人的能力，并相信自己能够准确预测且控制未来不确定事件的结果。控制幻觉产生的主要原因是，个体难以区分在事态发展中个人能力和机遇的相对决定性。例如，在发展低谷，任何改进工作都可能产生有益的改变，而个体往往会将这种改善归功于个人能力。虽然过度自信与控制幻觉这两种认知偏差均是指个体对某一方面的认知偏差，但是两者仍存在一定的差异。过度自信是指基于当前的事实而提升确信水平，控制幻觉则是指对自己能力的主观认同过高而造成高估自己预测和处理未来事件的能力。

拥有高度创业思维的个体往往会认为他们能够预测重大影响事件的发生，如市场需求改变或竞争者进入，但实际上他们可能没有意识到企业的发展充满了风险。因而，控制幻觉往往会使其低估风险，因为他们认为自己的能力高于其他人，并且认为自己能够阻止消极事件的发生，从而会产生过度乐观的绩效估计。这种对自己能力的过度乐观估计会使创业者忽略风险，进而做出风险决策，导致创业失败。

3. 反事实思维

创业过程中的失败事件或是出乎意料的结果等都容易激发创业者的反事实思维。反事实思维根据社会比较方向的不同，可以划分为“上行反事实思维”和“下行反事实思维”。前者是指对于已发生的事件，个体往往会想象如果满足某种条件，就有可能出现比现实更好的结果，比如“如果当时选择了其他合伙人，或许企业绩效能够翻倍”；后者则是假设一种比现实可能更差的结果，比如“幸好我早就中止了当时创收较差的项目”。当然，反事实思维也具有一定的价值，因为它有助于促进个体的因果推理、创造力、经验学习和概率推断等多种认知，可以帮助个体分析和解构过去以便加强对现在的理解，与此同时为未来的行为和事件做好准备。

由于担忧环境的不确定性，拥有高度创业思维的创业者会思考多种备选行动方案，这为其形成反事实思维提供了可能。此时，反事实思维为创业者带来的困扰将会显现。在创业失败后，不同类型的反事实思维对失败恢复和学习具有不同影响。失败后产生的下行反事实思维能够有效降低或消除由创业失败带来的沮丧等负向情绪，帮助创业者更好地从失败的阴影中走出来，有助于其恢复，但是不利于其反思失败以及对未来行为做准备，因而可能导致创业者继续维持原有的行为方式（即以对未来行为的无准备换取即时性的情绪恢复）。失败后创业者采取上行反事实思维则以牺牲即时性积极情绪为代价，通过对比不同方案与可能的结果，更好地还原失败经过，理清因果关系，形成对未来行为的心理准备，改善后续行为绩效。

但是持续采取上行反事实思维可能会给创业者带来较大的心理或情绪障碍，对干扰信息的加工、处理将影响认知过程，进而影响创业决策过程，最终导致创业失败。因此，创业者需要关注自身表现出的反事实思维，在充分发挥反事实思维的优势的同时，还应当避免陷入过度的反事实思维。

4. 自我服务偏差

在复杂的创业过程中，信息经常是不完全、不对称的，创业者的理性也是有限的。在两种因素的共同作用下，创业者容易产生自我服务偏差。其通常表现为创业者更容易将积极的行为结果（成功）归因于个人因素，而把消极的行为结果（失败）归因于外部因素。从自我服务偏差的认知性解释角度来看，当个体对结果有积极期望时，会表现出对成功进行内部归因、对失败进行外部归因的强烈倾向。具有高度创业思维的创业者更加关注企业的非线性成长，使其相较于持有传统思维的创业者更容易对创业结果产生更为积极的期待，容易将成功归功于个人努力，而不愿意承担失败的责任。创业者常常将优秀的业绩更多地归因于企业战略、领导力、研发等具有鲜明个人特征的内部因素，将较差的业绩更多地归因于经济环境、政策等外部因素。

创业者的自我服务偏差行为是对企业实际情况的歪曲，可能导致其后续做出无效的战略反应，使企业丧失更多的机会，并导致未来更加不济的业绩；同时也可能违反企业财务报告的客观性原则，影响创业决策，且给企业的财务健康发展带来危害。

第2节　创业思维的影响因素及学习

一、创业思维的影响因素

创业思维的形成是多种因素共同塑造的结果，包括创业者独特的个人经历、个体特质，所处的组织以及置身的环境等。

（一）个体层面影响因素

1. 先前知识与经验

个体的思维模式在很大程度上是由知识和经验塑造的，创业者的知识结构受到个人工作经验、人生经历、教育背景和社会关系网络等因素的综合影响。由于创业者拥有不同的人生经历，在成长中收到的信息也各不相同，创业者在知识结构方面存在较大差异，不同的知识结构又进一步造就了个体间各异的思维模式。

先前经验是塑造个体知识结构和形成创业思维的重要因素，波利提斯（Politis，2005）将个体的先前经验分为创业经验、行业经验和管理经验三类。

（1）创业经验可以发展成为创业知识。在创业过程中，有创业经历的创业者更具有创业思维，可能会形成更富有前瞻性的想法。这是由于创业者在先前创业经历中有过机会识别和开发的实践，并从中积累了隐性的技能和知识，掌握了从复杂环境中提取关键信息的能力。

（2）丰富的行业经验可以帮助创业者获取独特的知识和信息。这类经验不仅有助于创业者更好地理解市场潜在需求，也有利于提升创业者对行业信息的搜集和解释能力，从而提高其对行业未来可能发展方向的预判。

（3）丰富的管理经验可以提升创业者在计划、决策、问题解决、组织与沟通等方面的能力，进而影响创业思维，同时为创业者提供如资金、销售额、物流等基本的商业信息。管理经验也能帮助创业者建立良好的关系网（如与员工、与上下游企业、与科研机构等），从而拓宽信息获取渠道，降低创业失败风险，使得创业者获得更多的资源支持，帮助创业者打下坚实的创业基础。

创业者的先前经验具有积极意义。依据先前经验，创业者可以在创业过程中调动相关知识框架，使其在行动中能更好地理解因果关系，从复杂信息中筛选出其偏好的内容来进行价值创造。此外，由于先前经验的积累，创业者在动态环境中感知与关注机会的能力、逻辑推理与问题解决能力以及沟通交流与社会认知能力得以提升，这有助于创业者从模糊环境中提取关键信息，为创业决策制定提供基础。

但是，先前经验也可能阻碍商业模式创新。创业者可能会由于先前经验产生认知惯性而形成固化思维。随着时间的推移，这种认知惯性会变得稳固，进而形成认知上的路径依赖，导致创业者过度依赖先前知识框架而威胁到后续行为的灵活性和创新性。

2. 创业认同

创业认同（entrepreneurial identity）是职业认同在创业领域的发展和延伸，不仅仅是个体对其所创企业的高度认同，更包括对其创业者身份的认知与情感认同。个体在最初识别创业机会后，通过不懈努力逐渐明晰创业目标，在艰难的创业过程中不断肯定自身的创业行为，这些举动都会直接或间接地影响创业者的创业思维。

（1）个体对其创业者身份的认同能够直接影响其创业思维。在与创业环境持续互动的过程中，创业者将个人的价值观和目标同创业活动所需的价值观和目标结合。在整个创业过程中，创业者可能会扮演诸多商业角色，如风险承担者、谈判者等。个体能够通过判断过去的经验、观察总结他人的行为后果、获取各方的创业支持等多种方式不断辨明自己各个角色的权责，强化对自己创业者身份的认同感，激发自己的创业意愿，从而更有可能识别和捕捉到潜在的创业机会。

（2）创业认同能够通过自我验证或对创业者身份的渴望来强化创业思维。自我验证理论认为，一旦个体对自身产生了某些认知与信念，就会努力去证明这些自我观念。创业认同可以激发创业者自我验证的欲望，是创业者参与创业活动的重要激励因素。较强的自我验证欲望往往使个体不断增强创业的想法，以增强自我稳定感和控制力。个体持续努力证明自己创业者身份的过程（即证明自己拥有独到的眼光及卓越的创业才能），会促使其更好地处理与自己和周围环境有关的事务，投入创业活动，巩固产生创业行为的自我意识，加强自身的创业思维。

（3）创业认同能够调节创业态度、社会规范和行为控制感对创业意愿的影响。根据角色认同理论，个体对自己创业者角色的认同度越高，他就会更多地站在创业者的角度去思考问题，将会有更多的创业思维表现，表现出更多的创业行为和创业投入。创业认同感较低的创业者可能从事有限的搜寻活动，最终变得不活跃。

总之，创业认同不但能直接影响创业结果，而且能通过激发创业行为从而间接对创业者的创业意愿产生影响。以上这些有利于我们理解如何推动创业梦想向创业活动发展，让我们能够理解创业认同感是如何影响创业思维的。

3. 情绪

创业者的情绪对创业思维有重要影响。反复而强烈的情绪体验容易导致创业者的思维表现出模式化的倾向。例如，个体的情绪会直接影响创业投资过程中的“沉没成本效应”。沉没成本效应具体表现为创业者因为不舍得在某一项目中已经投入的金钱、努力或时间，因而更容易做出不理性的创业决策，如表现出继续投入的强烈倾向。该效应的发生与创业者厌恶损失、规避风险、渴望他人认同与尊重，以及对已经做出的投资行为感到后悔等情绪有着密不可分的关系。此外，创业者对沉没成本的敏感性也可能会导致沉没成本的逆效应发生，即投资者为避免反复体验错误预期带来的痛苦，强迫自己立即结束投资，这一做法却很有可能导致其错失创业良机。

此外，情绪积极的个体比情绪消极的个体更富有创造性，而创业者的创造性有助于提升其创业思维。积极情绪能够在一般条件下促使个体冲破思维限制，产生更多的思想火花，从而增强个体认知的灵活性和多样性。情绪通过对创业者认知的影响，最终会影响创业者的创业思维及在创业活动中的行为表现，进而影响创业结果。创业环境充满风险和不确定性，同时创业异常艰辛，并表现出鲜明的阶段特征，这些特征使创业者容易产生较大的情绪波动。创业者只有形成一种和谐、向上的良好情绪，才能开发自身潜能和智力，激发创业思维，为企业创造最大效益。

创业视角 5-1　内向者也可以创业吗?

创业需要群体决策，而群体决策中的“群体极化”（group polarization）现象与群体成员之间情绪的相互感染有着重要联系。群体极化是指在进行群体决策时，个别成员（尤其是创业者）的立场及情绪容易感染其他成员，而其他成员的认同反过来又将使得该立场及情绪变得更深刻且更具感染力。因此，群体决策相较于个人决策往往会更向某一个极端倾斜，决策的结果在多数情况下也更倾向于冒险而不是保守，从而背离最佳的决策。

（二）组织层面影响因素

创业者也是组织中的一员，创业思维必然会受到组织层面因素的影响。组织不断吸收外界信息，内化为组织知识，并随着创业环境的变化持续更新，形成了创业思维提升的前提。但组织知识的过度膨胀和组织惰性在一定程度上会弱化创业者对主体信息的把握及对新知识的学习。在动态变化的创业环境中，组织惰性会影响创业者学习创业知识并将其内化为自身创业思维的过程。此外，组织中的创业氛围（entrepreneurial climate）、创新氛围、信任氛围等，都会通过影响创业者对周围环境的感知和对自我身份的不断强化来影响创业思维的提升。例如，研究者发现，在具有较浓烈创业氛围的大学中，大学生更有可能对创业活动形成积极的认知（Bergmann et al.，2018）。

（三）环境层面影响因素

情境的独特性同样会影响创业思维。不同国家或文化背景的创业者在价值观（如个人主义、对变化的开放性、自我提升、一致性等）、决策的创新性、成就和/或增长动机（包括风险倾向）方面存在差异。同样，这样的文化差异也可能会存在于国家内部。例如，赵向阳等（2015）的研究发现，在地理条件、历史、人口因素、语言、经济等因素的作用下，我国不同区域的文化表现出多元化特征。在美国，墨西哥裔创业者与英美裔创业者在决策风格、执行决策和对家庭支持的依赖方面有所不同。而这些国内或者国外的文化背景差异又会影响创业者具体的创业决策。

除文化因素外，企业所处的制度环境也会给创业者传递多种信号，这些信号会影响创业者对未来机会的感知和把握，对创业思维产生影响。例如，孙秀丽等（2018）基于制度视角，认为一定程度的制度支持会提升企业家对外部环境的感知度和熟悉度，有利于企业家把握整体趋势、增强创业信心。

二、学习创业思维

正如前文所言，创业者的创业思维并非与生俱来，往往受到知识结构和先前经验等多种因素的共同影响。因此，创业者可以通过适当的训练来提升创业思维。以下是创业者可以通过主动学习来提升创业思维的五个关键。

1. 持续学习

创业者要有持续学习的能力，即通过不断学习充实自己，积累经验，持续进步。创业需要的知识是多方面的、综合性的，尤其是在数字时代背景下，许多创业机会的开发与利用往往与数字化或人工智能等相关知识挂钩，例如本章开篇案例中的“数据库＋算法”、新冠肺炎疫情背景下突然兴起的在线教育和在线办公平台。而且，在创业这场持久战中，创业者将有可能遭遇各种问题，而且随着时间的推移和行业的发展，也会不断出现众多新鲜事物，例如近两年极其火热的“元宇宙”概念。而对这些多方面知识和全新事物的了解将对整个创业过程及创业成功率产生重要影响。因此，在创业过程中保持持续学习是必不可少的。

保持持续学习有以下关键点。首先，切勿自满。因为自满是停滞不前的开端。其次，学会向竞争对手学习。不要抵触竞争对手，要从竞争对手身上学到可以打败它们的能力，学习对方好的模式，并结合自身的情况进行模式优化。

2. 理解内外部环境

要想建立一个成功的企业，创业者必须有创造力并且对企业内外部环境有广博的理解。例如，在我国，政策是创业活动的典型风向标，创业者只有紧跟国家的政策趋势，才能获得最终的创业成功。而与此同时，个体的创造力往往与创业者理解环境各个方面的能力有关，换句话说，创业者不但要明政事、商事，还要明世事、人事，以此来理解环境趋势。

3. 构建良好的创业团队

在创业过程中，创业者整合一系列技能和资源需要建立跨部门的结构和回报体系，构建对创业有益的良好创业团队。有了良好的团队才会有良好的企业，创业也才会有成功的可能。创业团队应当是由技能互补、贡献互补的人组成的特殊群体，该群体的各个成员将在一个共同认同的、共同承担责任的程序规范下，为达成高品质的创业结果而共同努力和相互协作。为了将团队磨合所带来的消极影响最小化，创业者应当学习如何鼓励团队成员和使用跨学科的合作方式，做好“外交官”的工作。

4. 鼓励公开讨论、广纳谏言

作为创业者，应当鼓励公开讨论，以便发展一个具有创新性的好团队。只有广开言路，让团队成员敢于发表不同意见，才能形成最终的优秀方案。在团队内成员公开表达不同意见的意愿程度往往取决于创业者的开放程度。许多创业者习惯于制造保护性障碍，将自己与团队成员隔离开来。然而“兼听则明，偏听则暗”，成功的创业者往往会在关键问题上广泛征集、吸纳意见，最终做出合理的决策。

5. 保持执着的精神

创业者应当时刻保持创业思维中的执着精神，即坚持不懈。在任何新企业的建立过程中，挫折和困难都是不可避免的，坚持了不一定能成功，但放弃一定会失败，创业者要能承受一切挫折，持之以恒地朝着自己的目标走下去。

第 3 节　创业激情

创业者的理性思维有助于其快速识别创业机会，但这一过程也会受到创业者情感体验的影响。积极的情感体验能够帮助创业者尽快从消极事件中抽身，继续调动资源解决创业过程中的难题；然而，过度的积极情感也会影响创业者做出理性判断。因此，情感性因素在整个创业过程中也扮演着不容忽视的角色。

一、创业激情的内涵

创业激情（entrepreneurial passion）是创业过程中的核心要素，在创业过程中始终伴随着创业者。创业激情可以激发创业者的创造力，增强创业者自身对环境中潜在机会的识别和利用能力。具有创业激情的创业者能够感染投资者的积极情绪，获得投资者的认可和资金支持，还能够激发员工的工作激情，促进员工努力工作和提升员工工作绩效。

（一）个体层面的创业激情

现有研究对个体层面的创业激情还没有形成统一的概念界定，主要集中在特质、情感、动机成分的讨论上。其中，基于情感视角的定义得到了大多数学者的认可。

1. 个体特质视角

个体特质视角认为，创业激情是创业者与生俱来的个体特征。个体特质是一个人相对稳定的人格特征，使得个体在不同情境下都做出一致的反应。鲍姆等（Baum et al.，2001）认为热情、坚持不懈和主动性共同构成了企业家的人格特质，他们还进一步分析了这些特质与企业成长的关系。从个人特质的视角将创业激情定义为一种创业特质意味着，对创业者来说，创业激情是普遍且稳定存在的。但在现实中，许多创业者的创业激情仅仅存在于创业初期或者维持到中期，随着时间的推移，这种激情会慢慢褪去，甚至消失殆尽。例如有些企业家只热衷于创新和发明，却不愿意或者无法将这些创意付诸实践。此类创业者的创业激情无法从个人特质的视角来解释，因为如果创业激情是创业者的一种个体特质，那么创业者的创业激情应当是持续且稳定的，不应该随着时间的推移而消失。

2. 个体情感视角

个体情感视角认为，创业激情是创业者在创业过程中体验到的情感。情感是人的各种感觉、思想和行为的综合状态，是受到外界刺激所产生的心理反应，也包括附带的生理反应。瓦勒朗等（Vallerand et al.，2003）认为创业激情与创业活动有关。他们指出，不同于一般的情感体验，当创业者参与或思考创业相关活动时，他可能会体验到创业激情。同时，创业激情是有意识的、持续的、可获得的、非常积极且强烈的情感体验。充满激情的创业者往往会激励自己进一步认识和认同自身的创业者身份，从而做出相应的行为。创新的激情反映了创业者对与识别和探索新机会相关的活动的激情；创建的激情反映了创业者对参与建立一个企业及对机会进行利用的活动的激情；发展的激情反映了创业者对新建企业的培育、发展和壮大等活动的激情。随着创业情绪理论研究的深入，从情感视角解读创业激情受到越来越多的认可。

3. 个体动机视角

个体动机视角认为，创业激情是创业者的一种动机，它能刺激创业者的创业行为，让创业者更努力、更坚持。陈等（Chen et al.，2009）提出创业激情是一个特定领域的动机结构，它可以激发创业者的思想和行为。但也有不同的学术观点认为，创业激情与动机高度相关，具有动机效应，能刺激创业者克服阻碍坚持下去，有助于创新和机会的识别。

（二）团队与组织层面的创业激情

德尔诺夫舍克（Drnovsek，2009）将团队激情（collective passion）定义为创业团队成员所体验到的创业激情的集合，包括每位成员个体激情的潜在差异性。团队中不同成员可能分别有着发现者、创建者和发展者的身份，也可能担任相同的角色。据此，创业团队可以分为专注激情型团队、混合激情型团队、平衡激情型团队，并可从凝聚力、认知冲突和情感冲突三个维度对创业团队进行考察（见表 5－2）。

表 5－2　不同创业激情类型团队的三个考察维度

类型	凝聚力	认知冲突	情感冲突
专注激情型团队	高	高	低
混合激情型团队	低	中	高
平衡激情型团队	中	中	中

团队凝聚力是团队成员之间为实现群体活动目标而团结协作的程度。认知冲突是指团队成员通过理性的讨论来解决意见不同所引发的冲突，有利于团队决策，属于建设性冲突。情感冲突是由情绪对立引发的冲突，对团队流程和绩效具有极大的破坏性。

在专注激情型团队中，团队成员普遍认同同一个角色，从而拥有契合的价值观、相同的创业激情感受，因此，凝聚力更高，情感冲突水平更低。对于工作中的问题，团队成员会畅所欲言，因而容易在思维的激烈碰撞中产生最佳对策，不过这也容易形成认知冲突。在混合激情型团队中，部分团队成员热衷于创业过程中的某个角色，而另一部分团队成员只参加相关创业活动，没有创业激情，团队成员之间缺乏信任，团队成员的归属感较弱，他们容易将任务分歧理解为人身攻击。因此，这种团队的凝聚力最低，情感冲突水平高，认知冲突水平中等。在平衡激情型团队中，团队成员担任发现者、创建者和发展者中的某一个角色，团队成员拥有适度的身份认同一致性和情感相似性，凝聚力、情感冲突、认知冲突都处于中等水平。

团队创业激情源于个体创业激情的涌现。团队创业激情能够对团队凝聚力、团队认知冲突、团队情感冲突、团队推进质量以及团队绩效产生影响，同时可以影响个体创业激情的水平以及团队个体成员的进入或者退出。在德尔诺夫舍克（Drnovsek，2009）对团队激情的定义中，团队成员是最初一起创业的企业家群体，而不是普通员工，但是这一定义不适用于一般的创业团队和工作团队。一般团队激情对应一般工作情境下的工作激情，而创业团队的创业激情针对的是创业情境下的激情，二者的工作目标、工作模式都有所不同。

除创业个体及团队外，已成熟企业的内部也会开展一系列的创业活动，如产品或流程创新、市场开发及新业务开展等，此时的创业激情才会上升到组织层面。当创业激情达到组织层面的高度时，组织成员都乐于尝试新方法、新技术以及一切可能有利于组织发展的事物，组织层面的创业激情会对组织认同、组织氛围、组织规则以及组织内人际互动产生影响，此时创业激情则成为一种组织文化，它的表现也不只是对创业的热爱，而是更重要的对创业的强烈认同。

二、创业激情的来源

创业激情属于创业者在创业过程中的情感体验，也是创业者坚持创业的原始动力。由于不同创业者有着不同的知识结构、个人特质及经验，因此创业激情的来源也十分广泛。现有关于创业激情来源的研究比较分散，总体可将创业激情的来源分为三个方面，分别是个体因素、组织因素以及其他因素。

（一）个体因素

每个创业者各异的性格特征及过往经历塑造了其创业动机，因此个体因素成为创业激情最广泛的来源。如创业激情的产生和增强与最基本的性别和年龄等因素、对创业活动本身的激情、创业过程中的身份认同、创业努力等有很大的关联。具体而言，身份认同能够通过增强创业激情进而提升创业者的自我效能感。创业者在创业过程中对自我身份的认同程度越高，那么他们的创业激情就越高，也将表现出更强的创业自信。当创业者所参加的活动或者所从事的事业得到社会的认可，且能体现自我意义时，这类活动将赋予其积极的情绪标签，使得其更愿意参与其中。创业者在创业活动中享受到愉快的情感体验，创业激情便由此产生。

（二）组织因素

即使个体在过往的经历中没有体会到较高的创业激情，也有可能被所在组织感染，产生创业激情。组织因素包括组织文化、领导类型、自主支持等。如前所述，团队中热情度高的成员能够通过人与人之间无意识的情绪传染和有意识的情绪诱导，调动其他团队成员的创业积极性，最终形成创业热情高涨的团队。而变革性领导能够将创业愿景等作为内在诱因，通过利用权力与环境等有利因素，激发下属求新求变的意愿与能力。

（三）其他因素

创业教育、政策引导、宏微观环境、个人/商业/社会关系网络等也能成为创业激情的重要来源。其中，创业教育获得了多方面的关注，尤其是在数字时代，市场的不确定性和复杂性让创业教育的内容和方式增加了全新的“数字化”元素，例如如何开展数字创业以及数字化转型。在实践中，创业教育不仅能让创业者掌握创业技能，而且能通过战略定位、讲故事、商业游戏等方式帮助创业者构建创业者身份认同，形成创业过程中的各种体验，培养创业者的自信心和对成功的信念，使其更富有进取心，最终产生对创业活动的原始向往。

三、创业激情与创业行为

创业激情能够促使创业者保持高昂的热情来从事自己的事业，并提高自我效能感，但过度的热情可能会带来反噬作用。因此，合理控制与利用自己的情绪将有助于创业者维持理性判断，防止个人的认知偏差引导自己做出错误的决定。

（一）创业激情是推进创业行为的动力

创业激情是驱动创业者个体行为的关键因素，可以激发创业者的创业动机，促使个体通过试验和坚持战胜创业过程中的磨难，完成困难的任务。越来越多的学者认识到创业激情对新创企业成长以及投资者投资决策具有积极影响。早期研究发现，创业激情有助于创业者坚持创业行为，且促使其投入更多的努力，同时，创业激情也被发现与驱动力、韧性、乐于长时间工作、勇气、高自觉性以及面对困难时的毅力相关。

（二）创业激情促进企业发展

创业激情能够驱动创业者设立更具有挑战性的目标，激活其在追求目标时的自我规范过程，并调动其力量以及认知资源去应对在创业过程中遇到的挑战和困难。在追逐挑战性目标的过程中，创业者会不断通过各种方式刻苦训练以获取创业所需的技能，从而促进新创企业绩效的提高。另外，创业激情体现了创业者的创业情感，这种情感很容易感染与创业者有互动的人（如投资者、员工），例如，创业者的创业激情能激励利益相关者向企业投入更多资源（如金钱、时间、才智等），帮助新创企业克服新进入缺陷，从而实现企业绩效的提升。同样，创业激情能够激励创业者深度投入相关创业活动中，比如搜寻机会，为企业的成长获取资源，开发新市场，创造新的接近顾客的方式，提供新的产品或服务，等等。因为创业者沉浸在创业活动中，外界环境的不确定性就很难干扰他们，从而他们就更容易战胜在创业过程中遇到的困难。总之，创业者的创业激情能够帮助其有效完成各种创业活动，提升新创企业的市场份额以及顾客持有量，从而促进新创企业的发展。

（三）极端强烈的创业激情同样具有负面影响

大多数人认为创业激情是一个积极的概念，认为创业激情往往会带来积极的结果。人们普遍认为，处于积极情绪状态下的创业者善于探索新事物，保持与环境的积极互动，并能够积极拓展有用的技能和人际网络，而这些都有助于创业者形成广泛而有效的社会关系网络。反过来，创业者的社会关系网络越发达，其创业活动就会越成功。

但过度的创业激情也会带来负面效应。卡登等（Cardon et al.，2009）指出创业激情会对创业者的创造性产生倒U形的影响。当创业者的创业激情过高时，冗余方案会削弱创业者的积极体验，创业者将不再探索其他可能的方案。在过高的创业激情的影响下，创业者对企业发展的预期会过于良好，而这一预期会让其低估消极信息的影响，也可能导致决策失误。此外，过高的创业激情会带来行为的持续性，但若创业者坚持的目标是错误的，那么消极的行为结果也将持续。

同时，过度激情的产生与创业者的动机有关。具有过度激情的创业者在很大程度上是为了超越他人，并且希望自己卓越的表现被认可。此外，还有一部分具有过度激情的创业者是为了隐藏自己的无能，以及避免他人的负面评价。其中后者是过度激情创业者相关研究的首要关注点。部分研究表明，与拥有适度创业激情的创业者相比，拥有过度创业激情的创业者找到合适团队成员的可能性较低，因为不是所有的创业者都能给那些拥有过度创业激情的创业者带来积极的、非自我威胁的反馈。

创业视角 5-2 过犹不及：创业激情也会适得其反

此外，瓦勒朗（Vallerand，2014）指出，极端强烈的创业激情会引发强迫激情（obsessive passion）。强迫激情是个体不得不参与某项活动的强烈倾向，往往来自社会认可或尊严有关的压力，或者来自个体无法控制的兴奋感。这些压力或兴奋感将让个体感到失去自我控制，从而导致即使有信号表明某个决策不合适，创业者还是会继续坚持的局面，最终只能得到负面的结果。除了与任务相关的结果之外，具有强迫激情的个体还会出于其他原因而觉得有义务去承担任务，因为他们认为无法离开自己热爱的活动。因此，他们会优先决定为这项活动投入时间和精力。

基本概念

创业思维　　创业警觉　　认知适应性　　创业认同

创业激情

思考与练习

1. 如何理解创业思维？
2. 具备创业思维的创业者与具有非（低）创业思维的管理者存在哪些区别？
3. 创业者的认知适应性过程决策框架如何实现？
4. 创业思维如何影响新创企业的管理过程？
5. 创业者应该如何培养自己的创业思维？
6. 创业者应该如何正确利用自己的创业激情引导自己做出合理的创业行为？

第 6 章

自雇、组合创业与连环创业

| 学习目标 |

- 掌握自雇、组合创业与连环创业等核心概念与人群特征。
- 掌握创业者的不同动机。
- 了解数字时代的新生创业者。
- 了解组合创业者的认知与行为规律。
- 了解连环创业者的成长过程与韧性。

引例

李丽的创业路：从职场白领到小红书专业博主

2012 年，“90 后”李丽毕业于一所 211 高校的工商管理专业，其第一份工作是在家乡省会城市的一家国企当总经理秘书，首次进入职场即面临着规矩与等级的多重考验。虽然李丽不是很喜欢这份工作，但也尽自己所能将事情做到最好。7 个月后，热爱自由的李丽离开了这个讲究等级、员工上班朝九晚五的传统企业，并去了一家培训机构当老师。这份工作时间相对自由、灵活，并且能够在得到学生认可的过程中获得价值实现感。但李丽内心“走出家乡看世界”的小火苗仍未磨灭。之后李丽赴英国兰卡斯特大学攻读市场营销专业研究生，并以优秀毕业生的身份毕业。

2016 年，李丽毕业回到上海，机缘巧合成为一名“陆家嘴金融民工”。李丽对生活充满热爱，时常在公众号上写文章分享上海的美食与生活。凭借着独到的品位、优美的文笔和过硬的拍照与新媒体编辑技术，李丽的文章深受读者的喜爱，3 个月内迅速涨粉，携程也邀请李丽参加美食发布会，甚至有商家约谈广告合作事宜。从这时起，李丽开始发现自媒体蕴含的商机。但理智的李丽认清自己的事业只是小有起色，各方面仍需筹备。于是她辞去看起来光鲜亮丽但自己并不热爱的金融工作，进入一家外资猎头公司在华的新业务部门，专门做互联网平台的市场推广，以成功挽救即将亏损的业务。虽然同样是“打工人”，但在这项工作中，李丽跟着老板学会了如何实现从 0 到 1、如何组建团队、如何管理下属等创业技能，也学会了从一个领导的视角看待和处理事情。

2020 年初的新冠肺炎疫情让李丽的工作停止了运转，但她也找到了新的乐趣——健身打卡。随着每天在小红书上分享自身的健身情况与感受，李丽发现自己正在将健康生活的理念与精神传递给网络上的女性们，这种分享与认可也给她自己带来了极大的成就感。几经周折，李丽决定正式创业。她对自己说："一旦决定专职做博主，就尽力做到最好。"具有敏锐市场感知的李丽发现，虽然在健身这个赛道自己并不具备专业优势，但是粉丝们当前更多地就她的健身穿搭进行评论，尤其是她穿尽显"男友风"的休闲服装时饱受赞赏。于是，李丽果断决定给自己先贴上一个标签——"可能是全网穿男装最好看的女博主"，并开始以此为支点进行业务开拓。凭借着独到的市场定位，李丽在一年时间内就从一个籍籍无名的小博主做到中腰部博主，再做到小红书排名前三的头部博主。

李丽谈到自己的创业经验与未来感想时说道："我20岁的时候就想30岁成为老板，至少也得是个高管。进入职场后，我更加明确了自己的想法，要自己当老板，为自己做事！纵观大学毕业后的10年，其实我大部分时间是走在创业或者做创业准备的道路上，一直没有停止过尝试和探索。如果说现在的我收获了一些小小的成功，那我觉得可能有两个因素：一是得做自己真心喜欢的事情。我热爱内容分享，起步期也没有很重的得失心，反而是受到大家的喜爱之后我才愈发感觉责任重大，但仍然享受这份工作给我带来的快乐。二是自己身上有股劲儿，一旦决定要做一件事情，就一定要尽力做到最好。成为博主的500多天以来，我节假日几乎都未休息过，坚持自己制作脚本和视频，坚持自己选品与进行商业洽谈，保持每周5篇Vlog更新与每月2场直播，也学习和观摩优秀的同行们，激励自己做得更好以回馈粉丝。今年我也有新的计划，开设一家MCN（muti-channel network）机构，让我的业务变得更多元化一些。"

请思考：根据这个案例，你认为创业者与企业员工或者管理者的区别体现在哪些方面？面对数字时代的新机遇，创业者在数字时代应该如何发现创业机会，从而实现人生价值？

第1节　自雇：创业者及其特征

一、创业者概述

说到创业者，人们会如数家珍般地列出一份长长的名单：海尔的张瑞敏、华为的任正非、新东方的俞敏洪等。人们通常会发现他们具有以下一些特征：对成功的强烈欲望、敢于承担风险、超强的意志力等。大多数人同时也总感觉创业与自己无关，创业是遥不可及的事，认为那些创业者所完成的事业是常人难以模仿和无法学习的。

但通过本章的引例，我们可以发现，创业者就在身边。普通的职场白领李丽几经周折才发现自己的兴趣所在，在平台上记录分享自己的日常，最终从自己的兴趣出发实现了白领向创业者的身份转变。

创业者一词来自英文单词"entrepreneur"，由三个部分——entre、pre、neur构成。在拉丁语词根中，entre的意思是"从事"，pre的意思是"在……之前"，而neur的意思是"神经中枢"。因此，按照字面意思，创业者是这样一种人：他们参与了一项事业，并且及时形成或者从根本上改变了那项事业的神经中枢。人们敬佩创业者，尊重企业家，那到底什么样的人可以成为创业者？过往研究揭示了创业者所具有的一系列基本特征。

对创业者的研究首先是从人口统计学特征入手的，研究者发现，某些群体确实更有可能投身创业活动。其中，清华大学二十国集团创业研究中心发布的《全球创业观察2019/2020中国报告》显示，在大多数国家男性创业者多于女性创业者，在中国24～34岁的青年是参与创业活动最活跃的群体。此外，学者还发现，移民具有更强烈的创业倾向，头胎出生的孩子最有可能成为创业者，创业经常发生在人们会感到焦躁不安的里程碑年龄阶段（如30岁、40岁和50岁）。

基于人口统计学特征展开的研究发现了有趣的结论，但人口统计学特征并不能真正决定创业行为，它们只是呈现出与真正影响创业行为的特征的相关性。例如，移民这一事实本身可能并不会激励创业行为，在一定程度上，移民更容易开展创业活动可能是因为他们有克服困境的经历，或者可能是因为成为一名移民首先应该具有创业的自选择性。

除人口统计学特征外，学术界还研究创业者的心理特征，而且发现创业者的心理特征比天生特质重要得多，心理特征在一定程度上可以改变和培养。

创业者区别于一般人的特征表现在以下六个方面：

（1）创新。

既然创新是创业精神的本质所在，创业者趋向于那些具有创新精神的人就不足为奇了。换句话说，他们创造新的方法迎接不同的挑战。

（2）成就导向。

创业者几乎无一例外都是目标导向型的，他们很自然地设定个人目标并且确保成长以完成这些目标。

（3）独立。

创业者是出了名的独立自主。他们大多数都高度自我依赖，并且许多人很自然地偏向于独立工作来完成他们的目标。

（4）掌控命运的意识。

创业者很少把他们自己看成环境的受害者，而是认为自己可掌控自己的命运。这可能是由于他们具有把消极的环境看作机会而不是威胁的倾向。

（5）低风险厌恶。

虽然没有证据证明任何理性人（包括创业者）为了风险带来的利益而去追求风险，但是有证据表明创业者对风险有更多的包容性，并且在寻找方法减轻风险方面更具有创造性。

（6）对不确定性的包容。

创业者总是比其他人对动态变化且不是特别明确的情况具有更强的适应性。

游戏盒6-1

你适合做创业者吗?

运用头脑风暴法围绕一款产品提出尽可能多的创业路线。在进行头脑风暴的过程中，每个人都要尽可能地提出自己的创意，以发散性的思维来解决问题。例如，围绕纯棉T恤衫产生的结构性头脑风暴如图6-1所示。将所有人进行分组，每组5～10人。讨论结束后，每组选出代表上台展示进行头脑风暴的结果，并由大家投票评出最佳构想小组。在展示和讨论各组创意的基础上，各组可共同提出更多更好的创业方案。

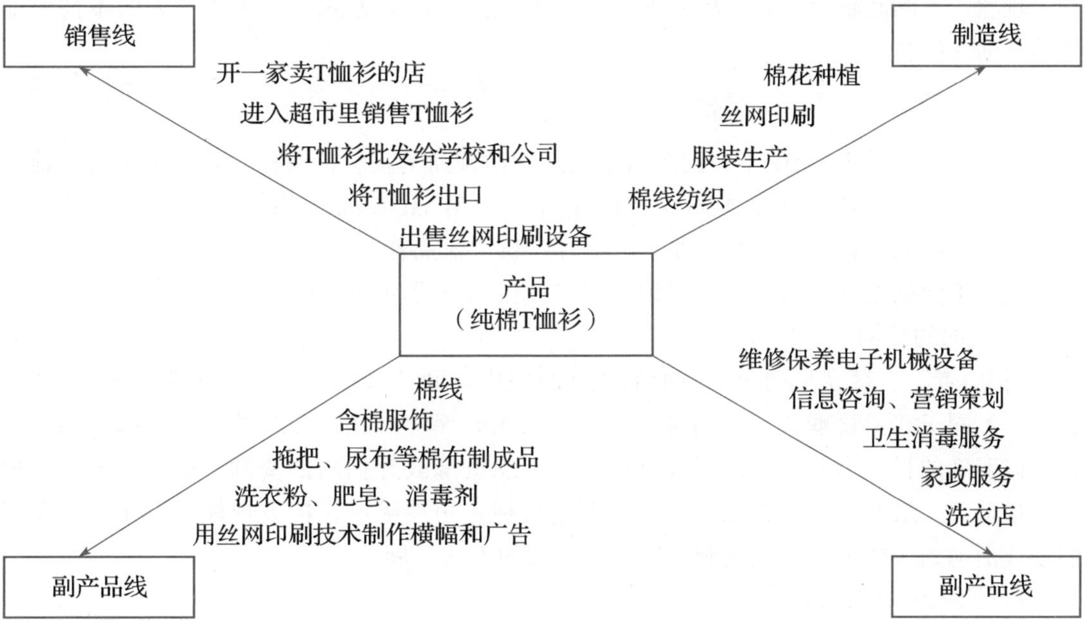

图 6-1　围绕纯棉 T 恤衫的结构性头脑风暴

二、创业者的行为和角色

除了在人口统计学特征和心理特征方面的差异，创业者在行为特征方面也表现出独特性。

（一）将假设变成现实的人

一般的经营活动表现为已有资源条件下的计划与结果，而创业是在资源高度约束、不确定性强的前提下的假设验证性、试错性、创新性的快速行动机制。创业者将假设的事情变为现实，并非一般经营活动简单的计划与结果的关系。创业者的假设一般是在没有资源保证的前提下的“梦想”，假设也是目前来看企业做不成或者没有做过的事情。

创业者不拘泥于现有条件想事和做事，他们创造性地整合资源，使得自己的构想变成获得资源保证前提下的计划。同时，创业者想从事的事业具有较高新颖性，是前人没从事过的。在这个过程中，创业者面对高度的不确定性，在没有先例可循的情况下计划实施探索，需要有超出常人和多数人的认知，不断地将假设变成现实。

（二）超越普通人的行为

创业行为和成熟企业的经营行为不同，成熟企业会努力规避风险，创业企业为了闯出新路，不能说勇于冒险，至少是低风险厌恶。使用市面畅销的管理学教材中的理论知识指导新创企业的经营活动，很多时候不灵。有时甚至可以用“逆行”两个字描述创业者的行为。人们通常将创业的成功，归功于创业者的天赋和特质因素，但这些自身特质性因素起作用的程度不是100%，可能在60%左右。创业者也是人，他们不是神，但人与人之间存在差异。创业者们受先前工作经验、社会网络关系、情境等的影响，他们不安于现状，不断超越自我，超越普通人的心智模式。创业者脱离不了普通人的本性但能超越普通人的行为。

（三）“开荒者”与“扩疆者”

张玉利教授基于 2001 年美国弗吉尼亚大学达顿商学院萨拉斯瓦西教授发表的一篇重要研究文献——《是什么赋予创业者创业力?》（What Makes Entrepreneurs Entrepreneurial?），将创业者分为两类，即“扩疆者”与“开荒者”，并从不同的处境、不同的工作方式和不同的发展之道三个方面讨论了二者在创业活动中的不同之处。

1. 不同的处境

“扩疆者”多存在于创业中后期的成熟组织中，而“开荒者”多为初期创业者。“扩疆者”不同于普通管理者，他们肩负着带领组织开展“二次创业”的使命，基于因果逻辑，以明确的目标为导向，并围绕目标整合组织资源或开拓新的资源，追求以最佳、最快、最低廉、最有效等全方位手段实现既定目标，拓展疆域、扩大规模。而初期创业者的创业活动始于既定的有限资源，以效果推理的方式开展。

2. 不同的工作方式

“扩疆者”看重预期收益，依赖于竞争关系分析，提倡结合经验与实际科学地制定战略。他们的工作流程多为提出立项—市场调研—财务预测—商业计划制订—团队构建—开展融资—原型制作—市场推广—退出。他们会精心地策划和严格有序地执行每一环节，以确保目标实现。“开荒者”则不同，他们开展工作遵循以下这三个原则：可承受的损失原则、战略合作关系原则和利用意外原则。

3. 不同的发展之道

“扩疆者”通过经验、调研等推断事件发生的概率，并计算出预期回报率。但是对于“开荒者”而言，他们没有能力做出推断，他们相信未来不是“在那里”等着被发现，而是需要通过策略一步步被创造出来。

延伸阅读 6-1 创业者的迷思与现实

“开荒者”通常希望自己能够早日成为“扩疆者”，而“扩疆者”也会在某些情况下变为“开荒者”。无论担任何种角色，在不同的创业阶段更好地把握不可预知的未来是事业走向成功的关键所在。创业就是鼓足勇气出发，想方设法生存，随机应变实现发展，从而到达彼岸，实现自己的目标。

三、两类创业者及其动机

根据创业者动机的不同，全球创业观察（Global Entrepreneurship Monitor，GEM）项目[①]区分了生存推动型创业（necessity-push entrepreneurship）和机会拉动型创业（opportunity-pull entrepreneurship），两者分别简称生存型创业和机会型创业。在《全球创业观察 2019/2020 中国报告》中，创业动机尽管按照最新方式被分为四类，但仍可分为机会型（改变世界、创造巨大财富或高收入和延续家族传统）和生存型（因工作机会稀缺而谋生）（如

① https://www.gemconsortium.org/.

图 6－2 所示）。机会型创业的比例越高，该国家/社会越有可能处于创新驱动阶段。

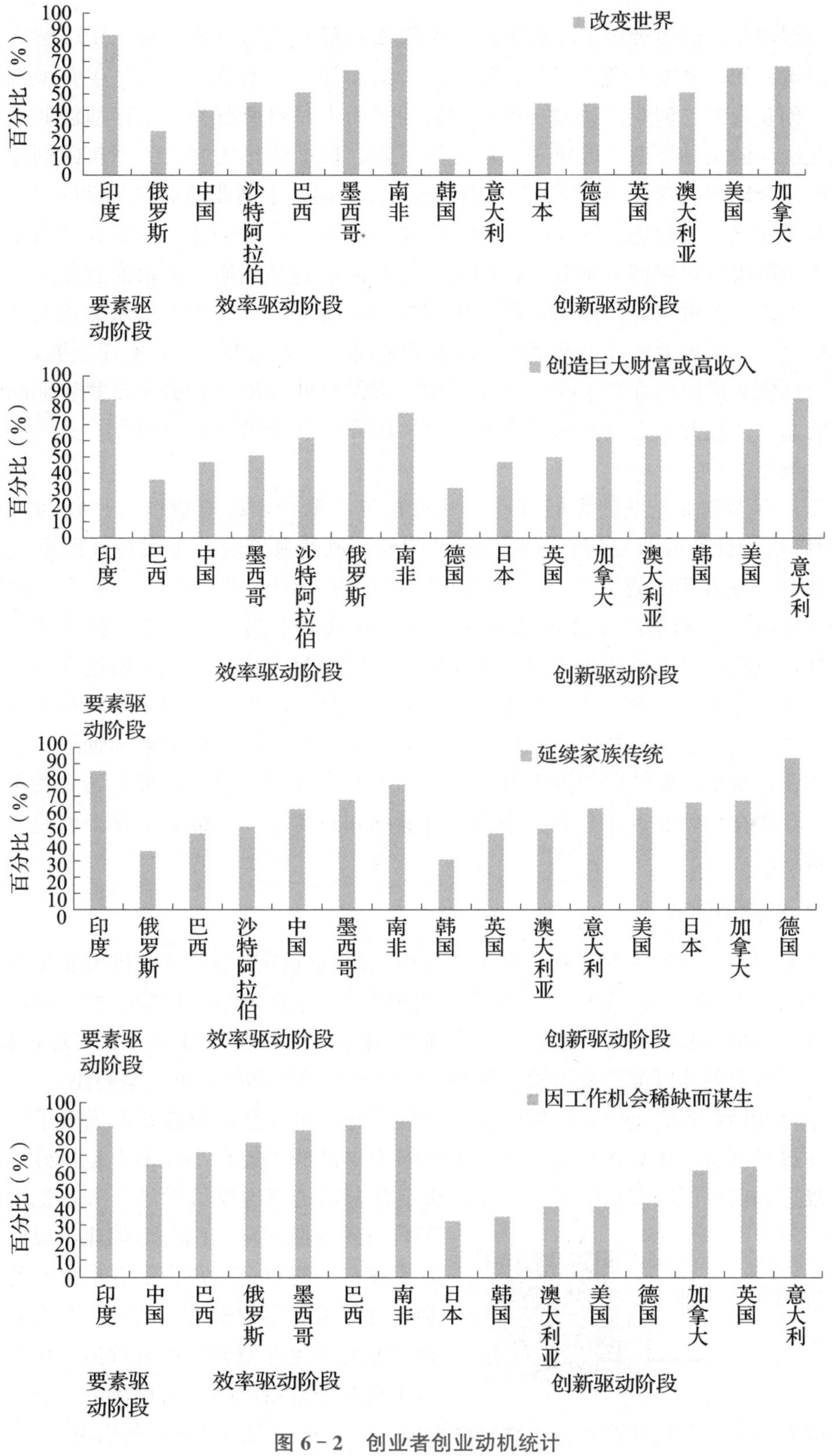

图 6－2　创业者创业动机统计

（一）生存型创业

生存型创业指创业者出于没有更好的选择而不得不参与创业活动，用以解决自身所面临的困难，如很多人开淘宝店只是因生计所迫而加入了创业的洪流。生存型创业的核心在于，创业者参与创业活动是一种被动行为，而不是自愿行为。生存型创业在过去是我国创业活动的主导类型，近年来比例逐渐下降。根据清华大学二十国集团创业研究中心发布的《全球创业观察 2019/2020 中国报告》，中国处于创业的效率驱动阶段，在向创新驱动阶段演化，当前仍有约 65%的创业者进行的是生存型创业。尽管大多数生存型创业只是出于解决自我雇佣、家庭生计问题，但在促进商品流通、繁荣商业服务、稳定社会治安等方面发挥着重要的作用，而且生存型创业给人们日常生活带来的便利性无可替代。可以把生存型创业看作机会型创业的有力补充，二者互补共生，有序发展。

生存型创业广泛地存在于我们的生活中，不仅有助于创业者解决自我雇佣问题，产生经济收益，还提升了创业者的社会参与度，因而有助于增进社会福利，是一种不容忽视的创业类型。

关于生存型创业企业的发展有以下几点建议：第一，政府应该有所作为，比如提供补助性/给予性的政策支持，像降低创业门槛、减税甚至免税、实行注册资本金申报制、提供创业场地等。这些政策应以设法降低生存型创业者创业成本为主，融资、风险投资等不是关注的重点。各地政府主导建设的众创空间可以侧重于提供这方面的功能。另外，政府可以提供创业教育和创业培训，促进交流，拓展生存型创业者的创业思维，提升其创业技能，带动其自我效能感的提高。第二，生存型创业者自身也应加强学习，掌握创新创业思维和技能，在提升生存能力的基础上，积极把握和创造机会，转向机会型创业，至少也要转向“机会型的生存型创业”。第三，社会需要营造一种更为积极的氛围，让生存型创业者体会到公平感、价值感和获得感，以推动生存型创业为社会做出更大贡献。

（二）机会型创业

机会型创业是指创业者创业是出于个人抓住商机的强烈愿望。商机可能带来的潜在利润的诱惑，以及抓住商机的强烈愿望，共同驱动了创业者承担风险、积极进取的创业行为。对机会型创业者而言，创业是一种个体偏好，也是实现目标（如实现自我价值）的手段。李彦宏创建百度、戴尔辍学创办戴尔电脑公司等都属于机会型创业。

与生存型创业者满足生存需要的创业动机不同，机会型创业者是因发现了有吸引力的机会而选择创业，正如在开篇案例中李丽因为自己的兴趣在小红书上记录分享自己的日常，没想到获得了网友们的喜爱，从而决定将自己的兴趣继续发展下去，也由此开启了自己的创业之路。机会型创业不以开个小店养家糊口为终点，而是为了寻求更好的发展机会或者寻求更多的财富。从经济角度看，机会型创业要比生存型创业更有价值，机会型创业由于具有创造新产品和新市场的功能，特别是能够开辟大市场、形成新产业、带动经济发展，因而被誉为经济发展的引擎。

创业视角 6-1　高科技创业

四、数字时代的新生创业者

数字经济成为世界各国经济发展的主要趋势，各国纷纷通过顶层设计将发展数字经济上升为国家发展战略。数字时代的新生创业者一般就是利用数字技术进行创业的创业者。智慧国家、智慧城市和智慧生活已深深融入人们日常的生产生活。在这背后正是无数拥有强大数字创业思维和能力的创业者在利用数字技术发现与创造数字机会，以新颖的数字商业模式，提供多样化的数字产品和服务，实现强大的数字功能，驱动数字经济的发展。

数智创业是什么？狭义的数智创业是指能够创造数字产品和数字服务的创业活动，包括全面型数字创业和融合型数字创业，前者如腾讯、阿里云等以线上产品或服务为主，后者如淘宝、美团、滴滴等利用线上平台，整合线下资源，提供融合型数字产品或服务。而广义的数智创业还包括数字技术赋能的创业，即所谓的“智能＋创业”，如传统企业的数字化转型。

数智创业借助数字技术的规模化和灵活性特征，整合碎片化资源并调动多方参与者参与价值扩散活动，推动价值共享与治理价值提升过程。数智创业结合数字技术优势，拥有高效分析数据的能力，在解决创业问题、对接用户需求、精简业务流程方面有突出贡献，为经济社会发展创造了重要价值。数智创业还可以协调利益相关者的价值动态匹配，平衡企业供需，改善政府与企业之间的治理关系。利用数智创业全程可追溯和可视化的特点，深入了解数智创业如何配置创业资源、提升创业能力、开发创业机会等具有重要的实践意义。已有研究表明，数智创业已经对创业机会识别、创业资源配置、创业企业战略和创业生态系统等产生了深远影响，是创业者创业方式的最优选择。

延伸阅读 6-2 数智时代的新创业形式——用户创业

数智创业具有高数字性、高价值性和高创新性的特征，可以不断优化和迭代创业商业模式，并衍生出新的创业机会，为价值创造提供更多的路径。

第 2 节 组合创业

一、组合创业者的定义

组合创业是指创业者目前正在通过创建或购买方式拥有两家或两家以上独立公司的所有权的创业活动。组合创业有助于对创业过程形成一个更清晰的视野，对创业者的“职业生涯”有一个更全面的了解，对创业领域有很高的价值。参考保罗·韦斯特海德（Paul Westhead）、迈克·赖特（Mike Wright）等学者的定义，对组合创业的界定主要分为两类，如表 6-1 所示：

表 6-1　组合创业代表性定义

类别	代表性定义
直接界定组合创业	组合创业通常指个人同时拥有和牵涉众多的创业利益，同时拥有几家公司的所有权
	组合创业是一种运作模式，在这种模式下，创业者，而不是公司，同时创立、拥有、管理和控制几家公司
	当创业者一次就创立、拥有、管理和控制一个以上的企业，新企业的所有权不同于现有企业时，组合创业就发生了
通过界定组合创业者来界定组合创业	组合创业者是指一个人同时创立、拥有、管理和控制许多公司，而不是仅拥有一家公司。韦斯特海德和赖特进一步拓宽了这个视角，也纳入了那些买入或继承的公司
	组合创业者是指目前在两家或两家以上的独立企业中有少数或多数股权的人
	组合创业者是在两个或更多新创立的、购买的或继承的独立公司里，拥有少数或多数股权份额的人
	组合创业者是指那些保留了他/她创立的原有公司，但在后期建立或购买了另外的公司的人
	组合创业者是紧挨着最初那家企业，创立、继承或购买新的企业的人
	组合创业者是创建或收购很多企业，并持有这些企业相当长一段时间的人

所有的定义都把组合创业的核心活动描述成个人同时拥有组合的创业利益并参与组合的创业活动，都强调两个或更多商机的发现和利用。组合创业概念的核心强调组合创业者同时拥有两家或更多公司的所有权。

随着我国产业结构的变化和转型升级，组合创业为我国中小微企业的成长与发展提供新的理论视角，为处于传承交接班阶段的家族企业，提供了创业成长新路径及有效的理论指导。

二、成为组合创业者的动因

创业者会出于很多原因选择建立和拥有另外的公司，比如：寻求其他收入机会、风险的分散化、财富的最大化等。创业者建立新公司是专业化的一种需要，并且是留住现有关键人才或获取新关键人才的一种手段，以开发新的机会。创业者进行组合创业的动因主要有以下几种：

（一）实践动因

创业者选择进行组合创业的实践动因主要有：

（1）创业者一次性投资几个企业，这样就能够随着市场的变化，在各个企业之间调动他们的资本。

（2）小规模商人将他们的经济活动多样化，以覆盖生产型功能和分销型功能。

（3）边缘化企业能够通过组合创新获得一定的生存空间。

（4）从战略上讲，创业者将创造新的企业实体作为实现活动多元化的手段。

（二）功利性动因

创业者进行组合创业，一方面是为了扩大原有企业，增加财富，或者通过创立新的收入来源来增加利润；另一方面，如果原有企业目前不能提供足够的收入，创业者也可能在其他市场寻求利润更高的收入来源。当原有企业陷入财务困境，创业者把拓展业务领域活动或业务多元化看作解决财务问题的机会时，也经常会创立新公司。

（三）风险规避动因

如果业务范围发生改变，此时很多组合创业者创建新公司可能是为了测试一种新产品或创意，这种做法可弱化风险和可能的失败对一家公司的影响。创业者有可能将原公司的利润投到新公司去，也有可能实施以前由于缺乏时间或财务资源而不能实施的创意。总之，组合创业给公司提供了成长机会，可能涉及产品开发或者多元化战略，一定程度上规避发展风险。

（四）组合创业者的个性动因

公司的发展部分会受到企业主创建或拥有一家公司意愿的影响。组合创业者想要同时拥有不止一家公司的欲望，反映了创业者的个人主义，这在新手创业者和连续创业者中是不太明显的。麦克格拉斯等（McGrath et al.，1992）进行研究后发现：创业者相较于非创业者对不确定性有更高的容忍度，更加个人主义；创业者相较于非创业者更可能表现出一种男性气概文化；组合创业者可能更关心积累财富和从他们的创业努力中获得认可。

（五）家族企业组合创业动因

在家族主导的企业中，进行组合创业的动因可能包括：

（1）家族动态性对“采取组合战略的决策，以及应用组合方法的过程”都有显著影响。

（2）家族企业的时间视野通常是长期的，它们允许出现复杂的组合创业模式。

（3）家族企业被认为特别倾向于组合行为，因为它们渴望风险多样化，增加创收机会。比如，当核心业务面临不利的市场条件，寻找可替代的收入机会。

延伸阅读 6-3　家族企业的组合创业

（4）业务分工，以适应多个家族成员的持续，为家族成员提供发展机会。例如，当家族接班人不愿接管现有家族企业，家族企业通过其企业组合创建新的企业，解决接班人的问题。

（5）价值最大化。

三、组合创业者的特征

本章接下来从一般特征、认知行为等方面来看看组合创业者具有哪些特征，以加深对组合创业者的认识。

在一般特征方面，组合创业者的特征可进一步细分为人口统计特征、先前创业经验、先前工作经验、再创业模式、管理模式和创业动机等。相较于新手创业者，组合创业者通常为男性，具有更高的受教育程度，并且相对年长。

在创办企业时，新手创业者更多依赖于个体创业者的经验，而组合创业者更倾向于选择依靠管理团队的经营模式。从建立企业集团的视角来看，组合创业者倾向于选择在原有企业的相关领域实施组合创业以形成更多的业务联系。此外，之前有过企业关闭经验的创业者更倾向于选择在企业内部建立更多的管理团队。

从创业动机的视角来看，新手创业者往往因为失业或者独立需求而创业，而组合创业者则多是为了寻求刺激和挑战而连续创业。

在认知行为方面，新手创业者和组合创业者的差异主要体现在信息获取、机会识别、风险感知、认知偏差等维度。创业者的信息来源主要有：顾客、其他创业者、朋友、家庭、供应商、出版物、投资机构、员工等。在信息来源方面组合创业者和新手创业者差异不大，但由于组合创业者更有经验，有更高的认识行为能力，所以他们能够更充分利用各类来源的信息。组合创业者将看似没有关联的信息联系起来，能够清晰定义创业机会并将其开发成可以实施创业的想法。创业者在风险感知过程中的复杂情绪影响着创业者如何制定决策，相较于对新手创业者的影响，对组合创业者的影响更大，这种复杂的情绪能够促使创业者做出更好的决策。

四、组合创业者的绩效

在创业绩效方面，部分研究表明，组合创业者积累的先前创业经验有助于提升新创企业的绩效，所以组合创业者的新创企业绩效通常优于新手创业者创办的企业。但是也有研究表明，先前的创业经验对提升新创企业绩效没有显著影响。尽管组合创业者可能会从过去的创业经历中获益，但这种积极效应是暂时性的，会随时间的推移消失殆尽。

一个更好的解释是，先前成功的创业经验是绩效差异的重要解释因素，对比新手创业者和过去经历过创业失败的组合创业者，过往创业成功的组合创业者更可能获得成功。

从中我们可以得到一个重要的启发，与其过分注重过往创业经验的“数量”，不如更关注过往创业经验的“质量”，更多地探讨组合创业者过往经验的属性。事实上，创业成功或者失败的经历不仅有可能影响创业者后续的绩效表现，也有可能影响其后续创业行为（如后续创业速度）的表现。

五、组合创业者多重角色的平衡之道

创业者是创业的实施者，他们对创业成功与否起着关键作用。不同类型的创业者，因拥有的创业经验、管理经验、人际网络、声誉等不同，而具有不同的资源存量，以及不同资源的获取、重构、整合和运用能力。这些资源存量和资源能力直接影响到其战略资产。创业者的创业知识和时间资源是不能满足所有企业的日常经营管理需求的，那么组合创业者该如何管理好多家企业，成功做到分身呢?

（一）聘任职业经理人

创业者可以聘任职业经理人去管理这些企业，并形成管理团队。一方面，这使得创业者不仅不用放弃在原企业的运营职能，而且不会失去对新企业的所有权，并可引导或释放资源到新企业的发展上。另一方面，由职业经理人承担起新企业的日常运营责任，使得创业者能够投资其他新业务，同时专职管理原企业。

（二）通过多元化信息与学习充实自身

组合创业者经营着多家企业，几乎每天都要思考这么多家企业的各种决策：是否进入新的市场，是否引进新的技术，是否开发新的产品，是否投资新的“赛道”等。由于时间和精力有限，企业家往往采用“经验主义”（在特定的外在刺激下调动类似记忆来寻找处理方法）进行决策，根据过往规律直接做出判断，而不去验证信息真伪，也不考虑新机会与自我的匹配度。“经验主义”的便利性是有助于快速抓住机会，但由于不考虑“幸存者偏差”，极易使人跌得头破血流。

在互联网和大数据时代，信息和数据对领导者的重要性与日俱增。组合创业者在对企业的各个方面有一定了解的基础上，应进行跨边界、跨行业、跨学科的多元化信息搜索，获取各种信息，通过不断学习充实自身。组合创业者应经常性地通过企业内部和外部多种路径与来源获取对企业经营有帮助的高质量信息，如其他企业的经验或战略、优势和劣势、长期和短期的发展方向，本行业及其他行业的发展阶段和演进逻辑，宏观环境等多种信息。

组合创业者从横向、纵向多种维度对所获取的信息进行解读，全面提取信息内容，而非根据自身经验或兴趣有选择性地进行信息过滤。在信息获取和解读的基础上，组合创业者通过学习和整合找到信息之间的联系，并构建新的框架以应用于企业决策：由多元化信息渠道到多元化信息内容再到多元化学习整合，由点到线再到面，构建系统化、逻辑清晰的认知网络，从而做出理性决策。

（三）根据不同场景灵活进行角色切换

组合创业者的独特性要求其在不同情境下扮演不同的角色，在进行决策时，通过重新分配和重新安排业务、资源和注意力，根据不同场景灵活地进行角色切换。这也要求其应先找到问题的本质，然后另辟蹊径解决问题。企业家经过相关信息的搜寻、理解、验证这样的全流程之后，需要聚焦于决策的本质，不断追问“是什么”“为什么”，对思考过程和结论的合理性、逻辑性和缜密性提出质疑，在“干中学”，不断进行决策角色切换，做出战略调整。

第 3 节　连环创业

一、连环创业者及其特征

与张一鸣类似很多创业者接连创办多家企业，但在任一时间点，其注意力通常集中于一家企业的创办与运营。此类创业者称为连环创业者，此类创业过程则称为连环创业（serial entrepreneurship）。连环创业者对扩大就业、增加居民收入，促进社会纵向流动和公平正义有重要意义。

既有研究根据创业者的创业经验将其分为潜在创业者（nascent entrepreneur）、创业新手（novice entrepreneur）和创业老手（habitual entrepreneur）。韦斯特海德和赖特根据同一时刻是否拥有多家创业企业将创业老手分为连环创业者和组合创业者。前者是指在出售前一家企业后，继承、建立或投资了另一家企业的创业者；后者是指在保留前一家企业的基础上，继承、建立或投资了另一家企业的创业者。刻画连环创业者独特性的一个途径是与创业新手、组合创业者进行特征比较。表 6-2 主要从人口统计学特征、先前经验、创业情绪、创业认知、创业动机五个方面对三类创业者进行了区分。

创业视角 6-2　张一鸣：在数智时代连续闯关的创业者

表 6-2　三类创业者特征比较

类别		创业新手	创业老手	
			连环创业者	组合创业者
人口统计学特征	性别	与创业老手相比，创业新手中的女性占比较高	与创业新手和组合创业者相比，连环创业者中的男性占比最大	在组合创业者中男性和女性占比均处于创业新手和连环创业者之间
	年龄	与连环创业者和组合创业者第一次创业时相比，创业新手的年龄偏高	连环创业者创办第一家企业时的年龄比创业新手和组合创业者小	组合创业者创办第一家企业时的年龄比创业新手小、比连环创业者大
	原生家庭	与连环创业者相比，创业新手的父母有较少的管理和创业背景	与组合创业者相比，连环创业者的父母有较少的管理和创业背景	与创业新手和连环创业者相比，组合创业者的父母通常拥有更多的管理和创业背景
先前经验	工作经验	与连环创业者和组合创业者相比，创业新手的工作经验最少	与创业新手和组合创业者相比，连环创业者的工作经验最丰富	组合创业者的工作经验介于创业新手和连环创业者之间，但之前就职于管理层的比例高于这两者
	行业经验	创业新手创办的企业所在的行业与他们之前工作的行业更相近	连环创业者创办的新企业所在的行业与先前行业相关的程度介于创业新手和组合创业者之间	组合创业者创办的新企业所在的行业更可能与先前所处行业不同
创业情绪		与创业老手相比，创业新手展现出的创业激情并不明显	与创业新手相比，连环创业者显著地展现出了执念激情，但是和谐激情的体现并不显著	组合创业者显著地展现出了和谐激情和执念激情
创业认知		与创业新手相比，连环创业者和组合创业者更偏向于直觉认知，但差异不显著		

续表

类别	创业新手	创业老手	
		连环创业者	组合创业者
创业动机	主要动机是获得经济利益；与连环创业者相比，创业新手创办企业的目的更可能是追求独立；与组合创业者相比，创业新手更多的是为了获得赞许。创业新手对不确定性的接受程度略高于连环创业者	连环创业者多出于个人原因。与创业新手和组合创业者相比，连环创业者倾向于寻找不确定性更低的机会；与创业新手相比，连环创业者认为创办一个新企业令人畏惧	主要出于安全考虑，如为了免税、降低风险以及支持最初的企业发展；规避法律法规，如规避劳动法、税法等。组合创业者可以接受更广泛和更大的不确定性

资料来源：于晓宇，李雅洁，张铖．连环创业研究述评与未来展望．外国经济与管理，2020，42（11）：33－47.

二、连环创业者的机会识别与开发

对于创业机会识别过程，认知理论认为，创业老手相较于创业新手拥有的先前经验和知识等可供利用的认知资源使其信息处理过程更高效，从而可以更快识别新的机会，发现更多的机会。

研究表明，创业老手的机会识别数量与先前经验和知识的关系呈倒 U 形，先前经验和知识对机会的创新性没有显著影响；先前经验一旦超过一定水平，将导致创业者自负，这一认知偏见会使创业者识别出的机会数量降低。研究特别指出，机会识别与失败经验的关系也呈倒 U 形，创业老手会为了实现自我设定的目标而努力获取与之匹配的属性和技能。当失败与自我设定目标联系密切时，反而会促使创业老手更加努力地尝试寻找新机会，但失败经验超过一定程度时，创业老手会失去战胜挑战的信心。

对于创业机会的评估与开发，人力资本理论视角认为，丰富的先前经验和社会网络关系有助于创业者识别创业机会，强化评估和开发创业机会的能力。在机会识别方面，先前创业的成败经验以及与商业伙伴社会网络关系的强度会正向影响创业者的机会识别能力。在机会评估方面，创业机会与创业者的知识、技能、能力等人力资本相关性越高，机会对创业者就越有吸引力，这一关系还受到机会价值、稀缺性等因素的调节。

学者帕克（Parker）推测，创业者在机会识别和机会开发方面的差异决定了个体是成为组合创业者还是连环创业者（见图 6－3）。兼具高水平的机会识别能力和机会开发能力的个体，更有可能成为组合创业者；而机会识别能力较高但机会开发能力较低的个体，更可能成为连环创业者。

图 6－3　不同类型的创业者机会识别与开发能力组合

三、通过连环创业走向成功

（一）通过创业学习，提高创业绩效

连环创业者的绩效会随时间的推移不断提高，无论其先前创业成功与否，以前事为师，创业者的问题处理能力与创造力等都会增强。创业经历并不直接作用于创业绩效，而是通过创业学习间接影响创业绩效。创业学习使得创业者发展技能，扩大知识储备，在创业机会识别、外部网络关系处理等方面实现改善，从而提高未来创业绩效。与此同时，创业者要注意避免先前的成功经历导致过度自信，这会使得创业者单纯地复制行为以求再次成功，而未能随着外部环境的变化及时调整自身创业行为，从而对创业绩效产生负面影响。

（二）利用资源优势，获取长期利益

基于资源观的视角，创业者可以在创业过程中获得人力资本、社会资本和金融资本等资源优势，以此取得长期利益。先前的创业经历帮助创业者提升了人力资本。创业经历一方面提升了创业者的知名度，另一方面促使创业者更加熟悉金融机构的需求，便于创业者获得资金支持。机会识别与资源运用是创业活动最为核心的两个方面。丰厚的人力资本有助于形成更深层的社会关系网络，使连续创业者更容易从外部环境中识别商业机会。

（三）保持积极情绪，不断向上发展

基于情感的视角，创业者的积极情绪使其变得更加专注并且开放，创新的动机加强，从而对创业绩效有正向作用。同时，积极情绪有助于构建持久的资源，增强创业者的社会联结，便于其争取日后创业需要的社会支持。积极情绪还有利于企业的创立或者恢复，减少某一尝试失败后负面情感对创业者信息处理能力以及后续创业表现的负面影响。因此，保持积极情绪对连环创业者尤为重要。

工具箱 6-1　创业者适应性测评

基本概念

生存推动型创业　　机会拉动型创业　　数智创业　　组合创业
连环创业

思考与练习

1. 谈谈你对创业者的理解？通过创业活动你能学到什么？

2. 两类创业者——“扩疆者”和“开荒者”有什么异同？

3. 生存型创业和机会型创业有哪些异同？哪些企业是生存型创业？哪些企业是机会型创业？

4. 在数字时代有哪些新的创业机会，存在哪些机遇和挑战？

5. 进行组合创业的创业者应该怎样进行决策来提高企业绩效？

6. 连环创业者是如何进行机会识别与开发，通过连环创业走向成功的？

7. 作为大学生，你是怎样看待创业的？有哪些好的创业想法？今后应该怎样开展创业活动？

第 7 章

创业者的价值观与商业伦理

| 学习目标 |

- 掌握价值观的内涵并了解中国传统文化和现代文化中的价值观。
- 了解价值观在创业过程中的重要作用。
- 掌握商业伦理的内涵。
- 掌握伦理决策原则及步骤。
- 了解伦理在创业中的特殊性。
- 了解创业伦理的内涵。

引例

AI 换脸有风险

ZAO 这款应用隶属于长沙深度融合网络科技有限公司，该公司成立于 2017 年 9 月 20 日，由海南喵咖网络科技有限公司 100%控股。它是由陌陌内部孵化的一款产品，主打 AI 换脸。在 ZAO App 中，用户仅需上传清晰正脸照，并且在摄像头前完成眨眼、扭头、张嘴、低头等动作，由系统验证照片为本人之后就可以将视频中的人物替换为自己的脸，化身男女主角与明星搭戏。正如其宣传语“仅需一张照片，出演天下好戏”，ZAO 深度洞察名人效应和猎奇心理，吸引了大量用户体验“明星梦”“名人梦”。该 App 一经发布便迅速火遍朋友圈，ZAO 官方微博更是直言注册太过火爆，服务器难以负荷。

但随着 ZAO 的迅速走红，相伴而来的用户隐私问题引发热议。相关人员提醒大众人脸信息非常敏感，一经泄露，风险极大。至此，信息被剽窃、用户肖像权被侵犯及原视频版权遭侵犯等可能的安全问题纷纷引起用户的质疑，更重要的是用户担心人脸信息被窃取，会被别人用于刷脸支付。针对媒体公开报道和用户曝光的用户隐私协议不规范、存在数据泄露风险等网络数据安全问题，工信部对 ZAO App 进行了问询约谈。上线短短 6 天，AI 换脸软件“ZAO-逢脸造戏”就经历了从爆红到被要求整改的巨大落差。

尽管被曝光和批评之后 ZAO 努力补救，其在应用商店的评分仍直线下滑，微信分享链接也因多人投诉被停止访问。互联网流量进入存量时代，智能化、AI+即将成为流量增长的新引擎。ZAO 换脸问题的背后，是传统互联网流量增长遇到瓶颈。AI 技术在带给受众创新盛宴的同时，带来的信息安全和伦理问题同样不可忽视。

资料来源：蔡淑敏．从爆红到被整改，换脸 App“ZAO”降温．（2019－09－09）．https://new.qq.com/omn/20190909/20190909A09LI000.html.

请思考：鉴于商业伦理对企业发展的重要性，企业在保证发展的同时，如何更好地注重商业伦理？

第 1 节　价值观

一、价值观的内涵

人们对价值观的研究由来已久。20 世纪 80 年代，美国学者托马斯·彼得斯（Thomas J. Peters）和罗伯特·沃特曼（Rober H. Waterman）首次提出，企业总裁最重要的任务就是塑造和维持整个组织的价值共识。他们认为企业的价值观能够将企业和员工的目标完美结合，于是将其纳入了管理七要素（战略、结构、制度、人员、技术、作风和共同价值观）的范畴。杰出的公司都有强大而有力的企业文化作为支撑。美国学者艾伦·肯尼迪（Allan A. Kennedy）和特伦斯·迪尔（Terrence E. Deal）在《企业文化》一书中指出，价值观是企业文化五大要素（企业环境、价值观、英雄人物、文化礼仪和文化网络）的核心要素，是企业文化的基石，为员工的日常行为提供了指导方针。当价值观在问题处理方面屡屡见效时，人们就会把这种基本假设视作理所当然，群体成员就会发现他们的行为要以此为前提，此时价值观已然被群体所认可。

（一）中国传统文化与企业价值观

毋庸置疑，企业价值观对构建现代企业文化起着决定性作用。谈及企业价值观，首先需要探寻中国传统文化对价值观的阐述。

1. 重诚信

《论语》中讲道：“吾日三省吾身：为人谋而不忠乎？与朋友交而不信乎？传不习乎？”这是个体层面的价值观，个体通过反思自身来确认是否存在不忠和不诚信的行为。实际上，诚信于个人、于社会都具有极其重要的意义。作为个人的立身之本，诚信决定了个体是否能在这个社会上立足。如果没有诚信，个人很难走向成功。同样，于企业而言，倘若缺失诚信，企业一定不能取得长远的发展。此外，儒家文化主张在世间寻求与他人的契合，向他人求助前先求于自身。这一观念与企业价值观由全体员工共有的观念一致。引申至现代企业管理，在个人价值观趋同之前，企业内的个人价值观很难融合成为一个完整的企业价值体系。此时，有必要借助某种道德原则或规范，或者是世人所认可的某种价值观，将个人价值观与企业价值观有机地结合起来，只有这样才有可能使企业价值观初步形成并完善。

2. 以人为本

中国传统文化倡导道德以“仁”为出发点。一般认为，“仁”为孔子首创，也是孔子哲学的核心。孔子在《论语》中从不同角度解释了“仁”的真实含义：“仁”是一种自我意识，由人本身自发产生。孔子在主张“仁政”的同时积极宣扬“入世”，而这也是很长一个历史时期内中国社会的正统思想。人作为独立的个体存在这个世界上，势必会在纷繁复杂的社会生活中扮演不同的角色，也会与他人产生各种复杂的关系。学习借鉴儒家的人本主义思想，在某种程度上有助于企业树立“以人为本”的理念。同时，企业应当在经营活动中切实贯彻并始终秉承以人为本的理念，采取灵活高效的人性化管理模式，从多方面打造团队协作精神，通过物质与精神的双重激励来调动员工的积极性和创造性。企业管理者必须做到关爱员工，同时还要意识到“感情投资”的重要性，使员工自觉产生积极为企业的建设与发展添砖加瓦的信念。

（二）现代企业文化与企业价值观

著名管理学之父彼得·德鲁克提出管理者在向外关心使命的同时也要具有向内的眼睛，即关注那些能使个人取得成就的结构、价值观以及人际关系。在现代企业文化管理中，价值观管理是指在企业价值观的指导下形成各种与之相适应的制度来辅助企业的管理，这是吸收东西方管理文化之长的同时又克服各自管理文化缺点而形成的一种管理思想。在数字时代，企业为了更快地适应数字化背景，重塑新生，尤其需要优先关注企业价值观的建设。目前，学者们将价值观划分为目的型价值观与工具型价值观两种。其中，目的型价值观也被称作终极价值观。终极价值观与企业存在的目标有关，如企业未来是什么的或企业为什么要存在等，因而是有关企业使命的问题。工具型价值观包括伦理价值观和能力价值观。企业所追求的“客户第一”“开拓进取”“高效执行”等，都属于工具型价值观，这是企业在实现既定目标的过程中，要求员工必须遵循的基本工作原则。值得注意的是，不同企业的价值观不尽相同，就算是同一个企业，处在不同的历史发展阶段，其价值观也会有所不同。企业价值观是以企业为主体，企业中全体员工所共有的价值观念。只有当企业内大多数员工的价值观达成某种共识时，企业的价值观才能形成，这种价值观往往是员工通过后天的学习培养起来的。

二、价值观的作用

数字化涉及企业的方方面面，企业推进基于数字化的商业创新，企业价值是方向，企业发展是目标。企业价值观是企业的一种精神元素，与企业的愿景和使命息息相关，是企业共同的行为指导原则。它既指导企业的整体行为，也约束个体的行为，对企业的生存和发展至关重要。价值观在企业中的作用主要体现在五个方面：决定企业基本特征、精神支柱、指导管理者行为、塑造员工行为、产生组织凝聚力，具体如图 7－1 所示。

（一）决定企业基本特征

价值观决定企业基本特征，体现了企业存在的方式。在不同的历史发展阶段，社会总存在一种人们普遍认为最根本、最重要的价值，其通常被称为“本位价值”，人们将此价值作为价值判断的基础，换言之，其他价值可以通过一定的标准和方法“折算”成“本位价值”。作为一种独立的经济实体和文化共同体，企业内部必然会形成具有本企业特点的本位价值观，而且其往往体现在创业者的价值观中。从某种程度而言，创业者价值观决定企业最初的个性，并规定了企业的发展方向。例如，一家将履行社会责任作为

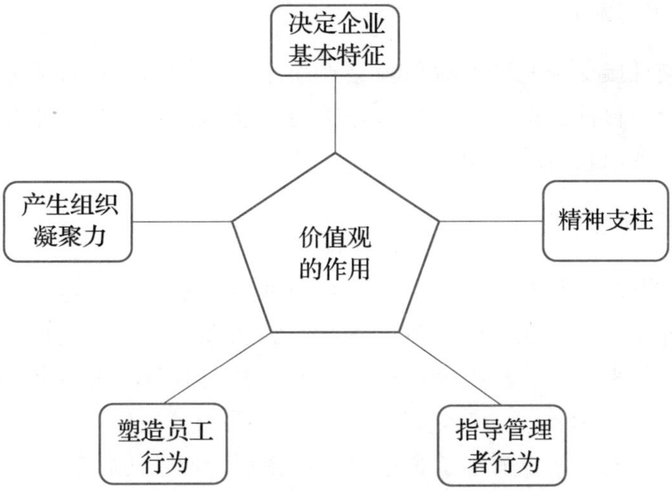

图 7-1　价值观的作用

本位价值观的企业，当其社会责任与自身利润发生矛盾和冲突时，会很自然地选择前者，使利润服从遵循社会责任的需要，从而决定企业的整体发展方向。

（二）精神支柱

价值观作为企业的软实力，是企业生存与发展的精神支柱。企业价值是企业的规范总则，是企业领导者与员工在不同情境下做出判断的标准。企业价值观一旦形成且逐渐成为全体成员的共识，就会具有长期的稳定性，甚至成为几代人共同的信念，是企业持久的精神支撑力。当个体价值观与企业价值观一致时，员工就会把为企业工作看作是在为自己的理想奋斗。在企业的发展过程中，困境和坎坷不可避免，一个企业如果能使其价值观为全体员工所接受，并让全体员工引以为豪，那么该企业就具有了克服各种困难的强大精神支柱。

（三）指导管理者行为

价值观对管理者行为的指导作用主要体现在对其决策制定的影响上。价值观作为企业的规范总则，影响着企业中个体的判断。管理者作为企业重要的组成部分，其判断方式、决策行为不可避免将受到企业价值观的影响。具体而言，管理者在做出决策时往往会先判断该决策是否符合企业价值观，倘若不符合，管理者将慎重考虑甚至不予实施。例如，如果企业价值观是践行绿色环保，那么当某一决策会对环境造成危害时，即使该决策会带来更高的利润，管理者可能还是更倾向于选择其他方案。

（四）塑造员工行为

价值观对员工的行为起到导向和规范作用。企业价值观是企业中占主导地位的管理意识，能够规范员工的行为，让员工更容易在具体问题上达成共识，从而大大节省企业的运营成本，提高企业的经营效率。企业价值观对员工行为的导向和规范作用，不是通过制度、规章等硬性管理手段实现的，而是通过群体氛围和共同意识的软文化引导实现的。

（五）产生组织凝聚力

组织成员认同且接受企业价值观时就会产生组织凝聚力。这种凝聚力促使组织成为一个员工为完成统一目标而奋斗的整体，它能进一步激励员工释放潜能，激发企业的活力和创新力，并表现出较高的组织绩效。

三、创业企业社会责任

在大众创业、万众创新的背景下，创业企业数量不断增长，这一方面促进了国民经济的增长，另一方面缓解了社会就业难的现状，为所在地区及社会的和谐稳定做出了重要贡献。然而，近年来，企业忽视社会责任的现象屡见不鲜，2008 年引起轩然大波的三鹿奶粉事件，2015 年大众汽车造假，2020 年瑞幸咖啡财务造假等。这些案例都强调了企业履行社会责任的重要性，也揭示了企业缺失社会责任带来的后果。

（一）企业社会责任的含义

企业社会责任（corporate social responsibility，CSR）的概念最早由谢尔顿（Sheldon，1924）提出。他认为企业社会责任应当与产业内外相关人员的需求相结合，内容包括道德义务，能够增进社区的福利。塞提（Sethi，1975）提出 CSR 的概念可以缩放到一个简单的模型中或者一个简单的情景下来理解。他将 CSR 比作一个动态的过程，认为 CSR 主要包括三部分：首先是将其看作社会赋予企业的义务，强调企业在面对法律约束时做出的反应；其次是社会责任意识，要求企业的日常经营活动要与当前社会规范和价值观保持一致；最后是企业通过日常经营活动中的社会责任行为来表达对社会变化的预期。

对企业社会责任含义的理解，学术界持有两种截然不同的观点。古典经济学观点认为，企业唯一的社会责任就是实现利润的最大化；而社会经济学观点则指出企业除了要追求利润，更重要的是保护和增进社会福利。

（二）社会责任的重要性

2020 年 7 月 21 日，习近平总书记在企业家座谈会上强调：只有真诚回报社会、切实履行社会责任的企业家，才能真正得到社会认可，才是符合时代要求的企业家。理论研究也表明，企业社会责任的履行对企业绩效、企业竞争力和社会利益均有重要作用。

1. 企业绩效与社会责任

大量对社会责任的研究探索并发现了企业绩效和社会责任之间的正相关关系。马戈利斯（Margolis）的一项关于社会责任的元分析发现，企业绩效和社会责任之间存在明显的正相关关系；帕瓦和克劳兹（Pava & Krausz，1996）认为具有社会责任感的公司比其他公司表现得更好，他们的研究也发现，相较于没有履行社会责任的公司，履行社会责任的公司具有更好的绩效。

2. 企业竞争力与社会责任

社会责任也可以给企业带来人才竞争优势。履行社会责任的公司能够增强员工的组织认同感，更容易吸引、留住和激励员工，从而具备更具优势的人才队伍。反过来，完备的人才队伍能够加快新产品和新服务的开发和推广，以帮助解决社会问题。同时，履行社会责任也有助于树立品牌形象和提高企业声誉，从而帮助企业打造出独有的竞争力。

3. 社会利益与社会责任

从广泛的社会利益来看，企业履行社会责任有助于更好地协调经济、社会和环境之间的关系。通过履行社会责任，企业能够对政府制定的公共政策目标做出贡献。例如企业可以主动从弱势群体中招募更多员工，这一举措一方面能够提高弱势群体的社会参与度，提升其幸福感；另一方面，能够提高社会就业率，减轻政府压力。

（三）创业企业社会责任的建立

1. 培养履行社会责任的意识

目前创业企业的注意力更多地集中在其自身发展问题的解决上，履行社会责任的意识薄弱，且大多数创业者最初的目标只是实现利润的最大化，并不重视企业社会责任。所以，若想让创业企业主动承担社会责任，则需要改变其思维，培养其履行社会责任的意识。如在企业内部分享不履行社会责任所带来危害的案例，从而使企业全体成员能够认识到履行企业社会责任的重要性。

2. 构建完善的管理体系

首先，企业人才体系的建立是创业企业社会责任意识培养的关键。企业可以与高校展开合作，针对社会责任意识层面在高校体系内部进行人才培养，提升企业人才队伍对社会责任的全面认识，以此来弥补企业缺乏社会责任相关专业人才的缺憾。其次，激励体系是对社会责任意识培养的正向鼓励，企业可以设立激励体系，如对于主动承担社会责任的员工给予奖励等，引导员工积极履行社会责任。最后，监督体系的完善有利于持续跟进企业社会责任的履行情况，因此，企业可以构建科学的过程监督模式和结果处理模式，以及时对相关行为进行监控和完善等。

第 2 节　商业伦理

一、商业伦理的内涵

（一）伦理、道德与道德标准的定义

伦理（ethics）是指管理个人或群体的行为原则，验证社会或自身道德标准的准则。伦理学是对伦理这种特殊的社会关系及道德这种重要的社会力量，从理论上进行研究和说明的学科，主要内容为从总体上、从辩证联系中，对伦理、道德进行研究。道德是个体或群体关于对与错、善与恶的标准；道德标准是有关行为属性的准则，以及置于道德善恶之上的价值观。道德标准通常可以表述为与行动有关的一般标准，类似于“永远都要说出真相”、“滥杀无辜是错误的”或者“带来幸福的行为才是正确的”。道德价值观通常可以用有价值的事物或其特征的相关论述来表达，类似于“诚实是好的”“不公平是错误的”。

伦理是对道德的研究，是验证自身或所在社会坚持的道德标准，决定这些标准是否

合理，并探索它们如何适用于具体情况和问题的过程。伦理的最终目标是形成我们能够合理坚持的一系列道德标准。当问及有关社会或自身道德标准的问题，如不同道德标准应用于不同情境是否合理、是否认为一种道德标准比另一种更加重要等，我们就开始了伦理思考。

（二）商业伦理的定义

商业伦理（business ethics）研究商业机构和活动中的道德对错选择问题。美国学者曼纽尔·贝拉斯克斯（Manuel G. Velasquez）在《商业伦理：概念与案例》一书中将商业伦理定义为关于道德对错的专门研究，关注商业企业、制度和活动，研究道德标准，以及这些标准如何应用于现代社会商品的生产和流通的社会系统和组织，如何应用于这些组织中的员工活动。我国学者朱贻庭认为“商业伦理是以企业为行为主体，以企业经营管理的理论理念为核心，企业在处理内、外关系中的伦理原则、道德规范及其实践的总和”。菲利普·刘易斯（Phillip V. Lewis）通过对众多商业伦理定义的分析，将商业伦理定义为“为企业及员工在具体情境中的行为道德提供指南的各种规则、标准、原则和规范”。

本书认为，商业伦理是将伦理原则和标准用于商业组织的行动与决策及员工的行为。商业伦理准则与一般伦理准则并没有本质的差别。因为商业行为必须根据社会的是非标准来判断，而不是根据一套只适用于商业情境的特殊伦理标准来判断。

二、伦理判断标准

在伦理判断中具有工具性质的道德标准有很多，常见的伦理决策判断准则主要包括结果论和非结果论两大类。

（一）结果论

结果论（consequentialist approach）也叫目的论，注重决策的后果或最终结果。基于结果论，判定一个决策是否合乎伦理的基础是该决策的结果。最终结果可以从决策者、公司、当地社团、社会、世界等各方面进行判断。根据结果接受者的不同，评价会存在显著差异。结果论包括利己主义原则和功利主义原则。

1. 利己主义原则

利己主义是注重自我利益的一种标准。根据利己主义原则，当且仅当该行动能够给行动者带来最大的利益或幸福时，行为才是符合道德的。利己主义通常指一个人的个人利益，但也可以指某组织或某个本地社团的利益。基于利己主义的决策，目的是给利益方带来最好的结果，而不管对其他各方的影响如何。这并不意味着决策一定会损害其他方，对一个企业或个人有益的决策可能对一个国家或全世界也有益，然而，对利益方以外人员的好处不在决策者的考虑范围之内。

2. 功利主义原则

根据功利主义原则，当一项行动为最多的人带来最多的好处时，该行为就是道德的。因此，决策者必须评估每个可供选择的决策。可以把这一决策过程当作一种成本-收益分析，它考虑了所有利益相关者的成本和收益。功利主义分为行为功利主义和准则功利主义，前者考察某一行为的总体后果，而后者注重一系列行为的后果。以应不应该对顾客撒谎为例，从行为功利主义来看，如果说谎收益远超说谎成本，那么它就是道德的。然而准则功利主义会问：谎言会带来一系列什么样的长期影响？信任、顾客满意度和生意都会受损。这样一来，说谎并没有带来最大净效用。因此，就会有一条准则：不要对顾客说谎。

（二）非结果论

顾名思义，非结果论认为，特定决策是否道德与该决策的结果无关。当一个行为本身符合理性的原则或遵循了某些义务时，该行为就是符合伦理的。与结果论不同，这些准则基于原因，而不是结果。非结果论包括权利原则、道义原则、公正原则、初始义务论和美德论。

1. 权利原则

根据权利原则，当行为人有道德权利从事某一行为，或从事某一行为没有侵害他人的道德权利，或从事某一行为增进了他人的道德权利时，行为是符合伦理的。例如，说谎和杀人是不道德的，因为这样的行为分别侵犯了他人的自由选择权和生命权。

2. 道义原则

康德的道义论认为人是理性生物，所以人行为时应当听从理性的命令。根据道义原则，当一个行为具有普遍性（每个人都这样做）和可逆性（你可能是他人行为的接受者），或一个行为不是把他人作为实现自身利益的工具，而是尊重并发展他人自由选择的权利时，该行为才是道德的。普遍性是指一个人的行为理由必须能够成为每个人的行为理由，可逆性是指一个人的行为理由必须是他愿意让其他人也遵循这样的理由反过来对待他自己。

3. 公正原则

公正原则通常与权利、公平和平等相联系，又称正义论。一个行为在道德上正当与否，要看它是否符合正义的原则。用正义对道德规范做出说明的最著名论述是由约翰·博德利·罗尔斯（John Bordley Rawls）提出的，他认为应当按照正义原则而不是功利原则来安排社会的基本制度，他主张一切社会价值都应尽可能平等分配。在《正义论》一书中，罗尔斯提出了两个正义原则：第一个原则是人人权利均等，即每个人都同样享有广泛的和基本的自由权利，且这些权利不会和他人类似的权利相冲突。第二个原则是当存在社会和经济不平等时必须可以产生两种结果，一是可以合理地希望这种不平等对大家都有好处，二是这种不平等存在于所有人都可以争取的职位或办公场所，人人都有机会获得社会地位和职务。正义通常可以分为分配正义、惩罚正义、补偿正义和程序正义。

4. 初始义务论

英国学者戴维·罗斯（David Ross）在他著名的《正当与善》一书中提出了一种多元的规范伦理学理论来解决传统结果论和非结果论无法解决的问题，该理论就是初始义务论。根据初始义务论，当一个行为是由初始义务所决定时，行为是符合道德的。

初始义务是指在没有考虑具体情况之前或在没有发现它和其他义务存在冲突之前，我们认为所有的人都应该遵守的义务或应采取的行为，如遵守承诺。初始义务共分为六类：

（1）诚信和补偿。这是建立在行为者之前所作所为基础上的义务。诚信的义务为行为者提供了一个支持自己遵守承诺的伦理理由，即如果行为者以某种方式做出了承诺，他就有义务遵守该承诺。补偿的义务则是指，如果一个人过去给另一个人造成了某种伤害而现在他又有能力弥补这种伤害，那么这个人就有一个初始的义务去这么做。

（2）感恩。这是建立在其他人帮助过行为者基础上的义务。

（3）正义。如果某人获得了他不应该得到的东西（比如，不义之财），而我又可以纠正这种不公正的情况，那么我就有一个初始的义务去改变这种情况。

（4）行善。我们每个人都有让别人快乐、让他们更加完善的初始义务。如果我们处在能够帮助他人，使他们变得更加善良、更加理智、更加高兴的地位，我们也有一个初始的行为理由去帮助他们实现这些有内在价值的东西。

（5）自我完善。罗斯认为每个人都有自我完善的初始义务，即使自己更加具有德行、更加理智的义务，但不包含使自己更加快乐的义务。

（6）不伤害。我们有不伤害他人和防止伤害他人的初始义务，这是一项非常重要的、不同于行善的义务。

5. 美德论

根据美德论，当一个行为能够使行为主体实践、展示和发展高尚的品德时，行为是道德的；相反，若一个行为使行为主体实践、展示和发展了邪恶，那么行为是不符合伦理，即不道德的。美德伦理学方法更关注道德行动者的诚实正直、品质、动机和意图，而不是他的道德行为。动机和意图作为法律共识对伦理决策来说是极其重要的，故意犯罪和无意犯罪所承担的罪行是不同的，关键是将行动者的动机考虑在内。

三、伦理决策过程

伦理决策是决策者遇到伦理问题、识别伦理困境、选择伦理判断标准、做出伦理行为的一个过程。根据琳达·屈维诺（Linda K. Trevino）的研究，个体或组织的伦理决策经历三个阶段（见图 7-2）：伦理意识（ethical awareness，认知现存道德困境），伦理判断（ethical judgment，决定何者正确），以及伦理行为（ethical behavior，对正确的事采取行动）。

图 7-2　伦理决策过程

（一）伦理意识

伦理决策的起点是具有伦理意识。通过伦理意识，我们就能识别一种处境或问题是否涉及伦理，是否必须从伦理角度进行思考。没有意识到所处理的状况为伦理问题，就不可能进入伦理判断过程。

伦理问题是指个体或群体所面临的需要在道德行为和不道德行为之间进行抉择的问题或者机会。多数伦理问题可以通过考察利益相关者对事件、活动和商业决策后果的观点来识别。当伦理意识开始出现，个体开始进行思考和讨论时，伦理决策的过程就开始了。

研究发现，有些因素会影响人们的伦理意识，人们会更有可能认识到决策的道德本质，如：（1）当人们相信他们的同事会将其所面对的决策视为伦理问题时；（2）当将决策用伦理语言描述给决策者时；（3）当人们认为决策具有潜在危险，会严重伤害到其他人时。同时，有些因素也会使人们难以认识到决策的道德本质，进而影响伦理意识，如“别人都这么做”。

（二）伦理判断

伦理判断是决定何为正确的过程，是运用个体已有的价值判断和感知对自己或他人的行为进行判断和推论的过程。个体伦理规范的来源有国家、职业、雇主、整个社会、信仰、法律、朋友、家庭、同事等，但当多个伦理规范发生冲突的时候，就需要个体进行道德/伦理判断以做出正确的行为。

伦理标准是进行伦理判断的前提与基础。主要的伦理判断标准我们在前文已经梳理过，包括结果论和非结果论两大类。

创业视角 7－1　当分享经济遇到商业伦理：上海乌瑟公司的创业困境

根据前文所述的不同伦理标准，对右侧专栏中公司管理者所遇到的伦理问题根据不同的伦理标准，可以做出不同的伦理决策，如表 7－1 所示。

表 7－1　不同伦理标准下的伦理决策行为

伦理标准	伦理推理	伦理决策
利己主义原则	决策行为符合个人/组织私利，为了企业的生存	不付费
功利主义原则	未经授权将软件分享给用户使用产生的净收益对大多数人是有利的，且软件商损失的只是潜在利益	不付费
权利原则	软件商具有知识产权，必须尊重对方的权利。只有获得其授权，将软件分享给用户使用这个行为才是符合伦理的	付费
道义原则	社会上不可能所有的人都在使用软件商的软件而不付费，所以不具有普遍性；同样也无法接受别人在使用产品时不支付任何费用，不具有可逆性，所以不向软件商付费是不符合伦理的	付费
公正原则	向软件商付费才能公正地将福利、成本分摊给每一个人，如果不付费，对竞争对手而言是不公平的竞争行为，公司应该接受相应的惩罚	付费
初始义务论	在购买软件商的软件时，合同规定未经授权不能用作他途，我们必须遵守合同条款；若不向软件商付费，我们就违背了初始义务中的不伤害义务与诚信和补偿义务，该行为是不符合伦理的	付费
美德论	未经授权将软件分享给用户使用违反了诚信的美德	付费

工具箱7－1

商业伦理协同星

商业伦理协同星（business ethics synergy star，BESS）是由戴维·罗宾逊（David A. Robinson）于 2006 年所开发的用来识别伦理问题的一个分析框架。其中包括五大元素（见图 7－3）：目标 O，即所期望达到的目标，或想要实现的结果；商业情境 X，即伦理问题所发生的情境；伦理情境 Y，即决策者所坚持的对还是错的道德标准；Z 和－Z 是决策者可能的两种不同，甚至截然相反的行为。

图 7－3 商业伦理协同星模型

资料来源：Robinson D A，Davidsson P，Mescht H V D，et al.，2007. How entrepreneurs deal with ethical challenges—an application of the Business Ethics Synergy Star technique. Journal of Business Ethics，71(4)：411－423.

企业通过商业伦理协同星，能够识别出目前面临的主要伦理问题，尽可能地减少需要进行分析的决策方案，有助于在具体的情境下分析相应的行为原则和行为路径，最终找到适合企业自身发展的决策方案。首先需要定义企业的目标 O，然后简单陈述实现目标的两个必要情境——一个从纯粹的商业层面考虑，另一个从伦理层面考虑，这两个互补的必要情境分别称为 X 情境和 Y 情境。另外需要找到实现 X 情境和 Y 情境的两个具体的对立行为，分别称为 Z 行为和一Z 行为。商业伦理协同星的作用并不是定义行为的好坏，而是帮助企业具体分析面临的伦理问题，找出最合适的决策方案。

创业视角专栏中上海乌瑟公司的目标是在竞争激烈的市场中获得创业的成功。企业由于资源短缺，面临是否应该向软件商购买软件授权的伦理困境。本案例中的商业情境 X 是创业者在共享办公软件市场发现了市场机会，但面临着需要向软件商按使用情况支付授权费的问题，且由于授权费高昂，企业在市场不明朗的情况下难以承受；伦理情境 Y 是根据诚实守信的道德标准，企业应该向软件商按照使用次数付费，从而在平台上分享正版的软件。所以，我们可以根据上述分析，构建出基于 BESS 的上海乌瑟公司创业伦理问题分析示意图，如图 7－4 所示。

图 7－4 基于 BESS 的上海乌瑟公司创业伦理问题分析框架

（三）伦理行为

伦理行为阶段是指经过伦理判断后决定采取何种行为的阶段。影响管理者伦理行为的因素有个人特征、组织特征以及问题强度。

1. 个人特征

商业决策是由个人或团体做出的，因此商业伦理事实上是每个人的伦理，个人伦理受一系列因素，包括个人价值观、道德发展阶段和道德认同（moral approbation）。个人价值观描述了个人行为的基本概念；道德发展阶段描述了选择行为的理论基础；道德认同描述了决策者对获得赞许的内在需要。

（1）个人价值观。决策者的个人价值观体系是其个人态度的基础。因此，价值观是行为的先导，这样一来价值观就成为伦理决策的关键。根据弗里切（Fritzche）的价值观调查，个人价值观分为目的性价值观和工具性价值观。弗里切认为，目的性价值观是描述最终目标的，而工具性价值观描述的是为达到目标所采取的行为的模式。表7－2说明了这两种价值尺度。

表7－2　弗里切价值观调查

目的性价值观	工具性价值观
● 生活舒适（生活富裕）	● 有抱负（工作努力，充满热情）
● 令人兴奋的生活（刺激的、积极的生活）	● 思想开阔（思想开放）
● 成就感（持续的贡献）	● 有能力（能干，有成效）
● 和平的世界（无战争和对抗）	● 快乐（高兴，愉快）
● 美好的世界（大自然和艺术的美）	● 清洁（干净，整洁）
● 平等（手足情谊）	● 有勇气（维护自己的信仰）
● 家庭安全（照顾所爱的人）	● 宽容（愿意原谅他人）
● 自由（独立、自由的选择）	● 乐于助人（为他人的利益而工作）
● 幸福（满足感）	● 诚实（诚挚，真诚）
● 内心和谐（无内心斗争）	● 有想象力（大胆，有创造力）
● 成熟的爱（灵与肉的亲密关系）	● 独立（自立，自足）
● 国家安全（防御外来进攻）	● 智慧（聪明，思想有深度）
● 快乐（愉快、休闲的生活）	● 逻辑性强（思维一致，理智）
● 获得拯救（被拯救的、无尽的生命）	● 友爱（亲切，温柔）
● 自尊（自我尊重）	● 顺从（有义务感，彬彬有礼）
● 社会认可（尊重，赞赏）	● 有礼貌（谦恭，文雅）
● 真正的友谊（亲密的伙伴关系）	● 负责（可靠，可信赖）
● 智慧（对生命的成熟理解）	● 自我控制（自我克制，自律）

资料来源：弗里切．商业伦理学．杨斌，石坚，郭阅，译．北京：机械工业出版社，1999.

（2）道德发展阶段。道德发展阶段描述了决策者选择行为的理论基础。科尔伯格（Kohlberg，1981）在对美国男孩进行了为期20年的研究中提出了道德发展的六个阶段。科尔伯格将道德发展阶段分为前惯例、惯例和后惯例三个层次，每个层次包括两个阶段（见表7－3）。个人的道德按照这个阶段顺序发展，很少有人能达到最高的两个阶段。

表 7-3 科尔伯格的道德发展阶段学说

层次一：前惯例
第一阶段：有形后果决定行为正确与否。做出正确的行为是为了避免受到惩罚。
第二阶段：满足个人需要的就是正确的。做出正确的行为是为了满足自己的需要。
层次二：惯例
第三阶段：得到他人同意的就是正确的。做出正确的行为是为了让他人认为自己是个好人。
第四阶段：合法的就是正确的。做出正确的行为是为了遵守法律和权威。
层次三：后惯例
第五阶段：尊重个人权利和社会契约的就是正确的。做出正确的行为是为了遵守社会契约。
第六阶段：普遍原则决定什么是正确的。正确的行为符合公正原则、公平原则和普遍人权原则。

资料来源：Kohlberg L，1981. The philosophy of moral development. Harper & Row.

科尔伯格的道德发展阶段理论为正确的道德行为提供了理论基础。根据其道德发展阶段学说，我们易得出这样的观点：处于较高道德发展阶段的人比处于较低道德发展阶段的人更易于做出符合伦理的决策。

（3）道德认同。道德认同描述了决策者对自我道德认同或获得他人道德认同的内在需要。道德认同是"避免受到道德反对的愿望"。托马斯和劳瑞（Thomas & Lori，1992）认为人类有遵守道德的需要，这种需要可以是生物的需要、社会的需要、发展的需要或宗教的需要。它促使人们去获得他人的道德认同或实现自我道德认同，或至少避免受到道德反对。在做出道德判断之后、建立道德行为意向之前，道德认同起着重要作用。根据道德认同理论，个体的伦理行为受四大因素影响：后果的大小、罪恶确信度、合谋程度和受强迫程度（见表 7-4）。

表 7-4 基于道德认同理论的伦理行为影响因素

后果的大小：收益和危害的总和
罪恶确信度：对行为伦理性的确信程度
合谋程度：个人的参与程度
受强迫程度：决策的自由程度

资料来源：弗里切．商业伦理学．杨斌，石坚，郭阅，译．北京：机械工业出版社，1999.

2. 组织特征

组织结构和组织文化都会影响伦理决策者的伦理行为。

（1）组织结构。良好的组织结构设计有助于管理者道德行为的产生。一些结构设计提供了有力的指导，而另一些则令管理者感到模糊。模糊程度最低并时刻提醒管理者什么是"道德的"的结构设计有可能促进道德行为的产生（权力制衡）。另外，在不同的结构中，管理者在时间、竞争和成本等方面的压力也不同。压力越大，越可能降低道德标准。

（2）组织文化。组织文化的内容和强度也会影响道德行为。最有可能产生高道德标准的组织文化具有较强的控制能力以及风险和冲突承受能力。处在这种文化中的管理者，具有进取心和创新精神，意识到不道德行为会被发现。

3. 问题强度

在某种道德行为发生之后，受伤害的人越多，越多的人认为这种行为是邪恶的，行为发生并造成实际伤害的可能性越高，行为的后果出现得越早，观测者感知到行为的受害者与自己挨得越近，问题的强度就越大。问题强度越大，管理者越有可能采取道德行为。伦理问题本身的强度，取决于以下六个因素，伦理问题越重要，创业者越有可能采取道德行为：

（1）某种道德行为对受害者的伤害有多大或带给受益者的利益有多大？

（2）多少人认为这种行为是邪恶的（或是善良的）？

（3）行为实际发生并造成实际伤害（或带来实际利益）的可能性有多大？

（4）行为和行为预期后果之间的时间间隔有多长？

（5）你觉得行为的受害者（或受益者）与你（在社会上、心理上或者身体上）挨得多近？

（6）道德行为对有关人员的影响的集中程度如何？

（四）伦理决策的步骤

合理科学的伦理决策过程使人们更进一步了解管理者的伦理决策行为，也有助于指导管理者在伦理困境下做出伦理决策，提高决策的科学性、合理性，对企业来说是一个非常重要的决策依据。为了促进决策者做出更加符合伦理的决策，屈维诺等（Trevino et al.，2014）在《管理商业伦理：直截了当地谈论如何正确行事》一书中提出了伦理决策的八个行动步骤，按先后顺序依次如下：

1. 收集事实

许多伦理决策之所以难以做出，是因为伦理选择中有许多不确定的因素，事实可能很难收集得到。认识到这些限制，在做出决策之前，收集尽可能多的信息和事实是有必要的。

2. 确定伦理问题

大多数人面对伦理困境时会直接考虑解决方案，而没有真正地思考相应的伦理问题以及做出相关反应的原因。因此，伦理决策要求我们在没有首先确定伦理问题或者困境中的主要价值冲突之前，不要提出或不应重视解决方案。

3. 确定受影响的各方（利益相关者）

结果论和非结果论的伦理标准都涉及界定受影响的各方。结果论希望界定所有的将获得益处或将受损的利益相关者。利己主义利益相关者可以是一个人，也可以是某个组织或某个本地社团，而功利主义利益相关者是受决策影响的所有方。非结果论希望知道什么涉及了谁的权利，谁有义务在特定情境下采取行动。一般来说，从正在决策的行为中直接受影响的个体开始，然后慢慢扩大思考的范围，把更大范围的群体包括进来。考虑利益相关者的感受：符合谁的利益？损害了谁的利益？

4. 确定结果

在确定受影响的各方后，考虑决策会给利益相关者们带来什么样的结果或可能的后果（结果主义），把那些具有极大发生可能性以及极大负面影响的后果找出来。谁受益？谁受损？谁受益最大？谁受损最大？受益多大？受损多大？

进行决策时还要思考这样一些结果：长远的结果和眼前的结果、象征性结果（symbolic consequences）、保密性结果（consequences of secrecy）。就长远的结果和眼前的结果而言，在商业决策中，思考眼前的和长远的结果是相当重要的。你有没有信心你的立场经过一段时间后，甚至是在环境和人都发生变化之后，还是正确的？就象征性结果而言，在商业决策中，考虑行动潜在的象征性结果也是极其重要的。每一个决定或行动都传递了一种信息。决策者需要考虑一个特殊的决定或行动会传递什么信息，如果被误解会导致什么结果。就保密性结果而言，如果为了避免一些负面影响而私下做出决定，就要考虑这个决定被公之于众时可能产生的结果。

5. 确定义务

确定涉及的义务，并给出原因。从价值观、行为准则或者结果等方面考虑决策者对各利益相关者具有怎样的责任或义务。

6. 考虑诚实正直与个人品格

在面临伦理困境做出艰难决策的过程中，决策者必须考虑这样的问题：别人或别的群体怎样看待你的选择？他们认为一个正直的人在这种情境下应当做出什么样的决定？首先要确定相关群体，然后确定群体成员会怎么评估你正在考虑的决定或行动。遵循“公开原则”是非常必要的：如果决策者觉得所做的决策不能公之于众，或者公布时会感到不自在，那么就需要对该决策重新考虑。如果决策者不愿意公开所做的决策，说明该决策可能会有较大的伦理风险。

7. 其他可能的行动

记住一句话，“永远别把自己逼近死角”。创造性地寻找替代方案或者方法是重要的，它本身也是具有创造性的。

8. 检验一下直觉

尽管上述步骤所强调的都是高度理性的事实搜索和评估过程，但不要忽视直觉的作用。事实上，实践中人们在做伦理决策的时候往往会基于知识和经验（Kitchener，1984）。在做出最终决定之前，考虑一下直觉，将会对决策产生重要的辅助作用。

四、创业伦理

（一）创业伦理的概念

创业伦理的概念最初是由哈佛大学教授戴维·麦克利兰（David McClelland）于 1973 年提出来的，他认为创业伦理是指在充满压力的商业环境中，创业者可能面对特殊的伦理问题。国内学者李华晶等认为创业伦理是实现创业与伦理相融合进而创造出新价值，可从创业者伦理意识和伦理行为两个维度来解释。琼斯和瑞恩（Jones & Ryan 1997）认为创业伦理可以理解为创业者所秉持的合理或可接受的规定和创业行为所应遵守的道德规范。也有学者提出了创业与伦理的“辩证统一说”，该观点认为：创业过程本身就是一种道德行为，社会伦理道德规范是创业活动得以顺利进行并长远发展的前提和基本保证。

创业伦理所关注的基本问题是创业者创业动机以及创业行为。创业伦理要求创业者在开展创业活动的过程中，不仅要追求创业行为的有效性，而且还要追求创业动机、行为合乎道德原则与规范。因此，创业伦理研究就是要帮助创业者认清自己的伦理标准，建立符合大众社会道德标准的价值观，并形成诚实守信的行为准则，有效地开展创业活动，以符合真正市场发展的要求进行创业企业的经营。

（二）创业伦理存在的必然性

创业伦理存在的必然性在于在激烈竞争的市场中，不能一味容忍创业者的创业逐利天性，需要对其加以道德伦理的制约。创业者只有按照道德规范行事，获得正当利益，才能真正实现创业活动的意义和价值。

（三）创业伦理的相关问题

对于创业企业来说，其非伦理行为不能仅仅归结为一般性的企业伦理问题，创业企业的特殊性决定了其会面临特殊的伦理问题，我们将从四个方面来探讨创业伦理问题。

第一，创业企业新进入缺陷引发的伦理问题。资源匮乏是创业企业根本且普遍的缺陷，除此之外，创业企业还面临着难以适应外部环境、经验缺乏、客户关系不稳定、需要投入大量的时间和金钱等新进入缺陷。在资源有限的前提下，创业企业若通过降低企业利润的方式来承担伦理责任，股东利益就会减少；若通过降低产品质量或提高产品价格的方式来承担伦理责任，顾客的利益就会受损；若通过降低员工待遇的方式来承担伦理责任，员工的利益就会受损，所以创业企业很难平衡利益相关者之间的利益。因此，由于新进入缺陷，企业在创业阶段更容易产生侵犯股东权益，不履约，转移资产，损害竞争对手声誉、恶性炒作，窃取竞争对手商业机密，拖欠员工工资，向顾客销售假冒伪劣产品、价格欺诈等非伦理行为。

第二，创业企业进行破坏性创新引发的伦理问题。破坏性创新表现在对原有市场结构和秩序造成的破坏，直接导致原来同类型的产品可能会全部退出市场。创业企业通过破坏性创新活动破坏了原有市场的秩序，抢占市场份额，可能会引发竞争对手的嫉恨。竞争对手很可能会采取剽窃、恶意中伤、恶性降价、散布谣言、侵占、虚假宣传等不道德商业手段进行打击报复。这种恶性商业战直接阻碍了创业活动的健康发展，同时对市场环境造成了恶劣影响，最终可能会导致新旧企业两败俱伤。

第三，创业企业中利益相关者引发的伦理问题。创业企业需要多方利益相关者的资源支持，与多方利益相关者合作才能降低创业失败风险，在处理这种错综复杂的关系时容易遭遇伦理冲突，越来越多非伦理行为被证实是创业者错综复杂的社会关系网络引起的。同时，企业在遇到经营问题和困境时，往往考虑的是主要利益相关者的利益，消费者、环境等次要利益相关者的伦理需求被自动忽略。另外，在创业阶段为了筹到足够的资金，创业者很有可能会对投资人隐瞒真实情况，夸大公司的实力与前景以招揽更多的资金，由于创业能否成功需要在长期的运营过程中才能判断，所以投资人难以对创业行为进行评估和监督，因此，两者之间存在着严重的信息不对称问题，创业者为了利益可能会骗取投资人的资金而做出非伦理行为。实际上，在创业过程中创业企业与利益相关者的关系、利益相关者之间的冲突、创业企业对利益相关者的责任等问题都有可能引发伦理问题。

第四，创业企业所面临的数字伦理问题。数字伦理，是指立足于以人为本，在数字技术的开发、利用和管理等方面应该遵循的要求和准则，涉及数字化时代人与人之间、个人和社会之间的行为规范。哈里斯（Harris，2009）认为，创业企业的进入通常是在技术创新与变革之后，其进行的创新创业活动往往基于科技的发展。然而，科技的发展在给创业者带来创业机会的同时也带来了特定

创业视角 7－2　企业常见的数字伦理问题

的伦理问题，如创业企业会面临着道德标准模糊化、社会公平与科技发展平衡的数字伦理问题。在某些领域，科技的发展会给原有道德标准带来颠覆性冲击，可能会改变创业者或组织的伦理判断，所以企业在创业活动中可能会无意识地触及伦理道德的底线，只顾眼前利益，无视科技带来的风险性和危险性，同时也会遇到经济效率与公平优先该如何平衡的问题。

基本概念

价值观　企业社会责任　伦理　商业伦理
伦理决策　创业伦理　数字伦理

思考与练习

1. 价值观在企业创业前期起到怎样的作用？企业价值观对企业发展的意义是什么？

2. 你认为一家成功企业的价值观应该是怎样的？由谁来决定？

3. 上海乌瑟公司遇到的问题是不是伦理问题？为什么一部分人觉得是伦理问题，而其他人觉得不是呢？

4. 假如你是上海乌瑟公司的创立者，正面临着要不要向软件商支付授权使用费这一困境，你觉得应该做何选择？

5. 为什么一个有道德的人在创业过程中会出现不道德的行为？创业者在遇到创业伦理问题时，应当如何利用伦理决策去做正确的事？

6. 你认为哪种伦理判断标准最有吸引力？为什么？

7. 将你所遇到的创业伦理困境进行伦理决策过程分析，你是否能很好地掌握与摆脱困境？为什么？

第8章
创业团队

| 学习目标 |

- 了解创业团队对创业成功的重要性。
- 理解创业团队与一般团队的区别。
- 了解数智时代的创业团队特征。
- 掌握创业团队的角色构成。
- 了解创业团队的股权分配。
- 掌握创业团队冲突的产生原因。

引例

刘邦的神奇创业团队

汉高祖刘邦常被人津津乐道（吐槽）的，就是其无比“草根”的“创业团队”。樊哙“以屠狗为事”，夏侯婴“为沛厩司御”，灌婴“贩缯者也”，周勃“以织薄曲为生，常为人吹箫给丧事”。萧何则是县衙的“刀笔吏”。可以用司马迁的“碌碌未有奇节”形容这些人。可是，这些人真的很优秀：张良有经世之才，为刘邦出谋划策；萧何擅长治国理财，作为刘邦的财政大臣管理关中；韩信会领兵打仗，帮助刘邦一统天下。在创业中，正是因为有这些团队成员的辅佐，刘邦才得以成就大业。当然，在团队面对的局面发生变化、战略方向需要调整时，出错也在所难免。第一次打进咸阳后，刘邦就开始纵酒享乐；后来拿下彭城，又开始歌舞升平，然后被项羽突袭，差点连老本都赔光……但不同的是，刘邦纠错的速度十分快：咸阳之后，他立刻“约法三章”，成功抢回民心。所以综合起来说，并非刘邦命好，遇到了一群有才的人，而是一个懂得高效纠错，确立正确战略方向，且能形成合力的创业团队，成就了事业的辉煌。

资料来源：张嵚，2021. 刘邦的神奇创业团队. 读者（17）.

请思考：若没有这些人，刘邦能否成就大业？为什么这些人成了刘邦创业团队中的得力干将？刘邦创业团队成功的原因是什么？

第1节　创业团队的内涵及重要性

一、从群体到团队

（一）群体和团队的定义

“物以类聚，人以群分”，讲的是同类的东西常聚在一起，志同道合的人相聚成群。这里的“群”指的是“群体”（group），即为了实现特定的目标，由两个或两个以上相互作用、相互影响的个体组合而成的集合体（Shaw，1981）。人们通过群体活动达到融入社会生活并成为社会成员的目的，并在群体中获得安全感、责任感、亲情、友情、关心和支持。群体可以分为正式群体（formal group）和非正式群体（informal group），前者是指有明确的组织目标、正式的组织结构，成员有着具体的角色规定的群体，例如工厂的车间、大学的教研室等；后者是指以个人好恶、兴趣等为基础自发形成，无固定目标，无成员间的地位及角色关系的群体，例如组织中存在的一些“小集团”“小圈子”等。

随着企业外部竞争加剧以及对管理的差异化需求越来越强烈，团队（team）这种特殊类型的群体逐渐普及。团队是由少量个体组成的一个共同体，它合理利用每一个成员的知识和技能协同工作，解决问题，达到共同的目标。根据这一定义，理想的团队应具备五个方面的特征：成员拥有共同任务和目标；成员相互依赖，共同承担风险和责任；成员的知识和技能具有互补性，能应对变化和复杂的要求；成员之间信息共享，彼此尊重；成员对团队事务尽心竭力，全方位奉献。

（二）群体和团队的区别

群体和团队经常容易被混为一谈，但它们之间有根本性区别（见表8-1），可以概括为六个方面。

表8-1　群体和团队的区别

区分指标	群体	团队
领导	明确的领导者	分摊领导权
目标	与组织一致	可自己产生
协作	中性/有时消极	积极
责任	个人负责制	个人+集体负责
技能	随机的或不同的	相互补充的
结果	个人产品	集体产品

资料来源：Katzenbach J R，Smith D K，1992. The wisdom of teams：Creating the high-performance organization. Boston：Harvard Business Press.

1. 领导方面

群体应该有明确的领导者；团队可能就不一样，尤其是团队发展到成熟阶段时，成员共享决策权。

2. 目标方面

群体的目标必须跟组织保持一致，但在团队中除此之外，还可以产生自己的目标。

3. 协作方面

协作性是群体和团队最根本的差异，群体的协作性可能是中等程度的，有时群体成员甚至是消极和对立的；但团队成员则能够密切协作和配合。

4. 责任方面

群体的领导者要负很大的责任，而团队中除了领导者要负责之外，每一个团队成员也要负责，甚至要相互作用、共同负责。

5. 技能方面

群体成员的技能可能是不同的，也可能是相同的，而团队成员的技能是相互补充的。拥有不同知识、技能和经验的人走到一起，可以形成角色互补，从而达到整个团队的有效组合。

6. 结果方面

群体的绩效是每一个个体的绩效之和；团队的绩效是大家相互协作的结果，个体要帮助其他人共同完成团队的目标。

二、创业团队的内涵

（一）创业团队的定义

近年来，随着创业活动的大量涌现以及高科技创业现象的不断增加，创业浪潮中的“个人秀”时代正在结束，个人创业大多被团队创业所取代。与单个创业者相比，创业团队（entrepreneurial team）能够整合更多的资源，实现成员之间的知识共享和技能互补，从而更有效地应对高度不确定的创业环境。作为一种特殊的团队类型，创业团队是指由两个或两个以上具有一定利益关系的，彼此通过分享认知和合作行动以共同承担创建新企业责任的，由处在新创企业高层主管位置的人共同组建的有效工作群体。

（二）创业团队与一般团队的区别

创业团队不同于一般意义上的工作团队，它存在于企业之中，因创业的关系而联结起来却又超出个人、领导和组织之外。创业团队与一般团队的不同可以概括为九个方面，具体见表 8-2。优秀创业团队往往有一个能够胜任的团队带头人，以及彼此熟悉，能够相互配合的团队成员，例如小米公司的七剑客团队、腾讯公司的五虎将团队等。

表 8-2　创业团队和一般团队的区别

区分指标	创业团队	一般团队
目的	创立新企业或者拓展新事业	解决某类或者某个具体问题
职位层级	成员处在高层管理者职位	成员并不局限于高层管理者职位
权益分享	一般情况下在企业中拥有股份	并不一定拥有股份
组织依据	基于工作原因经常性地一起共事	基于解决特定问题临时组建起来

续表

区分指标	创业团队	一般团队
影响范围	影响组织决策的各个层面，涉及范围较广	只影响局部性的、任务性的问题
关注视角	战略性的决策问题	战术性的、执行性的问题
领导方式	以高管层的自主管理为主	受企业最高层的直接领导和指挥
成员对团队的组织承诺	较高	较低
成员与团队间的心理契约	心理契约关系特别重要，直接影响企业决策	心理契约关系不正式，且影响力小

资料来源：陈忠卫．创业团队企业家精神的动态性研究．北京：人民出版社，2007.

（三）创业团队的类型

一般来说，创业团队具有两种典型的类型：核心主导型创业团队和群体型创业团队。

核心主导型创业团队一般是指一个核心主导人物想到了一个商业创意或有了一个商业机会，然后自己充当领军角色，去物色和招募创业伙伴，从而组成的创业团队。而群体型创业团队的成员主要是因为经验、友谊和拥有共同兴趣的关系而结缘的伙伴，在交往过程中，一起发现某一商机，共同认可某一创业想法，并就创业达成共识后，开始共同进行创业。不管是哪种类型的创业团队，均具有四个方面的特征：（1）创业团队往往由少数具有互补技能的创业者组成；（2）创业团队工作的绩效大于所有成员独立工作的绩效之和；（3）创业团队对创业成功具有重要的价值；（4）创业团队是高层管理者团队的基础和最初的组织形式。

三、创业团队的重要性

对于一个新成立的创业企业而言，创业团队无疑是核心，对创业成功具有举足轻重的作用。然而，大多数创业者并没有认识到这一点，他们觉得只要项目好、壁垒强、容量大就有人愿意加入。事实上并非如此，再好的项目、再好的产品也是需要人来运作的，这一观点与“创业教育之父”蒂蒙斯所提出的创业要素模型不谋而合。蒂蒙斯认为创业的关键要素包括商机、团队和资源三个方面（见图 2-1），创业过程是商业机会、创业团队和创业资源之间适当配置的高度动态平衡过程，创业团队必须在推进创业的过程中创造性地捕捉商机、整合资源和构建战略并解决问题。

美国科技市场研究机构 CB Insights 通过分析 101 家科技创业公司的失败案例，总结出了创业公司失败的 20 大主要原因，排在前三位的分别是：没有市场需求（占 42%）、现金流断裂（占 29%）、创业团队问题（占 23%）（周倩倩，2019）。所以，在整个创业过程中，创业者构建一个高效创业团队至关重要，这种重要性体现在以下四个方面：

1. 创业团队能提高新创企业的资源整合能力

创业需要两种资源：一种是硬性资源，即人力资源、财务资源和物质资源等；另一种是软性资源，即声誉资源、信息资源和技术资源等。在当今竞争日益激烈的市场环境中，硬性资源的限制是新创企业生存和发展的最大障碍（Bhide，2000）。创业团队不仅能使各个创业者保持本身已经拥有的硬性资源，而且有助于新创企业更好地整合现有的硬性资源，并不断创造与开发新的财务资源和物质资源。软性资源同样不可或缺，一流的创业团队不仅能带来大量的知识、经验和技能，还能促使创业团队成员在知识与技能方面实现互补，这将有助于企业迅速成长。

2. 创业团队能提升凝聚力和归属感

创业团队能最大限度地实现个人价值，一旦成功意义非凡。团队成员之间的关系平等，联系密切，合作紧密，这一切都使创业团队拥有很强的凝聚力，团队成员对创业团队有很强的归属感。此外，创业者通过团队合作，能够在企业中营造一种良好的工作氛围，使每个创业团队成员都有一种归属感，正是这种归属感使得每个成员感到在为团队目标努力的同时也是在实现自己的目标，这会激发成员的工作动机，进而带来工作效率的提升。

3. 创业团队有利于产生新颖的创意

创业的目的是开创新的局面，而不是去完成已被实现的目标，这往往意味着开发新的技术、开拓新的市场、应用新的经营管理思想、创立新的组织形式等。这种开拓性就要求创业者必须具有很强的创新能力。从团队的定义出发，团队由两个或两个以上个体组成。三人行，必有我师焉。每个人都有自己的优劣势，同时每个人都有自己独创的想法。创业团队成员构成的多元化有助于产生不同的想法，并且有助于在做决策的时候集思广益，从而产生比较好的创新方案。

4. 创业团队能提高创业绩效

创业团队会对新创企业的绩效尤其是盈利率、存活率、成长潜力等产生较大的影响。大量研究和实践表明，创业活动越来越多的是基于创业团队而非单个创业者，并且从创业绩效来看，无论是成功率还是新创企业的绩效表现，团队创业都明显优于单个创业者（Lechler，2001）。从失败层面来看，以团队形式进行的创业活动，使得新创企业对某个人的依赖程度降低，这可减轻某个人的失误或退出所造成的消极影响，进而降低创业失败率。

四、数字时代的创业团队

（一）数字创业团队的定义

党的十九届五中全会提出："发展数字经济，推进数字产业化和产业数字化，推动数字经济和实体经济深度融合，打造具有国际竞争力的数字产业集群。"数字技术的应用推进了我国经济社会的全面数字化转型。数字技术与创业的深度融合对传统创业过程产生了颠覆性影响，重塑了创业形态，也使得创业团队有了新的内涵。数字创业情境下的创业团队，被称为数字创业团队或数智创业团队，是指数字创业主体为了适应数字经济发展，利用数字技术识别、开发、实现和改进数字时代的创业机会，不断提供数字产品或数字服务的过程（Nambisan，2017）。国内学者贾建锋和刘梦含（2021）进一步从狭义和广义两个方面对这一概念进行了界定。

（1）从狭义来看，数字创业团队是指新创数字企业中的团队，是创立企业之初就利用数字技术开展创业活动，从而创造数字产品或服务的团队。

（2）从广义来看，数字创业团队也包括既存企业数字化转型中的团队，是企业通过数字技术进行二次创业或商业模式创新时组建的团队。

（二）数字创业团队的特征

数字时代的创业团队具有团队构成、团队认知、团队决策、团队管理手段以及团队运作五方面的典型特征（贾建锋和刘梦含，2021）：

1）团队构成更加开放化。传统创业团队通常存在家族化或泛家族的特征，使得团队成员的构成局限在家人、亲戚、朋友、同事或同学等关系网络之中，但是以数字技术和数字网络为依托的数字创业团队不再受时间、地理空间、文化差异等因素的限制，只要团队成员能够按时按质完成规定任务即可，使得数字创业团队的构成更加开放化。

2）团队认知更具能动性。根据法拉尼等（Farani et al.，2017）的观点，数字创业主体具有极强的认知能动性，能够在客观数字环境与数字创业企业内核之间进行认知互动，开发创新型数字创业机会。与传统创业团队凭借经验和直觉来判断外部变化不同，数字技术改变了创业团队惯有的思维方式，使其与数字环境持续交互，从而使得数字创业团队的认知更具能动性。

3）团队决策趋于最优化。传统创业团队做出的决策是有限理性下的“满意决策”，而对于数字创业团队来说，数字技术的应用可以模拟具体情境并对比多种备选方案，这有助于削弱有限理性和信息不对称的约束，从而优化自身所面对的决策环境，使得决策结果趋于最优化。

4）团队管理手段更加智能化。传统创业团队的管理手段依赖的是科学管理理论，在数字技术背景下，数字创业团队在重视科学管理手段的基础上借助人工智能升级自身的管理手段，从而实现更加科学和智能的管理。

创业视角 8-1　如何打造数字时代的工作团队？

5）团队运作连通化。传统创业团队虽然允许团队成员远程工作，但在非必要的情况下通常还是以线下运作为主，而数字技术为数字创业团队进行常态化的远程交互提供了极大的便利，也使得在非工作时间和非常规工作场所开展创业活动越来越常见，极大地促进了创业团队在运作过程中的连通化。

第 2 节　创业团队的组建

一、创业团队的构成

一般而言，创业团队由目标（purpose）、人员（people）、定位（place）、权限（power）、计划（plan）五大要素构成，这五大要素也称为 5P 要素。

（一）目标

一个创业团队，首先必须有明确的目标，有了目标之后，才能引导团队成员的思想和行为。目标在创业过程中往往以创业企业的愿景、战略等形式体现。只有当创业团队确立了目标后，团队成员才能明确未来的方向，并为实现该目标努力奋斗。因此，创业团队应该设定一个明确、清晰的共同目标。只有这样，才能对团队成员产生巨大的激励作用，从而保证团队始终朝着既定的方向前进。

（二）人员

人是构成创业团队最核心的力量。创业团队的人员构成有狭义和广义之分。狭义的创业团队人员构成是指有着共同目标、共享创业收益、共担创业风险的一群创建新企业的人，即初始合伙人团队；而广义的创业团队人员构成不仅包括狭义的创业团队，还包括与创业过程有关的各种利益相关者，如风险投资家、专家顾问等。初始合伙人团队的知识、技术和经验往往是企业最有价值的资源，但在许多情况下，初始合伙人团队还需要依靠一些专家顾问等形成持久的企业竞争优势。

（三）定位

定位是团队的基础框架。创业团队的定位，简单来说，就是团队最终由谁来负责，每个成员处于什么位置，他们的分工是什么，各自又承担怎样的责任。一个创业团队必然由许多人组成（例如，初始合伙人、专家顾问等），他们也必然拥有不同的职位，创业团队成员在不同的职位上开始工作，这个团队的基础框架就已经形成。随着创业进程的推进或创业团队的变化，可能需要调整成员的职位或工作，原来的框架就会发生变动。而在变动之中，创业者需要做的事情，就是了解清楚这其中的定位关系，而后针对这些关系做好应变的准备，或者采取预防措施，以防止变动对团队造成不良的影响。

（四）权限

创业团队的权限主要是指创业团队当中领导者负有的责任和享有的相应权力。一般来说，团队当中领导者的权力大小跟团队所处的发展阶段相关，团队越成熟，领导者所拥有的权力相应减少，而在团队发展的初期阶段领导权比较集中。随着事业的发展，创业团队将愈发走向成熟，团队领导者则需要解决以下问题：创业团队成员的工作范围是什么？创业团队中每个成员的权力有哪些（比如谁拥有财务决定权，谁拥有人事决定权等）？创业团队成员在多大程度上可以自主决策？这些问题会因创业团队的目标和定位的不同而不同，这取决于团队的规模、结构和业务类型等。

（五）计划

一个创业团队，当然还需要创业计划。创业计划有两层含义：一是创业目标的最终实现需要一系列具体的行动方案，可以把创业计划理解成实现创业目标的具体工作程序；二是按创业计划进行以保证创业团队的创业进度。没有计划就难以开展具体的工作，有了创业计划才能一步步靠近目标，从而最终实现创业目标。

二、创业团队的角色配置

（一）创业团队角色配置的重要性

组建创业团队的一个重要环节是在团队中进行成员的角色配置。“创业教育之父”蒂蒙斯通过研究认为创业团队要各种角色齐全，职能分工必须明晰并且完整，技术、市场和生产等关键角色的人员要配置合理，这样才有利于新创事业的成功。角色（role）涉及一系列被期望表现出的行为。被誉为“团队角色理论之父”的英国心理学家梅雷迪思·贝尔宾（Meredith R. Belbin）认为：没有完美的个人，只有完美的团队。团队成员的能力有大小，技能有差异，根据每位成员的优势和特长合理配置角色，才能产生强大的协同效应。

在创业团队背景下，团队成员往往会根据他们在创业工作中所承担的责任，而被分配特定的角色。这些角色可能是帮助团队实现创业目标，也可能是维系团队内部关系。当然，随着创业团队的成长和发展，团队成员会调整他们的正式角色，从而使角色更符合其性格、价值观以及其他团队成员的期望。在创业团队中，每个角色都有不同的特点和作用，每个角色的效能发挥程度将会成为影响这个团队完成目标的重要因素，角色的合理调配和运用则是高绩效团队的重要基础。

（二）创业团队中的角色构成

一个完整的创业团队应该包括哪几种角色？英国心理学家贝尔宾所提出的团队角色模型给出了相应的答案。根据贝尔宾（Belbin，2001）团队角色模型，一个结构合理的团队应该由九种团队角色组成：智多星 PL（plant）、审议员 ME（monitor evaluator）、专业师 SP（specialist）、完成者 CF（completer finisher）、执行者 IMP（implementer）、鞭策者 SH（shaper）、协调者 CO（coordinator）、凝聚者 TW（team worker）、外交家 RI（resource investigator）。

1. 智多星 PL

智多星创造力强，通常充当创新者和发明者的角色。在创业团队中往往是由他们提出新的想法，为企业发展开拓新的思路。

2. 审议员 ME

审议员是态度严肃的、谨慎理智的人，他们具有批判性思维，善于在考虑周全之后做出明智的决定。在创业团队中往往是由这类角色评估智多星的所有想法。

3. 专业师 SP

专业师是专注的，他们专注于维持自己的专业度以及对专业知识的不断探究，往往是某一领域的专家。他们可以为团队的产品和服务提供专业的支持。

4. 完成者 CF

完成者是坚持不懈的、注重细节的人，他们不是根据个人兴趣，而是根据组织需要来完成工作，因此并不太需要外部的激励或推动，他们可以高效、出色地完成重要任务。

5. 执行者 IMP

执行者是实用主义者，有强烈的自我控制力及纪律意识。他们偏好努力工作，并系统化地解决问题。在创业团队中他们负责组织工作进程。

6. 鞭策者 SH

鞭策者是充满干劲的、精力充沛的、渴望成就的人。他们喜欢领导并激励他人采取行动，如果在行动中遇到困难，他们会积极找出解决办法。在创业团队往往是由鞭策者充当团队中的领军人物，他们能让团队充满动力。

7. 协调者 CO

协调者成熟、值得信赖并且自信，他们能够凝聚团队的力量向共同的目标努力。协调者能够挖掘并发展团队成员的才能。

8. 凝聚者 TW

凝聚者性格温和、灵活性强，擅长人际交往并关心他人。在创业团队中，往往是由这类角色营造良好氛围并加强团队内部沟通。

9. 外交家 RI

外交家是热情的、行动力强的、外向的人。无论是在公司内部还是外部，他们都善于和人打交道。在创业团队中他们通常负责外联工作，清楚团队内部局面和外部需求。

总之，创业团队即使小，也应该“五脏俱全”。成员不能是清一色的技术员，也不能全部是搞终端销售的，优秀团队的成员应各有各的长处，大家组合在一起，正好能相互补充，实现相得益彰。

三、创业团队的组建原则

创业视角 8－2　创业梦之队——携程四君子

创业团队将具有不同技能、经验的成员融合在一起，这是实现创业成功的一个重要基础。但创业者在组建创业团队时往往需要面对多个问题，例如：“先找创业伙伴还是先制定目标？”“应该选择与自己相似的还是有差异的合作伙伴？”“创业团队的异质性越高越好吗？”等。这些问题不仅关乎创业团队的整体能力和发展潜力，也决定了创业团队的组建原则。一般来说，组建创业团队时应遵循四个原则。

（一）目标一致原则

在创业团队的组建过程中，首先要考虑的就是创业团队成员在创业目标方面的一致性，因为一致的发展目标是创业团队融合协调、齐心奋斗的基石。“道不同不相为谋”的理念很好地诠释了这一原则。生产、管理、运营等各个环节都需要专业人才来负责，各方面的人才不少，但不是每一个人都适合成为创业伙伴。只有选择具有共同目标、坚持相同理念的成员，才能打造出具有相同基础和高凝聚力的创业团队。在携程的案例中，正是四人一致的创业目标让他们高度认同公司的发展方向和商业模式，进而明确了各自在团队中的角色、责任，对不同阶段的主要任务有着清楚的认知，在携程创立的不同阶段推动公司发展。

（二）优势互补原则

创建企业需要人、财、物、产、供、销等多方面的人才，一个创业者不可能精通各个方面，因此建立优势互补的团队是创业成功的关键。在团队组建过程中要坚持互补原则，懂技术就需要寻找懂管理、懂营销的创业伙伴，从而做到能力互补，最大限度地提高团队的整体效能。不同的人聚在一起实现创业梦想时，需要一个和谐良好的团队氛围，所以还需要根据团队成员的性格特点进行工作分配，根据性格互补达成良好的合作，为创业成功打下坚实基础。在携程的团队中，四人在知识背景、职业经历等方面各不相同，每人的能力互异，分别负责市场、技术、资金、管理，且每个人都在各自的领域有着不错的成绩。这种互补可满足携程发展所需，符合各人自身的角色定位，也满足团队结构的完整性要求。

（三）动态开放原则

创业过程充满了不确定性，创业团队的成员并非一成不变，生产、管理、运营等环节是动态连续的过程。团队中可能因为能力、观念等多种原因不断有人离开，同时也有人要求加入。因此，在组建创业团队时，应注意保持团队的动态性与开放性，同时给予团队成员最大的自由，使其在创业中能自由地表达内心的真实想法，并根据团队发展需求不断调整以吸引更加匹配的专业人才加入团队，推动创业团队向更全面、和谐的方向发展（王丽君，2020）。

（四）精简高效原则

贝索斯在亚马逊（Amazon）内部提出过一个很有趣的规则，或者说是一种管理哲学：如果一个团队的人数多到两个比萨饼都喂不饱，那么这个团队的人就太多了。法国农学工程师林格曼做了一个著名的拔河实验：当拔河的人数逐渐增加时，每个人所用的力量反而越来越小，并没达到力量累加的效果。这一现象称作“林格曼效应”，指的是随着群体规模的增大，群体中个体成员的平均生产力会越来越低。因此，为了减少创业期的运作成本、最大比例地分享成果，团队人员构成应在保证企业高效运作的前提下尽量精简，“小米加步枪”不失为一种合适的形式，所有的事情尽可能做到精简和高效，这样才能把信息不对称以及沟通壁垒和障碍降到最低。

第3节　创业团队的运行

一、创业团队的股权分配

（一）股权分配的重要性

在创业团队运行过程中最常见、也最重要的问题之一是如何分配股权。股权是股东基于其股东资格而享有的，从公司获得经济利益，并参与公司经营管理的权利，主要包括四种权利：提案权、投票权、表决权、分红权。其中，提案权是指股东对公司的经营管理提出议案的权利；投票权是指股东通过股东会或股东大会对相关事项进行投票的权利；表决权一般和投票权联合使用，是指对相关事项投票后进行表决的权利；分红权是指分享公司所获利润的权利。

股权分配是对创业利益分配方式的约定，是维系创业团队凝聚力的基础，有助于长期维持团队的稳定和新企业的成长。另外，企业对股权分配的处理方式也会成为投资者和其他人对该企业可信度的判断依据。因此，每一位关键团队成员都必须致力于寻找有关股权分配的最佳解决方案，使它尽可能公平地反映每位创业团队成员的责任、风险和相对贡献。

（二）股权分配的依据

一般来说，创业团队成员的股权份额应按照其实际贡献来定，而创业团队成员的贡献在性质、程度和时机上因人而异。在制定股权分配方案时，通常应该考虑五个方面的因素：创业思路，商业计划准备，敬业精神和风险，技能、经验、业绩记录或社会关系，成员职责。具体见表 8－3。

表 8－3　创业企业股权分配贡献评估依据

主要贡献	考量细节
创业思路	思路提出者的贡献应被考虑。尤其是当他提供了对原型极为重要的商业机密或特定技术，或者对产品或市场进行了调研
商业计划准备	制订出能让人接受的商业计划要花费很多资金和时间，因此这方面的贡献也应该加以考虑
敬业精神和风险	当创业团队成员把大部分个人净资产投入企业，他不仅会在企业失败时承担巨大的风险，而且将牺牲一定的个人利益。在这种情况下，他为企业付出了大量时间和精力，拿自己的声誉冒险并接受较低的回报
技能、经验、业绩记录或社会关系	创业团队成员能够为企业带来技能、经验、良好的业绩或是在营销、财务和技术等方面的社会关系。如果这些对创业企业而言是至关重要且来之不易的，那么就必须加以考虑
成员职责	创业团队成员角色对企业成功十分重要，这一点应该予以重视

资料来源：蒂蒙斯，斯皮内利．创业学：第 6 版．周伟民，吕长春，译．北京：人民邮电出版社，2005.

值得注意的是，创业思路提出者或花费大量时间和金钱准备商业计划的人，他们的价值往往被高估，通常他们所持有的企业股份不应该超过 20%，有的甚至不应超过 15%。相较而言，敬业精神、风险承担、工作技能、经验以及责任感因素对企业的成功所做出的贡献要大得多。在进行股权分配时要综合考虑上面各项因素，公平衡量每位创业团队成员的贡献大小。

（三）应对不确定性的股权分配方案

由于创业企业在发展过程中会面临各种不确定性，合理的股权分配方案还要保持一定的灵活性和动态性，以适应变化。企业应对不确定性的股权架构设计方案主要有两种：设定期权池和设计合伙人股权动态调整机制。

1. 设定期权池

期权池是在融资前为未来引进高级人才而预留的一部分股份，被一些国家认为是驱动初创企业发展的关键因素之一。通常情况下，创业团队确定好股权比例后，要预留期权池，形成资源型期权池，方便后期再进行期权池的切割，以应对未来的融资变动。如果不预留，将来新进的高级人才若要求分配股份，则会稀释原来创业团队的股权，引发一些问题。例如，在硅谷，初创企业都会预留 10%～20%的期权池来吸引人才。

2. 设计合伙人股权动态调整机制

创业企业在发展过程中会面临多种不确定的情况，比如有些股东可能前期投入的精力较多，但是中途离职了，或者后期不再参与企业经营、等着坐享其成，此时如果还让他们按照初始确定的股权比例参与企业利润分配，对其他股东而言是极不公平的。所以，为了保障股权的公平合理分配，在设计股权架构时还应当设置股权调整和退出机制，譬如实施股权分期成熟、股权回购等策略。

股权分期成熟一般有四种模式：模式一，跟 4 年服务期限挂钩，每年兑现 25%；模式二，满 2 年成熟 50%，第 3 年成熟 25%，第 4 年成熟 25%；模式三，第 1 年成熟 10%，第二年成熟 20%，第三年成熟 30%，第四年成熟 40%，逐年递增；模式四，第 1 年成熟 20%，剩余股权在 3 年内每月兑换 1/36。

创业视角 8－3　合伙人股权分配中的十个陷阱

股权回购机制有四种：一是参考股东购买价格的一定溢价；二是参照企业净资产，这适用于重资产型企业；三是参照最近融资估值的折扣价，这适用于轻资产型互联网企业；四是设定高额违约金条款，即为了防止合伙人退出企业但不同意企业回购股权，可以在股权协议中设定高额违约金条款。

二、创业团队的冲突管理

（一）创业团队冲突的定义

武侠小说中有一句话，道出了人类社会冲突普遍存在的现实——有人的地方就会有江湖，有江湖的地方必然有纷争。冲突是指个人或群体内部，个人与个人之间，个人与群体之间，群体与群体之间互不相容的目标、认识或感情，并引起对立或不一致的相互作用的任何一个状态。对冲突的理解在不断变化，经历了三个变迁阶段：传统观、人际关系观和相互作用观。

1. 传统观

20 世纪 30—40 年代是传统观流行的阶段，这种观点认为冲突是非理性的、具有破坏性的，必须取缔。

2. 人际关系观

20 世纪 40—70 年代，人们对冲突有了更深入和全面的理解，冲突的“人际关系观”开始发展，该观点认为冲突不可能杜绝，而且某些冲突可能对企业有一定的积极作用，要区别对待。

3. 相互作用观

1975 年，兰德尔·柯林斯（Randall Collins）的《冲突社会学：迈向一门说明性科学》一书出版，标志着对冲突问题的理解进入了新的阶段，即“相互作用观”。该观点认为企业要保持生命力和创造力就必须保持一定的冲突，冲突应该被鼓励。

在创业团队中，冲突同样普遍存在。创业活动的高度模糊性和不确定性，使得创业团队成员间不可避免地产生冲突。现实中的多个创业案例也佐证了这一点。创业团队冲突可以理解为创业团队内部产生的认知差异、目标相异和愿景不协调的感知状态。在创业活动中，团队冲突的存在会对团队成员间的关系产生不利影响，削弱成员的自我效能感、幸福感和心理资源，使其产生消极的情绪体验，进而破坏创业团队氛围和凝聚力。但也有研究发现创业团队内的冲突并非总是坏的，存在“最优冲突”（optimal conflict）观点。当创业团队经历适度冲突时，会激励创业团队成员发现更多合理的和具有创造性的解决办法，提升创造力，有助于组织成长。但是，当冲突水平达到一定程度时，组织效率将会下降。因此，我们应该更加辩证和全面地理解创业团队中的冲突问题。

（二）创业团队冲突的类型

创业团队冲突目前有两种不同的分类，见表8-4。

表8-4 创业团队冲突的分类

分类标准	类型	内涵
任务/关系	任务冲突	对事不对人，讨论重点放在任务或事情上
	关系冲突	对人不对事，强调个人差异，会降低团队信任
认知/情感	认知冲突	属于“建设性摩擦”，与任务相关
	情感冲突	属于“破坏性摩擦”，与任务不直接相关，往往由人与人之间的分歧造成

资料来源：作者根据相关研究整理。

一种分类是按照任务/关系将团队冲突分为两种：任务冲突（task conflict）和关系冲突（relationship conflict）。任务冲突也称为建设性冲突（constructive conflict），是指在对任务内容的想法、观点和意见上的差异，讨论重点放在任务或事情上，虽然有对立或不一致，但仍然对持有不同观点的人表示尊重。而关系冲突则是将焦点放在人而不是任务或事情上，定义为紧张、烦恼、分歧，以及个人在信仰、价值观、习惯和个性方面的不相容。有任务冲突的团队往往会做出更好的决策，因为任务冲突会使得团队成员对正在考虑的问题产生不一样的认知理解。相反，关系冲突限制了团队的信息处理能力，因为团队成员把时间和精力花在了处理人际冲突上，而不是花在与任务相关的问题上，往往给团队绩效带来干扰。

另一种分类是按照认知/情感将团队冲突分为两种：认知冲突（cognitive conflict）和情感冲突（emotional conflict）。其中，认知冲突主要源于行为主体在完成组织目标过程中理念的不一致，在适当的认知冲突下，团队成员能够积极交换意见，提升创业绩效；而情感冲突则主要源于行为主体的个性差异，并不限于团队协作过程，会对创业绩效产生负向影响。

（三）创业团队冲突的产生原因

为什么会产生创业团队冲突一直是学界和业界关注的重点问题。综合以往观点，关于创业团队冲突的产生原因可以归纳为五个方面：利益冲突、不公平感、团队异质性、正式契约缺失和股权分散。

1. 利益冲突

利益冲突是创业团队产生冲突甚至分裂的最主要原因之一。根据动态性原理，在企业初创期，创业团队成员往往对创业怀有美好愿景，但随着企业的发展，在利益分配上，由于涉及每位成员的切身利益（例如名誉、地位、权利以及收益等），为了实现作为一名“经济人”的效用最大化目标，成员之间的矛盾开始产生，从而导致团队冲突。

2. 不公平感

某创业团队成员一方面渴望与其他成员合作，另一方面又担心在合作过程中遭到不公平对待。因此，在利益分配过程中，创业团队成员时常在寻找相关的公平信息，并对其进行公平性判断，进而导致团队矛盾与冲突。

3. 团队异质性

团队异质性是指团队成员在人口特征、教育背景、技能、经验、认知观念、价值观等方面的差异。团队异质性往往导致团队冲突不可避免，因为具有不同背景的团队成员持有认知偏差，这使得他们对任务的理解和看法存在分歧，产生任务冲突。此外，人们会下意识根据个人差异进行归类，并对自己所处的群类持肯定态度，排斥其他群类。这会导致人际关系恶化，产生关系冲突。

4. 正式契约缺失

在企业初创期，创业团队成员可能碍于情面或其他原因不太重视用正式契约来界定各自的权责，所以当创业遇到困难或创业企业处于成长阶段时，成员往往会因为权责不清的问题而产生矛盾最终分道扬镳。因此，创业团队中的契约治理非常重要，正式契约缺失会导致矛盾，激发冲突。而良好的正式契约可以确保创业团队的人力资本不会因为人治的不良互动关系而流失，也可以为创业伙伴提供合作框架和导向。

5. 股权分散

股权分配问题关乎创业成败。股权分散会增大决策协调难度，不利于发挥领导者（控股者）的组织协调功能，进而带来矛盾和冲突。而绝对控股权安排（即创业团队某成员的股权比例大于其他成员股权比例之和的情况）能有效减少团队协调与冲突问题，有利于创业团队决策力和绩效提升。

创业视角 8-4 团队冲突与创业坠落：小微企业主的迷失

（四）创业团队冲突的解决策略

冲突管理是创业团队日常管理的重要内容之一，是影响团队内部互动和信息共享的主要因素。根据合作性（在追求个人利益的过程中与他人合作的程度）和坚持性（在追求个人利益的过程中坚持己见的程度）的不同，冲突解决策略可以分为五种：竞争（坚持己见且不合作）、协作（坚持己见但合作）、回避（不坚持己见且不合作）、迁就（不坚持己见但合作）、妥协（合作性和坚持性均处于中等水平），见图 8-1。

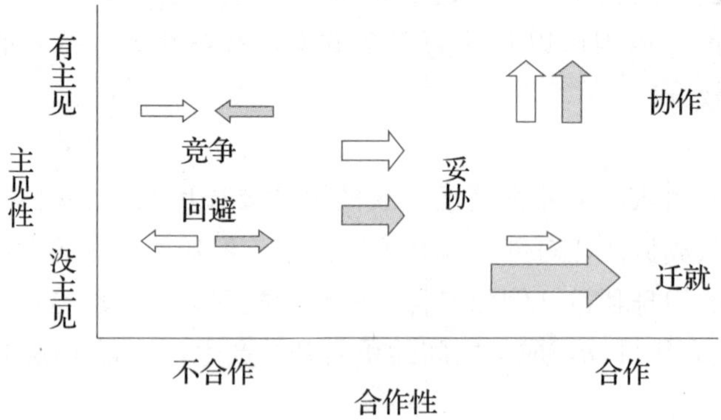

图 8-1 创业团队冲突管理策略

资料来源：Dunnette M D，Hough L M，1992. Handbook of industrial and organizational psychology. Palo Alto，CA：Consulting Psychologists Press.

1. 竞争策略

竞争策略是一种创业团队成员在面对冲突时，坚持自己的立场且不合作的解决策略。这种策略代表了一种“赢-输”结果，如果缺乏成熟的沟通技巧，往往会产生关系冲突的高风险，还可能破坏长期关系，不利于问题的解决。

2. 协作策略

协作策略表示冲突解决的双赢局面，在高度合作和坚持己见的情况下最大限度地扩大合作利益。这种策略能让双方都达成所希望的目标，有助于建立良好的关系，但需要大量的时间和精力，也需要他人的高度参与。

3. 回避策略

回避策略是一种不坚持己见又不合作的解决策略，通常表现为保持中立、避而不谈、漠视差异。这是一种消极的处理态度，虽然可以避免问题扩大化，但问题并没有得到解决，只是将矛盾暂时隐藏，长期发展下去可能会引起更严重的后果。

4. 迁就策略

迁就策略是指不坚持己见又高度合作的解决策略，表现为顺从，甚至牺牲个人利益而满足他人要求。这种解决策略是最受对手欢迎的，有助于保持良好的关系，但容易被对手视作过于软弱或屈服的标志。这会导致对方盲目自信，加大团队决策的偏差。

5. 妥协策略

妥协策略也称为折中策略，合作性和坚持性均处于中等水平，往往无须牺牲自己又可以满足别人，在事情急迫时有助于找出解决方案，是最为人们广泛接受的一种解决策略。但这种策略通常需要一系列的谈判和让步才能达成，只是就复杂问题达成暂时的和解，更像是交易而非解决问题。

三、创业团队的心理契约打造

（一）创业团队心理契约的定义

心理契约（psychological contract）的概念最早由哈里·莱文森（Harry Levinson）提出，并将其界定为“未书面化的契约”。这一概念得到了后续研究者的认可和支持，而莱文森也被称为“心理契约之父”。目前对心理契约的定义主要存在两种观点：双向观点和单向观点。

1. 双向心理契约观点

早期心理契约的研究者主要持双向观点。他们认为心理契约是双向的，即心理契约是组织与员工双方对相互之间责任和义务的理解和期望，具体分为两个层次：个体水平（员工对相互之间责任和义务的理解和期望）和组织水平（组织对相互之间责任和义务的理解和期望）。

2. 单向心理契约观点

持单向观点的研究者将心理契约的范围聚焦在员工身上，即只考虑员工水平上的认知和期望，将心理契约界定为“在组织与员工互动关系的情境中，员工个体对相互之间责任与义务的知觉和信念系统”。

当前，创业活动主要是以团队形式开展，创业团队成员（“人”）作为创业团队的主要组成部分，对创业团队的发展起着非常重要的作用。人们注意到创业团队成员与创业团队之间除了具有传统正式合同所确定的正式关系之外，还存在着一种非正式的、非书面化的契约，即创业团队心理契约。创业团队心理契约是指团队成员与创业团队双方对相互之间责任和义务的理解和期望，体现的是对义务的承诺和互惠关系。

从具体内容上来看，创业团队心理契约可以分为三个维度：交易维度、关系维度和团队成员维度。其中，交易维度是指创业团队为创业团队成员提供经济利益和物质利益，创业团队成员承担相应的工作任务；关系维度是指创业团队和创业团队成员关注双方未来的、长期的、稳定的联系，促进双方的共同发展；团队成员维度是指创业团队和创业团队成员注重人际支持和在创业团队中打造良好的人际关系。

（二）创业团队心理契约的重要性

心理契约是创业团队治理的一种重要手段，通过对创业团队成员心理契约进行有效的管理，可以有效促进创业团队的稳定乃至提升创业绩效，进而影响新创企业的生存状况、成长速度和发展方向。这种重要性体现在以下几个方面：

1. 促进企业家精神的传承

企业家精神（entrepreneurship）指企业家组织建立和经营管理企业的综合才能，它是一种重要而特殊的无形生产要素。在创业团队中，企业家精神的传承可以从集体创新、分享认知、共担风险、协作进取四个方面考量（陈忠卫，2009）。如果在创业团队中构建了一种和谐稳定的心理契约关系，则会带来团队内的交流、分享和学习等良性互动。这种良性互动会促使团队成员提高自己在参与集体创新、分享认知、共担风险、协作进取等方面的努力程度，进而促进企业家精神的传承。

2. 形成积极的组织承诺

组织承诺（organizational commitment）是指员工为组织尽心尽力的意愿，留在该组织中的强烈愿望，以及对组织目标和价值观的接受程度。当创业团队成员认为心理契约达成时，就会产生很强的组织认同感和忠诚感，会因自己是创业企业的一分子而感到自豪，愿意继续留在团队中并觉得自己有义务和责任为其服务，这就产生了很高的组织承诺。

3. 增强团队凝聚力

创业团队心理契约是团队和成员间的文化认同、情感沟通的心灵承诺，是基于对共同愿景的认同。合适的心理契约将通过无形的约束来最大限度地协调创业团队和团队成员各方的利益冲突，将个人的发展充分整合到创业团队的发展中，从而创造出充满活力和高度凝聚力的团队组织。

（三）创业团队心理契约的构建

建立良好的创业团队心理契约包括以下三种路径：

1. 关注创业团队成员的个体差异

创业团队的领导者在构建创业团队时可以选择那些具有低神经质、高自我控制水平以及高创业动机的成员。同时，创业团队的领导者还应该明晰团队成员处理有关他人和自己的信息的方式（归因方式），并做出相应的引导。对于那些倾向于外部归因的成员，可以引导他们适当地从自身寻找原因以实现平衡，而对于那些倾向于内部归因的成员，可以引导他们从外部寻找原因以减少自身压力，这将有利于心理契约的构建。

2. 注重领导风格的情境化

创业团队的领导者应采用那些有助于团队沟通和人际互动的领导风格，例如变革型领导风格，通过向创业团队成员描绘企业愿景、传达使命感，鼓励创新，个性化关怀，等等，来激发创业团队成员的工作动机，鼓励其超越个人利益，形成心理契约，从而为创业团队的发展努力奋斗。此外，考虑到企业在创业发展的不同阶段所面临的环境和任务要求不同，领导风格也需要随之改变。因此，创业团队的领导者还应该清晰界定自身所处的创业阶段，并根据创业阶段的不同实施相应的管理行为。比如，在创业初期可以采取关系型领导方式，以促进团队成员心理契约的形成；在发展期则可以在此基础上增加交易型领导方式，以推动团队成员对心理契约的重新理解和构建。

3. 积极培育良好的团队氛围并努力构建完善的组织制度

创业团队的领导者应特别关注“如何营造团队氛围”这一问题，可以通过以下方式培育良好的团队氛围：制定明确的目标、分工明确、构建良好的沟通平台以及关心下属的工作和生活并提供帮助等。同时，创业团队的领导者还要制定一套完善的管理制度，并不断提高自身执行力。例如，不仅要有自上而下的制定、学习、贯彻、督查等一系列行动，还要有自下而上的动态反馈。

基本概念

创业团队　　股权分配　　认知冲突　　情感冲突

创业团队心理契约　　企业家精神

思考与练习

1. 创业团队为什么重要?
2. 创业团队和一般团队有何不同?
3. 数字技术给创业团队带来了哪些影响?
4. 成功创业团队的特征有哪些?
5. 怎样建设一个稳定高效的创业团队?
6. 创业团队应该依据什么来分配股权?
7. 创业团队内的冲突都是有害的吗?
8. 创业者应该如何管理创业团队的内部冲突?

第3篇

创业资源

第 9 章

创业资源获取与整合

| 学习目标 |

- 了解资源基础观和创业资源的类型。
- 了解创业网络的基本分类。
- 了解创业网络与资源获取途径。
- 了解创业拼凑与资源整合方式。
- 运用相关理论知识解释创业实践问题。

引例

小成本大制作背后的“拼凑理论”

某小成本网络电影在拍摄完成后，导演没有资金请专业公司制作 200 个特效镜头。为了快速且低成本地完成该片的制作及发行，他从网上几百个原创视频中挑选出了一个颇有想法的作品，并联系它的主人——一位大三学生，以极低的酬劳请其制作特效镜头。最终，这部投资仅 28 万元，剧本不到一周写完，筹备 10 天，拍摄 10 天，后期制作 15 天的电影，上线 2 天便收回了成本，10 天票房破 300 万元。

但与此同时，很多网络大电影的品质却很低劣，“小成本、低品质、蹭热度”成为网络大电影最显著的三个特点。在反思如何提高内容制作的质量时，某部被业界人士称赞为标杆的网络青春片上线，6 天即突破千万的点击量，豆瓣评分达 7.3 分，完全碾压同期的院线片。这部影片讲述了三个坚持音乐梦想的女孩误打误撞加入殡葬演出，在经历了数场葬礼后，女孩们从抗拒到接受，最终真正体会到生命的重量，理解了告别意义的故事。该影片多了一分用心和尝试，以冷门的题材、走心的故事、动听的歌曲给许多行业人树立了一个很好的典范。

此外，众筹作为一种新颖的融资方式在 2011 年正式引入中国，也逐渐在影视投资中崭露头角。作为一部题材特殊、与主流商业制作无缘的纪录片，《二十二》从前期筹备、制作到后期上映，历经坎坷。它先后经历了投资人撤资、演员资助 100 万元等一系列事件才最终完成制作。之后，为了能让这部饱含真情的纪录片进入主流院线与更多的观众见面，也为了让更多的人了解“慰安妇”这一群体，电影出品方向全国发起募集 100 万元宣传费的众筹公映活动，获得了 3 万多人的参与。电影上映前，剧组在 38 个城市进行了大规模的超前点映，曾参与电影众筹的支持者也成为此轮电影超前点映的重要参与者。众筹者也尽自己所能为该电影做宣传，最终这部投资仅300万元、“吃百家饭长大”的小成本电影获得了1.7亿元的高票房及好口碑。

资料来源：于晓宇，吴祝欣，李雅洁，2018. 小成本大制作背后的“拼凑理论”. 中欧商业评论（6）：18-27.

请思考：案例中的影片在上映时需要哪些资源？相关人员是如何获取并整合这些资源的？

第1节 创业资源

一、资源基础理论

（一）资源基础理论的提出

企业资源理论的思想由来已久。经济学家钱伯林和罗宾逊（Chamberlin & Robinson，1949）最早意识到企业特有资源的重要性，认为企业特有的资产或能力是产生不完全竞争并获取高额利润的关键。彭罗斯（Penrose，1959）在《企业成长理论》中进一步发展了资源基础理论的思想，创造性地提出企业是各种生产资源的集合体。企业无论是实现内部发展还是实现外部兼并，都受到资源的影响，因为企业不仅是管理单元，更是生产资源的集合体；企业要想成长必须依赖其内部资源，包括企业的实物资源和人力资源，这些资源是具有异质性的，这种异质性导致了企业竞争的差异，进而影响企业自身成长。

20世纪80年代，沃纳菲尔特（Wernerfelt，1984）在关于企业战略的研究中提出资源基础理论，认为企业的“资源”而非“产品”是企业竞争优势的来源，资源视角为解决多元化企业战略制定中的一些关键问题提供了基础。同时，这些具有异质性的资源必须是有价值的、稀缺的、难以复制或难以替代的。

20世纪90年代，巴尼（Barney，1991）将企业在发展中所拥有的全部资产、能力、组织过程、企业特质、信息、知识等的集合视作企业资源，并将企业资源进一步划分为物质资源、人力资源与组织资源。其中，物质资源包括企业自身的办公场地、可利用的资金等；人力资源包括企业中的员工和管理者的素质及能力，企业外部咨询和内部培训的机制等；组织资源包括企业拥有的社会和市场等资源。因此，从资源基础理论的思想起源来看，资源是企业制定战略、获取竞争优势的重要来源，有助于企业获得竞争力和提升发展水平，各类资源是创新活动的重要保障。对资源的获取和利用有助于企业开展创新创业活动，提升竞争优势。

（二）资源基础理论的发展

随着资源在企业发展中的重要性日益彰显，资源基础理论也在战略管理、动态能力、创新管理和创业管理等多个领域得到应用和发展。皮特瑞夫（Peteraf，1993）从竞争战略的视角发展了资源基础理论，提出资源异质性、事后限制竞争、不完全流动性和事前限制竞争等四种竞争战略，并认为这四种战略的组合是企业获取持续竞争优势的重要条件。随后，学者们不断拓展资源边界的定义，并不断完善和发展资源基础理论，形成了多个理论流派，如蒂斯（Teece，1997）以及赫尔法特和皮特瑞夫（Helfat & Peteraf，2003）基于对外部环境复杂多变的考虑引入动态能力，并构建了动态资源基础理论，从动态视角回答了企业如何匹配外部环境以获取持续竞争优势的问题；贝克等（Baker et al.，2005）围绕新创企业资源桎梏与能力约束问题，提出利用与重构企业自有资源突破限制、提升竞争力的资源拼凑理论，同时也回答了创业企业如何获取资源的问题。

此后，资源基础理论得到进一步的发展和深化，普拉哈拉德和哈默尔（Prahalad & Hamel，2006）认为企业要想获得长期竞争优势必须拥有独特的核心能力，而这些能力不仅存在于企业的经营活动之中，还存在于企业人力、文化、产品和实物等系统之中。也有学者进一步将资源的范围进行聚焦，比如巴顿（Barton，2010）认为企业是知识资源的集合体，企业的竞争优势来源于企业对知识资源的合理配置与开发，对知识资源的开发与配置能力决定企业的发展。巴尼（Barney，2021）基于价值创造的框架回溯资源基础理论，并对资源基础理论发展至今存在的疑问做了回应，指出资源与能力通常被视为可互相替换的同义词，可定义为管理人员或企业家用于构想和实施其战略的有形资产和无形资产，同时认为动态能力理论是资源基础理论的一种特殊情况，而非动态替代品。

二、创业资源的类型

创业资源是指创业者在创业过程中所投入和运用的各种生产要素和支撑条件的综合，可以分为有形资源和无形资源，离散资源和系统资源，生产资源和工具资源，简单资源和复杂资源，等等。参考张玉利等（2016）对创业资源的分类，结合数字经济发展的时代背景，本书将创业资源分为物质资源、声誉资源、组织资源、财务资源、人力资源、技术资源和数据资源等七种类型。

1. 物质资源

物质资源包括创业和经营活动所需的有形资产，如厂房、土地、设备等；有时也包括一些自然资源，如矿山、森林等。

2. 声誉资源

声誉资源是一种无形资源，包括真诚、信任、尊严、同情和尊重等。在商业关系中，声誉资源已成为商业运营成功的决定性因素，比任何有形资产都更为重要。

3. 组织资源

组织资源包括组织结构、作业流程、工作规范、质量系统。组织资源通常指组织内部的正式管理系统，包括信息沟通、决策系统以及组织内正式和非正式的计划活动等。一般来说，人力资源需要在组织资源的支持下才能更好地发挥作用，企业文化也需要在良好的组织环境中培养。

4. 财务资源

财务资源包括资金、资产、股票等。对创业者来说，财务资源主要来自个人、家庭成员和朋友。由于缺乏抵押物等多方面原因，创业者从外部获取大量财务资源比较困难。

5. 人力资源

人力资源包括创业者与创业团队的知识、训练、经验，也包括组织及其成员的专业智慧、判断力、视野、愿景，甚至是创业者本身的人际关系网络。创业者是新创企业中最重要的人力资源，因为创业者能从混乱中看到市场机会。创业者的价值观和信念，更是新创企业的基石。说新创企业之间的竞争实际上是创业者个人之间的竞争也不为过。

人力资源还包括社会资源，主要指借助人际和社会关系网络形成的关系资源。社会资源对创业活动非常重要，因为它能使创业者有机会接触大量的外部资源，有助于通过网络关系降低潜在的风险，加强合作者之间的信任和声誉。

6. 技术资源

技术资源包括关键技术、制造流程、作业系统、专用生产设备等。技术资源与人力资源的区别在于，后者主要存在于个人身上，随着人员的流动会流失。技术资源大多与物质资源相结合，可以通过法律手段予以保护，形成组织的无形资产等资源。

在数字时代，数字技术的应用尤为重要，因为这类技术能够有效推动各类资源要素快捷流动、各类市场主体加速融合。

数字技术是一项与电子计算机相伴相生的科学技术，它是指借助一定的设备将各种信息，包括图、文、声、像等，转化为电子计算机能够识别的二进制数字“0”和“1”后进行运算、加工、存储、传送、传播和还原的技术。数字技术包括移动计算（mobile computing）、云计算（cloud computing）、社交媒体（social media）、3D 打印（3D printer）和数据分析（data analytics）等。

从特征来看，数字技术和人工智能等不仅自身是创新创业技术，而且改变了创新创业活动的开展主体、方式和边界。数字技术不仅是物质性的，而且是社会物质性的。其中，社会物质性表现为数字技术本身可以优化，比如今日头条基于对平台内容生态和社会责任的考量，不断对算法进行调整和修改。

从数字技术对创业管理的影响来看，数字技术的发展挑战了创业学的基本假设（Nambisan，2017），这主要表现为：（1）创业结果与过程无边界，这是因为数字技术的应用，使得产品或服务的范围、特征和价值在其应用或上市后依然会不断演化，创业的结果和过程越来越动态和无边界。（2）创业主体或代理无预设，这是因为随着数字技术的应用，创业主体变得不可预设或更加分散，一群具有不同目标和动机的参与者可能会以动态的和出乎意料的方式聚在一起，共同参与创业活动。

7. 数据资源

2021 年 10 月 18 日，习近平总书记在十九届中共中央政治局第三十四次集体学习时指出，要构建以数据为关键要素的数字经济。数据作为一种资源要素在数字时代的作用日益凸显。狭义的数据资源是指数据本身，即企业在运作中积累下来的各种各样的数据记录，如客户记录、销售记录、人事记录、采购记录、财务数据和库存数据等。广义的数据资源涉及数据的产生、处理、传播、交换的整个过程，包括数据本身、数据管理工具（计算机与通信技术）和数据管理专业人员等。广义的数据资源概念更能反映现代数据资源开发利用的要求。作为管理资源的数据资源不限于数据本身，还包括用以产生、加工、存储和使用数据的资源。

数据资源一般由以下三个要素组成：（1）有用的数据；（2）作为企业神经系统的信息基础设施，如计算机硬件、软件以及网络系统；（3）人的因素，如系统人员和用户。随着数字技术的应用越来越广泛，数据资源在新创企业构建企业竞争优势中的作用越来越重要，比如培训数据对开发人工智能产品的企业很重要，没有培训数据，这些企业就无法开发或完善算法；拥有专有培训数据的新创企业更有可能获得风险投资资金（Bessen et al.，2022）。

创业视角 9－1　盒马鲜生的数据资源

第 2 节　创业网络与资源获取

一、获取创业资源的途径

参考李家华和张玉利（2015）的分类，本书将创业资源的获取途径分为市场交易和非市场交易两种。

（一）通过市场交易途径获取资源

通过市场交易途径获取资源的方式包括购买、联盟和并购等。

购买是指利用财务资源通过市场购入的方式获取外部资源，主要包括购买厂房、装置和设备等物质资源，以及购买专利和技术，聘请有经验的员工等非物质资源等。对于新创企业而言，物质资源、技术资源和人力资源等可以较为便利地在市场上通过购买、聘请获得，但是知识资源，特别是隐性知识资源难以通过市场途径购买，需要新创企业通过非市场化的途径去开发和不断积累。

联盟是指通过联合其他组织，对一些难以或者无法自行开发的资源实行共同开发。当新创企业与其他组织组成战略联盟时，联盟成员间不仅可以共享显性知识资源，还可以获取隐性知识资源。一般来讲，组成联盟的前提是双方具有共同的发展目标和利益，能力互补且价值观类似。新创企业可以与高校和科研机构建立联盟合作关系，联合开展技术研发或人才培养，由此获得高校与科研机构的技术资源和潜在的人力资源；也可以与大企业合作，借助大企业的市场资源、声誉资源和品牌资源等，由此突破自身面临的资源约束，加快自身的成长；还可以与金融机构、科技中介等机构合作，获取企业发展所需的财务资源和技术资源。

并购是通过股权收购或资产收购，将企业外部资源内部化的一种交易方式。通过并购，企业可以加快进入一个新领域的进程并缩短时间，快速获取成长所需的资源，这有利于企业快速利用市场上的创业机会，实现创业目标，获取潜在利润。

（二）通过非市场交易途径获取资源

通过非市场交易途径获取资源的方式主要有资源吸引和资源积累等。

资源吸引是指发挥无形资源的杠杆作用。新创企业在创业过程中，可以通过对创新前景和创业机会的描述，通过项目的商业计划书和创业团队的声誉或知识等无形资源来吸引物质资源、财务资源或人力资源。比如，为了获取风险投资等财务资源，创业者或创业团队可以通过商业计划书等来展示创业项目的可行性、新颖性和潜在价值，突出创业团队的优势和声誉。

资源积累是指利用现有资源在企业内部通过培育形成所需的资源。这主要包括自建厂房、自行研发装置和设备，在企业内部开发新技术，通过培训来增加员工的技能和知识，通过自我积累获取资金等。通过资源积累来获取人力资源是企业推动员工持续发展和防止人员流失的重要激励方式，这种方式也有利于提升员工的工作积极性。通过资源积累的方式来获取技术资源，则有利于企业掌握核心技术知识，保持技术优势。

无论是通过市场交易还是通过非市场交易的途径获取创业资源，新创企业在与外部顾客、供应商、竞争者及其他机构等利益相关者建立联系时，都会以不同性质、多种形式嵌入社会网络，这些网络联系不仅包含知识和信息的流动，也伴随着物质资源或知识产权的流动。因此，创业网络影响着新创企业对创业资源的获取。

二、创业网络的概念与类型

（一）创业网络的概念

创业网络是创业者及新创企业拥有的社会关系集合，包括创业者个体网络和组织网络两部分，同时也是产生创业动机、获取创业资源和提升创业绩效的重要途径。创业网络对新创企业的机会识别与创造、取得合法性等方面都具有重要作用。创业网络可以弥补企业创立和成长过程中由“新进入缺陷”导致的资源和技术能力方面的劣势，促进企业快速成长，同时，它也是新创企业获取信用关系、疏通融资渠道和提升企业融资绩效的有效途径。

（二）创业网络的类型

1. 个体关系和商业关系

创业网络是在中国情境下进行创业活动不可或缺的要素，能够为创业者和新创企业提供关键资源和信息等。创业网络可分为个体关系、商业关系等（单标安等，2015）。其中，个体关系是由创业者较为亲密的个人关系所构成的，包括亲戚、朋友、同学和同事等个体，是早期创业网络的主要表现形式；商业关系是指与创业者有直接商业往来的关系，主要包括供应商、合作伙伴、客户、竞争对手以及中介机构等。

与供应商构建良好的商业关系有利于企业获得高质量的原材料，获得优质的服务，并且能够以较少的时间获得原材料和服务；与客户建立良好的关系有利于维持或提高客户忠诚度，并且增加销量，获得可靠的收益；与竞争对手建立良好的关系，则有利于企业与竞争对手进行合作，并共同谋划，从而降低竞争带来的不确定性。

2. 正式网络和非正式网络

在创业活动的最初阶段，创业者主要依靠朋友、家庭成员和周边邻居的信息网络来获取数据；在创业活动的后续阶段，创业者则依赖于专业的银行、会计、法律人士，供应商、政府机构等来获取商业信息。在此基础上，若从网络性质角度出发，创业网络可分为正式网络和非正式网络两种类型。其中，正式网络是由政府部门、中介机构、行业协会等构成的关系网络，以商务往来为基础、因组织背景而存在，有明确的利益和义务。非正式网络是由创业者的亲戚、朋友、同事等组成的个体关系网络，以信任为基础，多表现为强关系。

正式网络与非正式网络的区别体现为创业网络中蕴含的信息差异以及新创企业可以从中获取的支持形式的不同（见图 9 - 1）。非正式网络成员之间的信息共享使企业获得更可靠的信息和隐性知识，各成员之间的紧密联系可促进彼此之间的熟悉并增进情感和信任，因而可以为创业者提供较多的情感支持，进而提高新创企业的成长绩效。而在正式网络中，成员之间的背景存在较大差异，较难形成高度信任的强连接。然而，以弱连接形式存在的正式网络却使企业获得更多的异质性信息，与正式网络成员的沟通和交流会使企业获得更多的商业支持，因而可以降低风险和不确定性，促进企业成长。

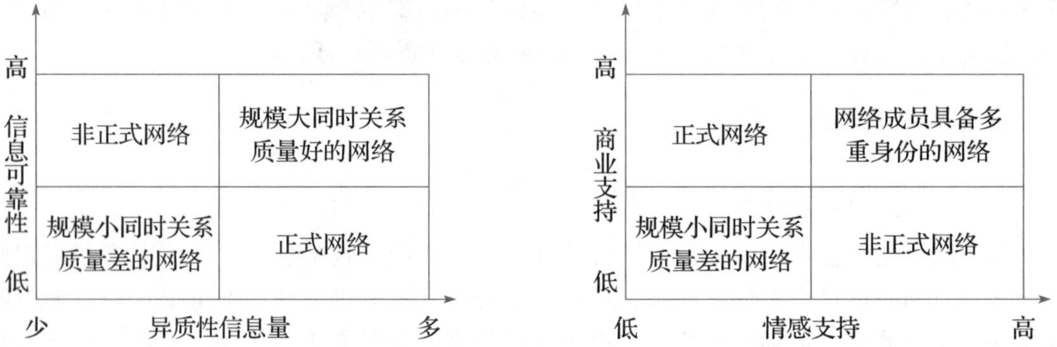

图 9 - 1　正式网络与非正式网络的区别

资料来源：杨隽萍，唐鲁滨，于晓宇．创业网络、创业学习与新创企业成长．管理评论，2013，25（1）：24 - 33.

此外，创业者所形成的关系也可以分为两类：一类是创业者和亲戚或朋友形成的持久的、联系频繁的、感情亲密的关系，即强连接关系或强关系；另一类是创业者和所认识的熟人形成的偶然的关系，即弱连接关系或弱关系。

三、创业网络与资源获取的关系

创业网络的结构特征影响着创业资源的获取。衡量创业网络结构的变量主要包括网络强度、网络规模和网络多样性。

（一）创业网络强度与资源获取

首先，与外部组织建立强关系有利于这些组织获取有关创业者能力、新创企业技术和市场潜力的信息，从而可以对新创企业进行有效评估，减少新创企业的资源搜索成本。其次，社会网络通过控制机会主义行为来减少交易成本，如果创业者有一些不正当行为，负面信息会很快通过资源所有者网络扩散，新创企业花费很长时间建立的信誉可能在一瞬间毁掉，因此网络具有抑制机会主义行为的作用。最后，强关系网络有利于增进新创企业与其他网络主体之间的信任，进而使创业者更愿意把新创企业的技术和产品信息透露给资源拥有者，促进双方的资源交换。因此，强关系型创业网络可以有效解决新创企业所面临的环境不确定性和信息不对称问题，使新创企业更容易获取所需数量和质量的创业资源（罗伯特等，2009）。

（二）创业网络规模与资源获取

一般来讲，企业需要从不同类型的组织获取不同类型的资源，网络成员规模的增大会影响企业的资源获取。比如，与大学和科研机构的网络联系有利于企业获取技术资源和人力资源；与银行、个人投资者和风险机构的网络联系有利于企业获取资金资源；与顾客、供应商及大企业的联系会增加企业的市场资源，如分销渠道的建立；创业者也可以通过各种网络关系，掌握所需的人才信息，然后努力地招募人才（罗伯特等，2009）。

（三）创业网络多样性与资源获取

网络多样性是指网络参与者或主体的异质性。创业网络的多样性可以用企业网络包含网络成员种类的多少来测量。在创业过程的不同阶段，网络多样性均对资源获取有积极作用。在初创阶段，网络多样性对知识资源和资金资源获取具有正向影响；进入早期成长阶段，创业者已经具有一定的经验，企业管理逐渐正规化，需要多样化的信息渠道和多样化的资源支持其逐渐清晰的成长战略。此时，新创企业无法从之前的强关系中获取足够的信息和企业运营知识，应构建具有规模扩大、异质性提高、密度降低等特征的创业网络。创业者此时应该意识到其他有价值的潜在联系的重要性，完成以深度嵌入联系为主的网络向以稀疏性联系为主的网络转变，不断加入新关系，促进网络多样性水平的提升（朱秀梅和李明芳，2011）。

四、创业网络与新创企业绩效

创业网络可视为创业者的资源，会影响到创业者的创业动机、创业机会、创业团队建设，给创业者带来创业机会，对创业者团队建设有很大影响，甚至会成为创业资本并影响新创企业绩效。

（一）创业网络直接影响新创企业绩效

创业是一个获取信息、整合资源的过程，创业者个体因素的影响只是一部分，其必须依赖广泛的社会资源。而创业网络为创业者提供了广泛的资源获取途径与资源来源，能够帮助新创企业提升创业绩效。首先，创业网络规模大小决定企业可连接资源的多寡。企业拥有的创业网络规模越大，拥有的外界可联动资源越多，越有益于企业获取资源并提升创业绩效。其次，新创企业合作伙伴的多样性程度和资源状况也能对企业的创新绩效产生正向影响。例如，与银行、咨询机构、律师和会计师事务所等其他行业连接形成正式网络，能够有效帮助创业者掌握各行各业的最新动态，做出利于企业发展的正确选择。最后，与外界连接紧密的社会网络能够增强网络成员之间进行资源交换和分享的意愿，进一步扩展资源交换的范畴，进而提高企业绩效（王海花等，2019）。

（二）创业网络通过情感支持与创业学习间接影响新创企业绩效

除了创业网络为新创企业提供外界资源以实现企业发展以外，创业网络对创业者的情感支持和创业学习的正面影响也得到了研究支持，进而间接影响新创企业的创业绩效。

在创业早期，由于面临资源匮乏和新创缺陷等困境，创业者自身的网络基础薄弱，此时非正式网络有利于企业获取隐性知识和可靠的信息。非正式网络的成员大多是与创业者相互熟知的亲朋好友、同事等。若创业者拥有大量支持其创业活动的非正式网络成员，会获得巨大的资金和情感支持。在创业者陷入困境与失败时，非正式网络成员的陪伴与安慰能够鼓舞创业者，减轻创业者内心的悲伤，使创业者重拾信心以正视创业困境，实现新创企业的快速发展。在嵌入创业网络后，个体通过整合优化网络资源以及交换优质信息能够开阔解决问题的思路，以进行自我创新提升，同时能够带动团队提升工作效率。在此过程中，创业者通过适当的学习方式能够快速实现知识迭代，为新创企业积累更多无形资源，助力新创企业成长。

延伸阅读 9-1

网络结构特征的测量

第一，通过问卷调查的方法可以获取有关创业网络结构特征的数据。测量量表可以参考巴特亚加贾尔（Batjargal，2001）列举的高级中央政府机构、中低级中央政府机构、高级地方政府机构、中低级地方政府机构，大银行管理者、中小银行管理者、大制造企业管理者、中小制造企业管理者、大型贸易公司管理者、中小型贸易公司管理者、大型资源部门企业管理者、中小型资源部门企业管理者等 12 种网络成员，让填答者回答与各机构之间的友谊与熟识程度。用朋友的数量来测量强关系，用熟人的数量来测量弱关系，用网络中包含 12 种机构的种类来测量网络多样性。此外，还可以将网络成员种类划分为亲戚朋友、同事、顾客、供应商、竞争对手、政府机构、金融机构、行业协会、大学及科研机构、中介机构（如会计师事务所等）。测量网络规模时，可选用与新企业建立联系的各类网络成员数量的多少作为指标，关系强度可选用与各类网络成员建立和维护网络关系投入的时间、精力和联系的频繁程度来测量（李克特量表从 1 到 5 打分），关系多样性可选用企业网络中包含网络成员种类的多少来测量。

第二，可以使用二手数据等构建创业企业的社会网络。具体操作为：使用网络中节点的数量来衡量网络规模，使用创业企业与网络中节点的平均连接强度来衡量网络关系强度，使用网络中包含网络成员的种类来衡量网络多样性。同时，可以使用网络中心度来衡量所关注的创业企业在网络中的位置、重要性和权力。常用的中心度包括度数中心度、接近中心度和中间中心度，三者的区别在于：其一，度数中心度衡量的是创业企业在网络中的直接连接，是网络成员之间的直接影响；其二，接近中心度衡量的是创业企业与网络中其他所有成员之间的距离远近，反映了创业企业能够多快到达网络中的其他成员；其三，中间中心度衡量的是创业企业扮演经纪人（broker）或守门人（gatekeeper）的潜力，反映了创业企业控制信息的能力。此外，也可以对不同创业企业所处网络的整体特征进行分析，比如可以用密度、平均度数和直径三个指标来反映创业企业所处网络的聚合或紧密程度。

第 3 节　创业拼凑与资源整合

一、创业资源整合方式

根据王青（2017）的研究，资源整合即资源识别与选择、资源获取与筛选、资源开发及融合的过程，这是一个复杂且动态的过程。创业资源整合方式选择指在不同的协调、配置和组合创业资源的方式中进行选择。当新创企业快速成长时，正确选择创业资源整合方式对新创企业的生存和发展具有比较重要的影响，有利于新创企业提升资源利用能力，取得明显的竞争优势，提高自身存活的机会，从而避免被市场淘汰。现有关于创业资源整合方式的讨论主要集中于资源拼凑观和资源寻求观两个方面，资源拼凑观将在下一部分进行详细介绍。

资源寻求观指创业者同时对内外部资源进行合理的整合利用的一种观点。布朗和艾森哈特（Brown & Eisenhardt，1999）认为资源整合方式包括从规模较小的资源整合（如执行简单的任务）到更高层次的“修补”或经营中的大范围整合。瑟蒙等（Sirmon et al.，2007）认为创业资源整合包括稳定调整（stabilizing）、丰富细化（enriching）和开拓创造（pioneering）三种方式，其中：（1）稳定调整的资源整合方式的目标是在现有能力基础上进行较小的改进，通过对现有资源组合进行微调，保证现有人员、技术、管理流程等基础性资源不发生显著变化。（2）丰富细化的资源整合方式的目标是扩展和延伸当前能力，不仅要保持技能的先进性，更要超越其先进性，通过学习新技能（当前技能的延伸）或者通过给当前资源束增加一种补充资源，实现丰富细化的资源整合方式。增加的资源可能已经存在于原来的资源组合中，或者是最近开发的，或者是通过丰富一种特定能力来获得的。（3）开拓创造的资源整合方式不是建立在现有知识基础上，而是需要探索性学习的独特过程。该资源整合方式可能涉及整合全新的资源（这些资源是近来从战略要素市场上获取的），并将其吸纳到资源组合中。该方式是通过将新的资源组合到一起，用有创意的新方法对资源进行组合，或者创造性地将新的资源与现有资源加以组合，实现开拓创造的资源整合方式。

上述三种资源整合方式对资源的整合程度依次递进，前两种资源整合方式都属于渐进式整合，而最后一种属于突变式整合。三种资源整合方式的目的也不同，前两种的目的是维持或扩展当前能力，而开拓创造的资源整合方式的目的是创造新能力。此外，三种整合方式的对象也有所区别，第一种只针对企业原有资源进行整合，第二种开始引入新资源，第三种则可以对全新资源进行整合（蔡莉和尹苗苗，2009）。

二、创业拼凑的概念、要素和类型

（一）创业拼凑的概念

利伐-斯特劳斯（Lévi-Strauss，1967）首次在人类学研究中提出“拼凑”（bricolage）的概念，用思想上的拼凑解释社会成员如何将旧的神话元素重新组合，创造出新的神话，用物质上的拼凑解释了人们如何利用“手头资源”寻找问题的解决方案。他认为，对手头资源用途的重新审视可以深化对当地资源禀赋的认知，提升廉价、易获得资源的价值。贝克和尼尔森（Baker & Nelson，2005）首次将“拼凑”概念引入创业研究领域，提出“创业拼凑”，即“组合手头资源并即刻行动，解决新的问题和发现新的机会”，认为创业拼凑可更加充分地解释一些创业企业是如何解决资源约束问题并取得成功的。在资源约束环境下，创业者通过手头现有资源的“将就”利用服务于新的机会或挑战，是新企业获得生存与成长的有效途径。因此，创业拼凑要求用新的视角去审视手头资源，重新考虑资源的利用方式，而不是被动等待资源的到来。对手头资源的重新审视可升华为对已有资源的重新认知，可以提升现有资源的潜在价值。

（二）创业拼凑的要素

参考王晓文等（2009）的观点，创业拼凑包括以下三个要素：

1. 手边的已有资源

善于进行创造性拼凑的人常常拥有一批“零碎”资源，它们可以是物质，也可以是一门技术，甚至是一种理念。此类资源常常是免费的或廉价处理品，在他人眼中常常一文不值，利用价值极低。手边的已有资源通常是创业者通过日积月累慢慢积攒下来的。当时创业者也许并不十分清楚这些资源的用途，只是基于一种收集习惯，或是“也许以后用得着”的想法而将其保存。

2. 整合资源用于新目的

拼凑者有一双善于发现的眼睛，洞悉手边资源的各种属性，将其创造性地整合起来，开发新机会、解决新问题。同时，这种整合并非事前仔细计划好的，往往是具体情况具体分析、“摸着石头过河”的产物。

3. 将就

出于对成本和时间的考虑，创造性拼凑的载体常常是手边一些废旧资源。这种先天不足使得拼凑出的产品注定只拥有有限的品质。对手头现有资源的“将就”利用意味着拼凑者需要突破固有观念，忽视正常情况下人们对资源和产品的常规理解，有意识且持续地试探一些惯例的底线，坚持尝试突破，并承担随之而来的后果。

（三）创业拼凑的类型

1. 基于拼凑频率与范围的划分

从拼凑频率与范围来看，可将创业拼凑分为并行型拼凑和选择型拼凑。其中，并行型拼凑是指企业可以同时在一个活动的不同领域进行拼凑，有时可以持续很长一段时间。选择型拼凑是指仅在活动的一个或较少的领域中进行，并且是在有限的时间段内。贝克和尼尔森（Baker & Nelson，2005）发现，进行并行型拼凑的企业的一个特征是具有广泛的、自学而来的（因此是业余或初级水平）的技能，企业拼凑这些多样、业余的技能，形成新的服务。从实际效果来看，后者会对企业的成长产生促进作用，而前者并没有显著的影响。

2. 基于拼凑对象的划分

按照拼凑的对象进行分类，创业拼凑可以分为物质拼凑、人力拼凑、技能拼凑、客户拼凑、网络拼凑和制度拼凑六种类型。物质拼凑是利用被遗忘的、被遗弃的、已磨损的或被假定为“单一用途”的材料进行拼凑；人力拼凑是对项目中的客户、供应商等利益相关者进行拼凑；技能拼凑是允许和鼓励业余爱好者和自学者参与活动，技能拼凑创造了有用的服务；客户拼凑是调节客户的需求并建立卖方与买方的相互责任，企业提供给客户便宜的、非标准的产品和服务；网络拼凑是利用先前存在的或建立的人际网络关系进行拼凑，这有可能导致企业即兴创建，创业者可以利用以往的客户关系资源，在自己曾经从事的行业创办企业；制度拼凑是拒绝标准和常规的限制，在各个规则并不明确或是并未受到限制的领域进行积极的尝试。

3. 基于拼凑导向的划分

按照拼凑导向进行分类，可以将资源拼凑分为资源导向的创业拼凑、机会导向的创业拼凑和顾客导向的创业拼凑。其中，资源导向的创业拼凑是指以手中资源为导向，对手边已有的资源重新进行组合，不考虑结果，在产生创造性结果后再去考虑是否存在有需求的市场。机会导向的创业拼凑是指以市场机会为导向，利用现存但尚未被利用的资源供给已完全建立起来的市场，拼凑就是为了满足已发现的市场机会。顾客导向的创业拼凑是指以顾客偏好为导向，利用普通的资源创造性地构想出全新的服务组合，更好地满足消费者需求。

三、创业拼凑与新创企业绩效

作为一种资源整合方式，创业拼凑以独特的视角审视新创企业现有资源的价值，不再拘泥于资源属性，认为资源属性并非固定，各种资源的有效拼凑会实现不同的功效。拼凑不再一味强调大量的研发投入，而是满意决策。拼凑需要一套严谨的逻辑，通过将就策略，重视转瞬即逝的创业机会，开展兼具选择性与“破坏性”的创业拼凑活动，为新创企业在弱势条件下生存、成长甚至赶超提供了可能。

（一）资源拼凑是对资源的再利用

从个体角度出发，个体的即兴发挥可以促进拼凑，由于即兴发挥的随机性，拼凑自由需要即兴发挥。贝克和尼尔森（Baker & Nelson，2011）总结资源拼凑对企业绩效的影响如下：首先，资源拼凑是废弃物品的再利用；其次，创业者将新价值渗透到现有资源中；再次，让资源连接在一起发挥作用；最后，把创新融入拼凑中，但无需专门的设计环节。契里柯等（Chirico et al.，2011）也验证了资源配置对创业者绩效的积极影响。此外，新创企业从网络上获取信息也是经典的拼凑行为，说明资源拼凑加快了产品更新速度，进而提高产品的销售额。赵兴庐等（2017）认为拼凑是对资源“足智多谋的利用”，资源拼凑水平越高，企业绩效越好，这有利于资源匮乏的小微企业存活及成长。

（二）创业拼凑有助于企业创新

由于创业拼凑是对知识的再造与重组，因此通过创业拼凑实现的产品会在市场上具有独特的竞争力，这主要体现在技术和市场两方面。从技术方面来看，拼凑往往采用新的生产要素，运用新的、与以往不同的资源来进行生产。在此过程中，资源的非标准化程度较低，经过合理的拼凑与完善以后，能够产生高度新颖的成果。从市场方面来看，拼凑产生的全新成果具有较高的新颖性，通过搭配新的产品设计和营销路线，往往能够创造出新的细分市场，吸引新的顾客群，获得更大的财务效益，有助于创业绩效的提升。

（三）过度的资源拼凑对创新产生消极影响

资源拼凑是突破常规的资源组合方式，因为拼凑的反复试错天然存在许多潜在的不确定性，所以可能会产生无法预见的结果。资源拼凑的结果可能会重复、低效，尤其是在特定情境下进行的拼凑，其结果不适用于企业存在的普遍现象。而且过度依赖拼凑的即兴发挥可能会影响企业设计和执行更加可持续、可靠的资源方案，阻碍企业在拼凑过程中产生新见解。因此，过度的资源拼凑可能会对新创企业绩效产生消极影响。

总之，创业者能否对资源进行拼凑以及进行资源拼凑的能力是在资源匮乏条件下进行创业的重要条件。

创业视角 9－2

资源拼凑视角下新素代的社创之路

2020 年 9 月 18 日，联合国选出了 17 名可持续发展目标青年领袖，北京新素代科技有限公司创始人柳济琛便在其中。同年 11 月，柳济琛又荣登“2020 福布斯中国 30 岁以下精英榜”。2014 年，云南小伙柳济琛考入清华大学。在“百团大战”中，偏爱素食的柳济琛加入了清华大学学生素食文化协会。2016 年，在参加了“剩食派对”后，柳济琛逐渐开始关注食物浪费议题。

早在 2013 年，国家就已开始提倡“光盘行动”，然而在现实中“光盘行动”仅停留在喊口号阶段，实际效果并不佳。于是，柳济琛开始积极寻找解决这一社会问题的良方。有一天，他和几个朋友去一家素食餐厅吃饭，他惊奇地发现这家餐馆提供“惜福卡”以鼓励顾客吃光食物。顾客可以通过吃光食物，在“惜福卡”上积分兑换奖励。这个小小的创意让柳济琛眼前一亮：如果能将这种模式与互联网结合，产生放大效应，一定能吸引更多的人加入节约粮食的行列。

2018 年 5 月 4 日，柳济琛搭建“光盘打卡”平台的想法得到了 10 个爱心公司老板的认可。在大家的支持下，北京新素代科技有限公司（以下简称“新素代”）成立了。但“光盘打卡”平台的搭建之路并非一帆风顺：用于识别食物是否吃完的人工智能算法难住了没有技术基础的柳济琛，项目进入了瓶颈期。

正当柳济琛为“光盘打卡”项目一筹莫展时，王增康在做有关饮食碳排放的课题，在一名高校老师的牵线搭桥下，两人很快开启了将 AI 算法融入“光盘打卡”活动的开发工作。“光盘打卡”小程序的研发需要大量的数据作为样本，为此，创始团队还专门开发出采样工具“光盘侠”小程序。在大家的共同努力下，半年时间里，“光盘侠”最终采集到了 10 万份样本。2018 年 10 月，在柳济琛和团队半年的努力之下，“光盘打卡”小程序在清华正式发布上线。

新素代通过“光盘打卡”小程序在公益组织中的使用吸引到了一两千用户。如何能够让公司客户快速增加又成为一个新的挑战。在互联网流量红利殆尽的年代，获客成本高居不下，柳济琛希望通过和企业合作来吸引更多用户参与。但因风险较大，企业都婉拒了柳济琛。于是，柳济琛开始把目光投向高校，举办了“百城千校光盘行动”挑战赛。

令人欣慰的是，这次活动在两个周的时间里吸引了全国 100 多所高校，共计 1 万余名大学生参加。与高校的首次成功联动让柳济琛看到了曙光，他决定将百城千校活动作为新素代的常规活动一直办下去。半年后，又举办了第二届百城千校光盘行动挑战赛，这次活动覆盖了全国 500 所高校、近 30 万名大学生！

两次百城千校光盘打卡活动结束后，“光盘打卡”小程序在高校变得小有名气，饭后光盘打卡成为大学生的用餐新时尚。共青团中央对柳济琛和他的“光盘打卡”项目产生了浓厚兴趣，2019 年 12 月 24 日，新素代正式成为共青团中央“美丽中国·青春行动”的合作伙伴。2020 年初，受疫情影响，多国限制或禁止粮食出口，引发了人们对世界环境问题和粮食安全的思考和讨论。新素代借此契机，与共青团中央、中华环境保护基金会推出“2020 重启·从光盘做起”活动，活动覆盖高校上千所，累计打卡超 100 万次。

2020 年 8 月 11 日，习近平总书记对制止餐饮浪费行为做出重要指示。“光盘打卡”作为“互联网＋”新模式推动光盘行动的互联网平台，获得了社会各界的高度关注。新素代顺势而上，相继与全国青联、支付宝等机构达成合作，“光盘打卡”小程序进入北京近千家餐厅，社会各界机构踊跃入驻“光盘打卡”平台，短短一个月的时间，平台新入驻的企业超过 100 家，包括蒙牛、伊利、中国节能等重量级企业。新素代的客户数量从 2019 年的 36 万，在 2020 年急速增长到 500 万。

然而，用户规模的激增也给柳济琛和新素代带来了新的挑战，原本只需要服务较小体量用户的服务器这时变得难堪重负，大量新用户的涌入让线上产品难以正常运营。所幸有业务资金来源支撑，柳济琛和团队成功给服务器扩容，解决了这一问题。

新素代在成立前期几乎没有任何收入，甚至还要在项目上赔钱。因为负担不起雇用更多人手的费用，所以在高校进行“光盘打卡”活动推广时，新素代采取招募“校园大使”或者志愿者的方式，节省人力成本。然而，捉襟见肘的情况仍时有发生，企业发展寸步难行。柳济琛逐渐意识到：如果组织自己不能造血，单纯依赖“输血”，那这个组织一定走不远。于是，新素代开始引入广告以获得收入维持运转，广告收入一度成为新素代主要收入来源。然而，大量商业广告的投放损害了平台的公益性，如何兼顾公益性与经济性是新素代面临的又一个难题。某购物网站上临期食品的售卖给了柳济琛一个很好的启发：新素代完全可以将业务全部转向临期食品售卖。临期食品与节约粮食的理念一致，而且其因物美价廉而广受消费者好评。新素代利用“光盘打卡”平台进行临期食品销售也能精准找到用户，于是，销售临期食品成为公司新的收入来源。

如今，随着《中华人民共和国反食品浪费法》的公布，“光盘行动”也正式升级入法，对于柳济琛和他的新素代来说，这也是新的发展机会。

资料来源：刘丹，毛冰蕾，王宇琳，等．“拒绝浪费，光盘到底”：资源拼凑视角下新素代的社创之路．中国管理案例共享中心案例库，2021.

讨论题

1. 结合案例材料，分析新素代在创业过程中面临哪些方面的资源限制。
2. 结合案例材料，分析新素代是如何进行创业拼凑、克服资源限制的。
3. 新素代的资源拼凑经验对其他类似企业的创业过程与资源管理实践有何启示？

基本概念

创业资源　　资源获取　　创业网络　　创业拼凑
资源整合

思考与练习

1. 什么是创业资源？创业资源主要有哪些类型？
2. 什么是创业网络？创业网络主要有哪些类型？
3. 创业网络与资源获取、新创企业绩效之间的关系是怎样的？
4. 什么是创业拼凑？创业拼凑主要有哪些类型？
5. 创业拼凑与新创企业绩效之间的关系是怎样的？

第 10 章

创业融资

| 学习目标 |

- 把握创业融资的基本内容，包括创业融资需求、创业融资困难、创业企业不同发展阶段经营业绩与融资需求特点。
- 了解股权融资与债权融资的差异。
- 熟悉创业融资的主要渠道。
- 掌握风险投资的含义与特点。
- 了解交易的估价、结构与谈判。

引例

字节跳动的融资与成长

作为国内最早将人工智能技术应用于信息分发的公司之一，字节跳动抓住了中国移动互联网的内容资讯与短视频风口，成立十年时间，备受资本青睐，平均保持每年一次的融资节奏。然而，在字节跳动的发展初期，张一鸣曾拒绝了腾讯的投资。据公开披露信息，截至 2022 年 3 月，字节跳动累计融资金额超 70 亿美元。公司的估值也从 2014 年 6 月的 5 亿美元一路飙升，胡润百富发布的“2021 全球独角兽榜”显示，字节跳动估值达到 2.25 万亿元，已成为全球最大独角兽之一。字节跳动国内主要竞争对手——快手于 2021 年 2 月挂牌港交所，对此，字节跳动于 3 月 24 日在其官方头条号上回应称：“经过认真研究，认为公司暂不具备上市条件，目前无上市计划。”

2022 年 5 月初，香港公司注册处网站显示，字节跳动（香港）有限公司已更名为抖音集团（香港）有限公司，生效时间为 2022 年 5 月 6 日。公司旗下共有三位董事，分别为字节跳动 CEO 梁汝波（于 2021 年 7 月 23 日委任）、莫肇棋和张鹏（后二位董事的委任日期均为 2022 年 5 月 6 日），同时也有极富 IPO 经验的新 CFO 入局。这些引发外界对字节跳动正筹备上市计划的猜测。

资料来源：字节上市，抖音先行？.（2022－05－11）. https://new.qq.com/omn/20220511/20220511A0C5NB00.html.

请思考：字节跳动为何拒绝腾讯的投资？

第 1 节　创业融资概述

一、创业融资需求和困难

（一）创业融资需求

大多数创业企业在创业初期需要筹集资金，主要出于三个方面的原因：现金流、项目投资以及产品研发。

1. 现金流

企业在销售活动开始之前，需要花费资金准备存货，培训员工并支付薪酬，以及支付产品营销所需的广告费等。从企业花费资金到能够赚取收入之间会有一个滞延期，这一阶段很容易产生现金流问题，尤其是小企业和处于快速成长期的企业。

企业处于亏损经营状态时，负的实时现金流（通常按月计算）被称为“烧钱率”（cash burn rate）。企业的烧钱率衡量的是企业达到盈利状态前花费资金的速度。尽管负的现金流在企业早期阶段是合理的，但在后期阶段可能引发严重的问题。若企业在盈利前就用完了所有资金，那它通常会以经营失败告终。总而言之，缺少充足的财务资源是初创企业失败的主要原因之一。因此，为了防止企业在盈利前耗尽资金，多数创业者会通过获取股权投资资本或银行信贷等方式来解决现金流短缺的问题。然而，初创企业通常很难从银行获得信贷额度，股权投资资本就成了它们主要的现金流来源。

2. 项目投资

企业在早期阶段需要筹集资金，以便为项目投资提供资金。创业者也许有能力承担创业初期企业的开支，但是，随着企业的不断成长，资产、设备以及其他项目的投资需要耗费更多资金，此时创业者很难再独自承担。这种情况下，一些创业者会通过租赁厂房或者利用合作伙伴的资源来延迟或者避免这些开销。然而，当企业处于成长的某个特定时点，企业的需求会变得足够专门化，以至于必须购置资产，而不能通过租赁等其他手段满足需求。

3. 产品研发

企业需要筹集资金来支付产品研发的前期成本。有些产品在能够为企业带来收益之前往往需要经历一个漫长的研发期，而企业自有资金一般难以满足产品研发的需要。以生物制药行业为例，新药获得批准通常需要花费 10 年甚至更长的时间。在实现预期收益之前，漫长的研发期会给企业带来巨大的前期投资成本。尽管生物制药行业是一个极端的例子，但是许多行业的确存在漫长的产品研发期，其中企业在产品研发过程需要耗费相当大的前期成本。

（二）创业融资困难

创业融资困难主要表现在信息不对称以及具有高不确定性这两个方面。

根据信息不对称理论，在市场经济活动中，各参与主体对相关信息的了解程度存在较大差异，充分掌握信息的主体，往往处于较有利的地位；而信息匮乏的主体，则处于较不利的地位。与创业者相比，就对信息的掌握而言，投资者处于具有相对劣势的地位。创业者和投资者之间的信息不对称，主要造成了两个问题：一个是逆向选择。投资者由于不了解创业企业的经营状况，担心会给自己带来损失，从而减少投资额，甚至不投资创业企业。另一个是道德风险。创业企业在获得投资之后，为了追逐高收益，不惜违背与投资者的协议，擅自改变资金用途。创业企业和投资者之间的信息不对称使得创业企业难以顺利获得融资，降低了金融市场的资源配置效率。

创业融资的另一个困难是具有高不确定性。与成熟企业相比，创业企业的不确定性要高得多。一方面，创业活动本身就面临非常大的不确定性；另一方面，创业企业缺乏成熟企业在应对不确定环境时的经验，也尚未具备成熟的组织竞争力。

二、股权融资与债权融资

融资是企业筹集资金的行为与过程，是对企业资产进行调整的财务活动。企业根据自身经营状况以及未来经营发展的需要，通过一定的渠道和方法向投资者和债权人筹集资金，以满足正常生产经营、对外投资以及调整资本结构的需要。企业的融资方式可分为两大类，即股权融资和债权融资。

（一）股权融资

股权融资是企业股东愿意出售企业部分股权，通过发行股票的方式进行融资。通过股权融资获取的具有投资性质的资金不需要还本付息，但出资方享有对企业的控制权，能够参与企业重大决策并承担相应风险，根据企业实际经营情况分享利润与增长。股权融资的特点可以总结为三点：长期性、不可逆性、无负担性。这些特点决定了股权融资用途的广泛性，换言之，股权融资既可以充实企业的营运资金，也可以用于企业的投资活动。

股权融资方式主要有股权质押、股权转让、增资扩股和私募股权四种。股权质押是企业股东将自己的股权作为质押标的物出质给银行或其他金融机构，从而为债务提供担保，获取资金的融资方式。股权转让是企业股东按照相关法律法规将手中部分股份转让给他人，使他人成为企业股东的民事法律行为。增资扩股是企业根据自身发展的需要，向社会募集股份、发行股票，提高企业资本金的融资方式。私募股权融资是通过私募基金对企业进行的权益性投资，主要是以股权转让、增资扩股等方式定向引进新股东，从而获取资金的股权融资行为。

（二）债权融资

债权融资是企业通过举债进行融资的一种途径。通过债权融资方式获得的资金属于借款性质的资金，企业需要在借款到期日向债权人偿还本金以及承担资金的利息，与所得利润无关。债权融资能够提高企业股权资金的回报率，具有财务杠杆作用；与股权融资相比，债权融资一般不会引发企业控制权问题。因此，债权融资的作用主要是解决企业营运资金短缺的问题，而非用于资本开支。

债权融资主要包括银行贷款、发行债券、信用担保以及融资租赁等。企业可以向国内外银行申请贷款，这也是企业最主要的融资渠道。发行债券进行融资是企业向投资者发行约定在一定期限内还本付息的有价证券，以达到获取资金的目的。其中，双方是债权债务关系，债券持有人不参与企业的经营管理，但有权按期收回约定的本息。信用担保介于商业银行与企业之间，是信誉证明和资产责任保证结合的中介服务活动。融资租赁兼具金融与贸易双重职能，这一方式实质上转移了与资产所有权有关的大部分风险和报酬，对提高企业的融资效益有明显作用。

（三）融资方式选择策略

根据优序融资理论，企业在融资策略选择方面可以遵循先“内部融资”后“外部融资”的顺序。企业首选内部资金，例如留存的税后利润；在内部融资不足要进行外部融资时，可以先选择低风险类型的债务融资，后选择发行新的股票。这样更能提高资金使用效率，强化财务杠杆作用。

当然，企业应当充分考虑外部环境宏观经济政策的变化，并根据自身的经营及财务状况，选择适合当下发展的融资方式。创业企业的融资不仅仅是筹集创业的启动资金，还包括整个创业过程中所有的融资活动。因此，在选择融资策略时，需要结合创业所处阶段、创业企业特征、融资成本以及对控制权的态度等多方面进行综合考量，这样才能选择出适合企业不同发展阶段的融资策略，促进创业企业更好地发展。

三、创业企业的发展阶段与经营业绩

创业企业具有六个典型的发展阶段：机会阶段、研发阶段、启动阶段、早期成长阶段、快速成长阶段以及成熟（或退出）阶段。

（1）机会阶段。在这一阶段，“创业”仅仅是创业者脑海中的一个想法，企业的技术、产品正处于酝酿中，根本谈不上生产、销售。在这一时期，创业者和几位志同道合的盟友组建创业团队，并进行一系列创业前的准备活动，例如规划创业蓝图、评估市场规模、准备商业计划书等。一旦时机成熟，便可正式创业。而新创企业宛如新生儿，一旦呱呱坠地，便标志着创业者顺利度过种子期。

（2）研发阶段。在研发阶段，创业者尚未购入首次生产和产品销售所必需的基础设施。在这一阶段，企业不会产生任何销售收入，企业的净利润和现金流均为负数，并且随着后期在产品设备上的投入以及参与产品研发的人数不断增多，亏损可能会不断增大。

（3）启动阶段。在这一阶段，企业开始购入生产活动所需的各类设施和固定设备，并雇用员工，这一系列活动标志着启动阶段的开始。启动阶段开始前，现金流的减少反映了企业在生产设备、工具和净营运资本上的投资。

（4）早期成长阶段。在早期成长阶段，企业的销售收入得以增长，但净利润和归属于投资者的现金流仍是负数。一般而言，由于销售收入增长，营运资本和固定资产投资也会相应增加，由于定期的折旧费用会大于这一增加的数值，现金流在绝对值上会超过净利润。该阶段之所以被称为早期成长阶段，是因为以百分比的表达方式来看，企业的成长速度相当快，但用于计算销售收入的基数很低，归属于投资者的现金流在绝对值上会超过净利润。

（5）快速成长阶段。早期成长阶段和快速成长阶段之间的分界线并不明显。很多创业企业虽然在早期成长阶段实现了收入增长，却在实现足以支撑企业运营的销售收入之前宣告失败。因此，创业者若能察觉到企业已经进入快速成长阶段，将有利于企业的未来发展。在这一阶段，销售收入曲线的斜率是递增的。更为重要的是，销售收入的快速增长会给企业带来沉重的资金压力，创业者需要通过外部融资等手段来提供相应的营运资本和固定资产增长所需的资金。如果创业企业要生存下去，则净利润必须变为正数。

（6）成熟（或退出）阶段。在成熟（或退出）阶段，企业增长率会逐渐下降，直到归属于投资者的现金流为正。在不用增加外部融资的情况下，企业能够给债权人和股东带来回报，这一阶段也是投资者实现和收获其投资回报的时候。

四、不同阶段的融资需求

创业企业在不同发展阶段的融资需求不尽相同。

机会阶段又被称为企业的种子期，种子期所需资金不多，融资可以来自创业者及其团队的自有积累资金，或者亲朋好友，也有可能来自企业外部的天使投资，这些都被称为“种子资金”。同时，创业者还可以向政府寻求资助。

研发阶段和启动阶段属于企业的创建期。当研发投入过高且耗时过长时，种子资金对新创企业的支撑将难以为继。创建期的融资被称为“启动资金”。对于传统行业的新创企业而言，这部分资金主要用于产品研发与试生产；对于新兴互联网行业的新创企业而言，这部分资金则主要用于产品的推广和进一步开发。在创建期，企业收入并不稳定，因此从银行贷款的可能性较小，创业者需要向天使投资、风险投资等投资者进行权益融资。

早期成长阶段和快速成长阶段属于企业的发展期。这一时期企业已基本解决“吃饱”（即生存）问题，开始考虑如何“吃好”（即盈利）问题了。发展期需要大量资金，用于进一步开发和销售。此时创业企业拥有较为稳定的客户和供应商，信用记录亦佳，取得贷款较为容易。同时，此阶段的企业飞速发展，企业往往会增资扩股，为上市做准备。

在成熟（或退出）阶段，创业企业收入、现金流和利润稳定，通常已经上市，如果需要扩大规模，创业企业能够从多种融资渠道获得资金。

第 2 节　创业融资渠道

一、自助融资

“创业者自身、家庭和朋友”的融资被称为自助融资，指的是创业企业不需要依赖投资者对机会价值或企业价值的评估判断的融资。其中，“创业者自身”的融资不仅包括创业者个人的储蓄和财产，还包括负债能力。创业者的负债能力是用其当前的工作和拥有的可以用于清偿债务的资产的市场价值来衡量的。例如，“最大化”信用卡借贷，以及二次抵押自己的房屋等手段，都体现了创业者的负债能力。

清华大学经济管理学院中国创业研究中心和清华大学启迪创新研究院联合发布的《全球创业观察 2015/2016 中国报告》显示，中国创业者的资金来源包括家庭、银行、朋友、风险投资、众筹等，处于第一位的来源是家庭，比例达到约 69%，其次是银行和朋友。家庭投资创业者往往是受到亲情、血缘关系的驱使。朋友对创业者在资金上的支持往往不是建立在对创业者创业机会的价值评估上，而是因为相信创业者，对其摆脱困境的能力有一定的把握。

在国内外的众多创业案例中，依靠自助融资起步的创业者不可胜数。例如，1975 年比尔·盖茨和保罗·艾伦在宿舍开始创业，之后搬至阿尔伯克基一家酒店的房间，以微薄的自助融资创建起微软帝国。2020 年，微软的总收入已超 1 430 亿美元。然而，知名企业家靠自助融资发家致富的案例毕竟还是少数，较多的以自助融资起步的创业项目最终依然逃不过夭折的命运。究其原因，自助融资体量相对较小，也难让创业者在决策中保持理性。

二、天使投资

1978 年，“天使投资者”这个概念被正式提出，其起初是源于纽约百老汇的演出捐助，以此来形容百老汇演出的富有资助者，他们为创作演出进行了高风险的投资。此后这一概念逐渐演变。在中国，天使投资案例也不胜枚举。有成功的，例如 2000 年软银投资 2 000 万美元获得了阿里巴巴约 30%的股份。此后，阿里巴巴不断发展壮大并成功上市，软银持有的股份市值升值达数百亿美元。

天使投资也存在风险，例如小米创始人雷军曾领投凡客诚品 1 亿美元，凡客诚品经过 8 年 7 轮融资，融资总额超 6.2 亿美元，投资方包括联创策源、IDG 资本、赛富投资基金、启明创投、中信产业基金、淡马锡等，最高估值达 50 亿美元。然而由于盲目扩张、库存危机、资金链断裂、上市折戟等一系列挫折，凡客诚品后来一蹶不振，也未能给投资者带来相应的回报。

如今，天使投资是指具有一定净财富的个人或者机构对具有巨大发展潜力的创业企业进行的早期直接投资。天使投资是一种自发而又分散的民间投资方式，随着不断发展和演化，目前已被普遍认为是权益资本投资的一种形式。天使投资的整个过程逐渐规范化和标准化。

天使投资人可以是“独行侠”，他们大多是成功的创业者或大公司前高管、行业资深人士，通常能给创始人带来经验、判断、业界关系和后续投资者。天使投资者在选择自己感兴趣的“种子想法”后，会通过各种渠道对该想法形成进一步的了解，再为其注入小额资本，使它从一个仅能在计划书上展现的想法发展成一个能够吸引较为正式的外部融资的可行项目。在这个过程中，天使投资者通过持有被投资公司的股权得到他们应得的回报。考虑到一个有发展潜力的想法成长为一个可行项目所需要的时间，天使投资者的投资周期一般是 5～10 年。在这方面，传统的风险投资基金常常更加偏好规模较大、投资周期相对更短的投资项目。

然而对于许多个体天使投资者而言，天使投资者只是他们的“兼职”身份，因此，他们可能由于投资经验和专业知识的不足，难以对项目进行完全详尽的调查，最终导致较高的投资失败率。这也是为什么从 20 世纪 80 年代后期开始，不少天使投资者纷纷组建各个信息互通的非正式团体，例如天使俱乐部、天使联盟或天使投资协会等，以此来降低或规避投资风险。在这些非正式团体中，各天使投资者共同汇集项目来源，并定期进行交流和评估，分享行业经验和投资经验。对于合适的项目，有兴趣的成员可以按照各自的时间和经验，分担尽职调查工作，同时，也可以多人联合投资，以提高投资额度并分散风险。

随着各行各业创业企业的涌现，以个人为投资主体的天使投资，无论是对创业企业的帮助，还是对创业企业创始人的了解，抑或是自身的投资能力，都有着较大的局限。在这种情况下，逐渐出现了天使基金和平台基金等形式的机构化天使。天使投资基金的出现使得天使投资从根本上改变了它原有的分散、零星、个体、非正规的性质，是天使投资趋于正规化的关键一步。呈现为投资基金形式的天使投资能够让更多没有时间和经验选择公司或管理投资的被动投资者参与到天使投资中。

中国天使投资者主要有两大类：一类是以成功企业家、成功创业者、风险投资家等为主的个人天使投资者，他们了解企业的难处，并能给予创业企业帮助。他们往往乐于且积极为企业提供一些增值服务，比如战略规划、人才引进、公关、人脉资源、后续融资等，在带来资金的同时也带来关系网络，是早期创业和创新的重要支柱。另一类是专业人士，比如律师、会计师、大型企业的高管以及一些行业专家，他们虽然没有太多创业经验和投资经验，但拥有闲置可投资金以及相关的行业资源。

三、风险投资

风险投资（venture capital，VC）的实质含义包括三个方面：其一，以参股方式投资具有高成长潜质的未上市创业企业。其二，积极参与创业企业的经营管理，以降低投资风险。其三，不经营具体产品，而是把整个创业企业当作主要经营对象。风险投资的类型涵盖独立风险投资、公司风险投资、银行风险投资、政府风险投资和风险投资机构的内部部门。风险投资业务过程包括选择投资项目、签署投资协议、投后管理与退出。

风险投资对标的公司具有一定的选择标准。风险投资会关注创业者及其团队的经验、背景等，例如教育背景、管理经历、技术水平、行业经验，以及创业企业的产品和服务、业务可行性、财务预期等。此外，风险投资与创业企业之间的匹配程度和社会关系，也是投资的关键影响因素。风险投资与创业企业的匹配程度指的是在学科背景、思维方式和技术创新能力等方面的相似性以及在资源和技术运用上的互补性，而双方关系反映在诸如种族、地域的共同背景和相互信任关系上。

风险投资者在投后管理上将为创业企业提供增值服务，并发挥监督作用，助力企业成长。风险投资者通常具有丰富的商业经验和管理诀窍，能够为创业企业提供战略决策建议。其技术背景和专业经营管理知识基础雄厚，拥有较为详尽的市场、技术和用户信息，在识别市场商业机会方面处于优势地位，能够协助企业优化投资行为。凭借强有力的资源整合与覆盖能力，风险投资者能够动用其关系网络，为创业企业争取重要的核心资源。风险投资主要的增值服务包括战略指导、决策协助和人际关系扩展服务等，具体表现为提供战略分析与咨询、支持创业企业后续轮次的融资、帮助招聘人才和拓宽供应商及客户渠道。但与此同时，由于投资者与企业之间存在信息不对称，创业企业可能产生侵害投资人利益的动机，例如利用资源进行机会主义操纵。因此，风险投资者会通过引入监督活动以及奖励与惩戒制度，实现对创业企业的经营行为进行监控的目的。

风险投资需要通过从企业的成功退出来实现投资回报。风险投资有多种退出途径，包括创业企业清算、回购、被收购和IPO等。其中，IPO是普遍认可的风险投资退出的最佳方式。在退出时机的选择方面，行业不确定性越低，风险投资越倾向于选择退出。另外，当风险投资对创业企业的投资轮次较少时，倘若创业企业财务表现欠佳，那么风险投资者停止追加投资的可能性更大。

风险投资既不是“吸血鬼”，也不是“活雷锋”。为实现资本收益最大化，风险投资者会运用自身的资源通过投后管理助力创业企业发展。但是，风险投资对创业企业具有一定的预期，符合条件的创业企业才有机会获得投资。当实现了投资增值目标，风险投资往往会及时退出，以寻找新一轮投资机遇，而并非给予创业企业长期的提携与支持。

四、众筹

根据世界银行的定义，众筹是指企业或者其他组织通过网络向大众以投资或者捐赠的方式筹集资金。确实，众筹融资具有多个优点，比如它能够在一定程度上解决投资者与融资者之间的信息不对称问题。创业企业容易遇到资金缺乏问题，但是由于企业规模小，发展前景不确定性高，往往难以获得一些比如银行贷款之类的外部融资。而对于投资者来说，他们非常希望找到一些有价值的投资项目，但好项目往往可遇不可求，一些看似很好的项目最后却有可能不被大众认可。通过众筹融资，投资者寻找项目所花费的时间、金钱等资源大大减少，而创业企业可以在众筹的过程中充分展示自己的创意，赢得更多潜在的机会。更重要的一点是，创业企业也可以在推广自身创意的同时测试大众喜好。如果产品能够被大众接受，则众筹既可以帮助创业企业找到合适的投资者，同时也是对产品的有力宣传。倘若产品不太能被大众接受，即使没能获得投资，创业企业也能及时转变创新方向，避免把过多时间浪费在不被认可的项目上。

根据世界银行的分类，众筹主要包括捐赠众筹、回报众筹、股权众筹、债权众筹和收益权众筹等类型。捐赠众筹即投资者对项目或公司进行无偿捐赠，大众投资者实际上是在进行一项带有赠与性质的公益行为。回报众筹即投资者对项目或公司进行投资，并获得产品或服务。股权众筹即投资者对项目或公司进行投资，获得一定比例的股权。股权众筹也被视作通过网络进行的私募股权投资，在前期，由于相关法律不完善，股权众筹往往容易被认定为非法集资，后期随着法律法规的完善，股权众筹的发展逐渐规范化。债权众筹本质上是投资者对项目或公司进行投资，以获得公司一定比例的债权，未来获取利息收益并收回本金。收益权众筹是指项目发起人将某一产品或服务的未来销售收入的一定比例作为回报，以吸引众多投资者参与的一种资金筹集方式。表10－1罗列了各种众筹方式的特点与优缺点。

表10－1　各种众筹方式的特点与优缺点

众筹类型	商业模式	特点	优点	缺点
捐赠	捐赠众筹	投资者对项目或公司进行无偿捐赠	没有风险	捐赠者不要求回报；难以募集大量资金
	回报众筹	投资者对项目或公司进行投资，获得产品或服务	低风险	回报低；产品或服务若没有吸引力，则很难募集到资金

续表

众筹类型	商业模式	特点	优点	缺点
投资	股权众筹	投资者对项目或公司进行投资，获得一定比例的股权	能够分享企业的未来收益；高回报	高风险；法律不完善
	债权众筹	投资者以债权的形式对项目或公司进行投资，未来获取利息收益并收回本金	利率提前约定；破产时的债权人保护	可能排在其他有限求偿人之后；由于初创企业的创业活动具有高风险，其实失败率并不比股权投资低
	收益权众筹	不常见的众筹模式，项目发起人将某一产品或服务的未来销售收入的一定比例作为回报，以吸引众多投资者参与的一种资金筹集方式	潜在收益很大，但回报率已根据利率提前确定，风险和收益低于股权众筹，但高于债权众筹	风险与股权投资相当，但收益比其低

资料来源：斯晓夫，吴晓波，陈凌，等．创业管理：理论与实践．杭州：浙江大学出版社，2016.

根据世界银行的预测，至 2025 年，全球众筹规模将达到 3 000 亿美元，发展中国家将达到 960 亿美元的规模，其中有 500 亿美元在中国。

2008 年金融危机后，银行向企业发放贷款的条件日益严格。由此，处于起步发展阶段的创业企业往往难以满足银行贷款条件，即使创业者拥有优质的创新想法，也很难从银行获得贷款。在这种背景下，众筹融资作为一种新型融资方式，为创业企业的融资难问题提供了一种解决方法。相较于美国，中国在众筹融资方面起步相对较晚。2011 年，众筹融资这一方式开始在中国兴起，其中，筹资者一般是创业企业和中小企业等，随着时代的变迁，众筹在中国的发展规模不断扩大。不仅如此，随着众筹融资在中国的应用越来越多、越来越广泛，中国的众筹融资也越发成熟。

对于众筹创业者而言，需保持有限理性，采用恰当的融资策略。在面对充满巨大风险和不确定性的创业环境时，众筹创业者保持有限理性尤为重要。若创业者想追求更多项目人气，可通过降低项目投资门槛、设置不同档位产品来满足不同层次的投资者需求，并加大项目优惠力度和宣传力度，由投资者渠道吸引更多的“粉丝”支持以形成“网红效应”。若创业者想获得更多超额融资收益，可设置较低的目标融资额，并在保证产品质量的同时增加高档位产品数量，通过资金渠道促进融资效率以获取超额融资收益。

虽然众筹融资逐渐被许多创业企业所采用，但这一方式仍存在一定的局限性。其中最关键的就是创业企业在众筹过程中可能会面对缺乏投资相关专业能力的社会公众带来的一系列风险。换言之，企业在众筹融资中所面对的大多是非专业投资者，他们往往因受教育程度不同，对相关专业知识的掌握程度不同，从而对投资项目做出错误的判断，这些错误的判断可能导致投资无法收回、预测过于乐观等问题。在这种情况下，众筹融资不仅会给大众投资者带来损失，同时也会给融资企业造成负面影响。因此，创业企业应当意识到这种潜在的风险与问题，创业者应保持平和的心态，积极应对，在推广众筹融资项目时尽量考虑到大众投资者的非专业性和非理性，以一种更易理解、更通俗的方式进行项目推广，引导大众投资者理性投资。

在数字时代背景下，众筹成为一种新的融资模式，这是对传统融资模式的创新和对融资渠道的拓展。以互联网、云计算和大数据为主的新一代信息技术快速发展，催生和促进了众筹的发展，其中，P2P网络贷款属于广义上的众筹，近些年来引起广泛的关注。P2P是英文“peer to peer”的缩写，即个人对个人（或点对点）。P2P网络贷款最早起源于英国，后发展至美国等其他国家。P2P网络贷款在我国最早起源于2007年，其典型的模式是：网络信贷公司提供平台与信息，由借贷双方自由竞价，撮合成交。随着P2P平台的发展，问题也不断涌现，平台在风控及监管方面的不专业性及随意性是主要问题，尤其是大多数平台没有引入第三方监管，经常发生平台挪用客户资金，甚至平台破产携带客户资金跑路的事件。2022年5月，我国近5 000家P2P网贷机构已经全部停业，立案查处的非法集资案件2.5万起，同时，政府相关部门也将互联网平台企业金融业务全部纳入了监管。

五、首次公开募股

首次公开募股（IPO）是将公司的全部资本进行等额划分，通常以股票的形式向社会公众发行，经批准后上市流通，股东认购缴纳股款，形成公司权益资本的一种筹资方式。按股票面值筹集的资金成为注册资本（股本），超过面值的溢价部分则成为资本公积。

股票是公司股份的法定形式，是股份有限公司签发的证明股东按其所持股份享有权利和承担义务的凭证。股份有限公司把公司资本划分为每股金额相等的等额股份，以便最大限度吸引社会公众投资者投资入股。此外，股票根据不同的分类标准可以分为普通股股票和优先股股票、记名股票和无记名股票、面额股票和无面额股票、纸质股票和无纸化股票等。

上市融资为创业企业了提供一个获取企业发展所需资金的通道，它的优点主要包括：

（1）持续的融资机会。除首次公开发行股票募集资金外，公司上市后可以根据业务发展的需要配股、增发、发行可转债、非公开发行等。

（2）稳定的融资平台。未上市企业往往融资渠道单一、财务风险集中。银行信贷受到宏观调控影响很大，一旦银根紧缩，资金链将受到威胁。如企业因宏观经济政策或者行业的周期性影响，出现周期性经营困难，银行贷款及私人融资渠道将很快被切断，财务风险急剧上升。而上市公司通过股权融资方式筹集的资金使用起来则较为安全、稳定。

（3）多样化的融资方式。除股权融资外，公司上市后可以通过发行公司债、中期票据等来募集发展所需的资金；对大股东而言，可以通过发行可交债、股权质押等方式实现融资。

（4）降低银行融资成本。总体而言，上市公司相对未上市企业往往处于较为有利的谈判地位，可以争取较低的银行贷款利率水平。

（5）规模化的融资。未上市企业业务拓展基本依赖自有资金和银行贷款，很多企业发展至一定阶段，希望通过并购实施快速扩张战略，但缺乏大规模的资金实力。上市可以拓宽企业融资渠道，获取额外资金以配合并购，加快业务增长。

另外，上市融资能够在一定程度上提升公司治理水平、扩大公司知名度、实现股东资本增值、提高股东股票的流动性等。

当然，上市融资也具有如下主要缺点：

（1）公司发行股票吸引新股东加入会导致公司控制权分散，削弱原股东对公司的控制。

（2）发行股票筹集的资本成本较高，因为它既没有债务资本的财务杠杆作用，所付股利也不像债务资本利息可在税前支付，且没有抵税作用。

（3）上市过程要引入中介，规范过程，费用巨大；企业需要以更大的力度披露信息，且受到监管机构更严格的监管，增加了监管成本；企业未必能够成功上市，因而将承受更大的损失。

创业企业要想成功上市，首先，需要合理分析企业上市融资的可行性，一般从实际控制人的主观意愿，企业所属行业的特征与成长性，企业业务模式、业务规模和行业地位等多个方面进行考量。与此同时，企业需要考虑其与证券市场的匹配性，选择合适的板块上市。这是一项非常专业的判断，通常需要专业投资银行的帮助。其次，企业需要把握合适的时机上市。一般而言，企业所在行业正处于上升周期、企业自身正处于高速发展期是较好的上市时机。因为处于成长期的企业更易受到市场投资者的追捧。最后，企业要做好充分的上市准备，例如聘请券商、律师事务所、会计师事务所等中介机构对内进行尽职调查，对业务、资产、财务等进行梳理，找出自身存在的问题，并进行整改，以符合上市条件。

我国设立了上海证券交易所（简称“上交所”）、深圳证券交易所（简称“深交所”）、北京证券交易所（简称“北交所”）。上交所设立了主板和科创板，深交所设立了主板和创业板，北交所目前没有区分板块。主板是一个国家或地区证券发行、上市及交易的主要场所，主板市场对发行人的要求较高，上市的企业多为大型成熟企业，具有较大的资本规模以及稳定的盈利能力。上交所主板、深交所主板均沿用核准制的发行审核方式。上交所科创板是我国最先试行注册制的板块，于 2019 年开板，重点扶持新一代信息技术、高端装备、新材料、新能源等新兴产业。深交所创业板于 2020 年开始适用注册制的发行审核方式，创业板主要服务成长型创新创业企业，支持传统产业与新技术、新产业、新业态、新模式深度融合，更加强调推动传统产业的创新升级。北交所也实行注册制，定位是服务创新型中小企业，培育一批专精特新中小企业。

六、银行贷款

银行贷款是指银行有偿将资金借贷给资金需求者，并与资金需求者约定还本付息期限的一种经济行为。银行贷款是大多数企业的融资首选，具有四个主要优点：

（1）筹资对象直接明确，资金到位迅速，有利于尽快形成生产能力。

（2）借款利息可在税前列支，有利于降低筹资成本。

（3）筹资过程要接受严格的评估检查，客观上有利于企业降低经营风险，提高管理水平。

（4）在企业息税前利润大于筹资无差别点时，有利于获得财务杠杆收益。

与此同时，它也存在三个主要缺点：

（1）借款具有固定利息负担和固定偿还期限，财务风险较高。

（2）接受借款的同时要接受诸多限制条件，可能会限制企业自主灵活经营。

（3）借款数量要受到企业资本金的规定比例限制，企业不能完全根据需要决定筹资数额。

银行贷款也是创业企业比较常用的、首选的一种融资方式，但从银行角度来看，创业企业借贷并不是银行的首选业务。因为创业企业相对来说资产较少，抵押品也较少，所以获得银行贷款较难。

当然，一些银行考虑到创业企业的特殊性，也会为创业企业提供独特的银行融资产品。例如，知识产权质押贷款、“创意贷”文化创意企业贷款、存货质押贷款、银保物流通、应收账款质押贷款、融信达和集群联保授信等银行融资创新产品。

七、政府项目

许多国家都设置了政府支持的项目，向初创企业、小规模企业和一些具有成长潜力的企业提供贷款和企业融资。例如，2019 年 7 月 1 日，我国正式施行《政府投资条例》。该条例明确提出要将政府投资资金投向市场不能有效配置资源的社会公益服务、公共基础设施、农业农村、生态环境保护等公共领域的项目，以非经营性项目为主。根据此条例，政府投资资金主要发挥引导和带动作用，鼓励更多民间资本参与，优化投资结构，坚持市场在资源配置中的决定性作用，以实现经济效益、社会效益、生态效益的有机统一，完善社会主义市场经济体制，促进经济社会持续健康发展。

其他国家也有类似政府举措，美国根据《小企业法》设立小企业管理局（Small Business Administration，SBA），其融资服务网络覆盖全美；与此同时，各州政府也纷纷建立小企业融资机构，为本州的小微企业提供融资服务。英国设立了商业、创新和技能部（Department for Business，Innovation and Skills，BIS），主要负责英国的商业发展，属于政府的核心部门。该部门旨在营造一种企业文化，鼓励每一个有才能的人将设想落实为实实在在的成功企业，并消除那些妨碍企业发展的不必要障碍。

政府对项目建设开展的投资和支持能够吸引大量的社会资本，进而使社会整体的投资氛围更好。而且政府项目的投资能对市场现有的投资情况进行平衡和调控，为经济发展提供持续动力，同时对经济发展态势进行更加有效的宏观调控。例如在经济萧条或市场投资不积极的情况下，政府项目投资部门通过引导投资，使得市场经济得到发展。

八、其他融资渠道

创业企业的其他融资渠道包括风险租赁、公司内部创业投资、商业信用、保理、特许经营、夹层融资、不公开发行债务、公开发行债务、股权私募、直接公开发行、被收购、杠杆收购和管理层收购等。其中，风险租赁是出租方将承租方的股东权益作为必要租金形式的租赁模式，出租方的收益与承租方的财务业绩相关。公司内部创业投资提供资金的方式表现为研发经费预算或成立独立的全资企业。商业信用也称供应商融资，指企业向供应商购买货物但延迟付款的融资途径。保理是企业将应收账款债权出售给保理商以换取资金的融资方法。而在特许经营下，特许人通过收取商标特许经营费和一部分业务收入来增加资金。夹层融资是介于股权和普通债务之间的一种融资方法，如带有股权成分或认股权证的次级债。不公开发行债务是指向特定少数投资者发售债务融资工具。股权私募是通过非公开发行的方式向少数投资者出售股权的融资手段。

第 3 节　交易的估价、结构与谈判

一、估价的艺术

创业者和私人投资者所在的融资市场（简称“创业融资市场”）和公众公司所在的融资市场（简称“公司融资市场”）有着许多不同之处。

一方面，公司融资市场是一种成熟的资本市场，上市公司在这样的市场中彼此竞争，相互角逐，而私人公司和私人投资者构成的创业融资市场所面临的情况更加复杂多变，不确定性也更高。此外，这种融资市场的市场体系和相关规范相较于公司融资市场更加不完备。因此，这类市场往往很难进入。

另一方面，两者的资本来源有着较大的差异。创业融资市场上的公司往往不属于成熟的企业，因而在面临飞速变化的环境和变数极大的经济情况时，与公司融资市场中的成熟企业相比，其发展通常会十分不稳定，甚至很快走向衰落。这些显著差异对创业者和投资者都造成了深远影响，资金流动性和融资时机也成为融资的关键要素。而且资本的使用者和供应者之间始终充满着无数矛盾，而这些无法回避的矛盾更使得创业企业的估价成为一项艰难的工作。

需要特别说明的是，完成创业企业价值的估算并不容易，与其说它是一项科学计算工作，还不如说它是一项艺术工作。投资者和融资者在估价的过程中不仅仅是进行数据的计算，也常常需要进行交易谈判，而交易谈判既是一种艺术又是一种科学。

二、创业企业的价值如何评估

（一）估值方法简介

1. 贴现现金流法

目前存在两种贴现现金流（discounted cash flow，DCF）法：第一种是风险调整贴现率法；第二种是肯定当量法。两种方法的不同之处主要在于风险调整的方式和所需要的信息。对创业企业估值而言，肯定当量法比风险调整贴现率法更合适。

风险调整贴现率法是将净现值法和资本资产定价模型结合起来，再依据项目风险程度调整基准贴现率的一种方法。预期未来现金流转化成现值时所采用的贴现率，既反映了货币的时间价值，也反映了未来的现金流风险。该贴现率之所以被称为风险调整贴现率，是因为风险对价值的影响被纳入了贴现预期现金流时所采用的贴现率。该方法更广为人知，因而使用也更为广泛。

在风险投资决策中，由于各年的现金流具有不确定性，因此必须进行调整。肯定当量法就是把不确定的各年现金流，按照一定的系数折算为大约相当于确定的数量，然后

利用无风险贴现率来评价风险投资项目的决策分析方法。对于创业企业，估计肯定当量现金流比估计风险调整贴现率更为容易。

2. 相对估值法

相对估值（relative value，RV）法遵循的理论基础是“替代原则”，即利用其他企业或其他交易的市场数据作为基础，进而推断目标企业的价值。这种方法有时也被称为“可比”估值法或“乘数”估值法。因为可比性具有很多维度，包括行业、商业模式、发展阶段、规模和会计指标，所以在实践中，该方法同样被广泛使用，尤其是对已成立的私人公司，该方法可以快速提供大致正确的估值结果。

在相对估值法中，我们需要收集可比公司的市场价格以及可比公司可观测的特征信息。这些信息包括会计比率和经营数据，如市盈率（每股市价/每股收益）、市账比（市场价值/账面价值）、市销率（每股市价/每股销售收入）等，以及资产的相关参数。但要想为创业企业找到一个合适的具有相同发展阶段交易的可比公司是困难的，甚至可能找不到或无法验证。对于一个新创的、尚未盈利的企业而言，诸如市盈率等指标对企业估值是没有用的。但可以搜集可比公司的价值动因信息，其中包括获利能力、预期增长以及风险等。

3. 风险资本法

风险资本（venture capital，VC）法是根据 VC 投资决策的过程进行投资估值的一种传统方法，是对创业企业进行估值的最简单的方法之一。该方法假定企业能够实现其绩效目标，最终的估值是基于收获阶段的现金流。其中，企业业务能够达到业绩目标的情景通常被称为“成功情景”。

VC 法结合了贴现现金流法和相对估值法。此方法在计算上与风险资本家评估其投资的方式有关。VC 法始于对未来价值的估计，该未来价值则取决于是否成功。

4. 第一芝加哥法

第一芝加哥（First Chicago）法是由第一芝加哥公司的风险投资组创造的。该方法假设成功情景的做法与 VC 法相同，但其不再局限于对成功情景的分析，是以成功、中性、失败三种情景为基础。在失败情景下，投资者意识到他们的投资几乎没有收益，而且有可能损失掉本金。中性情景是一种具有中等业绩的情景，其中公司长期缺乏高价值前景，投资者只获得相当于初始投资的优先股息收益，收益没有任何增长。第一芝加哥法采用较低的贴现率计算预期的现金流现值，预期现金流是三种可能情景的平均数，每种情景的权重会根据其概率确定。该方法的目标是提供一种既简便易用又能缓解 VC 法估值偏差的方式。

（二）估值方法的选择标准

对创业企业进行估值并不是一件简单的事情。企业的价值往往由多个部分组成，不同业务收入或现金流对创业企业的价值可能有不同影响。在实践中，对创业企业进行估值非常困难，因为企业在创业初期往往会面临非常多的问题。第一，创业初期基本没有营业收入或利润，即使有也非常低，有些创业企业的现金流甚至是负的。第二，数据严重不足，创业初期多处于研发阶段，销售不足甚至没有销售，缺乏财务数据，所以很难根据历史数据做出精确的估值。第三，为创业企业找到一个合适的具有相同发展阶段的可比公司是困难的，并且对于一个刚刚启动、尚未盈利的企业而言，诸如市盈率等常用指标是没有用的。如果不考虑创业企业的以上特殊性而随意套用各种估值方法，则有可能会得出一个错误的结论。

因此，创业企业所使用的最主要的估值方法是贴现现金流法，尤其是针对具有显著增长潜力的处于早期阶段的企业。贴现现金流法是在认同企业现有资产获利能力的基础上对创业企业未来价值的评估方法，它可以被认为是一种对创业企业动态价值的评估方式。贴现现金流法适用于具有稳定和可预测现金流的创业企业。不同的贴现现金流法之间的主要区别涉及所使用的特定现金流贴现率与考虑不确定性的方式，例如为了补偿偏离正值的现金流估计值，可以采用偏离正值的门槛收益率进行贴现，并且每一种方法都有其优势和不足。

三、交易结构

（一）交易的定义

交易是指两方或两方以上主体签订的经济协议。交易主体可以是资金提供者和资金使用者，也可以是企业管理层和企业员工。对于创业者与投资者而言，一项成功的交易设计精妙、结构清晰、考虑全面，涵盖项目现金流的分配、时间预期、风险预期等，可以帮助创业者创造价值、规避风险，也可以为投资者创造收益。

交易建立在信息不对称的市场环境中，创业者无法全面了解投资者的能力、投资意图，投资者无法确信创业者的创业能力、技术价值，创业者同时面临着创意被盗的风险，难以在保护知识产权的同时向投资者说明项目的价值。

（二）交易的评估及设计

在交易的评估和设计过程中，创业者需从多个角度确定交易结构、全面考察交易可行性、理解交易的价值和风险。

（1）投资者角度：身份、目的、决策倾向、投资规模、获取投资资金的途径。

（2）交易架构角度：投资者对交易实质的认识；投资规模、投资成本、市值、投资形式。

（3）风险角度：投资者愿承受的风险；双方信息不对称和信息可信度的风险；遵守法律法规的风险。

（4）市场角度：资本市场现状；行业现状；企业当前的经济状态及预期。

（三）成功的交易

成功的交易往往存在共性。

（1）成功的交易简单而公平：交易建立在信任而非法条的基础上，考虑了各种情况下对交易各方的激励因素，良好地结合了资本使用方和资本供应方的需求，也提供了沟通机制和解释机制。

（2）成功的交易具有包容性：交易可以适应细微的改变、时间和情景的变化，同时不限制交易者筹集额外的资金。

（3）成功的交易摄取信息：交易各方披露各自的信息并不断接收新的信息，交易双方也考虑到了筹集资金需要的时间。

（四）交易的构成

交易由多部分构成，包括价值分配条件、业绩激励因素、权利和义务，以及传递信息的机制、契约订立代表权、担保、付款承诺、默认条款和补救行为条款等。

（五）达成交易的过程

首先，创业者和投资者就投资主要条款达成了初步共识后，签署投资意向书。投资意向书应明确交易双方的相互理解与期望，并写明交易双方的各项权利和义务，但投资意向书中的投资条款大部分并无法律约束力。

其次，交易双方就投资条款达成共识后，将着手准备一份具有法律约束力的正式协议——投资协议。投资协议将列明投资的各项条款及条件、权利与义务、交易运行机制和应急方案等，同时列出两份清单，即创业者的“声明和保证”、交易双方的“约定和承诺”。

其中，“声明和保证”“约定和承诺”都是为保护投资者的利益而设置的，“声明和保证”旨在保障投资者在交易中能够获得足够的信息，“约定和承诺”是为确保投资者的资金按照投资协议中设想的方式使用。

投资协议还可以包括项目清偿和未来投资的相关权利，例如注册登记权利，即让投资者有权要求企业将他们的股票进行注册登记，让公司走向公开发行。同时，投资协议也可以通过赋予投资和优先谈判权、优先取舍权和优先认股权等权利，让投资者得以参与企业的未来决策。

然而，创业者应当注意投资协议的条款是否给予了投资者较大的权利，在关系恶化或破裂时，投资者可能利用这些条款进行谈判或撤回部分投资，因此全面理解每个条款的内在含义是很有必要的。

与上述投资协议的复杂不同，天使投资者订立的投资协议通常较为简单，只需要列明企业介绍、创业者和投资者对企业的期望、投资金额及权益分配等，同时，协议可能要求按期进行信息披露等。

（六）全面考察一项交易

结合上述介绍，创业者和投资者在设立一项交易时，需要进行全面的考察。交易必须对其中的现金、风险和时间做出解释，交易者对这些因素中每一项的看法都会对该企业的总估价和随后的交易产生影响。在考虑一项交易时，交易者要试着找出提议这些交易条件的人的假设和动机，了解对方的赌注、目的；了解谁是风险承担者和回报获取者；预测如果经营业绩超过了风险投资者的预期或未达到其预期，将产生什么后果；了解资金管理者的投资战略。

四、谈判

（一）谈判的定义

谈判是广泛存在于不同主体之间的一种交流方式，旨在让谈判各方满足各自的需求。

谈判专家罗杰·费希尔（Roger Fisher）和威廉·尤里（William Ury）认为谈判的目的是在谈判各方既有共同利益又有抵触点的时候，达成各方都满意的协议。

在创业融资的语境下，谈判主体为投资者和创业者，谈判客体是交易本身，谈判目的则是让投资者和创业者都能在交易中获取最大程度的利益。

（二）谈判的要点

创业融资中的谈判具有以下要点：

（1）在谈判过程中，投资者会从多个角度考察创业者的特征和能力，包括创业者的谈判技巧、行为方式等；创业者也会仔细考察投资者的投资目的、性格特点等。因此，在谈判过程中获取的信息很可能影响到投资者及创业者的交易倾向。

（2）谈判是一个相互妥协、各自坚持的过程。在谈判过程中，投资者和创业者都在不断调整各自的需求。即为了达成合作，谈判各方会综合考虑并降低自己的利益需求，直到达到谈判各方坚持的谈判底线。因此，谈判要达到谈判各方利益和底线的平衡，是一个互助的过程。

（3）谈判的结果是不确定的。在谈判过程中，投资者和创业者都在反复衡量交易的可能性、必要性、收益程度和风险程度，谈判人的素质、谈判的顺利程度等都可能影响谈判的结果。因此，谈判的结果是多变的。

（三）谈判的类型

软式谈判，即强调和对方建立良好的关系，而非获得更多利益，谈判者在谈判过程中，为达到某种关系而多次妥协。

硬式谈判，即较少考虑对方的利益，以达成己方胜利为目的的谈判方法，双方互不信任，在谈判过程中关系很有可能破裂。

原则式谈判，也称“哈佛谈判术”，即强调谈判的目的是谈判各方在产生利益冲突时，应该坚持客观公允的标准达成谈判结果。原则式谈判强调公正原则，强调将“人”与谈判问题区分开、关注各方的实质性利益、努力创造不同的解决方案、按照公正客观的标准达成协议。

（四）其他问题

在创业融资中，谈判主要集中在创业者将提供多少股份和投资者将以什么价格购买股份上。但创业者仍会遇到其他同样重要的问题，包括对公司的法律控制权和财务控制权、投资者和创业者在各种情况下的权利和义务、投资者将带给企业的隐含价值等。创业者应重点关注以下问题：

（1）融资细节，如：股票（或股票和债务）数目、类型和组合及投资回报率的影响因素；配股和转换等的金额和时机；债务融资或优先股融资的利率；股票托管计划和协议。

（2）人事相关问题，如：董事会中的董事席位数及投资者的代表；管理团队和董事会组成人员可能的变动情况。

（3）权利与义务，如：投资者的股票认购权（在记名公开上市情况下）；授予投资者对今后的私募资金行动或首次公开上市行动的第一否决权。

（4）相关费用，如法律、会计、咨询费或其他相关费用。

除了上述应重点关注的问题以外，谈判过程中，创业者还应当关注以下条款：共同出售权条款、棘轮反稀释条款、冲销融资、强制买断、要求认购权、背负认购权和关键人物保险等。这些条款对企业未来的所有权、控制权和融资有很重要的意义。

案例分析

小米融资

小米正式成立于2010年4月，由雷军等8位创始人共同创办，是一家专注于手机硬件、软件等智能服务的移动互联网公司。2018年7月，小米集团-W（01810 • HK）成功登陆香港主板，创造香港交易所历史上最大规模科技股IPO的同时，也成为香港交易所首个拥有双层股权结构的上市公司。小米生态涵盖智能硬件、教育培训、社交媒体、互动游戏、医疗保健等领域。小米何以发展如此迅速？这与小米的多轮融资密不可分。2010年9月至2014年12月间，小米通过发行6轮可转换可赎回优先股，引入私募股权投资，获得资金支持。

一、初露锋芒崭头角

2010年4月，雷军集结了时任谷歌中国工程研究院副院长的林斌、金山软件的昔日同事黎万强、摩托罗拉北京研发中心原总工周光平等共计7名联合创始人，在北京中关村银谷大厦成立了一家名为“小米”的初创小公司。

2010年手机市场格局主要由诺基亚、三星、苹果、摩托罗拉等品牌主导，国外品牌的智能手机售价普遍为3 000～4 000元，国产的大多是低端低价的手机。雷军当时用了“三板斧”将名不见经传的小米初创产品——小米1手机成功推向市场，并获得巨大反响。第一板斧，就是摒弃成熟大厂商普遍使用的封闭式研发模式，利用互联网的模式进行开发；第二板斧，就是坚持使用高性能配件，打造高性能优质产品，并大力宣传性能与价格所带来的反差对比冲击；第三板斧，就是通过网络电商平台销售手机，极大地缩短供应链长度，同时借鉴互联网商业运作模式，将售出的手机作为新的渠道和流量突破口。2011年8月，小米1正式发售，随后便成为国内智能手机市场的黑马和搅局者。以“为发烧而生”为口号的小米1，不仅在配置和性能方面堪称完胜，关键是其定价1 999元几乎只是同一配置竞品售价的一半，而这就足以让国内所有在售机型倍感压力。在接下来的4年，小米借着智能手机的浪潮，成功超过三星并一举拿下中国智能手机行业销量的头把交椅。然而随着小米模式越来越成功，竞争对手们的眼光也逐渐聚焦到它的身上。2014年，华为手机年销售量4 130万台，OPPO、vivo手机年销售量分别达到2 550万台和2 730万台，中兴手机年销售量1 820万台。虽然这些厂商的市场份额还不及小米，但它们显然已经是小米的合格竞争对手，更让小米忧心的是，那两年国内主流厂商也已经学会了小米开疆拓土时的那“三板斧”。为避免同质化的竞争，雷军想到的是搭建属于小米自己的生态链。小米依托已有的MIUI操作系统强大的客户黏性和开源端口，以及广布的供应链厂商，打造拥有多产品矩阵和互联网服务的小米帝国。小米生态链分为五个环节，分别是智能手机、用户、应用App、物联网硬件及线下门店。但是想要打造如此庞大繁杂的生态链体系，未来所需的资金从何而来？

二、寻求融资稳地位

2010 年 7 月，成立刚刚 4 个月的小米开始寻求融资的道路。起初，小米首先想到的是通过债务性融资满足资金需求，通过申请银行贷款先解决燃眉之急。但各家银行在面对小米高达 5 000 万元的融资需求时，无一例外，回复都是称以小米现在的情形根本不适合申请高额贷款。当债务性融资的道路走不通时，小米内部便开始讨论通过引入天使投资人或者风险投资机构的方式来筹集资金。小米高层首先对引入天使投资人的方式进行了否定，原因是天使投资人单人单次的投资额并不大，如果想融得超过 5 000 万元的资金，必须引入多位天使投资人，这一点也不符合小米当时的预期。对于引入风险投资机构，小米的高层仍然顾虑重重，除了股权结构和控制权问题，雷军等人对小米的定位远不是只做一家小型手机制造商，而是要将小米打造成一个能够制造多种智能硬件的商业帝国。而后，雷军凭借着自己多年闯荡资本市场所积累的人脉，着手准备寻找私募股权投资方，分别与晨星资本、启明创投及 IDG 沟通了自己的融资想法，它们均表达愿意为小米注资，最终小米通过出让可转换可赎回优先股的方式引入私募股权投资者。

2010 年 9 月，由启明创投与晨星资本领投的 A 轮融资正式启动，小米由此开启了可转换可赎回优先股的融资之路。2014 年，小米完成了自身历史上最大规模的融资，此次募集到的 7.5 亿美元资金将着力布局生态链。2014 年至 2015 年两年间，小米通过融资再投资的方式大幅度扩张生态链。据统计，小米在 2010 年到 2015 年这六年时间里，一共进行了 6 轮可转换可赎回优先股融资，差不多始终保持着每年完成一次融资的步伐。小米启动 A 轮融资的目的和大多新成立的初创公司一样，是为了推动产品的前期研发和生产。B 轮融资是基于小米 1 手机上市并获得极大成功后，为提升产能扩大规模，满足加大零部件采购等生产需求，而进行的优先股融资。C 轮、D 轮融资是小米在高速成长阶段完成的。随着小米新机型和周边产品的逐渐推出，以及 MIUI 系统和互联网服务的开发升级，从 2013 年 8 月启动的 E 轮融资开始，小米便将更多的资本和精力注入布局生态链这一盘大棋。此时的小米在智能手机领域虽已接近销量的巅峰，但周边势头强劲的竞争对手也在用其销量数据告诉小米，国内手机市场已然不是当年小米入场时的蔚蓝之海。所以从 E 轮融资到 F 轮融资，小米开始逐步进行新的线下零售渠道建设，并大力对诸如笔记本、电视、路由器、空气净化器、智能家居等生态链产品的投资。

三、乘风破浪迎挑战

2015 年，小米一直以来的核心合作伙伴，手机芯片供应商高通突然停止了高通骁龙 820 芯片的交付，直接导致采用该处理器的新一代旗舰手机销量下滑，2016 年销量下滑的趋势更是愈演愈烈，质疑声也随之扑面而来。2017 年 12 月，香港交易所开始通过修订上市规则力求拓宽现行上市路径，准备允许之前未能通过财务资格测试的生物科技公司、拥有不同投票权架构的创新产业及高增长发行人上市，并设立新的第二上市渠道。之前从低谷爬起的小米，在面对未来发展和融资问题时，就多次考虑过上市的事宜，原计划是在条件成熟时赴美上市。但当小米集团收到香港交易所政策改革的消息，意识到赴港上市的窗口期可能已经到来。于是公司内部迅速开始筹划赴港上市的行动，并选定高盛、摩根士丹利及中信证券作为小米未来赴港上市的保荐人。

2018 年 7 月 9 日，雷军站在香港交易所大厅中，亲手敲响了特地从山西定制的大号铜锣。小米集团上市了！股票发售价为招股价格区间的下限——17 港元/股，与之对应的 IPO 市值为 3 803.94 亿港元，约合 484.73 亿美元。小米此次赴港上市，在扣除包销、佣金以及全球发售的相关开支后，IPO 预计获得款项净额 239.75 亿港元。

四、 IPO 双重股权结构

（一）小米集团的双重股权结构

小米集团股份分为 A 类股和 B 类股两类，A 类股的股东每股拥有 10 票投票权，B 类股的股东每股拥有 1 票投票权，在所有其他方面，A 类股与 B 类股地位相同。全球发售完成后每股优先股将自动转换为一股 B 类股。为让投资者放心，小米集团最终决定将 A 类股仅授予雷军（42.95 亿股）和林斌（24 亿股）两人。同时为了保证合理性还设置了限制条款，首先，最低要保证 B 类股拥有 10%的表决权；A 类股可以自愿转成 B 类股，但 B 类股不能转成 A 类股，即只有上市的时候才可以发行 A 类股，如果出现创始人发生意外或死亡、不再担任公司董事等情况，超级投票权就会自动消灭，最终无人拥有特殊表决权时，公司将回归最初的同股同权结构。此外，为了完善双重股权结构，在一定程度上保护普通股东的应有权益，小米集团在公司章程特别规定的表决事项中设定 A 类股仅有一倍投票权。

（二）小米集团采用双重股权结构的动因

作为一家高科技企业，小米创始人团队希望通过采取双重股权结构制度，在不断筹集资本的同时保有对公司的控制权。科技型独角兽的发展，往往要经历 A 轮、B 轮、C 轮等多轮融资进行资本积累，以支撑公司业务的开展。然而，在传统单一股权结构制度下，多轮融资造成的股权稀释往往会削弱创始人团队对公司的话语权。为确保公司发展稳定有序，科技型企业往往更青睐“同股不同权”的双重股权结构模式。招股说明书显示小米至上市完成了 9 轮融资。在不断融资的过程中，小米创始人的股份不断被稀释。

作为小米集团的董事会主席兼首席执行官，雷军持股比例仅为 28.5%，如果不算员工持股计划的期权池，雷军持股比例也只有 31.41%，且没有一票否决权。因此，雷军等创始人团队更青睐于采用双重股权结构来保有对公司的控制权。根据招股说明书，雷军持有约占总股份 20.51%的 A 类股，以及约占总股份 10.9%的 B 类股。

林斌则拥有约占总股份 11.46%的 A 类股和 1.87%的 B 类股。雷军拥有的股份总比例为 31.41%；拥有的投票权总比例为 55.7%。此外，根据公司其他股东和雷军签署的投票权委托协议，雷军作为受托人可实际控制另外 2.2%的投票权，因此实际表决权比例为 57.9%，可以对小米进行有效控制。林斌拥有的股份总比例为 13.33%；拥有的投票权总比例为 30%。由此可见，为保有创始人对公司的话语权，不同投票权架构无疑是一个很好的选择。

正如雷军所说，这一切只是开始，上市也意味着巨大的挑战和沉甸甸的责任。面对未来风云变幻的市场和激烈的行业竞争，资本的支撑作用将越来越凸显，特别是对于小米集团这样一家从事多元化战略布局的科技型企业，未来对资金的需求量仍会巨大，融资与投资将始终贯穿于小米集团发展的过去、现在及未来。放眼未来，找到合适的融资方式对小米集团的长远发展至关重要。

资料来源：贺俊，朱承沛，张钺．小米的融资之路．中国管理案例共享中心案例库，2019.

讨论题

1. 小米集团上市前可选的融资方式有哪些？雷军选择了哪种融资方式？原因是什么？

2. 小米集团在融资过程中遇到了哪些困难？融资困难的原因有哪些？

3. 科技型企业可以借鉴小米集团的哪些做法进行融资？

4. 小米集团的双重股权结构为科技型企业 IPO 提供了哪些借鉴？

基本概念

烧钱率	股权融资	债权融资	风险投资
首次公开募股（IPO）	贴现现金流法		

思考与练习

1. 创业企业融资困难的主要原因有哪些？
2. 关于股权融资和债权融资，企业应当如何选择适合自己的融资方式？
3. 通过天使投资者筹集资金的利弊有哪些？
4. 如何看待风险投资与创业企业之间的关系？
5. 众筹融资有哪些优点与不足？创业者应该如何应对众筹融资的风险？
6. 在企业价值评估方法中，贴现现金流法与相对估值法有什么区别？
7. 成功的交易具有什么特点？交易达成的过程是什么？
8. 根据 IPO 融资的优点和缺点，创业企业在 IPO 时应该注意哪些问题？

第 4 篇

新创企业成长与失败管理

第 11 章

新创企业成长管理

| 学习目标 |

- 理解企业生命周期理论。
- 掌握企业成长各阶段的主要特征。
- 了解企业各发展阶段的管理重心。
- 熟悉企业成长中各种战略的优势和劣势。

引例

隐形冠军杰克缝纫机的成长之道

从 1995 年的一家作坊式家用缝纫机组装厂起步，到 2005 年成为国内销量排前十的工业缝纫机企业，杰克股份创业起步迅速，扎根于缝纫机制造行业十余载。在缝纫机市场数年的行业变迁中，杰克股份为顺应环境变化做了多次重大抉择和探索，克服了一系列成长阻力。但杰克股份与国内缝纫机行业龙头企业在上工、标准等之间的差距仍旧悬殊。

2006 年，创始人阮家三兄弟聘请了行业内的元老级人物赵新庆出任公司董事长和法定代表人。赵新庆担任了行业龙头企业西安标准股份多年的董事长，在行业内已有近 20 年的从业经验。论对管理缝纫机企业的资深程度，国内无人能及赵新庆。这一举动在外人看来过于冒险，公司员工都担心会出现一权独大的状况。然而，正是这一举措，让杰克股份的经理人化和制度化水平上升到了新的高度，使得阮家三兄弟有更多时间去考虑公司之后的发展战略。更重要的是，赵新庆的加入为杰克股份的战略决策和设计带来了行业专家的视角和眼光。基于董事长赵新庆执掌龙头企业的经验和对行业趋势的判断，杰克股份想要跳出“落后—追赶—再落后—再追赶”的循环，并超越行业巨头，除了需要继续向这些优秀的同行学习生产运营等基本功外，还需要向其他行业的卓越企业取经，做一些同行没做过的事，开辟新的赛道。

由于多年来与广大经销商保持着紧密的交流，杰克股份了解到下游服装企业普遍存在机器售后维修服务保障的痛点。2006 年，杰克股份开创性地将“快速服务 100%”作为品牌理念，将贴近用户、服务用户提升到战略高度。在研发上，杰克股份确立了“以需求为导向，在应用层面不断创新”的研发策略，长期进行具有前瞻性和针对性的产品或功能创新，直击用户“痛点”。“贴心”成为公司产品的代名词之一，为公司品牌积攒了口碑，吸引了众多新用户。此外，杰克股份还积极参与海外并购。2009 年 7 月，杰克股份出资并购了两家德国裁床公司奔马（Bullmer）和拓卡（Topcut）。并购成功后，杰克股份不断整合中德企业的资源、能力等，在技术创新方面取得了重大突破，同时杰克股份借力拓卡、奔马在全球的品牌美誉度与影响力迅速提升了自身的品牌形象。

2008 年，受金融危机影响，缝纫机行业迅速萧条。国内外不少企业出现了关、停、并、转的现象，即便是称霸多年的龙头企业，同样难以招架。然而在整个金融危机中，杰克股份表现出了很强的抗挫折能力，2008 年全球行业平均销售额下跌 48%，杰克股份销售额下跌 20%；2009 年全球行业平均销售额下跌 20%，杰克股份销售额上升 5%。2010 年，行业整体回暖。杰克股份远超同行，实现了高达 160%的增长，终于实现行业冠军梦。

资料来源：于晓宇，张益铭，陶奕达，等．杰克缝纫机：中国隐形冠军的成长之道．中国管理案例共享中心案例库，2020.

请思考：杰克股份是如何突破发展瓶颈，实现企业快速成长的?

第 1 节　企业生命周期

一、企业生命周期的阶段

美国学者伊查克·爱迪思（Ichak Adizes）在其著作《企业生命周期》中，将企业生命周期分为十个阶段：孕育期、婴儿期、学步期、青春期、盛年期、稳定期、贵族期、官僚化早期、官僚期、死亡期。爱迪思准确生动地概括了企业生命不同阶段的特征，并提出了相应的对策，指出了企业生命周期的基本规律以及企业生存过程中基本发展与制约的关系。如图 11－1 所示，爱迪思刻画了一条企业生命周期曲线，这条曲线可以延续几十年甚至上百年，而在现实中很多企业没有走完这条曲线便消亡了。这是因为，企业

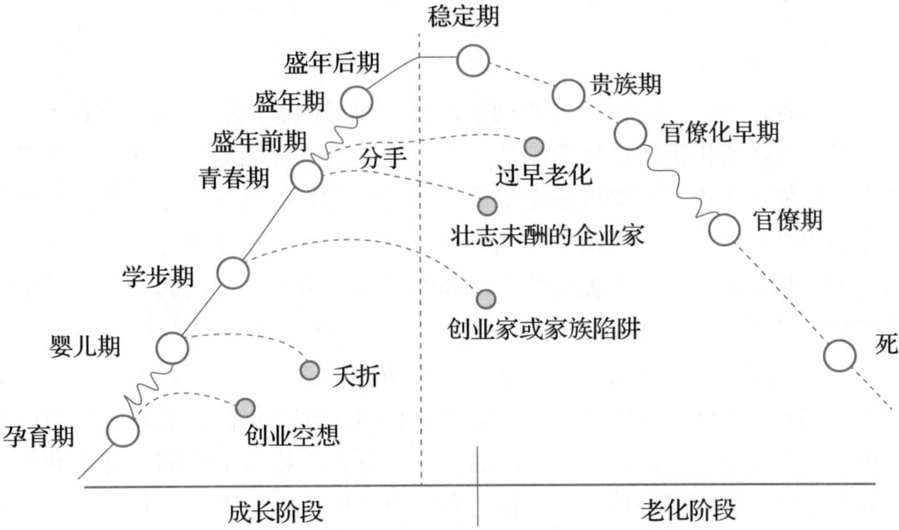

图 11－1　伊查克·爱迪思的企业生命周期模型

在成长过程中会遇到诸多陷阱。例如，新创企业的商业模式得到市场的验证和认可，在学步期和青春期实现了快速成长，但在企业壮大后却难以形成与之相匹配的管理体系。

李业（2000）结合我国企业的特征，进一步修正了该企业生命周期模型。由于销售额能够在一定程度上反映企业生产经营的规模和竞争力，因此他以销售额为标准对企业的成长阶段进行划分，将企业生命周期依次分为初创期、成长期、成熟期和衰退期，进一步凸显企业生命各阶段的不同状态（如图 11-2 所示）。

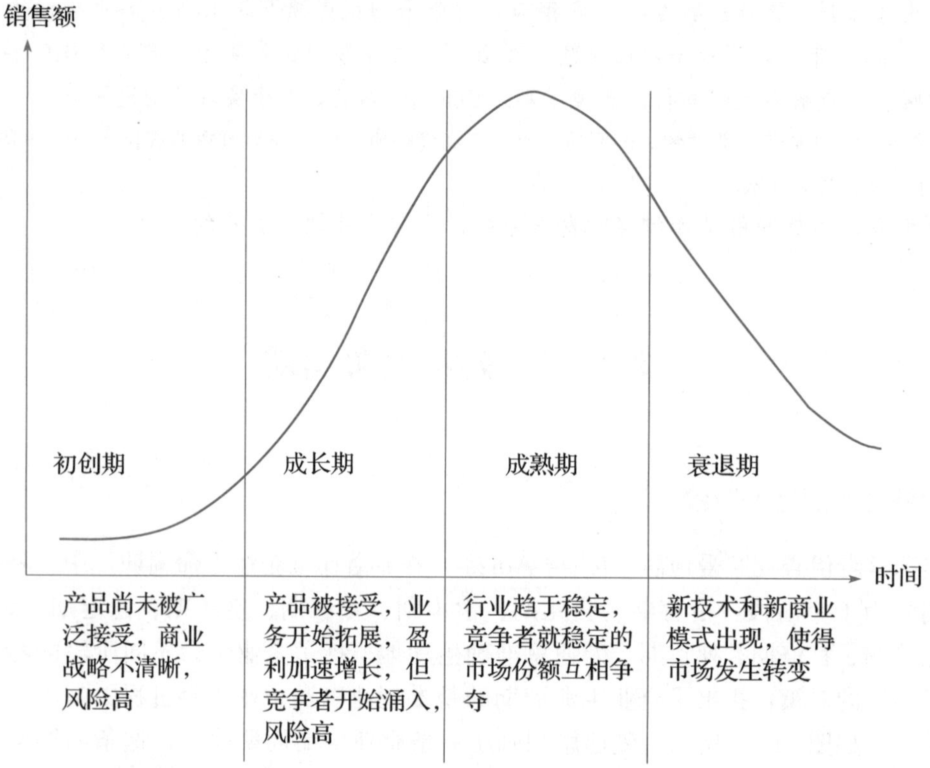

图 11-2　四阶段企业生命周期曲线

（一）初创期

在企业生命周期的第一个阶段，企业创始人经过市场调研，形成了创业意图，并做好创办企业的准备，具备承担责任和风险的信心时，企业就有可能诞生。这是一个摸索、学习和求得生存的时期。企业要根据市场需求设计出好的产品和服务；在生产方面要熟悉工艺和设备，制造出合格的产品；在销售方面要及时打开市场、迅速回笼资金；在管理上要合理配置人、财、物等各种资源并提高效率、降低成本。由于企业刚起步，市场知名度不高，因此在拓展市场时会有较多困难，同时因为资金不充裕，在整个生产经营过程出现的任何差错都可能直接威胁到企业的生存。处于培育期的新创企业，生存能力弱，抵抗力很低，风险性高，很容易受到产业中原有企业的威胁。而且此时新创企业处于学习阶段，产品方向尚不确定，失败率高。这是一个由产品和服务创意转化为实际的、有效的产品和服务的时期。新创企业凭借创新精神、具有特色和竞争力的产品与服务，为自己谋取生存空间。新创企业成功与否，在很大程度上取决于创建初期的市场分析、产品迭代能力、市场机遇和开拓能力，与市场需求、融资能力的关系密切，在培育期需要重点解决企业的生存问题。

（二）成长期

在培育期存活下来的企业很快进入成长期，处于这一时期的企业称为成长企业。由于产品能够契合市场需求，市场占有率逐步提升，企业的业务迅速增长。在这个时期，产品创意已经成为现实，创业者容易产生骄傲自满的情绪，往往会因为涉足太多业务而陷入困境甚至导致企业倒闭。同时因为企业规模扩大，急需一个管理班子和一套管理制度，如果管理跟不上，在业务快速扩张中失控，也可能给企业带来致命的打击，致使企业迅速步入衰退期。成长期又可以分为两个时期：迅速成长期和稳步成长期。在这一阶段，企业全面成长，经济实力增强，市场份额逐步提高，竞争力增强，已能在产业中立住脚，企业素质得到全面提高，创新能力也很强，企业已经形成了自己的配套产品。此阶段的主要特点在于，企业在产业中已经成为“骨干企业”，是中型企业的延伸，但尚未发展为大企业。并不是所有中小企业都能进入稳定成长阶段。只有那些由优秀创业者引领，积极承担风险、开拓进取的企业才有可能进入成长的快车道。

（三）成熟期

在这个阶段，企业的主要业务已经稳定下来，产品销售额保持在较高和较稳定的水平。这时，企业高层管理人员的经验已比较丰富，能根据需求变化及时开发新产品，根据竞争态势的演变制定和运用适当的竞争策略。这个阶段的企业管理已走上了正规化的轨道，各项管理制度比较完善，能够减少管理失职带来的风险。但考察企业的演变史能够发现进入成长期的企业本来就为数不多，而能够成长为成熟企业并留存的则更是凤毛麟角，许多企业在成长过程中已经被淘汰。因为稳定的经营状况保持一段时间后，企业高层领导可能会丧失进取心和创新精神，如果不能及时解决这个问题，企业就会走向衰退期。成熟期分为两个阶段：第一个阶段称为成熟前期，即骨干企业向大型或较大型企业的演变和发展时期，企业内部大多还是单一单位，但已建立起庞大的采购和销售组织，此时的企业前后延伸取得了原材料采购和产品销售的控制权，企业经济效益很高，具有较强的生存能力。第二个阶段称为成熟后期或蜕变期，是大企业向现代巨型公司或超级大企业演变的重要时期，此时已经走向内部单位的多元化和集团化，能够更有效地进行产品流程的协调和未来资源的分配，从而促进了企业的持续成长，并造成了管理工作的职业化，这需要企业在稳定当前业务的同时，积极拓展新的增长空间，打造具备“探索-利用”双元管理能力的团队。但此时企业会出现各种各样的问题，例如增长缓慢、效益下降、成本上升、士气受到影响、官僚主义加剧等。

（四）衰退期

成熟期企业如果未能实现后期成熟化或蜕变，则进入衰退期。由于需求的变化或竞争加剧，企业未能及时应变，因而市场份额下降，业务萎缩。如果不能采取有力措施重振活力，企业就会日渐衰微，最终走向死亡。一般存在两种情况的衰退，一方面是受到产业生命周期的影响，如果该产业已到了衰退期，自然影响到企业，使企业跟着衰退；另一方面可能是企业自身的原因导致衰退。处于衰退期的企业大多是大企业，这些企业很容易患“大企业病”，主要表现在管理职位增多、官僚主义横行、妨碍联系的本位主义、企业家精神的泯灭、部门之间的责任推诿、员工士气低落、企业应变能力下降等。

此外，李业（2000）考察国内外企业的生命过程，经归纳得到图 11－3 所列的四种其他形态。图 11－3（a）所示的形态称为回落-成熟型。其特征是企业经过较短的初生期后迅速成长，不久进入成熟期，接着市场销售额大幅回落，此后又保持在一个较稳定的市场份额，再次进入成熟期。图 11－3（b）所示的形态称为双峰型企业。其特征是企业的销售额到达了一个高峰后下降，在第一个衰退期又推出新产品，销售额再度上升，又形成一个高峰。这种过程还可能反复发生，出现多峰形态。双峰型或多峰型表明，企业具有很强的适应和开拓能力，处于衰退期的企业可以通过努力再获新生。图 11－3（c）所示的形态称为扇贝型。其特征是企业进入第一个成熟期时，通过新产品开发或市场拓展可以再次进入成长期，销售额呈阶跃式增长。这种情形可多次反复出现。图 11－3（d）所示的形态称为高起点成长型。其特征是企业的起始规模大，产品一进入市场就创造出较大的销售额，此后企业继续成长，进入成熟期和衰退期。

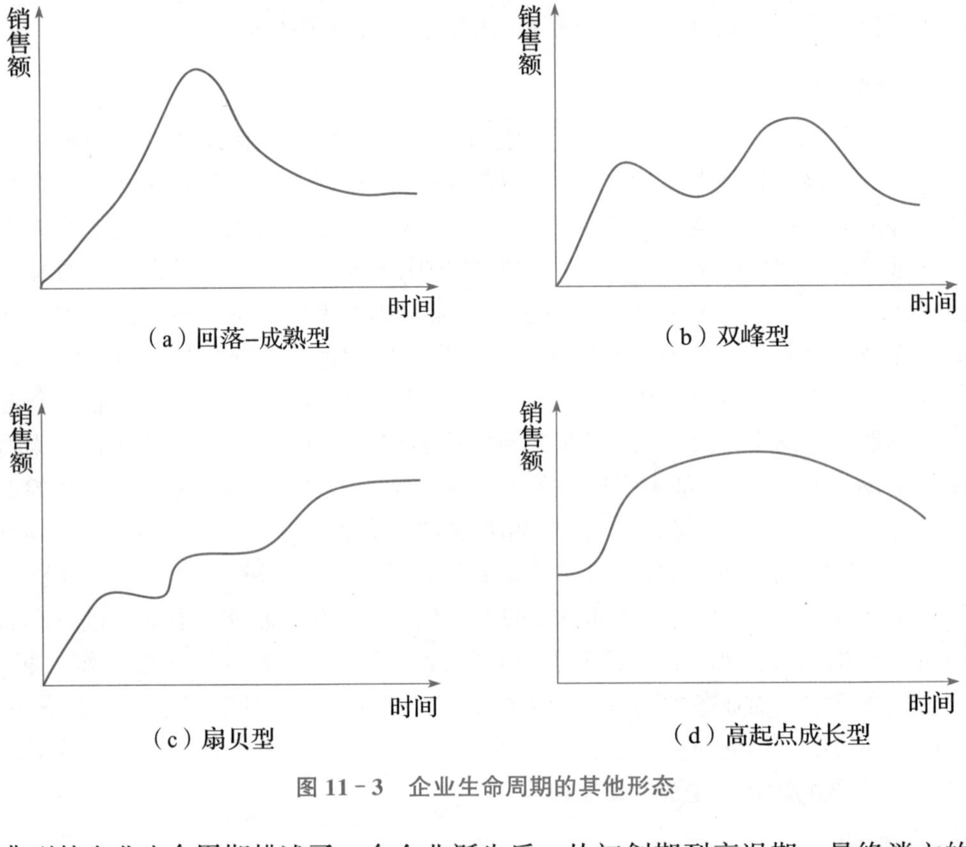

图 11－3　企业生命周期的其他形态

典型的企业生命周期描述了一个企业诞生后，从初创期到衰退期，最终消亡的整个连续过程。此外，有关研究表明，在企业生命周期的不同阶段，最有效的领导力风格，以及对企业双元能力（探索和利用）的依赖并不相同。在创业初期，更加依赖组织的有机性和动态调整能力，以及企业家的双元能力和悖论式领导；随着创业的发展，组织转向基于规章制度的正式结构，需要充分调动组织的利用能力，此时企业家悖论式领导风格会在某种程度上使组织无所适从。

二、成长期管理与领导力

在新创企业的快速成长中，创业者通过识别和选择创业机会，分配资源，激励员工，鼓励创新以促进企业的快速发展。当企业走出初创期，如企业生命周期模型所示，创业者面临的挑战是发展和壮大企业。在高速成长阶段，企业会面临大公司的竞争碾压，内部岗位、责任、目标的冲突和困惑，以及机械性程序与组织柔性需要之间的矛盾。增长速度高的企业往往存在于快速发展的行业中，同时也会有很多新的竞争者。在技术快速迭代的新兴行业中，落后一步的后果不堪设想。而且，高成长企业的管理者可能缺乏成熟企业的管理经验，同时面临着内外部的各种压力，被各种突发事件所困。企业的结构和模式又处在快速变化之中，决策判断不能因循守旧，影响决策的因素非常复杂。

（一）新创企业管理模式

在销售额达到 1 000 万元、员工总数达到 25 人之前，企业的核心管理模式是做好业务，提高竞争力和市场份额；当销售额达到 1 000 万～5 000 万元、员工人数为 25～50 人，企业的核心管理模式是管理好业务团队；而当销售额超过 5 000 万元、员工超过 100 人，企业的核心管理模式是管理好管理人员。上述销售额和员工人数为大致数字，在不同行业中差别很大。总的来说，随着创业活动的开展和企业的成长扩大，管理模式会从做好业务，变成管理好业务团队，再演变成管理好管理人员，创业者的主要工作逐步脱离一线业务，而聚焦于管理和战略。

决策者最重要的工作是做决策，根据企业发展的不同阶段，可以把决策分为三类：业务决策、管理决策和战略决策。业务决策，比如，锁定什么用户，具体做什么产品，产品的细节做到什么程度，怎么让产品或服务变得有竞争力。当企业拥有了明确的业务，这时创业者也不可能靠自己一个人或有限几个人的力量来维持增长，创业者不能再紧盯业务一线只做业务决策，也要加强在组织、营销和战略等方面的管理决策，比如，用什么人、如何进行资源协同等。很多新创企业的发展卡在中等规模，其中一个原因就在于创业者在管理和战略决策能力方面需要有所突破。通过外部战略资源的引入，企业发展至百人以上的规模，创业者逐步聚焦于战略决策，通过选择合适的人手来慎重地对待业务决策和管理决策。企业家在刚开始往往因出色的业务能力为企业赢得初步生存和增长机会，但如果创始人只相信自己的业务能力，始终亲力亲为，就无法把企业带到更高的水准。例如，华为不允许高层领导做业务决策，而是让听得到炮声的人做决策。

（二）创业领导力

领导风格是指领导者的行为模式，领导模式指领导者就什么人、拥有什么样的责任和权力的界定。成功新创企业的管理模式和领导风格并不是一成不变的，有的采用非正式的领导，有的采用正式的领导；有的由多人分摊领导权，有的由一位核心领导者来指挥工作。如果领导权是建立在专业技能而非权威的基础上，企业的领导模式强调以任务为导向。企业领导需要以独特的智慧为企业的管理带来更强的凝聚力，深谙各项工作和人与人之间的关系，通过适当的方式对不同工作进行有效管理。

在高不确定性的创业情景下，变革型领导风格往往比交易型领导风格更加有效，这种领导风格强调领导魅力、领导感召力、智力激发和个性化关怀等，让员工意识到所承担的责任及任务的重要性，员工能够最大限度地发掘自身的潜力来取得更高水平的绩效；而交易型领导则通过满足下属短期的利益需求来激励下属。大多数新创企业的领导者在确定职权和责任时，主要考虑如何激励大家实现共同目标，因此要求领导者不依靠正式的权力，而是相对平等地与同事及其他成员进行合作，并统筹各种不同的需求和信息。新创企业的领导者面临着复杂多变的内外部环境，需要提供平等的交流机会，让不同层级管理者以及成员分享各自搜集的信息和想法，务实的领导者经常需要改变自己最初的想法。领导者需要通过协调各方意见和需求来解决问题，大家开诚布公地交流彼此的理由和观点是解决问题的基础。在这种模式下，领导者不能过于强硬，盲目实施个人决定，需要让渡部分权利和利益，从而更好地实现全局目标。

成功的领导者通过鼓励创新，而不仅仅是奖惩来激励组织和团队。在组织成员眼中，他们平易近人，能够提供相应的资源去帮助他人开展工作，和同事站在一起，共同面对困难，有明知不可为而为之的勇气，并且不惜挺身而出，为同事和下属进行辩护。他们通常是值得信赖的，正直坦率、言出必行，既不谨慎寡言，也不随意传播不实信息，能够兼顾不同的需求和声音，从而高效地、创造性地解决问题。高效的领导者通常以身作则，悉心培养管理者，通过发展组织中层管理者来保证组织在迅速扩大的过程中核心岗位人力资本的发展和补给，把中高层管理者的培养计划与战略紧密联系，这是初创企业迅速成长的关键一步。

（三）新创企业文化

无论是对成熟企业还是对新创企业而言，企业文化都是企业在发展中需要应对的关键问题。企业文化是由人们对组织的期望、管理人员的行为和态度共同构成，对企业绩效有着十分显著的影响。创业者处理事务和管理员工的方式，会内化为组织文化，并且反映在企业绩效上。出色的创业团队在角色分工、交流沟通、确定任务事项的优先顺序以及冲突管理方面往往与众不同。在出现新的分歧时，如果大家对企业总体目标的优先顺序达成了广泛共识，分歧就不会阻碍工作进展；而如果大家在价值观和总体目标上没有达成共识，任何新的问题都有可能引发长时间的争论，团队成员之间难以达成一致的行动方案，从而影响组织的运转。

创业视角 11－1　阿里巴巴的早期企业文化

企业文化内涵十分丰富，包括企业愿景、文化观念、价值观念、企业精神、道德规范、行为准则、历史传统、企业制度、文化环境、企业产品等，是企业在运作和经营管理中所创造的具有自身特色的精神财富和物质形态，其中价值观是企业文化的核心。企业文化的强弱程度具体体现在以下六个方面：（1）清晰度，工作和任务能否清晰有效地完成；（2）标准，管理层对员工的业绩期望标准；（3）承诺，员工对完成组织目标所做的承诺；（4）责任，员工不需要监督，自愿承担任务，完成目标；（5）认可，员工感受到因完成任务而受到认可的程度；（6）团队精神，员工感受到的团队凝聚力和团队精神。

第 2 节 新创企业成长陷阱

通过初创时期的摸索，新创企业逐渐形成符合市场需求和自身优势的发展模式。当走出初创期、进入成长阶段，新创企业开始关注如何实现快速成长以强化市场竞争力。在“从小到大”的转变中，创业者常常遇到各类成长陷阱。

一、企业成长过程中的复杂性

随着企业的成长，企业经营中的复杂性也随之涌现，这种复杂性可能源自企业业务和部门的增加、外部竞争的加剧、政府与社会公众等利益相关者的增多、国际化和行业技术变革的加速等。具体而言，企业成长过程中的复杂性表现在企业内部与外部两个方面。

（一）企业内部的复杂性

企业内部的复杂性具有多种呈现形式。首先，在企业组织结构方面，随着企业规模的扩大，企业内部机构和职能部门不断增多，然而，设立过多的机构和部门可能会造成企业机构臃肿、层次冗余、人浮于事，造成不必要的工作时间和成本，降低企业运营效率。

其次，随着企业的不断成长发展，人力资源管理工作也变得愈加复杂。传统的人事管理思想可能已经不能满足企业发展的要求，如不能及时更新管理思路，就无法实现科学高效的人力资源配置。另外，如果企业不完善现有的人才培训机制，或不能引进先进的外部人才，可能无法适应现阶段企业成长的需要，无法达到较好的管理效果。

再次，在企业财务管理方面，企业在扩展业务的过程中，会产生大量的额外资金需求，企业如果不能做好风险评估和财务管理，就很有可能面临资金不足的境况。

最后，在企业战略规划方面，企业快速成长可能会带来企业员工素质和部门职能与企业现实发展情况出现较大差距的问题，管理者为了缩小这种差距将自身精力过多地投入到日常管理事务中，而忽略了企业的战略规划，这可能会造成企业接下来的生产经营没有明确的计划，缺乏方向性，直接影响企业之后的运营以及最终的经济效益。

（二）企业外部的复杂性

企业所面临的外部环境复杂性也在不断增加。一方面，企业的成长与壮大伴随着越来越大的竞争强度。竞争强度反映了企业所处行业的竞争状况。竞争越激烈，越容易出现价格战和更多的广告促销，替代品也会层出不穷。当行业竞争强度达到临界值，行业可能出现大量恶性竞争现象，如持续的价格战、产品同质仿冒严重等。越来越复杂多变的竞争形势对成长中的企业接下来的经营与管理提出了更高的要求。

另一方面，随着企业的成长，规模与业务的扩大，企业所面临的外部利益相关者的数量和差异性也随之增加。从利益相关者视角出发，企业在创造利润、对股东承担经济责任的同时，还要承担对员工、消费者、供应商、政府、社区和环境的社会责任。企业需要平衡多种利益相关者的利益诉求，而不能只重视单个利益相关者的要求。此外，随着企业越来越成功，企业的社会影响力也会不断扩大，企业也会越来越受到公众的关注，这也在无形之中增加了企业面对社会舆论的压力。

二、企业成长的陷阱

企业成长过程中复杂性的增加也对企业的管理能力提出了更高的要求，如果管理者没能很好地应对内外部环境的变化，就有可能落入成长“陷阱”。

（一）管理性资源的陷阱

英国学者彭罗斯指出，中小企业的初期成长大多是因为快速成长而产生了管理的需求，而不是管理实践推动了企业的快速成长。彭罗斯认为，企业是一个“生产资源汇聚的管理性组织”，企业的成长过程同时受制于两个方面：内部资源与外部机会。

在企业内部生产性的、有价值的资源中，彭罗斯尤其强调管理性资源。然而，新创企业积累的管理性资源十分有限。新聘管理人员需要时间来适应组织和原有的管理团队，这会使企业成长的速度受到限制。从某种程度上来说，管理性资源的扩张既是企业成长的加速器，也是企业成长的限制性因素。由于受管理性资源的约束，一个迅速成长的企业极有可能面临管理能力瓶颈，因而在随后的一段时间内处于低速成长的状态。这就是彭罗斯效应（Penrose effect）。

在数字时代，彭罗斯效应的表现更为明显。随着企业的数字化程度不断提升，企业逐渐成为各种网络与关系联结的综合体，企业的网络化趋势不断显现。诚然，基于数字技术的网络可以促进信息的收集和增殖，因而管理人员可以接触到的信息量大大增加。然而，网络中的海量信息也对新创企业提出了更高的要求，管理者需要不断学习以适应技术的快速迭代。

（二）财务管理的陷阱

随着企业规模逐渐壮大，企业面临的竞争日趋激烈，企业想要在激烈的竞争中立于不败之地，就必须提升自己的综合竞争力，保障日常经营按照既定的目标运作，提升自身效益。而财务管理工作在企业运作中占有十分重要的地位，贯穿企业生产经营的各个环节，企业必须重点关注。现金耗用速度与现金回收速度之间的管理不当，是大多数企业倒闭的直接原因。创业企业需要建立起有效的一体化运营和控制体系，包括会计、存货、采购、运输和出票系统，否则现金流管理不当很可能导致企业经营出现混乱甚至崩溃。尤其是在疫情背景下，现金流管理显得格外重要，长时间大范围的停工停产对企业的生产经营甚至生存都造成了巨大的挑战。疫情当前，企业需要充分争取财税优惠和扶持政策，通过努力压缩成本、细化预算等措施，确保资金链平稳，生产经营有序恢复，这样才能顺利渡过危机。

（三）战略管理的陷阱

在创业初期，企业往往不被市场认可，缺乏足够的市场机会和市场回报，当跨越创业初期，高速成长企业面临的挑战是过多的商机。如果总想抓住每一个商业热点，可能会在众多机会中迷失战略方向。企业进入成长期后，创业成功使得经营者和员工充满信心，利润回报增厚也使得企业具有了一定的扩张实力，同时也较易获得外部投资者的青睐，这些都可能诱发企业继续扩张。而过度自信的经营者可能误以为成功经验可适用于多个领域，盲目对其进行复制，进而导致企业面临更多的经营风险。而且，在成功跨越初创期后，商业模式得到验证，会引发众多的模仿者，竞争陡然加剧，这将破坏原有的商业模式。如果资源过度分散，没有聚焦主营业务，企业可能面临比初创期更大的困境。

与过度扩张相对应的是过于保守，这往往导致企业过早进入成熟期与衰退期。面对动态变化的外部环境，企业经营如逆水行舟，过于保守的策略可能让企业错失发展的重要契机。例如网上图书商城当当网在 2010 年赴美成功上市之后仍然以图书为核心业务，与之不同的是在这之后，淘宝、京东、苏宁易购等竞争对手采用全品类的战略，不断扩张，迅速占据了大部分市场。这时的当当网已经失去了当初的盛势，从领跑者变成了追随者。2016 年，当当网从纽交所退市，成为一家私人控股企业。

三、管理新创企业成长中所涌现的复杂性的方法

在新创企业成长中所涌现的复杂性可能“遮蔽”创业者和管理团队的双眼，导致企业陷入成长陷阱。因此，新创企业需要管理不断涌现的复杂性，为迈向下一成长阶段提供可能。

科文和斯莱文（Covin & Slevin，1997）提出了管理企业成长过程中复杂性的四种方法：扩散（diffusion）、减少（reduction）、重新定义（redefinition）和能力建设（capability building）。

“扩散”是指将在管理中造成复杂性的具有挑战性的问题分配给企业内部更有能力处理这些问题的子部门。例如，企业从员工中选取更具有经营意识、擅长管理的人才来经营某一业务部门。“减少”包括简化企业的运营结构，或将某些传统内部职能转由外部合作伙伴来提供。例如，随着业务的扩大，企业通过进行某种程度的重组和重新调整来简化业务流程，从而降低复杂性。“重新定义”是指从企业内部所拥有的优势出发，分析成长过程中衍生出的管理问题，并利用其中一个最直接的优势来解决该问题。例如，企业制定并实施正式的战略规划流程以适应成长阶段企业战略目标的制定与实现。“能力建设”强调提升企业现有的技能和内部创造能力，从而增强企业在成长过程中管理复杂问题的能力。例如，企业通过积极招聘优秀的外部人才或专家，确保企业可以继续创造和追求新的增长机会，从而在更长的时间内保持一个更稳定、快速的增长。

这四种管理企业成长过程中所涌现的复杂性的方法可以帮助新创企业维持高增长率。值得注意的是，“能力建设”方法是最具有前瞻性的，往往是解决成长中具有挑战性的复杂问题的最积极主动的手段。“重新定义”方法是最被动的，因为它强调企业家寻找方法重新定义增长过程中已经产生的复杂性。总而言之，每种方法都有其独特的意义和作用，以成长为导向的创业者应该综合运用这四种方法来管理成长中的复杂性。

第 3 节　新创企业成长战略

企业的快速成长需要以核心价值主张、商业模式、核心技术和战略为支点，以内部

组织能力和信息技术，以及外部技术、金融、市场资源等为杠杆，放大竞争优势，从而实现非线性增长。在这一过程中，企业通过技术积累和产品迭代，提升用户体验，逐步打开市场；另外还需要积极寻求外部资源支持，通过广泛的合作，嵌入外部生态系统，获取快速提升发展速度的战略资源，迅速打开市场。简言之，新创企业可以通过增加产品线和市场的地理扩张来实现增长，包括内部成长战略和外部成长战略。

一、内部成长战略

内部成长战略具体包括产品战略和市场（扩张）战略。内部成长不依赖于外部干预，几乎所有企业在早期阶段都主要依靠自身的专业能力、管理活动和员工来实现内部成长。但值得注意的是，内部成长也存在很多限制，当企业进入成熟阶段，原有的发展模式将难以维持增长，企业可能遭遇增长瓶颈。这时，企业需要抢占市场资源、增加新的产品或者寻找新的增长机会。因此，现在的创业企业很难完全依赖内部资源和自我“造血”功能来实现快速增长。

（一）产品战略

新产品开发涉及新产品的设计、生产和销售，这是提升企业盈利能力最直接的方式，尤其是在很多快速发展的行业，比如在信息和通信技术行业中，软件开发商、手机生产商为了保持竞争力，必须不断地开发新产品。

成功的新产品能够产生大量的回报，带来巨大的增长潜力，有效的新产品开发以发现需求、满足需求为前提，通过聚焦特定目标市场，平衡质量和价值，并且在产品上市后进行连续的用户反馈分析。由于新产品开发需要巨大的成本支持，因此这也是一种高风险策略。导致新产品失败的常见原因有：高估市场潜力、客户认为产品太贵、产品设计太差、产品与竞品没有区别、开发成本太高。除了开发新产品以外，企业还可以通过改进现有产品、提高现有产品的市场渗透率来实现增长，如提高产品质量、改进易用性或者增加新的功能等，这意味着提高了价值和价格潜力。例如，智能手机生产商通过推送新的功能或服务来提高增值收入。与开发新的产品相比，改进现有产品并延长其寿命成本低很多。手机生产商通过不断创新的增值服务与广告收入来提高营收。

企业也可以通过扩张战略设计制造其他版本的产品，吸引不同的客户。比如生产低端产品的企业，通过生产中高端产品来吸引不同客户，如计算机制造商都会生产不同版本的台式电脑或笔记本电脑，同一型号计算机的不同版本在配置和性能上存在较大差别，面向不同的细分市场。很多企业都是从单一产品起步，再扩展到相关的产品领域。除此之外，很多企业也会把核心竞争力应用到其他相关领域。比如，小米公司在手机业务成功后，向智能家居、穿戴设备、白色家电等相邻领域扩张。

（二）市场（扩张）战略

企业通过市场渗透战略，来增加产品的销售，这依赖于营销活动与不断提升的生产能力。市场份额的提升，需要增加广告支出、开展促销活动、降价、提升产能等来实现。很多企业从最初的地点扩张到新的地域就实现了增长。首先，市场（扩张）战略通常是在初始创业地点实现了成功运营，然后在扩张地点验证商业逻辑的合理性。但是在一个地点合理和成功的商业逻辑，在另一个市场并不一定奏效；而且，在迅速扩张的过程中，企业核心的管理理念、企业文化和管理模式可能会遭到稀释，导致扩张过程中潜在的危机。

另外一个市场扩张形式是国际化，国际扩张对高科技公司尤为必要。国际创业企业是指从一开始就试图利用跨国资源，在多个国家销售产品或者服务以取得重要竞争优势的企业。例如，阿里巴巴就是在世纪之交从跨境电商业务起步的创业公司。当然，当企业打算进入国际市场时，也要权衡管理组织、产品、分销和财务风险问题，如果能妥善解决这些问题，通过国际扩张实现增长不失为新创企业的一个发展机遇。一般来说，多数新创企业以出口的方式进入国际市场，还存在许可证经营、合资、特许经营、总承包项目以及全资子公司等国际扩张形式。

二、外部成长战略

与缓慢的内部成长战略相比，外部成长战略通过合作战略，能够实现更加快速的增长，包括合并、并购、战略联盟、合资、许可证经营等，部分战略的内涵和优劣势总结如表 11－1 所示。外部成长战略能够帮助企业减少竞争，比如通过并购竞争对手，减少价格战，帮助企业建立稳定的价格策略；通过合作策略，获得专有的产品或服务，或专有技术、商标等知识产权；进入新市场，从而实现规模经济，减少企业风险，实现快速增长。但是，外部成长战略的劣势在于，增大了管理的复杂度，在参与并购、特许经营、联盟等战略方面，管理者容易产生分歧和冲突，而且多个企业之间的合作可能在管理体系和文化上发生矛盾，企业之间难以兼容，而且可能在关键资源，如技术、商标、市场渠道上产生对外部企业的依赖。此外，战略联盟与合资也可能触发相关的反垄断调查。

表 11－1　主要的外部成长战略

战略	内涵	优劣势
并购	两家或者更多的独立企业合并组成一家企业，通常是由一家占优势的企业吸收一家或者多家企业	两家或多家企业之间能够实现优势互补，并购前的尽职调查非常重要，并购后的整合过程也非常复杂，容易产生管理冲突
许可证经营	授予另一家企业生产产品的权利，并收取版税	许可证接受商支付相应费用，可能产生知识产权失控现象
合资	多家独立企业共同拥有某企业	合作各方资源互补，但是失去部分控制权
特许经营	特许授权者与合作经营人之间关于产品、服务和经营模式的授权协议	特许授权者获得合作伙伴的本地知识和资源，但是失去部分控制权

（一）并购

很多新创企业通过合并、并购战略实现快速成长。合并是将两个或以上企业合成一个新企业，并购是一个企业买入另一个企业，其中继续存在的企业成为并购方，被并购企业为目标企业。通过并购战略，企业能够迅速扩大产品线、获得销售渠道、实现规模经济，或者获得关键的技术资源。并购主要有以下两种：一家企业并购竞争对手，或者并购拥有自己所需能力的另一家企业。例如，京东并购易迅，阿里巴巴并购高德地图等。

然而，失败的并购也比比皆是，企业将其他企业吸收到当前的系统中存在很多障碍和阻力，可能会带来很多矛盾，耗损竞争力。西格尔和西蒙斯（Siegel & Simons，2010）提出人力资源的整合是并购战略成功的关键。

首先，找到合适的目标企业，需要并购方对目标企业的经营能力、核心资产做到全面了解，并获得目标企业及其重要利益相关者的认同，对保留关键员工、核心技术和市场资源有较高的把握，并且评价双方在管理团队和企业文化上的兼容程度。其次，通过律师和评估团队，评估和协商并购价格，确定并购交易的融资来源，取得必要股东和第三方的认同。再次，聘用律师准备并购文件和设计相应条款，包括关键员工的非竞争协议（不允许目标企业关键员工在特定时期内经营同类型竞争企业）。最后，实施并购方案。

（二）许可证经营

许可证经营是一家企业允许另一家企业在特定的条件下，使用特定形式的知识产权，其包括前者所拥有的专利、商标等。许可证经营主要包括两种类型：技术许可经营与商标及符号许可经营。对于开发了创新的产品和技术，但是缺乏相应制造和销售能力的企业来说，许可证经营是一种非常有效的办法。新创企业能通过购买大公司技术许可权的方式而受益。许可证经营依据双方签订的许可证经营协议进行，可以是独占或非独占的，用于特定目的或限于特定区域。许可证接受商通常就知识产权的使用向授权商支付初始费用和版税。

技术许可经营是许可证授予商将受专利保护的专有技术进行许可证经营。一方面，企业通过开发技术提升自有产品的竞争力，同时通过对外特许经营可以分摊成本和风险；另一方面，通过与大公司签订许可证经营协议，新创企业可以聚焦于新产品的开发，在市场上与营销导向型企业进行合作，扩大市场竞争力。许可方要注意不过多泄露关于其专有技术的信息，这要权衡满足被许可方的要求与保护核心技术。

对于商标及符号许可经营，许可证授予商将受注册商标或版权保护的品牌进行许可证经营。同样，一些新创企业将商标进行许可，不仅可以赚取许可证经营收入，还可以把产品推广至更大的市场。商标及符号许可经营的风险在于，过度授予许可证可能会产生良莠不齐的经营，丧失对产品质量的控制，从而稀释品牌价值。

（三）战略联盟与合资

一家企业依靠单打独斗很难取得成功，可以通过战略联盟和合资的形式，与其他企业合作，从而实现跨越式的增长。建立战略联盟，是指合作企业为了实现特定战略目标在两个及以上企业中建立合作关系。研究表明，战略联盟关系能够提高一家企业的技术创新、产品创新和国际化表现；联盟形式一般都是非正式的，并不需要创造一个新的合资企业。尽管战略联盟能够带来诸多优势，但是建立联盟并且让其成功运转是非常复杂的，也存在诸多的机会主义风险，而且一次失败的联盟可能会导致企业机会、技术、时间资源的耗损。除此之外，联盟关系虽然容易进入，但退出成本较高。

建立和经营成功的联盟关系有以下几个步骤：首先，选择合适的合作伙伴。企业资源错位互补是在合作伙伴之间产生协同效应的基础，是真正推动企业合作卓有成效的机制，而不仅仅是契约。此外，合作伙伴之间的信任和承诺关系对联盟的成败也至关重要，因此，考察合作伙伴的声誉、合作伙伴与其合作伙伴的合作情况也能提升战略联盟的成功可能性。其次，对于小企业来说，甄别合作伙伴、协商和谈判可能需要花费很多时间和精力，而且可能无功而返，因此需要尽可能早地切入正题，直面合作中最难以达成共识的部分。负责联盟沟通的人，应该对双方有着很深的了解，并具有一定的决策权，这样能够极大地节约沟通成本。联盟条款应该包括“退出”条款，允许联盟各方相对容易地退出协议。最后，为了让联盟发挥作用，合作各方的文化契合也非常重要，如果参与合作公司的做事方式差别较大，例如，一家公司能够迅速决策，而另一家公司却需要层层汇报、层层审批，这就容易产生期望偏差。合作各方都应该指定一名负责人对联盟进展负责，而且合作各方的员工也要经常交流，这能够增进信任和了解，有助于合作战略的成功。

联盟的出发点是让企业能够专注于所擅长的专业领域，与其他企业合作以弥补专业技能上的不足。这种方式对新创企业尤为重要，因为新创企业通常不具备面对市场竞争的全部能力。技术联盟和营销联盟是最常见的联盟形式。前者主要体现在研发、工艺和生产方面的合作。相较于企业独立进行研发，这往往能够以更快的速度、更低的成本开发出新产品。后者主要体现为分别拥有分销系统和产品的企业之间的合作，这样能够促进产品的市场推广，负责生产的企业聚焦于产品的制造，负责分销的企业专心进行市场推广，既能发挥规模经济优势，又能节省成本。

合资企业是当两个及以上企业联合它们的部分资源来创造一个独立的、共同拥有的组织时所建立的实体。建立合资企业最常见的目的是进入国外市场。打算进入国外市场的企业可与一个或多个当地伙伴成立合资企业。除进入国外市场之外，存在着规模型合资企业和联系型合资企业。在规模型合资企业中，合作伙伴就价值链上的某项活动进行合作，以取得生产或销售的规模经济，为开发新产品提供契机。在联系型合资企业中，合作方地位并不对称且目标存在分歧。在较大规模的企业中流行一种混合型合资企业，通过占有一定股份，大企业承担的是风险投资家的角色。大企业一般向那些有潜力在未来成为上下游供应商或客户的企业提供这种性质的投资。大企业占有小企业股份使自身对小企业的发展有发言权。随着小企业的成长，大企业有时会进一步并购这家小企业，有时也会出售这家小企业的股份。

战略联盟与合资的优势在于，能够获得特定的资源，如资本、人力资源、生产资源、技术等，通过扩大规模，实现规模效应、风险共担，促进新产品、新技术、新市场的开发，能够快速进入新的市场，获得竞争优势；而劣势在于，出让部分专有资源，丧失控制权，合作方可能成为竞争对手，合作各方在文化和制度上的差异，再加上合作各方之间可能缺乏信任和承诺，从而增大了管理复杂度，还可能导致对合作方的依赖，丧失自主决策权和组织灵活性，因此战略联盟和合资企业的失败率很高。

（四）特许经营

特许经营是特许授权商与加盟商之间，就销售产品、提供服务和经营模式达成协议，借助合作伙伴的努力，将自家产品和服务推向市场。2019 年 9 月，小鹿茶品牌开始独立运营，同时推出行业首创的“新零售合伙人”模式，面向全国招募运营合伙人。据媒体报道，在小鹿茶的“新零售合伙人”模式中，合伙人在盈利后才按照利润进行分成，合伙人只需要负责门店选址和装修，以及在门店日常经营过程中承担产品制作和交付的职责，剩下的品牌营销、客户发展、数字化运营系统的开发迭代、供应链管理等都将由小鹿茶来承担，是一种典型的特许经营模式。

在特许经营模式中存在两种不同的经营体系，即产品和商标的特许经营、经营模式的特许经营。前者是特许授权商与加盟商关于其产品和商标使用的许可经营，往往是制造商与零售商、分销商之间的网络连接，对加盟商的日常活动监督较少。后者是通过培训、营销和其他形式将一种经营模式和标准提供给加盟商。例如，麦当劳把如何经营的每个细节都提供给特许加盟商，包括炸薯条的程序步骤、员工问候顾客的话术等。这两种模式都是从加盟费和特许权使用费中获利。

特许经营较常使用三种特许经营协议：最普遍的是个体特许经营协议，在特定范围内，只授予唯一经营权；区域特许经营协议，允许加盟商在某一地区开办和经营一定数量的门店；特许经营总经销权，经销商不仅有权在特定区域开办和经营一定数量的门店，而且可以销售该特许经营权。通过区域特许经营和特许经营总经销权，特许授权商拓展的多家分店，称为连锁特许加盟商，这种方式可以实现加盟商的规模经济，促进快速发展。

特许经营是一种流行的成长模式，在零售、服务、服饰等行业被广泛采用，有助于企业快速成长，缓解资源压力，但失败的案例也比比皆是，例如近年来快速发展的各类奶茶店，经营门槛相对较低，容易吸引个人投资者，但很多特许人并不具备“成熟的运作模式”，存在欺诈行为。加盟方在签订合同前，应在对外公开的企业信用信息公示系统、商务部商业特许经营信息管理系统、国家知识产权局商标局网站等先行了解特许人的名称、注册资本、企业标识、注册商标等内容，通过企业信息查询网站查询特许人的相关经营、股权变动及注册资本变动等信息，这样能够在一定程度上“避坑”。

三、平台战略

（一）平台战略的内涵

纵观全世界近年来成长最快的创业公司，无不是采用了数智技术和平台型商业模式，如特斯拉、字节跳动、苹果等。平台战略的核心在于打造完善、活跃的生态系统，平台各方之间能够相互促进，带动彼此成长。平台战略是指连接两个或两个以上特定群体，为它们提供互动或交易机制，满足不同群体的需求，并从中获利的商业模式。斯隆商学院施马兰西（Schmalensee）教授用“触媒”来形象地阐述平台型商业模式，“触媒”的作用是催化其他物质之间发生化学反应，平台的功能就是促进各方之间的交换和协同。也有其他研究者把平台描述为促进多边主体互动的空间。

平台战略不仅广泛应用于互联网行业并取得了巨大的成功，在传统制造业企业中，平台化的思维也得到了广泛的应用。例如，传统制造业企业海尔集团，通过实施平台化战略，在原有业务基础上，通过“人单合一”模式，组成自主经营体作为平台主体，海尔通过供应商资源和用户资源赋能平台上的企业用户，“企业平台化、员工创客化”，使得传统制造业企业焕发出新的生命力。

平台的构建必须形成双边或多边网络，发挥同边和跨边的网络效应，虽然平台市场和平台战略具有很大的潜力，但是在构建和维护双边市场方面极具挑战性。有学者认为在设计平台型商业模式时最重要的是定价。平台提供者可以从网络两边获得收入，然而在大多数情况下，比较明智的做法是对其中一边进行补贴，对每一边制定价格时，需要通盘考虑对另一边支付意愿和增长的影响。平台模式中存在两种形式的网络效应：同边效应和跨边效应。前者是指平台一方用户的增长对同一方用户价值的影响。例如，淘宝平台上消费端用户越多，在用户之间就更容易产生购物话题，从而通过社交、推荐产生更多购买行为，当然，这无疑加大了定价问题的复杂度。跨边效应是指平台一方用户的增长会影响另一方用户的价值。定价方法的目的在于通过补贴一方用户，形成跨边效应，促进另一方用户的增长，盈利方更愿意为获取这些用户而付费，而且盈利方规模的增长又提升了平台对被补贴方的吸引力，使其更加踊跃地加入平台，从而促进平台的快速发展。

此外，平台提供者往往采用包围战略进入新的市场。平台包围是一种有效的平台市场拓展策略。平台在不断进化，平台中的领导企业在不断迭代，前一代平台会被新一代平台超越，尤其是在互联网平台中，经常会出现平台之间相互包围的现象，从而使得市场边界变得非常模糊。比如，从社交网络起步的腾讯平台系统，以及从电商起步的阿里巴巴平台系统，均已通过包围战略进入对方各自领地，在电子商务、娱乐、支付、金融、物流、新零售、云计算等多个领域展开竞争。所以，平台企业仍然会面临巨大的竞争压力，各自通过包围战略进入对方市场，不同平台的用户相互重叠，一个平台已经积累的用户关系资源很容易被另一个平台的生态系统吞并，如果竞争对手联合多个平台展开竞争攻击，就会给单一功能型平台带来致命的冲击。例如，苹果公司的 iPhone、iPad 平台系统向手持游戏机、电子阅读、个人数据服务、数字内容、信息检索等领域包围，而谷歌进入了在线支付、浏览器、移动操作系统等领域，两家公司展开了激烈的竞争。

（二）平台战略的要素和特征

平台战略包括平台主体、互动关系、环节三大要素。平台主体包括平台提供者、平台参与者两类，平台参与者包括各种类型的主体，如成员企业、合作伙伴、客户以及其他相关主体，每一类主体代表平台的一边，共同形成平台的双边或多边结构。平台各个主体之间因为资源、能力的互补关系，通过彼此之间的吸引、交流产生交易关系，通过物流、信息流、资金流等，形成不同形式的互动关系。此外，平台主体之间的互动构成了平台中不同的活动内容，每个活动都需要平台的赋能和管理，从而形成平台中的不同环节。因此，鉴于平台战略中多主体的参与、互动和合作，平台战略以开放、互动、生态、共赢为主要特征。

（1）开放是平台的本质属性。通过向外部开放资源和技术，才能发现更多的合作伙伴，才会有更多的主体参与平台，才能缔结广泛的、紧密的合作关系。这种开放性基于平台相应的准入和退出机制，确保平台参与者的质量和交易的公平公正。平台的开放性将逐渐消融企业与企业、企业与用户，甚至行业与行业之间的边界。

（2）互动是平台生命力的体现。平台上各主体间的互动关系呈现出双向、网络化、放射状的特点。这种互动关系的多元化、复杂化和规模化，使平台得以迅速地发展和繁荣，创造巨大的社会需求和商业价值。同时，平台上的各主体，在平台的赋能下，迅速向外延展，通过连接外部环境，形成平台与外围环境的广泛互动。例如，以“参与感”

为特征的小米模式，颠覆了手机厂商与用户的传统交易关系，通过“粉丝经济”和“粉丝文化”，利用社交平台将用户聚集起来，在大量的平等的互动交流中，改变了传统厂商设计生产、用户选择购买的流程，而是用户表达需求，厂商再设计生产，通过精准把握用户需求，有针对性地开发、快速迭代，不断改善用户体验，从而占领市场。

（3）共赢是平台战略得以运转的前提。只有平台各主体能够借助平台各取所需、有所收益，平台才具有可持续发展的潜力，从而对不同的参与者产生“黏性”。平台构建了一个多边市场，各主体在市场中公平交易，创造价值，促成平台的繁荣。因此，共赢也是平台战略最重要的“价值观”，如果平台无法实现公平交易，一方的发展以侵害另一方为代价，平台模式便无法持续。例如，2011 年，在阿里巴巴 B2B 对外贸易平台上，发现 2 000 多家中国供应商涉嫌欺诈全球买家，给阿里巴巴的声誉造成了严重的损失，阿里巴巴 B2B 公司首席执行官（CEO）、首席运营官（COO）、资深副总裁均引咎辞职，着力维护阿里巴巴的核心价值观。

（4）平台的目标就是要打造一个生机勃勃的、良性的生态系统。各主体处于生态系统中的不同“生态位”，按照相应的平台规则和机制进行互动和交易。平台通过不断自我革命、优胜劣汰，找到各参与者的“最大公约数”，提高平台参与者的价值共创和协同效应。平台在自我进化和成长的过程中，需要持续保持一定的生态稳定性。

案例分析

小米手机“西游”之路

小米公司于 2010 年在北京成立，2011 年凭借互联网营销模式及低价策略迅速进入手机市场，利用“粉丝经济”“参与感”，在 2014 年、2015 年的中国手机市场中独占鳌头。从 2014 年 7 月开始，小米成功进军印度市场，以闪购模式及超高的性价比在中低端手机市场赢得了客户青睐。同年 12 月，小米深陷专利侵权案件，其产品被禁止在印度制造、推广和销售。而与此同时，国内 OPPO、vivo、华为等手机品牌的发展势如破竹，对小米造成重创，小米的互联网营销模式进入缓慢发展阶段。小米手机销量在 2016 年出现近 30%的跌幅。2018 年 4 月，印度政府宣布对进口智能组件征收 10%的基本关税，手机整机关税则由 15%提高至 20%，其核心目的在于推动印度手机的本土化生产，从而带动国内的经济发展，但这一政策调整导致小米的手机制造成本飙升。2017 年中国智能手机市场整体出货量首次出现下跌，与 2016 年相比，跌幅为 4%。随着各大手机品牌持续发力，截至 2017 年年底，国内智能手机品牌商由 2016 年的 200 余家减至 120 余家，国内手机市场的竞争越发残酷。

小米面临国内市场的激烈竞争，要想实现企业的可持续发展，只得另辟蹊径，将目光投向海外，以海外旺盛的市场需求解决国内市场饱和所导致的购买力不足问题。2017 年 12 月底，小米印度子公司的总资产为 58.705 亿元，营业收入为 204.823 亿元。印度智能手机市场存在近 5 亿客户的空白，小米紧抓这一契机，在进军印度市场伊始，就将目标客户聚焦于中低收入群体，将手机售价控制在 470～1 880 元（折合价）。印度客户对价格的敏感性与国内客户具有较高的相似性，这使小米的低价策略有了用武之地。

2014 年印度政府开始全面推行改革，提出“印度制造”“数字印度”战略，大力发展制造业和互联网行业，这些利好政策都为小米在印度推行本土化生产打下了坚实基础。小米自 2014 年 7 月进军印度市场以来，始终积极配合印度政府实施各种战略，以获取更多政策优惠。尽管印度政府对外商投资准入的行业进行了限制，但鼓励生产电子产品的外资企业进入印度市场。2018 年，小米新建的三家工厂主要分布在印度的各工业园区内，小米可以从各工业园区的区位和资源优势中获益。

小米在印度市场推行的商业模式经历了从出口、直接投资再到战略合作的转变。2014 年 7 月，小米与印度最大的电商网站 Flipkart 合作，将出口至印度的手机在该电商网站售卖。同时，小米积极拓展线下销售渠道，与本土零售商达成战略合作，如智能机零售商 Big C Mobiles、Poorvika Mobiles 以及小型家庭商店、精选合作商店等。随着发展规模的不断扩大以及印度税收制度的改革，小米的国际化战略开始由“轻资产”向“重投入”转变。2015 年，小米在班加罗尔成立了研发中心，以期借助自身的核心优势进行本土化创新，进而实现优势再塑。小米与富士康合作，在印度建立首个用于 PCB 板组装的表面贴装工厂。小米不断加大对线下渠道的投资建设，已在线下设立了 40 家小米之家、500 家小米服务中心、2 家呼叫中心以及 3 家专门的维修厂。除富士康外，小米还与其核心供应商智慧海派在多个领域合作，共同拓展手机、移动电源等业务，在印度建立了移动电源工厂，合作生产充电宝，这标志着双方合作更进一步。

小米也一直积极寻求与印度本土企业的合作。小米在 2015 年进行 C 轮融资时，首次接受来自印度的资本投资，即塔塔集团的投资。塔塔集团是印度商业巨头，其商业运营涉及多个领域，如通信、能源、汽车等。除此之外，小米积极寻求战略投资伙伴，参与投资了印度版微信 ShareChat、大学生分期支付平台 KrazyBee 等项目，意图将国内的商业模式逐步复制到印度。

小米对印度子公司、手机工厂、线下实体店的管理，更倾向于实施印度本土化战略。小米在印度的子公司由一位印度人担任高管，他负责小米在印度的各项业务。至 2020 年，在小米的印度工厂中，印度本地员工超过 3 万人，各工厂只配有一位中方负责人，承担各项对接工作。2017 年小米在海外市场的收入为 320.81 亿元，同比增长了 250%，占公司总收入的 36.24%。截至 2018 年 3 月 31 日，小米的印度子公司的总资产为 57.29 亿元，净资产为 4.9 亿元。印度手机市场用户数量见图 11－4。

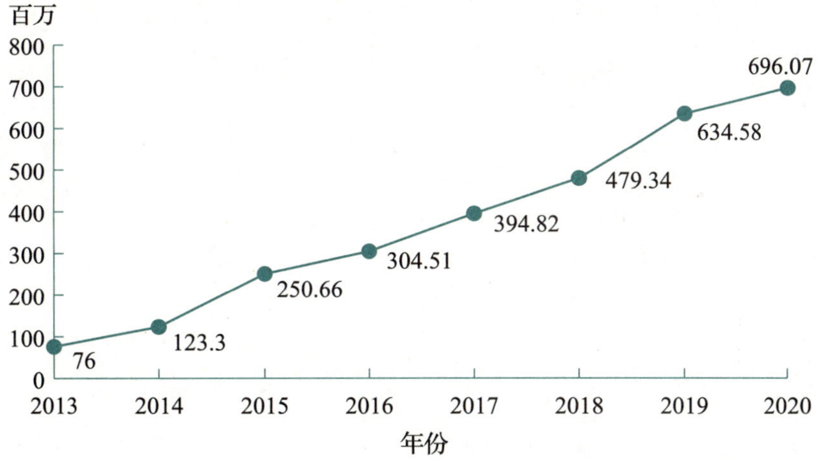

图 11－4 印度市场手机用户数量

讨论题

1. 小米在其国际化拓展中为什么选择印度市场？
2. 在印度市场中，小米采取了哪些国际化进入模式？
3. 对比各种模式，它们的优劣势分别是什么？

基本概念

企业生命周期　　创业领导力　　并购　　许可证经营
特许经营　　平台战略

思考与练习

1. 企业生命周期包括哪几个主要阶段，在各个阶段企业的主要特点是什么？
2. 新创企业在成长期的领导风格与成熟企业相比有什么特点？
3. 随着新创企业的发展，其管理模式发生了什么变化？对创始人有什么要求？
4. 实施平台战略的企业为什么更容易实现快速增长？
5. 在拓展国际市场时，成立全资子公司和特许经营各有什么优势？
6. 并购与合资有什么区别？各有什么优势和劣势？

第 12 章

陷入困境的企业

| 学习目标 |

- 掌握企业陷入困境前可能释放的量化信号和非量化信号。
- 掌握企业摆脱困境的主要方法。
- 了解如何在危机中处理企业与贷款人、债权人以及雇员的关系。
- 了解企业转型各阶段的管理重心。

引例

瑞幸咖啡的危机与自救

2020 年 4 月，瑞幸咖啡自曝财务造假约 22 亿元，此后事件一路发酵，最终瑞幸咖啡宣布退市破产。但瑞幸咖啡并没有“死去”，在破产重组后，瑞幸咖啡进行了一系列改革：

第一，关店。实现盈利的第一步是节流，瑞幸咖啡选择关停亏损的门店。截至 2020 年 11 月底，瑞幸咖啡的门店数从 4 507 家减少至 3 898 家。

第二，提价。实现盈利的第二步是开源，瑞幸咖啡采用餐饮行业常用的小幅涨价策略，但注重与星巴克等品牌保持价格差距。

第三，爆品。瑞幸咖啡内部新品研发采用赛马机制，平均每研发 22 款产品只有一款能面向大众。瑞幸咖啡的爆品策略非常成功，2020 年 9 月上市的厚乳系列已售出 3 160 万杯，占全年销量的 20%；2021 年新推出的生椰拿铁 6 月单月销量就突破 1 000 万杯。

瑞幸咖啡发布的 2021 年第三季度财报数据显示，瑞幸咖啡经营状况持续向好。从营收来看，瑞幸第三季度总净收入达到了 23.502 亿元，较上年同期增长 105.6%。在门店数量方面，瑞幸咖啡自营门店和加盟门店总数也达到 5 671 家，超过星巴克最新公布的中国门店数量 5 360 家（截至 2021 财年第四季度），成为在中国门店最多的连锁咖啡品牌。

资料来源：如何爆火，如何跌落，又如何自救崛起？瑞幸给所有餐饮人上了一课．(2022-01-15)．https://www.163.com/dy/article/GTPJ1HGS05448B9H.html.

请思考：瑞幸咖啡是如何应对困境的？

第 1 节　失败的信号

一、危机信号的类型

新创企业的成长与发展总是伴随着各种挑战，尤其是在当今数字时代背景下，复杂多变的国内国际市场环境对新创企业的生存能力提出了更高的要求。然而，对重大危机的不当处理可能会使创业者数年的心血毁于一旦。创业者需要增强忧患意识，迅速而敏锐地洞察那些预兆危机的“乌云”，从而更好地化解新创企业面临的重大危机。本节将介绍几类重要的危机信号，创业者需要在企业经营的过程中对这些信息保持敏感，在危机扩大前及时采取应对策略。

（一）量化信号

巴布森学院的乔尔·舒尔曼（Joel Shulman）教授提出，净流动资产余额对总资产比率（net-liquid-balance-to-total-assets ratio）① 可以作为预测危机的一种量化信号，这一指标能够有效地预测企业在两年之内可能发生的贷款违约。

净流动资产余额对总资产比率这一指标强调了现金（流动资产）的重要性。舒尔曼将流动资产分成两类：一类是经营性资产，包括存货和应收账款；另一类是金融性资产，包括现金和有价证券。类似地，他也将负债归为两类：一类是经营性负债，包括应付账款；另一类是金融性负债，包括应付票据和契债。

净流动资产余额可以用一个简单的公式表示：

净流动资产余额＝金融资产(现金＋有价证券)－金融负债(应付票据＋契债)

正的净流动资产余额表明现金剩余超过可赎回债务，反映了企业从现有金融储备中支付账单的能力。而负的净流动资产余额则表明对短期外部资金来源的依赖。在其他条件相同的情况下，净流动资产余额越高，出现流动性问题的风险就越低，企业破产的风险也就越低。

用净流动资产余额除以总资产，就可以得到净流动资产余额对总资产比率，作为衡量企业相对流动性的指标。净流动资产余额对总资产比率反映了企业净流动金融资产的百分比，负值意味着企业的可赎回负债大于流动金融资产。虽然负值并不一定带来违约，但它意味着这家企业依赖短期资金来源，并面临破产的危机。因此，企业的净流动资产余额对总资产比率是负值且绝对值越大，企业面临的再融资风险和随之而来的破产风险就越大。

（二）非量化信号

除量化信号外，企业经营中也会出现一系列预示危机的非量化信号。如表 12－1 所示，非量化信号可能会隐藏在员工行为表现、人员变动、财务表现与外部环境中，此类

① 净流动资产余额对总资产比率＝净流动资产余额/总资产。

信号可以帮助企业监控和预测各成长阶段中可能爆发的危机。

表 12－1 预示企业危机的非量化信号

员工行为特征	创业团队关键成员行为异常，例如，频繁不参与企业活动或无法取得联系等 财务人员对企业决策持保留态度
人员变动特征	财务人员或管理层等关键人员发生变动
财务特征	不能及时出具财务报表，甚至账表不符 研发资金较以往减少 信用额度减少
环境特征	有不同于平常工作的“大项目”启动 所处环境发生变化，或市场中有新的竞争者环伺

其中“环境特征”一栏尤其值得创业者关注。即使企业内部经营状况良好，没有释放危机信号，创业者也应该主动关注并搜寻外部环境中的“弱信号”（weak signals）。弱信号是由战略学家伊戈尔·安索夫（Igor Ansoff）所提出的一个概念，是有关未来的模糊又颇具争议的零碎信息。这些信息往往隐藏在干扰组织日常运作的“噪声”中。弱信号通常具备五个特征：未知、变化无常、不透明、活跃、涌现。但并不是所有弱信号都值得关注，安索夫尤其强调那些对组织有深远影响，并且涉及关键资源配置的“策略性”弱信号。

识别策略性弱信号是防范危机的关键。因为在危机决策中，反应时间紧迫、反应任务艰巨，所以企业必须在发现模糊的弱信号时就加以识别，并做出决策。但早期的警告信号往往容易被人忽略。鉴于弱信号较难识别，研究者因此提出了“阈值信号”。“阈值信号”介于策略性弱信号和危机强信号之间，它显示现象和趋势的发展势头及方向已经达到值得重视的门槛。即使是未受过专业训练的人，阈值信号也可以帮助其有效识别环境中潜藏着的危机。阈值信号可以分为六类。

1. 有“预兆”特征的阈值信号

预兆信号会使人们产生猜想的情绪，从而形成一种社会氛围。除了激起人们异常的心理活动，预兆信号还可以调动人们记忆中的不同经验。即使人们处于不同的社会背景下，也会受被调动的记忆影响，最终对现象得出大致相同的理解。例如投资者通常认为股票市场会在重要国家会议后迎来大涨，一旦预期的牛市没有出现，人们往往会认为这是一种危机的预示。

2. 发挥“因头”效果的阈值信号

“因头”的含义类似于借口，它与之后的事件可能没有直接因果意义上的联系，但它可以触发后来的事件。例如华为和中兴事件后，RISC－V 基金会总部迁往欧洲，这是减少潜在政治风险、表明芯片产业中立化的好因头。这类信号需要重视，因为它能给本来难以启动的事情带来转机。

3. 内含“枢纽”性质的阈值信号

如果弱信号暗示了枢纽性质的传播或联系，那么对这类信号必须格外重视。原因是：枢纽联系能促生网络效应，引起某现象的指数级增长；枢纽特征的传播也代表着改变市场交易通道的潜力，一旦市场交易通道被改变，其带来的影响往往难以消除；枢纽还可以成为一种获取资源的新工具，能够引发利益相关者之间力量的此消彼长；枢纽特征能激励被边缘化的人参与建设新秩序，例如“一带一路”倡议等。

4. 催生“新视角”的阈值信号

在数字时代，伴随数字智能技术的空前发展，市场形势极具复杂性与不确定性。在这一背景下，组织内部将会催生许多新的意见、看法和观点来应对各种危机和挑战。在新现象与危机交织的环境中，这些新的意见、看法和观点往往代表了解释新现象的不同视角。一个好的视角能够将众多碎片化的事件持续串联起来，过去被忽视的人物、事件和价值维度，也因为新视角而变得清晰明确。人们会依据新视角重新整理自己偏好的事实证据，并形成个人判断是非对错的标准，从而规范自身的行为。

5. 体现“催化反应”的阈值信号

在化学实验中，催化剂并不参加反应，但它能改变其他元素的排列组合，从而加速某种变化。有着催化剂特征的事件可能会加速现状的改变，导致某种新秩序的产生。例如，区块链技术的运用可以改变现有市场契约的缔结形式，催生新的商业交易形式。

6. 标志“拐点”的阈值信号

拐点往往代表一个新过程的起点，或是一个转到相反方向的分水岭。拐点信号代表着趋势的逆转，新旧事物的更替。“颠覆性破坏技术”就是经典的拐点信号，它代表以技术为核心的商业模式的转变。例如，人工智能的迅速发展将会颠覆目前传统劳动力在现有市场上所占据的局面。

（三）信号误判

创业者必须始终保持高度的警惕性，既要高度警惕“黑天鹅”事件，也要防范“灰犀牛”事件。新创企业在数字时代不仅要面临以往普遍经历的困境，还可能遭遇无法预测的各种挑战。然而，这些危机与挑战并不会突然而至。企业在陷入困境之前，危机的完全成形可能需要 18 个月到 5 年的时间。创业者需要在此期间洞察上述危机信号，并采取正确的应对措施。这一过程有赖于创业者和企业管理人员正确理解危机信号。

延伸阅读 12－1 从现在起就要防范下次危机！

信号误判是指在危机信号出现时，具有决策能力的管理层忽略了这些信号，或者是曲解了危机信号的含义。例如，一家企业的销售增长率和毛利率大幅度下降，管理层却将其误解为企业成长阶段的正常现象。诸如此类的信号还包括利润缩减、客户退货和清偿能力降低，它们常被误解为新项目的早期问题或业务变化的正常现象。

个人倾向与情绪是影响信号判断的重要因素。研究者发现，创业者总是倾向于优先处理比较令人愉快和容易理解的工作，而不愿意处理那些较为麻烦和棘手的困境问题。这种倾向往往会使得创业者忽略预示企业出现危机的信号，令危机得不到及时解决，企业最终错过了最佳时机，因此走出困境的可能性会变得微乎其微。

准确识别和判断信号离不开创业警觉。创业警觉不仅反映了个体对创业机会的敏感度和洞察力，还会影响创业者判断危机信号的能力。创业警觉在面对危机时的重要功能是帮助创业者形成清晰完整的认知框架。在创业者评估危机信号、形成危机感知的过程中，创业警觉可以促使创业者不断搜集和加工信息，进而对信息进行解释、编码和赋义，最终形成清晰完整的危机感知结果。决策者存在自动和受控两种信息加工模式。在自动模式下，决策者缺乏对新信息的辨别，将新信息作为已有观点的补充和强化，容易形成刻板印象；而在受控模式下，决策者的认知注意力会转向新信息，努力获取多样化信息，并对不符合既有认知图式的信息进行反应。创业警觉反映了创业者对不符合既有图式信息的敏感度，高度的创业警觉更可能激活受控模式，促使创业者更多地关注多样化信息，从而强化感知危机、判断危机信号的能力。

信号误判将会给企业、创业者和其他利益相关者带来一系列负面影响。许多企业会因为误解失败信号，在危机来临前夕盲目乐观，从而错失自救的机会，最终导致企业破产。而对于创业者本人，面对危机信号时可能出现信号误判这样"当局者迷"的情况。但是旁观者不同，银行、董事会成员、供应商还有客户总能敏锐地察觉到风雨欲来，企业管理层的不为所动只会让他们感到慌张，于是创业者的信用就会在不知不觉间受到影响。

即使创业者能够准确识别危机信号，也很难及时而准确地做出决策，企业仍旧有可能陷入困境。情感因素会阻挠创业者在危机严重时推行收缩战略，即缩减或退出那些没有实现发展或没有发展潜力的业务。这是因为创业者并不是完全的理性决策者，面对共同成长的员工和项目，情感因素会影响他们的战略选择。

创业视角 12－1　爱多 VCD 失败前的"预警"信号

二、引发危机的原因

外部环境的变化可能让企业陷入困境，例如经济衰退、利率变化、政策变化、通货膨胀等。尤其是在数字时代背景下，数字化、智能化技术的快速更迭给市场带来冲击的同时，也将造就一批新的强有力的竞争者，给企业的发展带来危机（例如元宇宙技术给传统影视娱乐行业带来巨大挑战）。来自外部的冲击会作用于整个行业，虽然部分企业在危机中被淘汰，但也有部分企业能经受住考验，甚至实现逆势发展。因此，外部环境变化揭露的是企业在环境适应能力方面的不足，其本身并不是导致企业失败的深层原因。企业的管理才是决定企业成败的主因，不当的管理会让企业陷入困境。新创企业常犯的管理错误可以归为三类：对战略性问题的疏忽，一般的管理问题，不健全的财务和会计制度。

（一）对战略性问题的疏忽

（1）错误理解市场定位。新创企业可能会形成一个存在偏差的市场定位，创业者可能会为了扩大企业规模而忽视盈利能力的提升。

（2）关系处理不当。维持良好外部关系是企业成长的关键，然而新创企业通常缺乏妥善处理与供应商和客户关系的经验。

（3）偏离主营业务，涉足不相关的领域。现金流充裕的企业普遍会犯的错误是在拓展业务的过程中进入不相关的领域，这种行为可能会分散企业的有限资源。

（4）短视效应。企业在试图为自己手中的"好产品"扩大市场时，一定要先对机会进行分析，而不是单凭臆想进行决策。

（5）盲目追求“大项目”。创业者为了追求“大项目”，可能会在不经过规划、不分析商机性质的情况下将资源孤注一掷。此时，一旦销售目标无法实现或无法按期实现，企业就会陷入资金短缺的困境。

（6）缺乏应急机制。如今的外部环境十分复杂且充满不确定性，新创企业容易忽视应急机制的建立，在突如其来的变化和挑战面前表现出高度脆弱性。

（二）一般的管理问题

（1）缺乏管理技巧、经验和专门技能。在企业的成长过程中，管理人员需要意识到自己的管理对象，改变陈旧的管理模式，从做管理人员转向管理管理人员。

（2）财务功能薄弱。随着企业的发展，会计方面的“大公司病”开始显现，但创业者往往会忽视对企业财务功能的提升，不能及时聘请专业的财务人员来适配逐渐壮大的企业，他们可能会疲于应对那些应计项目（如应付工资、应交税金等），而忽视了现金流的情况。

（3）关键管理人员流失。对于一些需要特殊或专有知识的行业而言，关键管理人员的流失可能会使某个部门甚至整个企业陷入短暂的混乱。

（三）不健全的财务和会计制度

（1）过度的杠杆融资。当企业内部融资能力跟不上企业的成长速度时，创业者或管理层可能会选择依靠发行短期票据来支撑企业的成长，最后导致现金流出现问题；管理层也可能采用有担保的贷款来代替股权融资，在企业陷入困境时，有担保的贷款给企业带来的压力更像是负债。

（2）缺乏现金预算/预测。此为产生困境的最常见原因，因为小规模的新创企业往往缺乏足够的现金预算。

（3）不完善的管理报告制度。财务报表无助于管理业务，存货分析、应收账款的剩余时间分析和销售分析等需要专门的管理报告，这些报告可以帮助创业者把控企业的处境。

（4）缺乏标准成本核算。在产品设计、制造和成本核算过程中，许多新创企业会陷入一种闭门造车的境况。它们不了解市场上相似产品的标准制造成本，在制造过程产生错误时无法及时进行纠正。另外，即使调研了市场标准制造成本，有的企业在进行内部生产时，各部门不奉行同一套管理制度，生产时各自编制材料清单，产品设计、制造和成本核算的标准可能就会因此产生差异。

（5）对成本理解不当。企业需要正确理解固定成本与可变成本的关系。从会计理论出发，所有成本在一个较长的时间维度下都是可变成本；但在实践中，几乎所有的成本都是固定的，只有销售佣金才是真正的可变成本。

三、困境的影响

与困境有关的信息将会对企业、员工以及创业者本人产生不同程度的影响。

（一）企业状态

威胁企业存亡的重大危机最后往往会引来外部力量的干预，这将极大地改变企业所处的商业环境。例如，被银行要求提前还款，与供应商采用现金结算，甚至被债权人提出企业破产的要求。这些来自外部的要求往往会加重困境中企业的压力，将企业推入一个更加岌岌可危的境地。此外，社会舆论也往往会站在弱势群体的角度向企业施压，企业作为亲历危机的主体，通常处于一个举步维艰的状态。

（二）员工状态

员工通常可以察觉到他们所在的企业身处困境。客户退货、债权人催款等现象都反映了危机的存在，因此员工会质疑管理层为何还没有采取措施解决危机。随着危机的扩大，员工也会逐渐对企业失去信心。在企业陷入困境时，即便创始人言行如常，甚至表现得更为乐观，员工仍会从同事或外部人员等各种信息渠道发现企业面临的困境。企业的正式信息沟通渠道将失去公信力，员工会更容易相信无法证实其真实性的流言蜚语。于是有的员工开始选择离职跳槽，剩余人员的士气也慢慢开始低落。

（三）创业者状态

当亲自创立的企业陷入困境时，不同的创业者会有不同的心理和行为反应。比如，一部分创业者可能在企业陷入困境时表现出强烈的消极情绪，而另一些创业者则不然。又如，部分创业者在危机下仍对企业保持持续的投入，而另一部分创业者则可能选择退出并“另谋出路”。研究者从创业身份认同、预期性悲伤和承诺升级的理论视角为这些现象提供了解释。

1. 创业身份认同

詹金斯等（Jenkins et al.，2014）在一项关于失败情绪反应的研究中发现，并非所有的创业者在遭遇困境时都会表现出强烈的消极情绪，因为这些创业者能够将自我价值与企业绩效区分开来。通过经营多项业务，他们维持了自己的创业者身份，因此，当他们的其中一项业务遭遇重大危机甚至失败时，他们并没有失去这种身份，所以感知到的负面情绪往往会更少。

当新创企业陷入难以挽救的重大困境时，创业者可能会选择退出当前企业并投入新的事业。劳斯（Rouse，2016）发现，具有较低创业身份认同的创业者将采用渐进式的身份分离方式。这类创业者先从退出企业开始，再利用一段时间来处理相关退出事宜，之后他们才会选择再创业。在退出企业的过程中，这些创业者依然保留着对企业的心理承诺，将企业置于个人的幸福之上。对于他们来说，退出企业是一种情感上的挑战，因此需要一段时间来处理退出企业的善后工作和负面情绪，完成之后才可以整装待发、重新创业。

而具有高度创业身份认同的创业者将采用并行式的身份分离方式。这类创业者在与计划退出的企业进行身份脱离的同时，就会创立或加入一家新企业。造成这种差异的原因是创业者身份认同感归属的不同：是对他们所创立的企业有强烈的认同感，还是对自己创业者的身份更有认同感。相比之下，第二种创业者更认同自己作为创业者的角色。在退出上一家企业的同时，他们也忙于开展另一家企业的业务。对这类创业者来说，与新创企业心理疏离感的产生先于实际退出企业。此类顺序差异使得他们在退出时会经历更少的负面情绪。

2. 预期性悲伤

当新创企业陷入重大危机时，创业者可能会产生预期性悲伤的心理状态。预期性悲伤是指在损失事件发生之前对损失情绪的准备。谢泼德等（Shepherd et al.，2009）将预期性悲伤过程视作一个起点，一旦对企业有强烈情感依恋的创业者预感到他们的企业即将遭遇重大危机，创业者就会为他们即将失去的机会、工作常规的改变或他们的创业梦想未竟感到悲伤。通过损失事件发生前的预期性悲伤，个人会开始着手处理一些即将到来的损失，从而有利于减轻损失事件发生时的情感负担。预期性悲伤可以使创业者在情感上为即将到来的重大危机或失败做好准备，从而促使他们从危机中更快地恢复。但是，预期性悲伤也可能会导致另一个负面后果，创业者在企业遭遇危机期间无法平衡好自身情感和财务成本，这种情况可能会给创业者造成巨大的经济损失。

3. 承诺升级

承诺升级理论解释了在新创企业陷入困境时创业者仍持续投入的现象。承诺升级是指创业者即使事先确定项目将要失败，仍继续将资源和时间投入到失败的行动或项目中。承诺升级通常会发生在需要做出一系列决策的情境中，这是该现象发生的首要条件。例如，创业者需要在处理危机时做出大量决策，包括人事调整、资源分配等。需要警惕的是，持续的时间投入和债务负担可能会让企业家陷入继续经营无利可图的企业的陷阱，承诺升级的过程可能增加创业者的财务损失，带来更多的负面情绪，甚至可能过度消耗在二次创业中可调用的有限资源。

第 2 节　摆脱困境的方法

危机或困境并不意味着创业的彻底失败，创业者仍可以发挥能动性，积极寻求摆脱危机或困境的方法，在危机中育新机，于变局中开新局。

一、诊断分析

诊断分析企业陷入困境的原因能够帮助创业者“对症下药”，找到摆脱困境的可行路径。诊断分析方面的工作纷繁复杂，因为处于困境中的企业往往在战略和财务两方面都存在决策失误。例如对于一家有着巨额应收款项的企业来说，需要解决的问题是弄清导致应收项目数额过于庞大的原因——是由于不良的信用政策，还是因为企业所在行业需要利用更为自由的信贷条件参与竞争。

诊断分析包括以下三个方面：战略层面、管理层面以及数据层面。

（一）战略诊断分析

战略诊断分析的目的是确定企业有能力参与竞争的市场，以及制定相应的竞争战略。这是企业制定前瞻性战略规划并使其发挥实效的第一步，也是极为关键的一步。正是由于忽视了前期的战略诊断分析或者战略诊断分析能力不足，许多企业虽然也进行了战略规划的制定与实施，但往往脱离行业与企业实际，无法为企业发展指明正确的方向，导致企业发展出现偏差，最终产生了危机而造成企业元气大伤。

战略诊断分析首先应建立在对宏观经济以及对产业发展的精准把控之上。这就要求对企业的外部环境进行全面的调查与分析，包括收集宏观经济数据、行业情报以及进行市场走访调研，从而全面把握宏观经济局势、产业发展环境、市场竞争现状、客户需求等全方位信息。再者，企业的内部情况分析也同样重要。企业由于受财力、物力和人力等因素限制，不可能在多个行业都具有竞争优势。所以，创业者在制定企业战略规划时，应先了解企业的内部发展情况，明确企业内部的优势资源，找出经营重点。要高效地运用现有资源和潜在资源，以最小的耗费取得最大的效果。

（二）管理诊断分析

企业通过管理诊断分析，可以了解当前自身在管理层面可能存在的危机风险，从而知道管理人员应采取的相应措施，以减少危机损失。危机诊断专家可以通过面谈调查、问卷调查、文案调查与现场观摩等方法，从公司治理、组织部门管理、企业愿景、企业文化、企业伦理建设等方面进行综合评价，找出企业可能存在危机的方面。

（三）数据诊断分析

数据诊断分析涉及具体的现金流分析，它能够指出在哪些方面需要采取补救措施。数据分析工作是要准确识别企业经营的核心盈利点并将之量化，主要包括以下几个步骤。

（1）确定可利用的现金。数据分析首先需要确定企业在近期有多少现金可用。这可以通过核对银行存款余额、应收项（除去保证金）和已经确认的订单来确定。

（2）确定现金流向。可以使用分类账分析法来完成这一工作。这是一种常用技术，需要找到所有记录现金的账户，并把它们按照现金支出数额由大到小进行排列，随后仔细审阅这些账户。这有助于发现引发问题的关键环节。比如，一家企业在票据上写的是企业地址而不是支票结算地址，这一问题会造成结账工作延误。

（3）计算各项业务相关数据占销售额的百分比，然后分析成本走势。一般会有几条走势曲线存在拐点，即相关成本发生变化的地方。例如，一家承接了一项大型项目的企业存在销售成本不断提高、生产能力不断过剩和广告预算也不断增加的问题。此时对这一项目进行深入分析就可以发现，这一项目不能带来足够利润，不值得开展，只要取消这一项目，压缩过剩生产能力就可以降低企业的盈亏平衡点。

（4）业务重组。在确定了现金来源和现金流向后，接下来的一步就是将业务现状和应有状况加以比较，进行业务的彻底重组。

（5）找出差别。把以现金流表示的商业计划与企业的预编资产负债表和损益表联系起来。可将理想的现金流计划以及预编财务报表与企业的当期财务报表进行比较。例如，可以比较预编损益表和现有损益表来寻找可以减少费用的地方。预编财务报表与实际财务报表之间的差别构成了企业摆脱困境计划和采取相应补救行动的基础。一般情况下，最容易发现需要削减或改进的地方有：1）营运资金管理，包括从订单处理、出票到应收项目、存货控制和现金管理的一系列工作；2）工资；3）资产使用过度或不足。

二、破产选择

“破产就意味着失败”，这是社会公众普遍所持有的认知，但这一认知忽视了破产在帮助企业摆脱困境方面的价值。破产是指债务人因不能偿债或者资不抵债时，由债权人或债务人诉请法院宣告破产并依破产程序偿还债务的一种法律制度。狭义的破产制度仅指破产清算制度，在企业清算时用于确定对债权人的清偿顺序。广义的破产制度还包括重整与和解制度。破产并不意味着企业的终结或创业者的失败，在带来企业清算的同时，它也意味着企业重组。

在企业陷入无法走出的困境时，破产也是一种可行的选择。因为企业破产会使债权人损失一部分资金，债权人通常愿意在破产相关问题上进行谈判，为企业走出困境提供支持与帮助。所以，破产可以为与债权人展开谈判奠定基础。

（一）自愿破产

当企业根据破产法获准破产时，企业资产将立即得到保护，免于被债权人瓜分。利息和本金的支付暂时停止，债权人必须耐心等待。通常企业会继续由当前的管理层（债务人）来经营，有时也会指派一名外部托管人来管理，并且债权人也会组成债权人委员会来监督企业的运营并负责和企业谈判。对企业而言，破产法为企业争取了时间，在破产法的保护下，企业可以准备一份重组计划。在这份重组计划里，企业可以适当延长债务的期限，对债务进行调整重组，还可以提高债务的利率，或引入可转换条款来补偿债权人接受债务重组将承担的风险。但可转换条款仍在一定程度上优先保障企业的利益，某些情况下，债权人需要将部分债权转换成股权，购销债权人甚至会被要求接受用股权替代账款，而且有时还必须接受部分付款要求。

（二）强制破产

如果企业迟迟不愿意破产，使得债权人的利益受到了过分侵害，债权人可以在满足一定要求的情况下，对陷入困境的企业申请强制执行破产程序。即当债务人不能清偿到期债务时，债权人就可以向人民法院提出对债务人进行重整或者破产清算的申请。

（三）破产议价

企业破产并不是债权人期望的结果。首先，一旦企业获准破产而受到保护，债权人就必须耐心等待。此外，他们将无法再与陷入困境的企业直接协商，而是要与托管人及其他债权人沟通。即便债权人愿意为得到还款而等待，他们也不太可能得到全额偿付，而且还承担着必须接受不利还款条件的风险。最后，在债权人获得偿付之前债务人还必须按规定支付高额的破产法律和行政手续费，如果债务人财产不足以清偿破产费用，破产程序还将被迫中止。

面对这种情况，许多债权人会得出这样的结论：与企业谈判达成和解协议，自身利益受到的侵害才会更少。所以，破产其实是陷入困境的企业的一个强有力的议价工具。由于破产法规定了债权人的受偿顺序，创业者可以借此来判断谁会更愿意谈判：除企业所有者外，受偿顺序被列在最后的债权人往往最愿意谈判。事实上，形势越是严峻，他们的和解心态就越急迫。

如果一家企业的净资产是负值，但有能力实现一定的现金流入，受偿顺序处于末位的债权人一般会愿意谈判延长债务还款期限或同意部分清偿，或两种方式结合，除非他们对现任管理层已不再信任。破产可以免除企业应履行的合同中的部分义务，因此很多企业会自行提出破产请求以逃避供货合同中的义务。企业还可能逃避其他尚未履行的合同，如租赁合同、执行合同等。为避免破产法成为企业逃避义务的一种手段，法律规定企业必须在能够证明继续履行合同会影响其经营的情况下才可以不履行合同义务。

三、企业的困境摆脱计划

企业的困境摆脱计划是一套用以确定补救行动的详细预定方案。首先，困境摆脱计划可以帮助企业建立起足够的可信度来解决短期的现金短缺问题，为采取其他补救行动争取时间。例如，一家陷入困境的企业在与银行协商融资时，一份完整、合理且有效的困境摆脱计划将大大提高协商的成功率。其次，困境摆脱计划可以帮助企业解决组织问题。它以一套清晰明了的行动计划与责任分配方案取代了原来组织活动中的不确定性，有利于提振组织士气，提高员工行动效率。最后，困境摆脱计划还是一个重要的议价工具。通过发现问题和制定补救措施，企业顾问可以与债权人就债务清偿问题进行接洽，并详细告诉他们将如何及何时清偿债务。如果困境摆脱计划能够证明债权人与继续经营的企业进行合作要比让企业破产清算对他们更有利，他们也会更愿意就债务延期和偿债方式进行谈判，从而帮助企业顺利渡过危机。

企业的困境摆脱计划包括改善现金流、与贷款人和债权人进行协商以及开始长期的补救行动。

（一）改善现金流

如前文所述，困境摆脱计划能够使债权人对企业恢复信心，从而为企业筹集资金和把利用不足的资产变现争取时间。不过，筹集资金仍是重中之重，下面介绍的一些方法能够改善企业的现金流状况，但将这些解决办法用于实践的同时，企业还需要考虑供应商的态度。

营运资金账户是快速筹集资金的最佳渠道。其中，应收账款是流动性最强的非现金资产。可以通过应收账款的代理融通方式来进行融资，不过采取此方法将花费较长的谈判时间。获得现金的最佳途径就是应收账款贴现，应收账款能够贴现的额度取决于它们是否在为贷款做抵押。企业在确定贴现率时一定要仔细判断。一种常用的方法是在一定时限内提供优惠贴现率，而超过时限则贴现率失效，这一方法可以鼓励客户立即付款。

存货流动性虽然弱于应收账款，但是仍然能够通过清算产生现金。企业可以通过降价促销的方式来获取现金，但以往研究者对其存在诸多看法。第一种也是最常见的反对意见是过剩的存货往往已经过时、被淘汰；第二种反对意见为，很多存货其实是未完工产品，还不能出售，需要额外投入来使之变成可售品；第三种反对意见为，虽然成品存货可以通过折价销售产生现金，但是企业很可能在摆脱危机之后恢复原价时遭到客户的抵制。

一种比较可行的解决方案是将原材料库存销售给竞争对手；另一种方案是将存货以折扣价销售给新的分销渠道，避免影响日后销售。此外，也有研究者建议对囤积大量未完工产品的企业放宽信贷条件。一般情况下，凭应收账款借得的款项要多于凭存货借得的款项。而通过放宽信贷条件，企业可以扩大其借款能力以获得足够的资金来完成产品的生产。这一选择可能较难实施，因为当危机已经形成时，企业的出借人将极为谨慎，很可能会否决这项建议。

（二）与贷款人协商

摆脱困境的第二步是与贷款人进行协商。贷款人如果愿意继续与企业合作，会要求企业提供一份可行的长期解决方案。然而，当危机已经形成并且外界开始干预时，企业很可能已无力履行付款义务。即便能够支付，企业的财务状况可能也已恶化到了不得不违反贷款合同的地步。更有甚者，陷入困境的创业者可能在危机酝酿阶段就躲避债权人，这表明创业者对局势已经失去了控制能力，使得企业公信力降低。

在与贷款人协商前，企业必须明确以下要点：第一，它绝不是第一家不履行还款义务的企业；第二，贷款人通常愿意把问题妥善解决；第三，企业本身仍然有议价能力。

企业的议价能力来自两方面。第一，贷款人尽管受偿优先级较高，但它们并不愿意企业破产，因为利润水平低的银行业务无法轻而易举地承受如此巨大的损失。第二，诚信度。企业需要对已产生的问题进行诊断分析，并制订出一个在最好或最坏情况下如何摆脱困境的详细计划。其目的是向贷款人表明自身有能力偿付贷款，这样就能够使企业处于更有利的议价地位。困境摆脱计划通常会详细列出将要采取的具体行动（如裁员、资产处置以及信贷政策的变化等），该计划必须实现才能重新建立起企业的诚信。

（三）与债权人协商

在与债权人进行交涉时，企业首先要对自身的议价地位有一个清晰的认识。债权人在企业申请破产时的受偿优先级较低。一旦企业破产，债权人将一无所获。因此，他们通常最愿意和解。企业对债权人的议价能力还来自企业制订的困境摆脱计划。只要企业能够证明继续经营会让债权人得到比破产更有利的结果，债权人就会有很大意愿进行谈判。之后，根据债权人对企业摆脱困境的重要性，排出对他们的受偿优先级顺序，并特别关照最重要的那些债权人。此外，企业在必要时可以替换供应商。因为受偿优先级最低的供应商会要求企业以现金方式偿付，或者是直接拒绝谈判。最后，有效的沟通是协商的关键。在陷入困境的情况下，企业不应隐瞒面临的危机，面对真实的企业情况，债权人也应当拥有知情权并有权做出相应的计划。

（四）裁员行动

裁员作为一种组织行为，是企业精简组织结构、降低人工成本、提高运行效率的重要手段。裁员在企业面临重大危机的情况下是不可避免的。有效的裁员行动可以帮助企业在其经营状况恶化、盈利能力下降、生存和发展面临挑战时，降低运营成本、缓解经济压力，减少危机带来的伤害。但裁员还会带来许多负面后果，例如容易挫伤留任员工的积极性，影响企业的信誉度，因错误地裁掉了掌握稀缺技术或技能的员工而导致巨大的知识损失等。

国内外大量的实证研究表明，很多企业只在裁员后的初期收到了一定的成效，但是在中长期却又陷入绩效下滑的困境；有些企业甚至在裁员后的初期与没有裁员的企业相比就已经开始出现了绩效滑坡现象。因此，企业在选择用裁员手段来摆脱困境时，应审慎考虑。管理者必须重视因裁员而产生的风险和不良后果对企业可能造成的损失。对于企业来说，对裁员损失的控制，尤其是对无形损失的控制至关重要。如何留住核心员工和核心技术，如何通过裁员降低成本来摆脱困境，同时又要避免裁员对企业长期健康发展可能造成的不良影响，这些都是管理者和企业需要考虑的问题。

（五）长期补救行动

如果困境摆脱计划能帮助企业建立起足够的诚信度，并能为企业争取到更多的时间，企业就可以实施更为长期的补救行动。这些补救行动通常可以分为三大类：

（1）制度和流程。创业者可以对现有的制度和流程加以改进，或重新制定相应的制度和流程。

（2）资产处置。清算短期内无法变现的资产，例如，出售房产。许多小微企业资产负债表上的房产价值远远低于市场价值，可以采取出售、回租或抵押贷款等方式获取现金。

（3）寻找创造性解决方案。例如，一家企业有大量存货滞销。然而，企业如果把存货重新组装，就有可能找到市场。同时企业需要尽可能降低装配成本，从而在出售积压存货的同时，还可以获得相应利润。

四、政府支持

企业是社会经济发展的引擎，在稳定经济增速、提升经济活跃度、保障生产体系完整和稳定就业等方面着发挥着至关重要的作用。当面对突如其来的重大危机，许多企业，尤其是中小微企业，由于经营受到重创，陷入经营和财务危机，无法及时脱困。此时政府力量就显得尤为重要。政府需要出台具有针对性的帮扶政策，以避免企业深陷危机，帮助企业走出困境，实现社会经济的高质量发展。习近平总书记在主持召开企业家座谈会时强调：市场主体是我国经济活动的主要参与者、就业机会的主要提供者、技术进步的主要推动者，在国家发展中发挥着十分重要的作用……要千方百计把市场主体保护好，为经济发展积蓄基本力量。

陷入困境中的企业通常在两个方面需要政府帮扶：一是需要缓解现金流压力。面对现金流短缺，企业会做出自救决策，但这些决策通常会对就业造成冲击，从而引起社会动荡。例如在疫情期间，部分企业面对直接的现金流压力会选择减员降薪，还有一部分企业选择停工歇业，二者都会直接影响就业，从而影响社会稳定。二是企业的成本支出。企业希望政府可以在社保、租金、员工薪资等成本支出方面给予补贴或减免缴费。就不同体量的企业来说，大规模企业的政策诉求主要是提供流动性支持，小规模企业的政策诉求倾向于降低成本。

对于政府而言，政府提供政策帮扶的有效性体现在以下四点。首先，政府提供的金融支持是企业的内生金融，来自企业恢复经营后缴纳的税收和储备的五险一金。这是企业正常经营时的法定支付，没有增加企业的额外支出负担，同时还可以稳定员工就业和收入，进一步促进消费。其次，政府提供的资金期限比较长，可以规模化提供匹配不同行业企业现金周期特征的金融产品。再次，政府提供的资金有超过银行的不良资产率容忍度，可以覆盖更多的企业。最后，政府金融可以通过承担部分风险，吸引银行、私募股权投资和民间资本进入，产生杠杆效应。

但政府自身缺乏触达广大企业的渠道和甄别企业经营质量及风险的能力，需要选择匹配的渠道和机构。长期以来，政府主要通过商业银行来落地实施信贷优惠政策，服务实体经济企业。但银行网点数、对公业务人数和对企业的了解都非常有限，缺乏低成本触达和服务企业的网络和能力。进入“十四五”时期以来，习近平总书记多次强调“增强数字政府效能”。各级政府把数字技术广泛应用于政府管理服务，为推进国家治理体系和治理能力现代化提供有力支撑。近十年来，我国产业组织结构发生了重大变化，出现了一批产业龙头企业平台、服务于广大中小微企业的电商平台以及互联网财税及金融服务中介。地方政府也建立起了众多中小微企业融资服务平台，包括助贷、续贷中心和基金，触达和覆盖了地方广大的中小微企业。充分利用好这些产业平台资源，发挥其作用，精准、快速落实对企业的金融纾困，有助于企业摆脱困境。

第 3 节　创业转型

在数字化浪潮下，技术的迭代速度不断加快，商业环境变化莫测，创业者需要在特定时机及时转型，以寻求新的发展机会。

一、转型前阶段

埃里克·莱斯（Eric Ries）在《精益创业》一书中首次提出了“转型”（pivot）的概念，认为转型是当客户反馈打破了企业核心逻辑时，创业企业采取的一种对核心逻辑进行结构性修正的过程。这类转型主要针对方向性的改变，用于测试新的产品、战略和增长引擎的基础假设。创业转型是创业企业通过重新分配和安排业务、资源和注意力的方式，转变企业战略导向的过程，有别于相对成熟企业的战略转型。在创业企业的转型前阶段，创业转型时机、关系承诺、时间承诺等要素应作为转型前重点考虑的因素。

（一）创业转型时机

创业企业会在何时冒险求变？柯特利和奥马霍尼（Kirtly & O'Mahony，2020）的研究发现，当新获取的信息与既有信念发生冲突，并且能够引发一个新的战略设想时，创业决策者便会开始考虑战略转型。导致转型的信息可分为两类：一类是问题型触发因素，这类因素可能会导致企业价值的损耗或失败的可能性增大，会带来不利的结果；另一类是机会型触发因素，这类因素会带来产品和公司价值提升的有利结果。尽管两类触发因素非常普遍，但并不意味着触发因素必然会引致战略调整或创业转型。在绝大多数情况下，决策者会收回质疑并拒绝进行战略调整，这可能是因为决策者认可了问题型触发因素中的潜在风险和负面影响，也可能是因为决策者可以完美地将机会型触发因素化作强化企业现有战略的一个助推器。

战略调整与创业转型不同。进行战略调整是指对企业的某一个战略要素进行改变。它意味着决策者所接触的新信息与他们对当前企业、产品、科技和战略的信念存在着极大的冲突，因此必须改变企业战略的某个要素。当企业决定进行战略调整时，并不意味着立刻“推倒重来”，而是在既有战略基础上尝试删除或增加一个要素，循序渐进。当面对问题型触发因素，在进行战略调整时决策者会选择相关要素的战略退出；当面对机会型触发因素，决策者会在与客户或合作伙伴互动的过程中提出新的价值主张或增加新的业务模块，这种行动称为战略增益，会增强和延伸决策者对企业的信念。而创业转型则意味着企业的所有业务和资源要进行重新分配和重新安排，其绝非某一次决策的产物，而是在每一次决策中战略要素退出或战略增益的长时间积累过程，最终企业渐进地实现创业转型。所以，并不是每一次战略调整都可以视为转型。

（二）关系承诺与时间承诺

企业家在是否进行转型的决策过程中，会受到关系承诺与时间承诺的影响。关系承诺包括创业者对自己身份的认同和对风险投资利益相关者等的承诺，而时间承诺则主要是创业者对企业的规划，包括关键项目的时间节点、设想的发展时间线与取得某项成就的时间。创业者在遇到意外事件时可能会考虑放弃最初的想法，但关系承诺和时间承诺又会成为他们放弃转型的理由。因此，创业者可能会陷入两难困境：是在关系承诺与时间承诺的约束中维持原貌还是为了转型而更改关系承诺与时间承诺？

时间承诺与关系承诺密切相关。例如，利益相关者会根据创业者对企业的介绍以及时间承诺来决定是否给予企业支持。但这种时间承诺在创业过程经常受到干扰，因为创业过程充满了不确定性，也许一次小小的市场动荡就可以影响创业初期企业的时间规划，但创业者对利益相关者许下的关系承诺却可能因此受到影响，最终改变利益相关者的决定。研究表明，在不断变化的环境中，动态地对企业发展规划进行“时间校准”可以有效减少或避免时间承诺风险，使其与相关承诺保持一致。当创业者为了走出困境需要做出有悖于过往承诺的行动时，调整后的时间承诺可以将这类行为重新定位为过去承诺的延续。这种定位使创业者能够通过调整时间承诺维持其早期的关系承诺。

二、转型阶段

当企业步入转型阶段，创业者的心理状态将面临重大考验。这是因为，企业转型是对最初创业计划的重大调整，调整后的商业模式甚至可能与创业初衷相悖，这将对创业者的身份认同构成挑战，同时也可能挫伤其创业激情。

（一）创业者的自我认同

柯特利和奥马霍尼发现，在综合考量战略调整决策后，多数企业不愿意实施创业转型。剑桥大学的马修·格莱姆斯（Matthew Grimes）教授于 2018 年在《管理学杂志》（*Academy of Management Journal*）上发表了题为《转型：创始人如何通过创意工作和身份认同对外部反馈做出回应》的论文，在一定程度上解释了这一现象。创始人将创业创意作为自己身份的一部分，在转型中表现出抗拒心理。面对外部负面反馈，尽管创始人会选择优化创意以响应外部市场，但矛盾的是，这会损伤创始人的心理所有权和身份认同感。

绝大多数创始人认为，形成创业创意的工作绝不是一项工具性任务，而是高度个性化的事业，与其身份认同紧密联结。由于创始人对创意倾注了大量的心血，他们通常会对其表现出较高的心理所有权，但这也成为创业者优化创意过程中的阻碍。在身份认同的理论视角下，格莱姆斯发现，创业者通常会采取三种路径进行创意修订。

1. 超越者

这涉及重新确认、防御和超越。部分创业者重新确认对创业创意的心理所有权，认为创意与自身紧密相关，使得在创意优化过程中受到自身注意力与意愿的限制，无法做出个人妥协。面对外部反馈，创业者采取“防御”方式，阐述、辩护和延伸支撑创意的基本假设，同时也采用“超越”的方式，认为自己的创意是优越的、与众不同的，从而在面对外部的负面反馈时选择了坚持，而非改变。

2. 解耦者

这涉及提炼、修复和解耦。部分创业者开始提炼和反思“创意的内核究竟是什么”，寻找创意的真正意义和影响力。在创意优化过程中，这部分创业者非常灵活。一方面，他们会夸张地继续为创意的核心主张进行辩护；另一方面，他们也会在结构上从事部分创意修复活动，对其中有问题的环节或部件进行删除、更换或改进，小修小补，但不会改变最初的设想。这些行动使得创始人对外表现出对科学家角色①的认同，这是他们获取合法性的一个方式；但事实上，创业者内心仍偏向于愿景型角色，坚持自身创意的内核，这一现象称为认同“解耦”。

3. 专家

这涉及放弃、再造和专业化。部分创始人选择放弃或让渡创意的心理所有权，美其名曰一次创业尝试、游戏或赌博。这类人在创意优化过程中表现出最大的灵活度和可变性。对原有创意的不过度承诺，帮助创业者接受每一条批评与反馈，也可以大幅度更改核心要件和假设，甚至完全实现“再造”。此时，创业者不仅统一了自身创意与外部反馈，也高度认可外部期待的科学家角色，将创新迭代作为一种专业化和程式化的工作。

上述创意优化过程的三种路径带来了不同的“最优区分”结果。就“超越者”而言，他们对创意极度自信、不接受批评，也不愿参与社交活动，将难以获取外部资源和资金支持。就“专家”而言，他们符合公众对科学家角色的预先认知，但盲目认同也损害了他们的独特性。就“解耦者”而言，虽然这类创业者内外不一，他们通过对外宣称的科学家角色可以获得资源提供者、孵化器管理者等关键利益相关者的支持，对内依旧保持创意的心理所有权。“解耦者”才是最终的赢家，克服了创业转型中的心理所有权和自我认同的障碍，既能融入一个高度交互的创业社区或团队，又能有所建树。

（二）创业激情

埃里克·莱斯在《精益创业》中还指出：“每个企业家在开发成功的产品时，最终都会面临一个压倒一切的挑战：决定何时转型，何时坚持。”《精益创业》重点讨论的是通过调整产品来适应客户的偏好。因此，当前创业教育的趋势是将有限的管理注意力从企业家转移到客户。这种趋势强调了一个大前提：创业成功的关键是识别并满足客户的利益要求。

但这种转型方式并不一定能带来创业者想要的结果。首先，收入不是利润。通过亏本销售大量产品来取悦客户并非长久之计。此外，客户愿意高价购买的产品可能并不是创业者计划主打出售的产品。以满足客户利益要求为前提的转型，有可能会伤害到创业者的创业激情。例如，一位艺术家发现，虽然完成一幅山水画能带给她更多的成就感，但客户只愿意为她创作的肖像画买单。针对这种情况，精益创业理论将会鼓励这位艺术

① 创始人有两种身份：一种是“科学家角色”，强调将创意作为实验的一种手段，先提供最小可用品，在与客户等交互的过程中不断优化，当外部反馈转向负面时就及时转型。创始人的科学家身份符合资源提供者、孵化器管理者等关键利益相关者的期望。与之相对的另一种是“愿景型角色”，即极端维护自身创意，无法接受外界的批评和指正，即使面对拒绝或市场负面反馈也保持不变。这类创始人极度自信，坚信自己的天才创作终将得到外界认可。

家创作更多的肖像画。但是，为了迎合客户的喜好而转型将会以消磨创业者的激情为代价。当然，当创业者将商业成功视为主要目标时，他创业激情的来源正是成功出售产品的过程。此时，为迎合客户而进行的企业转型并不会损害其创业激情。

在创业转型的过程中，创业者要学会利用自身的创业激情，使其在转型中发挥出更大的作用。首先，创业者要明确自身的创业激情。创业者必须清楚地了解自身的创业目的，从而避免将有限的资源投入到无用的事情中。转型应该作为一种工具，它可以促进对激情的追求和实现，但如果事先不明确这一激情，工具也就没有用武之地。其次，创业者要明确转型带来的损失。并不是所有的转型都需要创业者牺牲激情，但大多数转型都涉及创业者或新创企业的某种程度的行为改变。再次，创业者需要明确转型带来的影响，了解行动的原因，以及如何开展行动。最后，如果转型需要做出一些牺牲，那么创业者需要认真考虑转型之后的日常生活。他人眼中的细小要求可能会对创业者日后的工作常规、身份和形象产生长期影响。因此，为了防止一个简单的改变成为创业者今后生活的隐患，创业者在做出一个转型决定时，需要经过深思熟虑。

三、转型后阶段

当企业已经成功转型，进入转型后阶段——外部管理，此时企业面临“新生弱势”的威胁，因此需要高度依赖关键利益相关者的支持。但是由于关系承诺与时间承诺的变化，以及企业战略、身份和总体目标的巨变使得核心利益相关者感受到认同威胁，他们可能会对转型后企业的合法性提出质疑，并减少对企业的信赖，企业与核心利益相关者的关系将变得空前脆弱。这种现象在新创企业转型中经常发生，可能导致企业失去其赖以生存的根基。因此，对于创业者来说，在企业成功转型之后，重建利益相关者认同，并重新寻求利益相关者支持显得尤为重要。创业者需要将重心从转型中的内部管理转向外部管理。

由于企业转型可能会降低核心利益相关者对自身的认同，甚至引发质疑和攻击，因此创业者在进行企业转型决策的过程中需要注意以下三点：

第一，谨慎选择忠诚消费者，切忌过度承诺。需警惕忠诚消费者给企业转型带来的巨大成本，包括财产、声誉、时间等多方面的成本。

第二，在重建利益相关者认同的过程中，可适当使用“拟人化”手法，引发关键利益相关者的情感共鸣，产生“四两拨千斤”的效果，提高转型的合法性与正当性。

第三，创业者需要意识到，即使企业执行了正确的认同重建路线，转型仍会不可避免地导致很大一部分忠诚消费者流失。在转型前，创业者需要全面评估当前业务会导致的核心客户流失和新客户增长所需的资源成本与时间周期，从中寻求平衡点，力求最小化损失。

延伸阅读 12－2

如何重建利益相关者对转型后新产品的认同

汉佩尔等（Hampel et al.，2020）对一个化名为“Impossible”的项目进行了追踪研究。Impossible 创建于 2008 年，是一家聚焦细分市场的模拟即时胶卷生产商。Impossible 的“粉丝”成立了“先行者”用户社区，社区成员高度参与胶卷的测试和优化，在社交网站发帖记录使用感受并宣传，他们也是即时胶卷的消费生力军。

2013 年，Impossible 开始转型为面向更广泛市场的模拟数字摄影厂商。然而，未曾预料到的是，转型面临着一个重大困境：从中长期来看，数字产品可以保证企业增长和利润；但从短期来看，转型加剧了与“先行者”社区用户的冲突，引发他们抵制和停止购买。

研究者将该企业转型过程分为了两个阶段，重点考察了利益相关者的“认同破坏”和“认同重建”。

第一阶段为“转型初始期”。Impossible 释放强烈的“创业转型”信号。新 CEO 一上任就大胆地宣布企业将致力于一个全新的身份，自上而下开始执行全新的战略路线。不过出乎预料的是，Impossible 的转型引起了高度认同即时胶卷的用户社区的极度不满，表现为“攻击企业”和“质疑企业”。(1) 攻击者（“粉转黑”）。这个群体是在用户社区中获得归属感的“死忠粉”，企业转型后，他们在情感上认为被背叛和抛弃，转而成为 Impossible 的攻击者，使得整个外部舆论环境急速恶化。(2) 质疑者（“粉转路”）。这个群体是指对即时胶卷高度认同的社区成员中对转型的质疑者，他们担心由于企业的流程重组和资源倾斜而不能持续获取他们期待的产品，使得胶卷产品完全被数码产品替代。社区成员的攻击和质疑极大地降低了产品的销量，Impossible 岌岌可危。

第二阶段为“处理认同危机期”。陷入困境的 Impossible 开始通过一系列“认同重建工作”寻找一条新的情感纽带，重建利益相关者关系。公司采取分类处理的策略：

(1) 面对攻击者，采取“寻求同理心”策略。Impossible 大力宣扬自己在技术上面临的巨大挑战，并定期公布在道德上面临的极大困境与挣扎，以寻求攻击者的同情。Impossible 还力劝社区成员要跳出自身注意力的局限，转而观察整个行业的行动，来争取利益相关者的理解。最终，大部分攻击者停止攻击，选择转身离去，但也不再支持 Impossible；也有小部分成员仍保持攻击行为。

(2) 面对质疑者，采取“神化公司技术”和“夸大产品承诺”的策略。Impossible 通过多个社交渠道，宣传和赞扬胶卷技术的最初形态，唤起“回忆杀”，声明数字技术是胶卷技术的一种传承，即强调公司技术战略的连贯性。Impossible 亦强调绝不放弃对即时胶卷的技术迭代，将通过对产品的持续投入、展示攻关进展和列出权威支持者三种方式实现。最终，一部分质疑者停止质疑，与公司和解；另一部分转而重新支持 Impossible，尊重公司为胶卷优化而付出的努力，理解公司面临的挑战，重建与公司的身份联结。

这一研究揭示了当创业转型开始后，战略方向的巨变威胁了利益相关者的认同感，引起利益相关者的攻击和质疑，新创企业需要利用“寻求同理心”、“神化公司技术”和“夸大产品承诺”等策略来消除利益相关者的敌对与质疑，与利益相关者建立起一种全新的认同关系。这一发现将组织认同理论延伸到新创企业的研究情境：新创企业的“认同重建工作”需要采取“揭短”策略，“说出自己的苦衷”，暴露自身面临的重大挑战和脆弱性，唤起用户的共情。这与成熟企业的认同管理通常采取的展示优势策略形成了鲜明对比。

资料来源：Hampel C E，Tracey P，Weber K，2020. The art of The pivot：How new ventures manage identification relationships with stakeholders as they change direction. Academy of Management Journal，63（2）：440－471.

案例分析

bilibili 的转型之路

2009 年，MikuFans 成立，它将“二次元”① 和“动漫”等作为主打标签，很快就吸引了一大批用户。2010 年，Mikufans 更名为 bilibili，简称 B 站。陈睿 2011 年作为天使投资人加入 B 站，2014 年，成为董事长，B 站正式开始商业化运作。但是 B 站的成长并不顺利，在激烈的市场竞争中，三个重大的挑战浮出水面，具体如表 12－2 所示。

表 12－2　B 站面临的三大挑战

内容单一，受众面窄	版权纠纷	营收压力
B 站专注于 ACG② 内容，主要用户都是热爱二次元文化的年轻人。与腾讯、优酷等行业巨头相比，B 站最致命的问题是内容单一、受众面窄	B 站鼓励 UP 主③对视频进行“二次创作”并投稿发布，但“二次创作”很容易卷入侵权风险	2014 年之前 B 站的主要收入来自广告，但 B 站基于对用户的历史承诺，坚持不使用贴片广告，这使得企业盈利水平极低

面对受众面窄的问题，B 站渐渐淡化“二次元”的标签，转型发展成为泛文化视频娱乐生态平台，目前 B 站涵盖 7 000 多个兴趣圈层，同时也勒紧版权绳索，因版权问题下架的视频即使经过整改也很难再次上架。此外，针对营收压力，B 站选择进行业务转型（见图 12－1），寻求多元化创收。

2020 年，B 站手机游戏业务营收为 48 亿元；直播及增值业务营收为 38 亿元；广告业务营收为 18 亿元；电商及其他业务营收为 15 亿元。

但目前 B 站仍有一些问题悬而未决：一方面，泛文化的转型挤压了 ACG 文化的生存空间，引起了老用户的不满；另一方面，游戏仍是 B 站目前的主盈利途径之一，换言之，一个视频网站将游戏作为主要收入来源，这样的状态很难获得投资人的青睐。近年来，B 站处于“增收不增利”的情况，甚至随着 B 站转型脚步的加快，亏损幅度也在增大。

讨论题

1. B 站是如何应对所面临的困境的？
2. B 站该如何处理老用户的对立情绪，应对“B 站变味儿了”的舆论？

基本概念

净流动资产余额对总资产比率　　弱信号　　破产　　转型

① 二次元：早期的动画、漫画、游戏等作品名是以二维图像构成，其画面以我们的视角来看是一个平面，所以通过这些载体创造的虚拟世界被动漫爱好者称为“二次元世界”，简称“二次元”。

② ACG：动画（anime）、漫画（comics）与游戏（games）的英文首字母缩略词。

③ UP 主：uploader，上传者，网络流行词，指在视频网站、论坛、FTP 站点上传视频、音频文件的人。

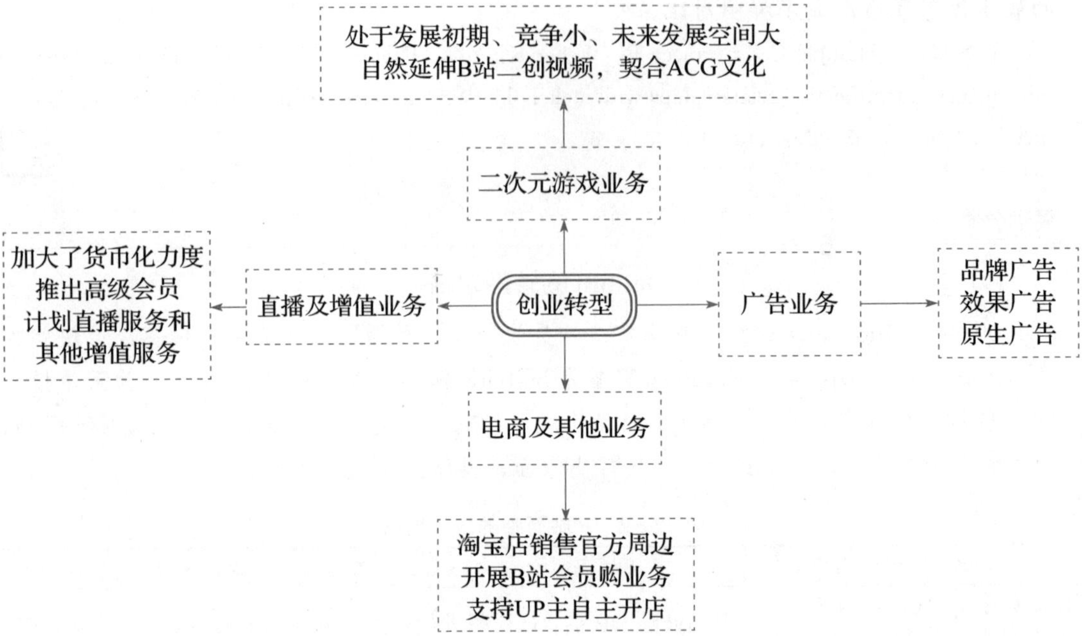

图 12－1　B 站的业务多元化转型

思考与练习

1. 预示危机即将出现的信号包括哪些？

2. 信号误判的含义是什么？有哪些因素会导致信号误判？

3. 引发危机的原因包括哪些？

4. 危机的到来会给企业、员工以及创业者自身带来哪些影响？

5. 破产一定意味着企业失败吗？为什么？

6. 如何对危机进行诊断？包括哪些方面？

7. 在企业转型的过程中，创业者会经历怎样的心理状态变化？创业者又该如何应对这些变化？

8. 企业成功转型之后，创业者需要关注的重点是什么？

第 13 章
创业失败管理

| 学习目标 |

- 掌握创业失败的原因及创业者对失败的归因方式。
- 掌握创业者从创业失败中学习的主要内容及模式。
- 了解创业失败的各类成本。
- 了解创业失败污名及印象管理策略。

引例

放弃还是继续?

顾烨轩（化名）在大四时成立了上海缙渡信息科技有限公司（化名）。这是一家致力于数字图像处理、计算机视觉技术研究及系统应用开发推广的创业企业，主打产品是基于图像纹理特征的物品唯一性鉴别系统。顾烨轩认为这次创业成功的可能性很大，不顾家人劝阻，毅然放弃毕业后去大企业工作的机会，踏上创业之旅。

创业之路无坦途，顾烨轩的创业之路似乎更难。公司首先按照之前商业计划书设计的那样聚焦于酒店，为酒店提供客房内部可视化服务，虽然有利于旅客在订房之前通过平台观看客房内部立体化实景，但很少有酒店愿意合作。“梦想丰满，现实骨感”，顾烨轩真切地感受到了创业压力。顾烨轩尝试调整商业模式，找博物馆合作，希望运用图像鉴别技术将所有文物经扫描加入系统中，建立文物唯一甄别档案，一方面利于鉴别文物真伪，另一方面可解决人工鉴别文物误差率较高的问题。但这一合作提议遭到多家博物馆的拒绝，理由是扫描可能损坏文物，而且可能涉及机密问题。“一项好技术却没有客户敢于使用或付费使用，为什么?”顾烨轩认为最大的问题在于人，他没能找到一个真正擅长营销的团队，导致好酒深陷陋巷。支撑不到 2 年，公司最初筹集的资金已所剩无几，核心员工也挥泪离职、各奔前程。顾烨轩越发不安，他到底是放弃自己创建的公司还是想办法继续?这是一个摆在顾烨轩面前的重要抉择。

资料来源：作者自编。

请思考：顾烨轩创业失败的内部原因和外部原因有哪些?他自己又是如何归因的?

第 1 节　创业失败的普遍性

创业过程充满挑战与不确定性，许多企业无法避免走向失败。但创业失败并不等于创业者的失败，经历失败的创业者也可能成为连续创业者，失败经历也可能成为创业者在后续创业中的宝贵财富。本节将介绍全球及中国创业失败的总体情况，在全球范围内创业终止现象普遍存在，中国创业者的失败恐惧率持续上升，创业者需要理性认识到创业本就是“九死一生”，创业者在保持创业激情的同时需要克服失败恐惧心理。

一、全球创业失败的重要指标

在由英国伦敦商学院和美国巴布森学院联合发布的《2018/2019 全球创业观察报告》中，企业终止率（discontinuation of businesses）① 是一个备受研究者关注的重要指标。虽然企业终止的原因不限于创业失败，却是创业失败的一个重要表征。如表 13－1 所示，通过这项指标可以管中窥豹，了解各国创业者创业失败的一些特点。

过高的企业终止率可能表明创业失败有潜在原因，比如未做充分准备就开始创业、公司管理不善或者受到市场扭曲的严重影响——无论如何，这都表明创业者在浪费资源。这些资源不仅包括创业者的个人资源，还包括社会资源。

相反，过低的企业终止率可能是创业生态系统（entrepreneurship ecosystems）缺乏动态性的表现之一。缺乏动态性的创业生态系统存在大量无效率、低效率的企业（一个原因可能是低效的司法系统）。如表 13－1 所示，在中东和非洲地区，安哥拉的企业终止率达到 25.5%；在东亚和南亚地区，泰国的企业终止率为 8.1%；在拉丁美洲和加勒比地区，智利和秘鲁的企业终止率超过 7%。报告显示，在大洋洲、欧洲和北美地区，企业终止率差距较大，例如澳大利亚的企业终止率为 5%，美国的企业终止率接近 5%，而德国和意大利的企业终止率仅为 1.6%。

表 13－1　不同地理区域创业活动阶段的全球创业观察报告（占 18～64 岁人口比例）（节选）

地区和经济体		新兴创业率	新企业所有者率	早期创业率	已建企业所有者率	企业终止率（占早期创业活动百分比）
中东和非洲	安哥拉	22.8	40.8	40.8	15.2	25.5
	埃及	4.0	9.8	9.8	4.5	7.6
	伊朗	4.1	9.7	9.7	12.3	6.1
	摩洛哥	3.3	6.7	6.7	4.2	10.4
东亚和南亚	中国	4.7	10.4	10.4	3.2	2.5
	印度	8.8	11.4	11.4	7.0	4.9
	日本	3.3	5.3	5.3	6.2	1.8
	泰国	7.3	19.7	19.7	19.6	8.1
	印度尼西亚	3.1	14.1	14.1	11.8	1.4

① 企业终止率是指 18～64 岁创业者中过去 12 个月因不同原因而终止创业企业的创业者所占比例。

续表

地区和经济体		新兴创业率	新企业所有者率	早期创业率	已建企业所有者率	企业终止率（占早期创业活动百分比）
拉丁美洲和加勒比	阿根廷	4.9	9.1	9.1	9.1	3.9
	巴西	1.7	17.9	17.9	20.3	4.3
	智利	16.0	25.1	25.1	8.5	7.1
	秘鲁	17.5	22.4	22.4	8.4	7.6
大洋洲	澳大利亚	6.8	10.9	10.9	6.5	5.0
欧洲和北美	法国	4.0	6.1	6.1	2.5	2.9
	德国	2.7	5.0	5.0	7.5	1.6
	意大利	2.7	4.2	4.2	6.4	1.6
	波兰	4.1	5.2	5.2	13.0	2.4
	英国	4.2	8.2	8.2	6.4	2.7
	美国	10.5	15.6	15.6	7.9	4.7

资料来源：Bosma N，Kelley D，2019. Global Enterpreneurship Monitor 2018/2019 Global Reyort. Wellesley：Babson College：116－117.

除企业终止率外，早期创业率这一用于反映创业努力的指标也备受关注。当一个经济体中既有较高的创业率，又有较高的企业终止率时，大量的创业活动中止可能代价高昂或具有破坏性。在《2018/2019 全球创业观察报告》中，失败恐惧率（fear of failure rate）是另一个备受关注的重要指标。失败恐惧率是机会开发和将创业意向转化为创业行动的重要阻碍因素。该报告显示，各国的失败恐惧率存在较大差异。创业者对失败的恐惧与泰国的创业率关系不大，泰国拥有较高的创业率和该地区最高的机会动机比例。在欧洲和北美地区，希腊、俄罗斯、意大利和塞浦路斯等经济体创业者对失败的高度恐惧可能解释了创业率低的原因，但在加拿大尽管创业者非常害怕失败，该国却拥有该地区最高的早期创业率。拉丁美洲创业者因其对失败率的低担忧而引人注目。在该地区的每个经济体中，只有不到 1/3 的创业者认为害怕失败会阻止他们创业。在整个样本中，中东和非洲地区创业者对失败的恐惧程度差异最明显，安哥拉为 17%，而摩洛哥为 64%。

企业终止率和失败恐惧率在一定程度上能够体现全球创业失败的整体情况，但这些研究结果应该结合每一个经济体的实际情境来加以解释，然后再用它们来分析主流的商业模式，以及干预国家创业生态系统的政策依据。

二、中国企业的创业失败

“企业死亡”和“创业失败”是两个不同的概念，但企业死亡是创业失败的一个重要表征。2013 年的《全国内资企业生存时间分析报告》统计了我国企业的存活率和死亡率①。根据该报告，截至 2012 年底，我国实有企业 1 322.54 万户，其中，存续时间 5 年以下的企业 652.78 万户，占企业总量的 49.4%。换言之，近五成企业年龄在 5 年以下。通常，划分创业企业的标准为年龄小于等于 8 年，从表 13－2 可以看出，73.2%的中国企业属于创业企业。

① 企业死亡率＝当年注吊销企业数量/年初存续企业数量。

表 13-2 全国内贸企业生存时间分布情况（截至 2012 年底）

年龄	企业数量（万户）	比重	年龄	企业数量（万户）	比重
≤1 年	195.91	14.8%	11 年	43.13	3.3%
2 年	185.19	14.0%	12 年	33.95	2.6%
3 年	153.39	11.6%	13 年	27.15	2.1%
4 年	118.29	8.9%	14 年	21.71	1.6%
5 年	89.92	6.8%	15 年	18.16	1.4%
6 年	82.54	6.2%	16 年	13.18	1.0%
7 年	76.66	5.8%	17～19 年	27.74	2.1%
8 年	67.84	5.1%	20～24 年	35.83	2.7%
9 年	62.47	4.7%	24 年以上	13.67	1.0%
10 年	55.81	4.2%	总计	1 322.54	100.0%

资料来源：《全国内资企业生存时间分析报告》（2013 年 6 月）。

从 2000 年以来新设立企业退出市场的情况来看，企业当期平均死亡率[①]呈倒 U 形分布，即前高后低、前快后慢态势，如图 13-1 所示。企业成立第 1 年的平均死亡率为 1.6%，第 2 年为 6.3%，第 4 年最高，为 9.5%。总体来看，企业成立后的第 3～7 年当期平均死亡率较高（大于 8%），随后渐趋平缓。以上情况说明，企业在其成立后的第 3 年开始进入死亡高发期，一旦度过了“7 年”，死亡率就开始有所下降。因此，3～7 年为企业生存的“瓶颈期”，也是企业能否进一步成长、发展的关键期。

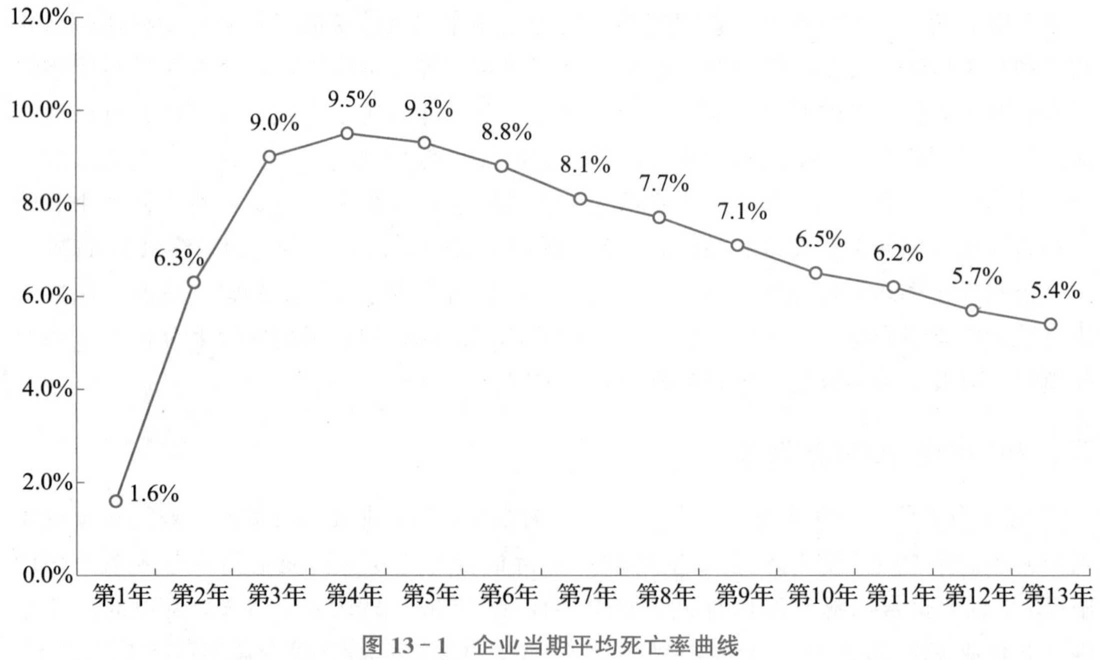

图 13-1 企业当期平均死亡率曲线

注：以 2000 年以来新设立的企业为研究对象。

资料来源：《全国内资企业生存时间分析报告》（2013 年 6 月）。

① 当期死亡率是指已经存活了 N 年的企业在下一年死亡的概率。对历年成立的企业当期死亡率取加权平均值，即为当期平均死亡率。

从 2008 年初至 2012 年底，全国累计退出市场的企业共 394.22 万户，平均寿命①为 6.09 年。从退出市场企业寿命分布来看，寿命在 1 年以内的企业最多，共 53.96 万户，占退出企业总量的 13.7%。其次是寿命为 2 年的企业，共 53.18 万户，占退出企业总量 13.5%。寿命在 5 年以内的企业合计 233.12 万户，占退出企业总量的 59.1%。换言之，六成企业在 5 年之内退出市场。

三、数字时代的创业失败

南比桑和巴龙（Nambisan & Baron，2021）指出，数字创业与传统创业的一个主要区别在于创业市场的产生，数字创业者使用数字技术作为组织内和组织间的主要交流方式，并且在组织管理模式上具有高度的虚拟化和网络化特征。数字创业是大量使用数字技术和社交媒体以及其他新兴信息与通信技术参与创业机会的识别、发展、实现和改进的过程；同时也是社会个体和组织、不同社会场景和数字组件、数字技术与数字平台在创业过程和产品、服务创新过程中不断交互的结果。数字创业的特性具体表现在创业主体、创业组织、创业过程、创业机会和创业产出五个方面（余江等，2018）。

第一，数字创业机会呈现出碎片化和机会识别过程的动态性等特征。数字创业过程重视新数字技术和平台的发展，以及市场中用户、竞争者和其他主体的动态变化。传统创业往往是对单一产品创意的挖掘和识别，而数字创业则在多样化创业主体互动的过程中不断发现新的创业机会，以识别和满足更加碎片化和个性化的用户需求。

第二，多层次创业主体进行资源整合。数字创业主体具有多层次性，既有大企业服务创新创业，也有基于社交媒体、直播平台等数字平台的个体创业。同时创业主体将通过网络平台，借助数字信息优势整合既有社会资源，并使用数字技术降低创业资源的匹配成本，比如资源探索、契约签订等。

第三，创业成本降低。数字创业一方面使用了成本较为低廉的信息资源作为新的创业要素，同时也创造了新的创业模式，减少了中间环节和沟通成本。数字创业使得线上线下相结合的创业网络的资源整合和团队组建突破了传统实体创业模式，大大降低了沟通成本和资源获取成本。

第四，市场导向和用户导向创新。在海量数据分析的基础上，数字创业产品和服务的定位更加精准。在挖掘潜在或者长尾市场时，用户、投资者和个体创业者的参与将会挖掘出新的创业机会。依托数字技术所建立的渠道以及用户共同参与的开放式创新模式，数字创业过程使创新效率得到提升，创新风险降低。充分利用外界知识和资源服务创业项目开发是创客等开放式创新发展路径的重要特征之一。

第五，创业资源获取门槛降低。数字技术能够把市场信号更快、更匹配地传递给创业者，并加快创业者和需求方之间的信息交换，通过线上的方式实现供需精准匹配。在技术知识资源的获取方面，创业主体之间的联系得到大范围扩展，例如在开源社区中创业者可以免费使用开源硬件平台上的源代码、数据、设计图和材料清单，快速和低成本地获取技术知识，极大地便利了创业企业的技术知识获取。同时创业者可基于网络电子商务平台获

---

① 根据《全国内资企业生存时间分析报告》的定义，企业平均寿命＝某一时段内退出企业的企业寿命总和/退出企业的企业数量总和。

取众多小批量制造商提供的硬件产品，降低软件和硬件知识、产品与服务的获取成本。

综上所述，数字创业具有极强的颠覆性，能够从根本上改变经济增长方式和产业布局，成为当前数字经济快速发展的核心引擎。然而，这也是双刃剑，数字技术嵌入在帮助企业降低创业门槛的同时也相应地加剧了企业所面临的不确定性和风险性，从而使创业失败的可能性增加。

第 2 节　创业失败的原因及归因

一、创业失败的定义

（一）狭义的创业失败

创业企业因资不抵债而不能继续经营，创业者被迫关闭企业或者出售企业，这是狭义上的创业失败。企业/个人破产（bankruptcy）、清算（liquidation）、注销（cancellation of registration）等都是狭义创业失败在实践中的表现形式。然而，破产、清算和注销背后的动机和原因具有多样性：创业者可能主动实施破产、清算或注销，因为创业者已经盈利，甚至超出之前的预期；创业者也可能由于年龄或健康问题而主动关闭企业；创业者还有可能希望经营另一家企业而主动关闭当前企业。换言之，创业者关闭或出售企业并不一定意味着创业失败。

2021 年 3 月，《深圳经济特区个人破产条例》正式施行。个人破产程序作为一种针对自然人设计的退出机制逐渐“流行”。破产、清算或者注销本身只是创业退出（entrepreneurial exit）方式，也可能为创业者带来收益（或者避免损失）。因此，我们不能将破产、清算、注销等同于创业失败，也不应混淆企业关闭、企业失败、创业者失败等概念，要能辨识创业失败现象。

（二）广义的创业失败

部分创业者在创业过程中没有取得预期结果，如未获得融资、研发失败、谈判破裂等，这是一种广义的创业失败。创业者在失败后仍可能继续留在企业，尝试让企业“起死回生”。创业过程中存在大量的不确定性，创业者制定决策常会出现失误，因此阶段性的创业失败在所难免。与狭义的创业失败相比，广义的创业失败带给创业者的打击适度，对创业者来说具有更高的学习价值。创业者正是经历一次次的创业失败，并从中恢复、学习，才逐渐成长、成熟。同时，应该认识到，广义的创业失败时常发生并有宝贵的学习价值，而狭义的创业失败对创业者有相当严重的负面影响。

二、创业失败的原因

创业的高不确定性导致高失败率，许多创业企业在三年内倒闭。换言之，只有少数创业企业取得成功。多数研究发现大多数创业失败的原因是在创业者控制范围之内的，以下介绍一些主要的创业失败原因。

布鲁诺等（Bruno et al.，1987）研究调查了 250 家高科技公司，发现了三类主要的创业失败原因：产品/市场问题、财务困难问题及管理问题。

（一）产品/市场问题

（1）缺乏时间规划。在所研究的案例中，有 40%是由于过早地进入市场而遭遇失败。

（2）产品设计问题。尽管创业失败可能与缺乏时间规划有关，但在早期阶段，产品设计和开发也是关键因素，一旦产品的本质组成部分有所改变，就有可能导致失败。

（3）分销策略不当。无论是基于委托代销（commissioned sales representatives）①还是交易会直销（direct sales at trade shows）②，分销策略都必须面向产品和顾客。

（4）业务界定不清楚。不明确企业的定位，使得企业不断经历变化，缺乏稳定性。

（5）过度依赖大客户。这将导致企业无法增加新产品，最终导致创业失败。

（二）财务困难问题

（1）初始投资不足。在所研究的案例中，有 30%是初始投资不足导致了创业失败。

（2）过早举债。一些企业急于获得数量过大的负债资金，导致还债付息困难。

（3）与风险投资家的关系问题。创业者与风险投资家在目标、观念和动机方面存在的分歧会导致企业经营恶化。

（三）管理问题

（1）团队发展的观念有问题。例如，选拔人才凭关系而非个人素质；与母公司和风险投资家的关系紧张；企业的创建者更关心他们的弱点而非强项（尽管这样会削弱企业优势，但他们总想着这样能增强技能）；缺少合格的专业服务的支持，比如法律咨询服务。

（2）人力资源问题。自我恶性膨胀、与雇员的关系及控制因素均可能导致创业失败。研究还揭示了如下人与人之间的问题：回扣及由此产生的解雇将丧失客户资源；风险投资家与创业者相互欺诈；创业者与风险投资家之间有不被重视的口头协议；围绕终止时间的持久诉讼。

戴维和菲利普（David & Philip，1993）对成功企业（世界前 500 家发展最快的私人公司）在初创阶段遇到的重大问题开展了系统研究，总结归纳出企业在创业第一年所遇问题的种类（见表 13-3）。研究者还调查了这些成功企业的所有者所遇到的问题，以期探究在企业创建初期如何避免这些问题的滋生。研究发现，初创阶段的问题涉及市场营销（38%）、对外融资（17%）、内部财务管理（16%）以及综合管理（11%）等。在成长阶段（growth stage），市场营销依然是最主要的问题（22%），但不如在初创阶段那样重要；内部财务管理（21%）、人力资源管理（17%）和综合管理（14%）是主要问题。此外，成长阶段的制度环境问题（8%）比初创阶段的（1%）要多。最后，组织结构（6%）在成长阶段也以问题的形式出现。这些问题对企业成长形成威胁，创业者必须认识到它们的重要性。

---

① 委托代销是指受托方（一般为商业企业）按委托方的要求销售委托方的货物，并收取手续费的经营活动。

② 交易会直销是指在交易会上直接销售、签订合同的分销方式。

表 13-3 创业第一年所遇问题的种类

1. 获得外部资金 获得企业发展所需资金 其他或一般资金问题 **2. 内部财务管理** 周转资金不足 现金流问题 其他或一般财务管理问题 **3. 销售/市场营销** 低销售量 依赖一个或少数顾客/消费者 营销或分销渠道 促销/公共关系/广告 其他或一般营销问题 **4. 产品研发** 产品/服务研发 其他或一般产品研发问题 **5. 生产/运营管理** 建立或保持质量控制 原材料/资源供给 其他或一般生产/运营管理问题	**6. 综合管理** 缺乏管理经验 缺人手/缺时间 节约/控制发展 行政管理问题 其他或一般综合管理问题 **7. 人力资源管理** 招聘/选拔 调换/留用 满意度/士气 员工培训 其他或一般人力资源管理问题 **8. 经济环境** 经济萧条/倒退 其他或一般经济环境问题 **9. 监管环境** 担保

资料来源：David E T，Philip D O，1993. Entrepreneurial start-up and growth：A classification of problems. Entrepreneurship Theory and Practice，17（3）：5 - 20.

查克阿拉基斯等（Zacharakis et al.，1999）对 645 名创业者进行的研究主要是对企业初创阶段及成长阶段内部与外部问题进行分类。内部问题包括足够的资金（15.9%）、现金流（14.9%）、机器/设备（12.6%）、存货控制（12.3%）、人力资源（12.0%）、领导能力（11.1%）、组织结构（10.8%）及会计系统（10.4%）。外部问题则包括与消费者的联系（27.3%）、市场知识（19.3%）、销售计划（14.4%）、定位（11.1%）、定价（8.4%）、产品考虑（7.6%）、竞争对手（6.3%）及业务拓展（5.5%）等方面。研究人员发现“竞争者的强弱”而非生命周期阶段，在改变问题的重要性方面非常关键。因此，创业者不仅应该认识到不同阶段的问题，还应明白不断增强的竞争力可能会改变问题的相对重要性。

查克阿拉基斯等还调查了创业者和风险投资家，请他们总结各自创业失败（投资失败）的内部原因和外部原因，并进行了评级，如表 13-4 所示。创业者通常将创业失败归因于内部因素（89%），排前四的内部因素包括缺乏管理经验、管理战略不当、缺乏资本、缺少远见。风险投资家也主要将投资项目失败归因于内部因素（84%），主要包括缺乏管理经验、管理战略不当和缺乏资本，而一个外在原因是外部市场条件不佳。

表 13-4 新创企业失败决定因素

创业者	等级	风险投资家	等级
I——缺乏管理经验	1	I——缺乏管理经验	1
I——管理战略不当	2	I——管理战略不当	2
I——缺乏资本	3	I——缺乏资本	3
I——缺乏远见	4	E——外部市场条件不佳	4
I——产品设计不当	5	I——产品设计不当	5
I——重要人员使用不当	6	I——产品推出时间不当	6

注：E=外部因素；I=内部因素。

资料来源：Zacharakis A L，Meyer G D，DeCastro J，1999. Differing perceptions of new venture failure：A matched exploratory study of venture capitalists and entrepreneurs. Journal of Small Business Management，37（3）：1 - 14.

学者和创业者都试图在创业失败之前洞察可能导致创业失败的迹象和信号。以创业企业财务数据为基础的失败预测模型（failure prediction model）假设创业失败过程以过多的初始负债和过低的资金收入为特征。表 13-5 所示的创业失败过程表明，可通过减少初始负债和增加足够的收入来降低创业失败的风险。此外，相关研究还指出了与企业发展的初始规模相关的风险。模型的特殊运用包含以下方面：

表 13-5　创业失败过程

1. 举债过高（静态稳定性差）与规模小	
2. 资金周转太慢、增长过快、（与预算相比）利润过低或三者的结合	
3. 收入出乎意料的低（动态流动性差）	
4. 静态流动性及偿债能力差（动态稳定性差）	
盈利性	
1. 年终投资回报率	$=\dfrac{\text{净利润}+\text{利息花费}}{\text{年终总资本}}\times 100\%$
流动性	
动态	
2. 现金流量/销售净额	$=\dfrac{\text{净利润}+\text{折旧}}{\text{销售净额}}\times 100\%$
静态	
3. 速动比率	$=\dfrac{\text{速动资产}}{\text{流动负债}}\times 100\%$（速动资产＝流动资产－存货－预付账款－待摊费用）
稳定性	
静态	
4. 股本/总资产	$=\dfrac{\text{总资产}-\text{总负债}}{\text{总资产}}\times 100\%$
动态	
5. 现金流量/总负债	$=\dfrac{\text{净利润}+\text{折旧}}{\text{总负债}}\times 100\%$
其他方面	
增长或动态规模	
6. 销售净额年增长率	$=\dfrac{\text{第 } t \text{ 年销售净额}-\text{第}(t-1)\text{ 年销售净额}}{\text{第}(t-1)\text{ 年销售净额}}\times 100\%$
规模	
7. 销售净额对数值	$=\ln(\text{销售净额})$
资金周转率	
8. 销售净额/总资本	$=\dfrac{\text{年销售净额}}{\text{年终总资本}}\times 100\%$

资料来源：Laitinen K E，1992. Prediction of failure of a newly founded firm，Journal of Business Venturing，7（4）：323-340.

（1）盈利性和现金流量考虑。创业者应当保证产品在第一年盈利和带来正的现金流量。

（2）负债考虑。创业者应保证初始资产负债表上有足够多的股本来缓冲损失。

（3）第（1）项和第（2）项的结合。如果初始资产负债表上的股本比例很小而且在第一年可能出现负的现金流量，那么创业者就不应启动创业。

（4）初始规模考虑。创业者应该明白出现负现金流量的可能性越大，及初始资产负债表上的负债比例越大，企业的初始规模就应该越小。

（5）资金周转率考虑。如果第一年出现负现金流量的风险很高，创业者就不该做出高资本周转的预算。销售额与资本之比越大，负的现金流量规模也就越大，盈利水平也就越低。

（6）控制考虑。创业者应从第一年开始就关注财务比率，尤其是总负债现金流比率。多种比率的综合风险（Z 值）——尤其是负的现金流量、较低的股本总资本率和高资金周转率——都必须加以注意，并且与行业标准相比较创业者应尽力弄清楚比率低的原因，而且特别注意把盈利保持在先前计划的水平上（通过控制比率）。

三、创业失败的归因

创业失败的成因具有多样性，创业者需要准确识别失败的真实原因并从中学习。创业失败归因是这一过程中的重要环节，即创业者如何解释创业失败的成因。创业者如何解释（归因）创业失败比“失败事实或真相”本身更重要，因为创业者往往从自己对失败的主观认知（或解释）中学习。根据社会心理学对因果归因的研究，任务绩效取决于个体力量（能力与努力）和环境力量（难度与运气）的匹配，四种力量可以组成一个归因矩阵。归因矩阵适用于对创业行为的解释，也适用于中国等转型经济国家的背景。同时，卡登和麦克格拉斯（Cardon & McGrath，1999）提出了不同创业失败的归因方式，并解释了其与随后创业活动的关系。

创业视角 13-1 CB Insights 的数据分析：创业失败的 20 大主要原因

（一）归因矩阵

多数创业者认为自己可能会将创业失败归于内因或外因，但实际情况可能更加复杂。一是创业者不仅会考虑失败因素的根源（内部或外部），还会考虑失败因素的稳定性（稳定或可变）；二是创业者可能会有“辩证思维”，不会简单地将创业失败归因于某个单一因素，而是同时归因于多个因素。社会心理学家费里茨·海德（Fritz Heider）提出归因矩阵，如图 13－2 所示，其中一个维度称为因果根源，分为内部因素和外部因素；另一个维度称为相关因素的稳定性，分为稳定因素与可变因素。

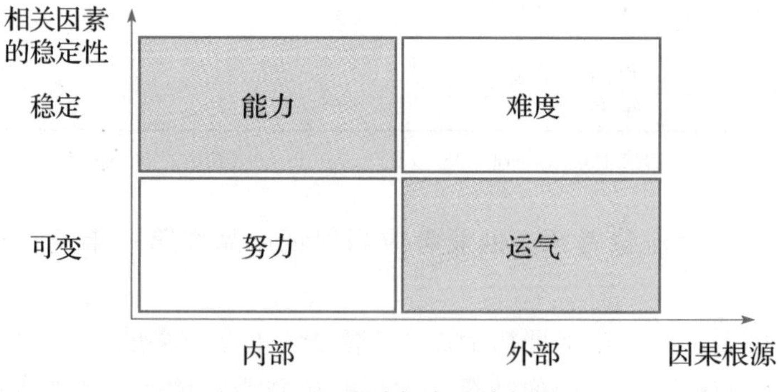

图 13－2　成功与失败的归因

资料来源：Heider F，1958. The psychology of interpersonal relations. New York：Wiley.

（二）归因方式

基于归因矩阵，归因于能力是内部的、稳定的归因方式；归因于运气则是外部的、可变的归因方式。过往对创业失败归因的研究多从因果根源的视角，认为创业者会将创业失败归于内因或外因。学者们研究了不同的创业失败归因方式与随后创业活动的关系，但得到的结论并不一致。卡登和麦克格拉斯（Cardon & McGrath，1999）提出两种创业失败归因方式：(1)“无助型”，将创业失败归因于缺乏能力、天赋；(2)“专家型”，将创业失败归因于缺乏努力。第一种归因方式导致创业者产生愤怒、沮丧与耻辱情绪，第二种归因方式下的创业者则更努力、保持乐观并将失败视为学习经历。詹金斯（Jenkins，2011）发现，如果创业者将创业失败归于内因（无论是能力问题还是努力问题），创业者都会从中学习并提高其随后的创业动机。而山川等（Yamakawa et al.，2010）发现，创业者如果将创业失败归于内因，则会“反事实思考”，因此更加擅长在随后的创业中使用反事实思维开发战略，进而提高其随后的创业绩效。

创业者对创业失败的不同归因方式可能决定了创业者能否以及如何从失败中学习。并且，根据归因理论，创业者如何对待失败归因取决于三个因素：创业失败的性质、创业者特质与先前经验以及创业失败发生的环境或情景。例如，有创业经验的创业者多将损失严重的失败归于外因（失败性质），无创业经验的创业者将失败归于内因（先前经验）。需要注意的是，创业者把创业失败归于外因还是内因会受到当地文化的影响，包括对新事物的包容度、对失败的包容度、文化开放度等。例如，硅谷和华尔街的创业者对失败的归因显著不同。于晓宇和蒲馨莲（2018）的研究结果表明，与欧美创业者相比，中国创业者在创业失败后的总体归因倾向、外部归因倾向、学习内容、学习导向和后续创业意向等方面存在独特规律；文化是创业者在创业失败之后行为反应的重要影响因素，不同文化维度的具体取向会对创业者在创业失败后的行为反应产生不同的影响。

第 3 节　创业失败的成本

一、创业失败成本类型

创业失败通常会给创业者带来很高的成本，除了经济损失外，还会给创业者带来较多的负面情绪，并降低创业者的自信、自我效能感、风险承担倾向，伤害创业者的自尊心以及与他人的关系。谢泼德（Shepherd，2003）提出创业失败成本包括财务成本和情绪成本两部分。此后，谢泼德（Shepherd，2009）进一步发现两类成本的关系决定了创业失败成本的总体水平，以及对创业者恢复（包括创业失败学习和对再次创业的承诺两个方面）的影响。科普（Cope，2011）在此基础上提出了更为全面的分类体系，他将创业失败成本分为六大类，除财务成本和情绪成本外，还包括生理成本、社会成本、职业成本和创业成本，如表 13－6 所示。

表 13－6　创业失败成本类型

分类	描述
财务成本	投资损失、收入损失、个人债务
情绪成本	情绪支出、压力、沮丧

续表

分类	描述
生理成本	精力透支、生病
社会成本	对投资者、雇员、债权人的责任亏欠
职业成本	同行对创业者专业能力的质疑
创业成本	创业自我效能感降低、风险承担能力降低

资料来源：于晓宇，汪欣悦．知难而退还是破釜沉舟：转型经济制度环境背景下的创业失败成本研究．现代管理科学，2011，(2)：49－52.

（一）财务成本

通常，创业者会将个人资源投入新企业，将个人财富与新企业价值绑定，一旦创业失败，会给创业者带来很大的财务损失。虽然创业企业是一个独立法人，创业者仅承担有限责任，但实际上银行或融资机构通常会要求创业者为新企业融资做个人担保，创业者的个人抵押相当于创业者的权益投资，创业失败也意味着创业者的个人损失；股权投资者也会根据创业者的投入，尤其是创业者的股权水平来做投资决策。对投资者而言，创业者的股权水平，尤其是创业者股权价值占创业者个人财富的比例，成为创业企业价值的重要信号及创业者尽最大努力实现成功的保障。因此，创业失败通常意味着创业者的个人财富损失，对以个人担保向银行贷款的创业者而言，更是如此。

（二）情绪成本

创业失败给创业者带来很多的负面情绪，包括悲痛、耻辱、绝望、混乱和愤怒等。创业失败会给创业者带来无助感，降低创业者未来承担各类工作的能力。一般来说，情绪投入的时间越久，复合损失（是指创业者在创业失败前经历了许多商业失败，例如核心人员离职、遭遇商业欺诈等）越大、企业对创业者越重要，创业失败的情绪成本就越高。

延伸阅读 13－1　创业者为什么会与自己的企业建立亲密关系？

（三）生理成本

创业者遭受创业失败，需要几个月甚至更长的时间才能从压力、负面情绪和身体耗竭中恢复过来，这可能会带来一系列精力透支、焦虑、病痛生理问题。长时间的压力和极度的焦虑会导致高血压等症状，有些创业者甚至需要服用药物来减轻痛苦。

（四）社会成本

创业失败会影响创业者个人和职业的关系网络。很少有人能真正理解创业者失败后的痛苦或者给他们提些建议，创业失败也会对家庭关系造成负面影响。创业失败可能导致婚姻破裂和亲密关系破裂，因为创业失败和最终的企业死亡会导致一个重要的承担相互债务责任的社会网络的损失。此外，创业失败造成的最普遍影响是使得经历了失败的创业者背负“污名”（例如失败可能导致创业者无人过问或者职业道路的突然终止）。关系质量也可能由于失败后留下的“污名”（stigma）而降低。“污名”也可能导致人们对创业者的聘用机会和获得未来资源（例如财务和人力）的消极歧视。这些失败后留下的污名带来的社会成本，可以解释为什么一些创业者会自愿远离社会网络。

（五）职业成本

同行可能会对经历创业失败的创业者的工作能力产生怀疑。同行质疑创业者没有能力一起共事，管理者也会再三考虑他们是否有能力完成工作。但研究发现创业失败对创业者长期的职业成本没有显著影响：长期看来，创业失败不会导致同行质疑创业者的专业性。

（六）创业成本

创业成本是指创业者自我效能感和风险承担能力也可能因为创业失败而降低。他们失去了原先的乐观心态和对成功的渴望，变得悲观和不自信。他们在处理问题和做决策的时候变得更谨慎，希望承担更少的风险，安于现状而不想再冒险。他们在分析问题的时候考虑更多，降低了他们快速制定决策的能力，错失很多机会。乌克巴萨兰等（Ucbasaran et al.，2010）研究发现，没有经历过创业失败的重复创业者比“创业新手”更有可能表现出相对乐观，经历过创业失败的创业者更不可能表现出相对乐观，但失败经验对连环创业者没有显著影响。

需要注意的是，各类创业失败成本并不是独立不相关的，它们之间存在一定的联系。

（1）情绪成本会受财务成本的影响，财务成本越高，情绪成本越高。不考虑其他创业失败成本，创业失败总成本可能是两者相乘。

（2）社会成本影响情绪成本。创业失败有损创业者的社会网络，创业者与投资者、员工、债权人和家庭的关系受到影响，对他们有责任亏欠。因此，这在一定程度上加剧了创业者内心的悲痛和无助，导致情绪成本的增加。

（3）情绪成本会在一定程度上影响生理成本。创业者经历失败后，内心会产生的悲伤、痛苦等负面情绪，以及内心的压力，导致他们生理上出现问题，罹患失眠、高血压等，给创业者带来沉重的生理成本。

二、摆脱失败的“污名”

（一）污名或偏见的负面影响

多数创业失败是由多种因素造成的，创业失败通常给创业者带来污名，给创业者未来的职业生涯蒙上阴影。污名导致创业者在财务和情绪等各方面遭受巨大创伤，因此，多数创业者在创业失败后选择偃旗息鼓，而非重整旗鼓。创业失败给创业者带来的污名不仅加重了创业者对自我的负面看法，还会造成社会关系的恶化和破裂，甚至造成社会排斥。

创业失败是一种糟糕的经历，会导致创业者财富损失、社会地位下降、个人自尊降低，以及给职业生涯带来不利影响等，从而给创业者带来一定的财务成本和情绪成本。尤其是刚刚经历创业失败的创业者，他们常常会存在创业失败者偏见，认为自己是一个糟糕透顶的人。

于晓宇等（2011）研究发现创业失败带来的严重后果会影响创业者的认知模式，如对创业行为的认知和对自身创业能力的认知等。杨隽萍等（2020）研究得出：巨大的失败成本包括财务成本、社会成本等会对创业者的乐观程度造成负面影响，导致其陷入创业失败者偏见中，使创业者自我否定甚至封闭自己。

（二）印象管理策略

萨顿和卡拉汉（Sutton & Callahan，1987）对就美国破产法第 11 章申请破产的企业的扎根研究发现，创业者主要采取五类印象管理策略应对破产污名，包括：（1）掩盖真相，指创业者对受众对破产事实一无所知的情形“按兵不动”（消极掩盖），或做出欺骗性陈述（积极掩盖）。（2）积极定义，指创业者承认出现了问题，但不认为这种困境有什么“不光彩”。（3）推卸责任，指创业者承认有“不光彩”的事情发生，但是认为对此没有责任。（4）承担责任，指创业者承认有“不光彩”的事情发生，而且自己对此负有责任。承担责任又可以分为承担部分责任、承担全部责任两类。（5）沉默寡言，指回避那些知晓当前困境的组织受众，这也意味着创业者承认有“不光彩”的事情发生。表 13－7 列出了印象管理策略及其示例。

表 13－7　印象管理策略及其示例

印象管理策略	示例（来源）
掩盖真相	我们没有责任告诉他们（潜在客户）我们目前处于破产保护状态。（公司律师）
	我亲自拜访了公司，坐在苏伊（创业者）面前，我看着她的眼睛说，这世界有很多生意是靠诚信做成的……她（创业者）向我保证，公司的财务状况没有任何问题。（债权人）
积极定义	查理（创业者）时不时引用破产法里的字句，解释说破产意味着（公司）还有希望，破产不是最后结果，不是世界末日。（工程副总）
	他们（创业者）告诉大家，之所以申请破产就是因为他们和房东在他们是否有权转租方面有争议。（债权人）
推卸责任	市场消失了，日本的竞争对手却跑来了。（创业者）
	糟糕的财务状况完全是由于经济不景气。（创业者） （之前的）老板既没能力，也没意愿发现风险，啥事都不干。（创业者）
承担责任	如果我多一点经验，我会处理得更好。（创业者）
	我想，我应该负领导责任，我是领导层……我承认我对产品的这个问题有责任……对于这件事，我非常抱歉，这本不应该发生。（创业者）
沉默寡言	我就是不想讨论这个事情。（创业者）
	有一段时间，我不想接听任何电话。（创业者）

资料来源：Sutton R I，Callahan A L，1987. The stigma of bankruptcy：Spoiled organizational image and its management. Academy of Management Journal（30）：405－436.

根据萨顿和卡拉汉（Sutton & Callahan，1987）的研究推断：第一，每一种策略的有效性存在情境限制。第二，组合策略可能更加有效，例如尽管掩盖真相的策略是不道德的，但很可能在短期是非常有效的，并且能为其他长期有效的策略，例如积极定义、推卸责任等，赢得实施的时间。无论创业者在创业失败后自我肯定还是自我否定，都会采取印象管理策略来提升心理幸福感，但采取哪些策略取决于两方面：创业者的自我看法和组织受众对创业者的看法。根据自我验证理论（self-verification theory），创业者采取印象管理策略以确保自我看法和组织受众对创业者的看法一致，两者越一致，创业者的心理幸福感越高。因此，他们预测，自我肯定的创业者和自我否定的创业者会采取不同的印象管理策略来提高心理满足感。

在另一项情境模拟研究中，柯柏勒等（Kibler et al.，2017）发现，创业者采取“创业失败是外部因素造成的、自己是无能为力的、未来不会再次发生”的说辞时，公众更可能判定创业失败是合法的。他们还发现公共受众的宜人性和自我效能感会影响印象管理策略的有效性。

第 4 节　创业失败的价值

创业者为发展自己的创业能力或技能会学习与创业有关的直接和间接经验。斯米勒（Smilor，1997）认为：“高效的创业者都是杰出的学习者，他们从一切事物中学习。更重要的是，他们善于从失败中学习。”创业失败给创业者提供重要的学习机会，从失败中学习比从成功中学习更具价值。经历创业失败等非常事件可以增加创业者的主观知识积累，因此，失败情境下的创业学习是有必要的。谢泼德（Shepherd，2003）研究指出从失败中恢复伴随着学习。

一、从创业失败中快速恢复

谢泼德等（Shepherd et al.，2009）研究创业者如何从创业失败的负面情绪中快速恢复，并提出三种修复方式，分别是损失导向（loss orientation）、恢复导向（restoration orientation）和摆动导向（oscillation orientation）。

（一）损失导向

损失导向是指创业者直面创业失败经历，并借此中断与失败企业的情绪联系，例如和朋友、家人一起回顾并思考某些里程碑事件——第一次发布产品、达成第一笔重要的交易、顾客对产品质量的肯定；或者反思与创业失败有关的事件——失去主要的客户，意识到企业无法继续经营，告知员工、顾客和投资者企业濒临倒闭。采取损失导向的创业者直面失败，通过向他人倾诉来化解悲痛。

（二）恢复导向

第二压力来源指创业失败衍生的系列问题。恢复导向是针对源于创业失败的第二压力来源的规避行为和主动行为，如立刻再次创业或者筹划谋求一份工作。采取恢复导向的创业者会开展一系列活动来分散自己的注意力，避免想到创业失败的经历，如运动、承担家务等，当然也会采取措施（如出售房屋、寻找工作、整理银行账户等）来减少导致压力产生的因素。

（三）摆动导向

摆动导向是指创业者循环采取损失导向和恢复导向两种方式。损失导向和恢复导向可能会产生不同的成本——损失导向耗费体力和精力，恢复导向需要心智努力（mental effort），还可能埋下健康隐患。创业者在损失导向与恢复导向之间切换能够获得每个导向的益处，也使得长时间保持一种导向的副作用最小化，加速从创业失败中恢复。例如创业者先是通过投入到另外一件工作来回避创业失败，一段时间后再找一位朋友谈论创业失败之前的事件并充分表达他的情绪，如此循环采用损失导向和恢复导向，更快、更健康地从失败中恢复。

二、从创业失败中学习的内容

创业者并不是只能被动地接受失败，还可以从失败的悲痛中快速恢复，进而从创业失败中学习。科普（Cope，2011）验证了创业失败学习的内容应包含自我学习、商业学习、网络与关系学习以及新企业管理学习四个方面，并认为自我学习是创业失败学习的核心。

（一）自我学习

自我学习包括客观认识自身的优势和劣势；改变在企业中的角色；了解个人和家庭的需要和目标；了解个人发展的领域以及个人的兴趣和动机。

（二）商业学习

商业学习包括了解企业的优势和劣势、机会和威胁；有关市场需求、新企业成长、行业发展前景等的知识。

（三）网络与关系学习

网络与关系学习包括了解如何管理企业内部和外部的关系，包括与潜在客户、供应商和竞争对手的关系，也包括维持与咨询机构和支持服务（如银行、会计等）的关系。

（四）新企业管理学习

新企业管理学习包括学习如何更有效地运营和控制企业，包括重要的程序和系统（如人才招募、薪酬和奖励机制，以及财务监督）。

四类学习从本质上来讲都有助于企业知识的积累。经历创业失败的创业者能够在知识积累过程中获得更多创新和突破的机会，这也是创业者对自我、对企业、对外部环境的认知不断重塑和整理的过程。创业者从失败中学到不同的内容，最终从不同方面提升企业的综合竞争力，并为未来可能的再次创业和多次创业做好准备。

三、从创业失败中学习的模式

创业者通过分析创业失败的原因来充实创业和企业管理知识。但实际并非如此简单，创业者如何从失败中学习是个复杂的过程。创业者从创业失败中学习有三种模式。

（一）变革式学习

变革式学习（transformative learning）是指创业者为实现自身转变而进行的学习，包括创业者转变心理、修正信念和改变行为模式。一般来说，令人迷惘的困境会导致变革式学习，如面对创业失败造成的巨大危机，创业者往往通过变革式学习实现世界观与价值观的改变、能力的提升和意识的扩展。

（二）双环学习

双环学习（double-loop learning）强调对造成现状的原因进行反思，由“知其然”

导出“所以然”。创业失败后，创业者通过双环学习主要改变组织成功的心智模式和框架，重新定义创业的行动纲领。

（三）成长式学习

成长式学习（generative learning）是指创业者在经历了失败之后通过学习清楚地认识创业失败的原因，从而对后续创业更有信心。

创业失败归因、创业失败学习与随后创业的关系如图 13－3 所示。

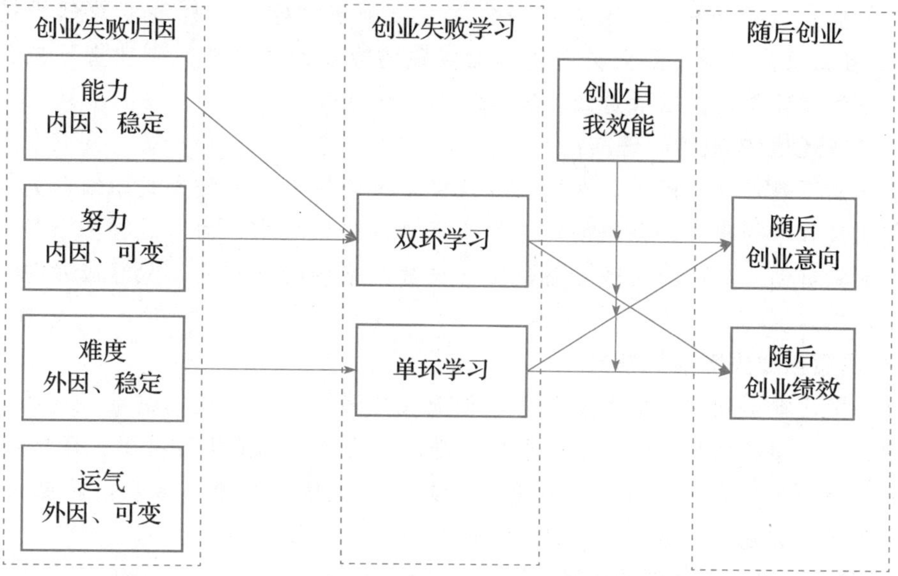

图 13－3　创业失败归因、创业失败学习以及随后创业意向、创业绩效概念模型

资料来源：改编自于晓宇，李厚锐，杨隽萍．创业失败归因、创业失败学习与随后创业意向．管理学报，2013，10（8）：1179－1184.

上述模型描述了创业者从创业失败中恢复、学习的过程。首先，创业者对创业失败原因进行解释，有四种归因可能（能力、努力、难度和运气）。归因结果可能并不唯一，但创业者一般会将某一种原因归为导致创业失败的主要因素。其次，归因结果决定了创业者从创业失败中学习的方式。创业者如果将失败归因为能力或者努力，则更倾向于双环学习，对创业动机、关键决策的前提和假设进行反思。创业者如果将创业失败归因为难度，那么更倾向于单环学习，对错误进行反思并提出可能的解决方案。最后，双环学习往往产生很强的负面情绪，因此会降低创业者的随后创业意向。虽然通过双环学习获得的知识可能提高随后创业绩效，但创业者可能得不到检验这些知识的机会。单环学习很少伴随强烈的负面情绪，创业者通过单环学习对问题、错误提出解决方案，因此常会提高随后的创业意向。当然，这些解决方案可能“治标不治本”，并可能导致再次失败。

以上过程部分解释了为什么有的创业者对创业失败有了深刻反省，却“无心恋战”，放弃再次创业；而有的创业者仅从创业失败中学到一些皮毛，很快就重整旗鼓，选择再次创业，结果却是“一败再败”。打破这个“魔咒”

延伸阅读 13－2　创业者为什么会“不理性”地向濒死企业“输血”？

的途径是创业者提高自我效能，抵抗双环学习对随后创业意向的牵制，通过再次创业检验学习成果。

工具箱13-1

管理创业失败的七大法宝

创业失败为创业者提供了宝贵的学习和成长机会。创业教育家蒂蒙斯曾说，“即使创业失败，创业者也并未失败。创业失败常常是创业者的学习经验和职业领悟提炼的过程”。创业者必须认识到，创业失败是创业实践的重要组成部分，创业者不应该回避失败，而是主动管理失败。以下是如何管理创业失败的建议：

（一）具备创业失败的心理准备

创业充满不确定性，而失败本质上就是探索不确定性的一种方式。创业失败是普遍存在于创业过程中的现象，会给创业者带来沉重的失败成本。面对这样一个事实，创业者应该提前做好创业失败的心理准备，降低失败带来的心理打击，从容应对并快速从失败阴影中走出来。

（二）洞察创业失败前的信号

创业失败之前会出现一些预警信号，创业者应谨慎地洞察这些信号。这些信号包括财务管理松弛、糟糕的现金流、资金周转困难、企业核心人员接连离职、客户持续流失、供应商突然要求用现金付款等。创业者洞察到这些失败的预警信号后，就要采取行动，寻求避免失败的方法，或者提前制订应对创业失败的计划。

（三）敢于面对，承认创业失败

当创业企业资不抵债濒临破产时，创业者应敢于面对失败，承认失败在所难免，并有计划地做好失败准备和制定应对措施，尽快失败。创业者不要升级承诺，向濒死企业不断“输血”，可以选择“主动失败”，避免创业企业陷入“死而不僵”导致更多财务损失的困境。

（四）选择合适的创业退出方式

创业退出是创业过程的重要环节，创业者在创业之前就应该想到，而不是在创业失败的时候才去考虑。选择合适的创业退出方式是管理创业失败的重要举措，有助于避免创业失败带来的巨大损失。创业者可能采取的退出方式主要包括破产、出售、清算和被收购。

（1）破产。当企业现金流出现问题，难以维持经营时，债权人或债务人可以向法院申请破产，债务人则依破产程序偿还债务。狭义的破产指破产清算，广义的破产还包括重组和和解。创业者可选择以破产的方式退出创业，尽管这样会给创业者带来极大的痛苦，但创业者需要知道这是一种创业退出方式，有时也是唯一的方式。

（2）出售。创业者在出售企业时有很多方案可供选择，如直接出售、员工持股计划和管理层收购等。创业者需要慎重考虑以何种方式出售企业，其中一些出售方式简单明了，有些出售方式则涉及比较复杂的财务策略。

（3）清算。创业者自愿或者非自愿地将企业所有的资产进行清理、处置和分配，以了结其债权债务关系。

（4）被收购。创业者可以选择在企业的未来投资收益现值比企业的市场价值高时把企业出售给收购者，科技型创业企业多采用这种创业退出方式。

（五）从创业失败中学习，最大化创业失败的价值

创业者应循环使用“损失导向”（积极面对负面情绪，理解失败）与“恢复导向”（回避和抑制负面情绪），从失败的负面情绪中快速恢复过来，进而从失败中学习。此外，创业者应一并使用单环学习和双环学习两种模式，既对导致创业失败的直接原因进行分析，又深刻反省做出相关决策的前提、假设和信念。

（六）从其他人的创业失败中学习

科普指出创业失败会给创业者带来巨大的成本，在一定程度上创业者难以从创业失败中学习。有研究表明从他人的失败中学习可促使个体调整行为以避免类似的消极结果，无须试错，降低直接学习的成本。从他人的失败中学习是指个体观察别人的行为或行动，吸纳与存储相关信息，并采取行动的过程。

（七）从创业生命周期的角度来理解每一次创业失败的价值

尹等（Yin et al.，2019）的研究发现，并不是失败越多越容易成功，随着失败次数的增加，成功组的失败间隔时间越来越短，优化效率越来越高，但失败组没有明显变化。对创业者而言，他们应该思考是否给“失败”的时间太少了，是否给“过去”的时间太少了。尽管创业失败，创业者仍应该做到对自己诚实。

基本概念

创业失败　　归因　　印象管理　　损失导向
恢复导向　　摆动导向　　创业失败学习

思考与练习

1. 创业失败的定义是什么？如何理解狭义的创业失败和广义的创业失败？
2. 创业失败主要原因有哪些？
3. 创业失败的归因方式有哪些？
4. 创业失败的成本主要有哪些？不同成本之间的联系和区别是什么？
5. 创业失败带给创业者巨大的悲痛，创业者应如何应对这样的负面情绪？
6. 创业者为了摆脱失败的“污名”或偏见，能够采用的印象管理策略有哪些？
7. 创业者从失败中学习的内容主要有哪些？
8. 创业者从失败中学习的模式主要有哪些？不同模式的特征是什么？

第 5 篇

创业理论和实践的新趋势

第 14 章

内部创业

| 学习目标 |

- 掌握公司内部创业、内部创业者、内部创业激励与评估、创业型组织文化、内部创业模式等基本概念。
- 了解不同层级的员工在内部创业中的角色和作用。
- 了解如何对内部创业者实施激励和做出评估。
- 了解内部创业模式及构建组织的创业型组织文化。

引例

海尔精神：永远在路上

海尔是我国推行内部创业的一个典型。海尔董事局前主席张瑞敏先生曾说过，海尔的发展史就是一部创业创新史，这部历史，不仅是一部不断被质疑的历史，更是一部自我颠覆和奋斗的历史。对于海尔来说，创新和创业是现在进行时而非完成时。

在 2021 年的海尔职工代表大会上，创始人张瑞敏主动提请不再参与新一届董事提名，这是海尔创业 37 年以来主要领导者的第一次传承。这次“交接”也让海尔成为全球第一家以生态进化模式进行传承的企业，由此首创了一种使海尔在转型成为生态型企业后仍可持续进化的传承新机制。这也意味着，由张瑞敏带领海尔开创的物联网生态品牌时代的“无限游戏”才刚刚启幕。

1995 年，张瑞敏写了一篇文章，题目是《海尔只有创业没有守业》，这是从贞观之治时唐太宗和大臣的一段对话中得到的感悟。唐太宗问他的大臣：今天夺取了天下，草创与守成孰难？大家各抒己见，最后唐太宗说，草创已经过去，今天面对守业，而守业比创业更难。从这个历史典故推演至海尔的发展，张瑞敏说，对于海尔来说，只有创业没有守业。因为守业其实是守不住的，只有永远创业，永远在路上，才有可能把事业做大。

“没有人把新酒装在旧皮囊里，若是这样，皮囊就裂开，酒漏出来，连皮囊也坏了。唯独把新酒装在新皮囊里，两样就都保全了。”这是张瑞敏喜欢引用的一段话。他说，“新酒必须装到新皮囊里，不能装旧皮囊。你接触了很多新东西，但不能放在原有的旧思维里，否则是白搭”。

进入新时代，随着互联网的普及，对于企业来说，互联网时代就是一个全新的“皮囊”，很多传统时代的管理理论已经失灵。面对互联网的冲击，海尔开始了全面的数字化转型，在管理理念、组织结构、运营流程等多方面都进行了颠覆性的升级，搭上了互联网时代的快车，进一步做大做强。

为了随着时代的发展而发展，海尔如今已进入生态品牌战略阶段。从 2019 年开始，海尔开始逐步布局生态品牌，其突破的不只是传统企业的自身边界，还有所处行业内的相关束缚。海尔覆盖多个行业的新生态，其中包括衣联、食联、建陶等。同时，海尔也从产品的制造转向场景的构建。卡奥斯平台、海尔智家等都是海尔生态品牌战略阶段成果的最佳体现。

在演讲中，张瑞敏将海尔定位为一个生态型企业，而不是传统的科层制企业。经过多年的无止境的创新创业，海尔已经搭好了生态型企业的框架，现在还要不断向前进化，进化是无止境的。海尔的创业精神永不灭，但创始人张瑞敏会逐渐淡出舞台。

资料来源：张瑞敏：海尔的发展史，就是一部创业创新史．（2018－12－24）．https://mp. weixin. qq. com/s/X8EzljQtabtlW9nbpTj4Sw；张瑞敏：海尔的创业精神永不灭，但我会逐渐淡出舞台．（2021－11－06）．https://baijiahao. baidu. com/s? id=1715676020731361211&wfr=spider&for=pc.

请思考：当同时代的其他企业都已被时代的尘埃所覆盖，为何海尔还能不断实现创新发展？

第 1 节　公司内部创业者

一、公司内部创业者及其特征

（一）内部创业者

自党的十八大做出创新驱动发展战略的重大部署以来，企业，尤其是大型企业，在社会经济发展中承担了越来越重要的创新主体角色。党的十九大报告指出，要“激发和保护企业家精神，鼓励更多社会主体投身创新创业”。2020 年中央经济工作会议进一步提出，要发挥企业在科技创新中的主体作用，支持领军企业组建创新联合体，带动中小企业创新活动。这也是推动我国“十四五”时期“高质量发展”的第一动力。近年来，很多大型企业积极响应国家战略号召，依靠自身的资源禀赋、技术优势等推动创新与创业，例如，成立新的业务部门、积极开展创新业务、主动进行战略更新、在组织边界内外孵化新产品或新模式等，这些活动被称为“内部创业”。

公司内部创业，又称组织创业、公司创业或者企业创投，指的是组织内部的员工追求独立于现有资源之外的机会的过程，是企业为了获得创新成果以持续提升竞争力而得到组织允诺、授权和资源保证之后所实施的一系列创业活动。

公司内部创业包括开展新业务和偏离常规的寻求机会的模式，结果通常是新组织的建立或给组织内部带来革新和创新。公司内部创业涉及运用内部生成资源，应用整合方式来抓住新机遇并拓展公司竞争力。组织可以鼓励员工运用创业者思维，并通过授权来使他们自由、有弹性地追求不受现有行政边界束缚的项目，培育具有潜在“盈利能力”的创新。

公司内部创业的主体是内部创业者，内部创业者是指那些在现有组织范围内努力参与新业务发展，并视受雇企业为自己的企业的群体。从个体视角来看，内部创业是员工基于新的创业机会，积极行动并承担风险，利用母公司平台发展新事业的过程。内部创业者通常来自一线员工和中基层管理者，他们更关注商业机会寻求和新业务开发。

从不同驱动阶段来看，发达经济体的公司内部创业比例要大于欠发达经济体的公司内部创业比例。中国的公司内部创业活动并不活跃，仅有1%的创业活动为员工内部创业，而澳大利亚、英国、美国和德国的员工内部创业更为活跃，如图14-1所示。

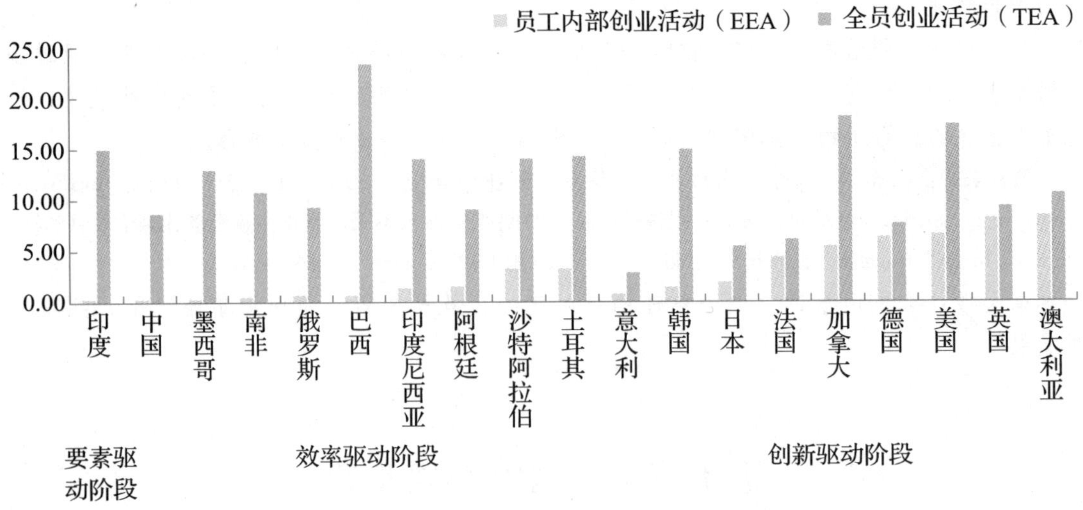

图14-1 不同驱动阶段国家公司内部创业活动比例

资料来源：《全球创业观察（GEM）中国报告（2019/2020）》。员工内部创业活动（EEA）：在18～64岁的年龄群体中，在过去三年作为企业雇员参与创业活动，比如研发新产品或服务，创建新的业务部门、机构或子公司。

随着市场竞争愈发激烈，越来越多的企业将创新创业视为企业的第一战略，公司内部创业活动逐渐涉及企业的各个层级，众多的内部创业者开始出现。高层管理者需要在促进内部创业的愿景和框架创建上扮演核心角色；中层管理者在发起、精选，以及促进创意自下而上至高层管理者和支持内部创业战略从高层到主要实施者中发挥评估角色；基层员工则需要花费大量时间和精力来促进创意的产生和提出，通过偏离正式工作要求来增加工作多样性，或通过产生、培育更多的创意来促进组织目标的实现。

（二）内部创业者和独立创业者的差异

创业者一般来说是一个独立的群体，但是内部创业者有所不同。因而，内部创业者和独立创业者有两个明显的区别，一个是角色的不同，另一个是创业活动产生的情境不同，如表14-1所示。

表14-1 内部创业者与独立创业者的区别

	内部创业者	独立创业者
角色	兼具员工和创业者双重身份	只有创业者单重身份
产生情境	成熟组织内部	成熟组织外部
创业机会识别	创意更多地来自工作经验，受环境影响较大	自由地追求创业机会，相对不受特定环境的影响

续表

	内部创业者	独立创业者
追求收益和风险承担能力	尽可能地追求大量收益和规避大量风险	追求最大化的收益，也具备承担巨大风险的能力
资源	可以获得组织内部资源的支持，获取资源较为方便	资源只能从外部渠道获得，获取难度较大

从角色来看，内部创业者拥有员工和创业者两种角色。员工和创业者作为工作中的两种角色，在价值观和行为上存在差异。传统意义上的员工更关心工作场所的人际关系、报酬和信任，而创业者只关注人际关系；与员工角色相比，创业者具有高创新性、低适应性，以及对权威和规则的低尊重性，他们甚至可能会冒着资金、时间和声誉丧失的风险去追求商业利益。

此外，由于员工和创业者的角色差异，内部创业者和独立创业者在期望收益、风险规避、创业能力感知和商业机会识别上也存在显著的差异。与独立创业者相比，内部创业者更倾向于规避风险，不会孤注一掷，期望较低但不确定的回报。尽管他们的人力资本水平较高，但是他们未能认识到商机，对自己的创业技能的信心也较低。

从创业活动产生的情境来看，内部创业者处于企业内部，创业活动要受到企业环境的约束，而独立创业者则不受这种环境的制约。由于内部创业活动产生于企业中，内部创业者通常能够利用较多的专业性人力资本，包括组织内部的员工或中基层管理者。在创业资源方面，独立创业者利用自己或风险投资家的资源做出决策，而内部创业者主要利用所在公司的资源做出决策，并且能够撬动较大规模的资源。在创业机会方面，独立创业者主要追求具有新颖性的创业机会，而内部创业者除了考虑机会的新颖性之外，还会考虑新业务与母公司的战略是否契合。由于环境因素的不同，内部创业者和独立创业者在创业团队、创业资源以及创业机会等层面都存在一定程度的差异。

总之，内部创业者和独立创业者的关键区别在于内部创业者拥有员工和创业者双重角色融合的独特身份以及创业活动所产生的情境。员工和创业者代表两种不同的角色，在不同的情境下工作，有着迥异的信念、价值观、目标和行为规则，因此，内部创业者在将创业者角色嵌入原来员工角色的身份建构过程当中时，可能会面对员工角色和创业者角色之间的冲突。当然，员工和创业者两种角色并非截然对立，它们也具有一定的共融性，内部创业者可以在企业的环境中不断寻求两种角色的均衡与统一。

（三）内部创业者与公司管理者的差异

内部创业者和公司管理者的本质很容易混淆，尽管创业者和传统管理人员存在很大的区别，但是内部创业活动在很大程度上确实是一种管理行为。管理涉及在实现组织目标的同时，减少波动性以保证经营的稳定性，同时寻找潜在的增长潜力。内部创业者的目标就是寻找潜在的增长点。

内部创业最初描述的是大型组织中相对独立的小团队创业，早期研究将内部创业等同于“已有组织中的创业活动”。管理者主导着内部创业，这时内部创业概念几乎囊括企业内部的各种管理实施活动，如并购、开设子公司、战略更新及业务拓展。在之后的研究中，内部创业者是指那些不满足于现状的高层管理者，这些管理者被描述为希望将公司引向新方向的梦想家。随着研究的深入，学者将内部创业的参与者范围从高层管理者拓宽到中层管理者和非管理型员工，而内部创业也被定义为，在现存组织内一个或更多员工（包括管理型员工和非管理型员工）为公司引入和实施的重要创新性活动，包括创新研发和创新商业化两个阶段。学者对之后的内部创业是用员工和管理者的集体行动来加以解释，即利用全体员工的力量来寻找想法，利用集体智慧来选择有希望的想法，以及在企业环境下将这些想法商业化。相较于之前重视管理者在内部创业中的作用，现在学者越来越重视基层员工的作用，认可非管理型员工从工作的被动接受者转变为主动的创新者，真正成为自下而上的内部创业者。

管理者追求的是稳定性和可控性，实现从投入到产出的高效转化，尽最大努力实现组织明确的目标。创业者追求的则是创新以及潜在的巨大收益，同时不可避免地会承担一定的风险。而高效的管理则是为了尽可能地规避风险，因而管理者和创业者的角色存在着冲突。表 14－2 列举了一些常见的内部创业者和公司管理者的角色差异。

表 14－2　内部创业者和公司管理者的角色差异

内部创业者	公司管理者
发现者	预测者
创新者	规划者
创造者	组织者
理性冒险	规避风险
寻找机会	维持和优化现有竞争力
资源寻找和拼凑	资源掌控和调度
内动力驱动	外动力驱动

在数字时代，公司管理者需要具备内部创业者的素质和能力，这是时代发展的要求。数据成为新的关键生产要素是数字时代最显著的特点。在这一轮创业浪潮中成熟企业具有天然的优势，由于它们拥有大量的用户和成熟的生产运营体制，涉及的利益相关者多，拥有的资源也丰富，所以数字化之后能够掌握大量的数据，形成数据资源优势。在这种背景下，企业的管理者需要向内部创业者学习，需要具备高瞻远瞩的战略眼光，以及追逐创新的勇气，可以带领企业进行机会搜寻，将优势转化为胜势。在数字时代，企业转型已是必然。2021 年 10 月华为成立五大军团，受到美国制裁、发展严重受阻的华为希望借助军团的组织形式，利用自己在各个领域积累的数据资源不断进行深度开发和应用，为广大的生态伙伴赋能。无独有偶，国内租车领域头部企业神州租车，将旗下神州租车 App、运营助手 App 及二手车 App 三大 App 智能化，将公司自建的全方位管理系统与客户、员工及合作伙伴连接，实现了公司内外运营的全面智能化及电子化。

二、高层、中层和基层在公司创业中的角色与作用

（一）高层：公司创业的战略设计者

高层管理者在公司创业中承担着四种独特的角色：战略倡导者、指挥者、批准者以及仲裁者。

（1）战略倡导者。创业是一项高风险活动，高层管理者在内部创业中的战略倡导者角色主要体现在为内部创业项目提供必要的早期合法性以及资源。一般来说，创业活动需要大量的资源和早期的合法性，会在组织内产生强大的战略选择压力，代表着企业战略的重新定位，体现了巨大的组织风险以及对现状的破坏。重大创业活动失败会给企业造成严重的声誉和财务影响，甚至导致企业破产。因此，只有那些最有权力的组织成员，即高层管理者，才能为这类新事业的发展提供帮助。同时，一些具有突破性创新的新事业要求新的资源组合，因此必须打破组织内部的边界来整合运营资源或分散的技术知识，而高层管理者才有这样的权力以及职责。

（2）指挥者。高层管理者只是间接影响新事业的结果，通过采取实质性和象征性的行动为实现创新搭建正确的组织结构和营造良好的组织气候，然后通过“看不见的手”来发挥作用。当高层管理者提供适当的组织氛围时，中层管理者更有可能发挥其作用，例如，投入经济、人力和组织资源，消除实际障碍，促进社会化，减少文化指责，提供教育和培训，发展道德范式。就这类行动而言，3M 公司为我们提供了高层管理者作为指挥者的完美例子，即为创新创造资源池、制定正式的政策和搭建控制系统来鼓励创新活动、将内部创业家视为英雄人物、举行仪式和设置奖励来唤起员工对创业活动的热情。

（3）批准者。高层管理者只认可那些已经获得一定成功的新事业。高层管理者是整个企业的掌舵者，他们不仅要保证这艘“大船”向前行进，更要保证“大船”不会撞上冰山。所以，通常只有那些经受了市场检验的项目才能获得他们的认可。除了项目之外，高层管理者还对人力资源有着绝对的分配权。当高层管理者赋予中层管理者角色/身份，并为他们提供关于行为的预期边界时，中层管理者更有可能参与公司内部创业活动，特别是通过系统地参与战略决策，中层管理者根据他们对高层管理者期望的感知来塑造他们的战略参与。

（4）仲裁者。高层管理者还是新事业支持者和反对者之间的仲裁者。承担这个角色的前提是最高领导者不是新事业的倡导者；相反，他们应该与新事业保持一定的心理距离以免不断提高对风险项目的承诺，因为这些项目的失败可能会使整个企业陷入困境。当新项目在支持者和反对者之间争论不休时，高层管理者必须做出最后的拍板决定。

（二）中层：公司创业的关键执行者

（1）产品倡导者。中层管理者提供最新的知识和信息组合以及充足的资源支持，确保新机会的搜寻和新事业的顺利孵化。作为产品倡导者，中层管理者的主要创业行为包括：支持、完善和引导创业机会，确定、获取和部署寻求创业机会所需的资源。就对创业机会的认可而言，中层管理者往往处于对来自较低组织层面的创业倡议的评价地位，他们评估是否支持创业机会以及给予多大的支持力度。中层管理者具有创业机会细化能力。他们的细化行为是，考虑到组织的战略、资源和政治结构，将典型的创业机会塑造成对组织有意义的机会。中层管理者必须观察和参与组织的核心运作。中层管理者通过引导功能，倡导、保护、培养、引导创业主动性。这些行动确保一旦源自较低组织层面的创业倡议持续发展，需要超出这些较低级别个人所能提供的支持，它们不会是“孤立的”。

为了追求创业机会，需要确定将创业概念转化为商业现实所需的资源。虽然确定有利资源并不是任何单一级别管理者的唯一责任，但中层管理者往往最了解需要哪些资源。这是因为，虽然创业计划不一定使中层管理者产生动力，但它们倾向于在中层管理者的权限下运作和发展。获得对追求创业机会至关重要的资源，以及正确分配这些资源，对创业成功具有重大意义。基层员工的职责和业务范围有限，在正式的预算上往往相对受到资源限制。相比之下，高层管理者往往拥有更多的可自由支配的资源。而中层管理者正是在这两个极端之间运作，他们的任务是根据需要从高层管理者处获得必要的资源，以支持该组织中更具前景的业务运作。

（2）组织倡导者。企业内部高层和基层之间存在信息和权力的不对称，这也就意味着那些负责新事业资源分配决策并帮助新事业获得合法性的高层管理者不一定掌握关于新事业真实市场需求和发展潜力的信息，而中层管理者的存在可以解决这个问题。

中层管理者一般利用两种紧密联系的策略合法化自己的组织倡导者地位，即通过日常会议和非正式对话，用说服性的叙述和对话来使他人产生依恋，用他们的关键位置作为节点来连接不同的组织层，并在组织网络中获得有利地位。

中层管理者的组织倡导者地位体现在为高层承担风险，为基层提供支持。新事业始于突破性创新，而突破性创新必然会带来较高的风险和不确定性，因此会大大提高高层管理者做出错误决策的概率。高层管理者面对这种情况通常会在资源分配和新事业的合法性问题上倾向于保守，对新事业尽可能保持低调，直到不确定性充分减少。虽然基层员工对新事业充满信心和激情，但是他们没有权力改变高层管理者的意图。结果，追求突破性创新的新事业可能会因资助不足或缺少必要的合法性而无法实现目标，从而延缓了发展进程。所以，中层管理者需要在公司内部创业中充当组织倡导者的角色，凭借着高层管理者的授权和对一线技术知识的了解，为基层员工的创业活动提供有效的支持。

（三）基层：公司创业的一线主力军

（1）内外部连接者。就某些类型的新事业而言，若要实现创新的商业潜力，内部创业者需要帮助制定产品发展战略并起到重要的“桥梁”作用——把企业内部和外部的知识以及实验室里的技术开发与市场需求联系起来。为了使知识学习更加快速、高效，内部创业者必须掌握最前沿、最核心的研发知识和专业技能，这样才能与关键信息来源相互作用并有效评估、吸收和开发新信息，而只有那些来自组织基层的员工才可能满足这些要求。基层员工的技能集、对自身能力的感知、个人知识、过去的经验、动机、满意度和意图，都是影响公司内部创业行为的决定因素。

（2）低调前行者。新事业在发展早期曝光过多会限制其创新能力，因为企业可能会对它施加尽快产生收益的压力。此外，组织内部存在大量专门针对新事业的批评人士。他们主要来自既有的核心事业单位，由于担心新技术的成功会对现有产品的销售造成冲击，因此他们总是在新事业的关键问题得到解决之前横加干涉，而不是帮助解决问题。基层员工可以根据自己的社交网络以及以往的知识经验帮助新事业在关键时期保持低调状态。汤姆·韦思特为通用数据公司开发的32字节微型计算机、查克·豪斯为惠普公司开发的电子透镜显示器以及雅特·福莱为3M公司开发的即时贴，都为自下而上的倡导过程提供了很好的例子。在自下而上的发展中，新事业的创新产出在获得市场认可后就会“浮出水面”，进入组织公众的视野。

高层管理者、中层管理者和基层员工在公司创业中的角色与作用见表 14 - 3。

表 14 - 3 高层管理者、中层管理者和基层员工在公司创业中的角色与作用比较

	高层管理者	中层管理者	基层员工
职责	战略设计者	关键执行者	一线主力军
角色	战略倡导者、指挥者、批准者、仲裁者	产品倡导者、组织倡导者	内外部连接者、低调前行者
具体工作	对整个创业战略做出顶层规划，并支持和监督整个项目的进行	落实和细化公司创业战略	搜寻创业机会和开展具体创业项目

第 2 节 识别、激励与评估内部创业者

一、内部创业者的识别

成功的内部创业活动需要企业各层级员工的通力合作，在这条活动链上有着众多角色，如负责项目整体发展和推进的企业 CEO，负责重大技术突破的技术创新者，对项目落地、发展和进步起着推动作用的产品或服务斗士，帮助创业项目获得必要的人力和非人力资源支持的资源分配者等。在如此之多的内部创业者中做出最佳的成绩并不是一件容易的事情，最佳内部创业者不一定具有很大的权力，却关系着整个创业项目的成败。

成为最佳内部创业者肯定需要具备一些出色的个人特征，而且完成了一些大家公认的至关重要的工作。优秀的内部创业者具有一些共通的特质：

1）只追求潜在收益和潜在风险合理的创意。

2）在每个阶段结束时要求提供反馈。

3）能够确定一个执行领导和其他重要联盟。

4）虚怀若谷，真诚待人。

5）认识到自己的核心竞争力，并利用它们来弥补潜在的弱点。

6）确认并适应公司内部创业的生命周期阶段。

7）确保新的创业政策和程序由最高管理者制定和支持。

此外，由于领导内部创业团队还需要发挥支持和保护团队、容忍犯错、适度冒险、以身作则等职能，优秀的内部创业领导者还应具有以下特质：

1）精力充沛、充满动力和热情。

2）足智多谋。

3）能够吸引、挑选和激励合适的人。

4）具有足够的个人魅力带领企业并领导内外部团队。

5）具备优良的沟通技巧。

6）具有在企业内外部推销创业项目的能力。

由于创业是一项具有生命周期的活动，因而最佳内部创业者需要顺势而为、因时而动，在创业的不同阶段做出最佳的行为决策。当内部创业尚处于构思阶段，最佳内部创业者需要展示出驱动力、动机、毅力、智慧、魅力以及向团队传达机会的能力。内部创业者需要创新、专注，相信提出的想法和创造的机会，并拥有完成任务所需的能力。而在商业化阶段，内部创业者需要表现出热情、渴望和能力，并以行动为导向。在成长和发展阶段，内部创业者需要保持创新力和创造力，以确保新创企业的进一步发展和成长。在衡量和评估阶段，由于新创企业已经启动，并在市场上拥有了一定的地位，内部创业者可以通过绩效等手段来评估发展成果。同时内部创业者需要创新发展，以保持市场地位。只有能做到和创业项目共同进步的内部创业者才有机会被评为最佳内部创业者。

二、内部创业者的激励制度重塑

（一）识别补偿和激励因素

现有研究表明，个人层面的态度、价值观和信念、风险承担倾向、对工作的满意和承诺都会影响员工参与内部创业活动的可能性。因此，企业在实施内部创业活动时，必须重视这些显著影响员工参与内部创业的意愿的因素，并对症下药，制定补偿措施和激励措施。补偿措施和激励措施并不一样，补偿措施主要用于留住创新和创造性人才，而激励措施则需要有激励性，激发人们的积极性、主动性和创造性。

在选择补偿和激励措施时，首先应找出影响内部创业成功的关键因素，针对这些关键因素提出适当的补偿和激励制度。员工对补偿和激励的满意度会影响内部创业的成败，因此需要找到影响满意度的补偿和激励因素，如购买力（基于生活水平）、公平（对能力、贡献和努力的个性化评价）、平等（就内部和外部比较而言）、期望和价值（奖励达到预期，并与实现它们所需的努力和技能相匹配）、平衡（内在报酬和外在报酬的平衡）、总体利益包（取决于所提供的补偿和激励的搭配）。如果想要提高内部创业者对补偿和激励的满意度，就需要在这几个方面下功夫，其他影响内部创业成功的因素和如何针对其提出合适的补偿和激励制度可见表 14－4。

表 14－4 公司内部创业的补偿和激励因素

公司内部创业成功因素	影响满意度的补偿和激励因素
CEO、创业管理团队的驱动力、激励和承诺	有竞争力的收入
	补偿和激励的透明性和公平性
	与公司内部和外部组织相关的公平和竞争计划
	个人补偿和激励计划
	提供财务和非财务激励
有效的团队合作和协同	团队激励计划
	公平和公正地对待所有团队成员及其贡献
	团队成员的有效组成
	团队认可

续表

公司内部创业成功因素	影响满意度的补偿和激励因素
公司对新创业务的支持	母公司支持新创企业，并认可和尊重它们之间的差异
	实现风险和激励之间的平衡
认识到外部环境的重要性	团队灵活性和对外部环境因素的适应性
	个体和团队有自主权在变化的环境中取得成功

（二）制订激励计划

创业是一项高风险活动，它需要创业者跳出已有的活动范围，从事一项新的活动，但大部分人天生具有风险厌恶倾向，同时也缺乏跳出自身舒适圈的动力。这时在进行内部创业战略的顶层规划时要明确内部创业的激励制度，为内部创业提供必要的支持和动力保障。在了解公司内部创业的补偿和激励因素之后，就可以制订吸引和留住能够促进新创企业发展的内部创业人才薪酬计划。制订激励计划时主要考虑以下几个方面：

（1）公平。薪酬公平分为四个方面：薪酬内部公平、薪酬外部公平、薪酬个人公平、薪酬分配程序公平。企业提供有竞争力的薪酬是主要的激励计划。

（2）奖金。这是指与个体或团队绩效相关的奖金，绩效包括销售额、利润和投资回报等。奖金可以是固定的、可变的或任意的。

（3）职业晋升和进步。随着机会不断产生，那些对新创企业做出最大贡献的人应该得到认可，并应该拥有申请更高级别职位的机会，这是物质激励无法带来的激励效果。

（4）认可和奖励。非财务激励对许多创业者来说和财务激励具有同样的价值，有时甚至高于财务激励，创业者渴望大众认可他们的创业项目和创业想法。可以通过认可仪式、颁授勋章、评选最佳雇员或者休假福利等形式，来认可他们的贡献。

（三）建立直接的激励机制

有了具体的行动计划之后，就要将这些计划付诸实践，通过建立完善的制度来使其顺畅地运作。企业可以通过建立以下制度来保障激励机制的运行。

（1）建立目标激励机制。企业应与内部创业团队签订绩效目标合同，明确项目要达到的预期目标，并规定阶段目标和每个阶段目标的最终达成后激励措施。内部创业团队作为创新主体，在克服困难、实现目标的过程中，一方面可充分享受事业成功带来的身心愉悦，另一方面也可以分享项目实施后企业的经营成果。

（2）建立过程激励机制。内部创业者取得的阶段性成果和最终成果，往往以论文著作、政策制度、鉴定成果、专利、产品等多种形式体现出来，形成这些成果需要一个较长的时间跨度。企业应在分配激励上给予政策倾斜，将激励机制贯穿内部创业项目实施全过程，给予内部创业者全方位、全过程的激励，从机制上保证项目的成功率。同时，对于内部创业者，尤其是项目主要负责人，在职务晋升、职称申报晋级、集体与个人荣誉表彰、专家劳模申报等方面，应给予充分的肯定。

（3）建立利益关联机制。企业一方面可通过将企业经济效益与内部创业团队、内部创业者的个人收益直接挂钩，形成利益分享的制度安排，实现企业利益与个人利益的统一；另一方面，可通过股权、期权等长期激励方式，将内部创业者与企业长远发展紧密联系在一起，激发内部创业者持续不断地贡献智慧。

（四）匹配间接的激励机制

（1）重视董事会的作用。强调董事会在保护股东财富和创造新财富方面的双重作用，这两种角色都能刺激公司内部创业活动，对内部创业者起到激励作用。董事会作为公司治理体系的重要组成部分，它被定义为用于监督管理者和保护股东利益的组织安排。董事会确保了经理对股东的责任，让他们专注于公司的目标，可以保护股东的财富。同时，当外部董事引进新的技能和能力时，可以建立起新技能，减轻公司高级经理的认知僵化，显著提高识别和探索新机会的能力，并可将其作为一个财富创造来源。

（2）结构性分化应与特定的整合机制相结合。结构性分化以保护内部创业项目免受既有组织惰性的影响，通过结构差异化提供自主权，为内部创业项目追求机会创造了必要的自由，同时保护内部创业项目免受商业压力，以快速显示结果。特定的整合机制可以保证内部创业项目与母公司分享知识和资源，帮助内部创业项目克服发展前期的阻碍。

开展创业活动需要制订一个适当的补偿和激励计划，这对鼓舞内部创业者不断创新前进具有极大的促进作用。考虑到市场的竞争情况，补偿和激励更是必不可少，它们不仅可以留住本企业的优秀人才，还可以吸引外部优秀人才的加入，而内部创业成功的一个决定性因素就是要凝聚正确的人和团队。

游戏盒14-1

色彩飞扬

激励机制有时看似很难发挥作用，但我们细心观察就会发现，哪怕只是一点点小的改变也会激发员工的积极性，比如色彩。颜色能极大地改变情绪和活力，合理设计的办公场所布置可以创造活力感，可以提高工作效率。接下来介绍一个小游戏——色彩飞扬。

一、场地：授课教室。

二、时间：30～40 分钟。

三、道具：每人一个装有彩色纸卡的信封，包含八种颜色，即黑、白、红、黄、绿、橙、蓝、紫；一盏灯；几个彩色灯泡。

四、步骤：

1. 授课老师带一盏灯和几个彩色灯泡到教室。关掉教室的灯，然后用所带的蓝色、红色和其他颜色的灯泡照亮教室。让大家说出对不同色彩的反应。研究表明，我们周围的颜色——墙的颜色、家具的颜色等对情绪和表现有显著的影响。色调（颜色）和强度（亮度）也会造成影响。一般来说，强光会使人们做出更有活力的反应，像暖色红和黄那样（这个规律也有例外，不同的人对不同的光有不同的反应）。合理地利用光可创造一个有利于集中注意力、学习和激励人们的氛围。

2. 让每个人按照激励效果从最强到最差的顺序进行排序。用举手表决的方法确定哪一种颜色被认为是激励效果最强的，哪种颜色是激励效果最差的。

3. 学员以小组的方式进行研讨，用 10 分钟来为他们的工作环境设计理想的色彩安排。最后各小组派一位代表汇报自己小组的设计方案。

五、分享：

1. 当你需要激发自身活力的时候，哪一种颜色可以激发你的活力？

2. 我们应该怎样帮助那些颜色偏好与常人不同的人？

3. 将工作场所用有利于激发活力的颜色装饰的优点和缺点是什么？完全用柔和的色彩呢？

三、内部创业者的评估

评估的前提是存在一定的评估标准，公司内部创业者所从事的项目和企业正式员工所从事的正式工作有所不同，在内容形式和实质方面都存在着差异，内部创业者的工作主要是寻找潜在的竞争优势，而正式员工主要是从事培养和维持现有竞争优势的工作。他们的工作内容不同，因而评价标准也不同，企业对正式员工有着一套完整的绩效评价体系，而对内部创业者则需要针对其活动内容制定新的评价标准。

首先需要明确的是，评估公司内部创业团队绩效应聚焦于内部创业团队在何种程度上实现了既定的目标，虽然内部创业项目从清晰而明确的目标和宗旨起步，但它需要灵活地适应现实。评估时还应该考虑单个企业的绩效不能妨碍母公司的发展，因为新创企业会直接影响母公司的现金流和利润。

对内部创业团队的评估不能套用企业现有的传统绩效评价标准，而是需要建立一套与之匹配的科学评价标准，这套标准需要关注在保证质量的前提下，以合理的成本及时完成任务，还需要体现团队合作、协作和投入的价值，这些对内部创业团队意义重大。

我们可以遵循以下方法来建立适当的评价标准：

（1）确定要评估的内容。内部创业项目是一个全新的活动，要准确地评价它必须先精准地认识它，评估标准是建立在正确认识内部创业项目之上的。所有评估都需要采用明确、客观和一致的方法。针对所有关键方面需要建立一个适当和一致的评估战略，以便准确地进行比较。

（2）明确界定期望的绩效标准。要遵循实事求是的原则，并明确地和所有参与者沟通。评估可以在阶段性完成或最终完成时进行，以确保任务在合理的时间内以合理的成本完成。

（3）评估实际绩效。在一定时间内根据结果的质量和替代方案进行评估。

（4）将期望绩效与实际绩效进行比较。如果实际绩效和期望绩效之间存在可接受的差异，则评估和控制过程不必纠正偏差。

（5）发现偏差，采取适当的行动。如果出现了意料之外或者不可接受的偏差，则监督者必须迅速采取行动，不仅要干预项目的进行，也要对人员进行积极妥善的管理。

（6）考核不只关注创新结果，同时也注重创新过程。在创新的过程中，整个创业团队的能力是否得到提升，是否对公司的其他团队、制度、文化等起到了积极的推动作用等，都是整个评价的重要组成部分。

通过以上方法建立起科学的内部创业者评价标准，是评估内部创业者的基础。在对内部创业者进行评估时，评估人员应当充分考虑创业者所从事活动的潜在收益和潜在风险。对这些勇于为企业寻找新出路的创业者，企业要充分支持和认可他们。即使最终创业项目失败，也不一定意味着内部创业者的失败，很有可能是项目本身特性或者创业者不具备相应的知识导致的。企业对内部创业者的认可也可以在企业内部营造良好的创新氛围，为其他员工的潜在创意发展提供无形的帮助。

第 3 节　培育公司内部创业精神

一、公司创业型组织文化的塑造

习近平总书记指出："文化是一个国家、一个民族的灵魂。文化兴国运兴，文化强民族强。没有高度的文化自信，没有文化的繁荣兴盛，就没有中华民族伟大复兴。"文化不仅是一个国家的根、一个民族的魂，同时也是一个企业、一个组织成长发展的内在驱动力。

组织文化一般是指能够被组织成员承认、接受，能够继承和发扬的价值观念、道德规范的统称，包含物质文化和精神文化两方面。物质文化一般是由企业所研发生产的产品、质量水平、商标等组成，而精神文化则是无形的，主要包括一个组织对机遇、问题、实践和目标的共同想法、价值观和信念等。

高效的公司内部创业文化包括为成功喝彩、从失败中学习和提供筛选机制以促进创新和创造力。组织文化是一个影响内部创业的至关重要的因素，是在组织内促进创业活动的第一步，它决定了"在这里做事情的方式"。积极的文化应符合组织的愿景、使命和战略，并有助于促进期望的行为。

现有研究已揭示创业文化对公司内部创业的支持和促进作用，为谋求企业的长远发展并应对竞争环境的变化，企业会在内部进行一系列的战略调整，如在制度层面上建立项目孵化与奖励机制，提供必要的资源、时间、权限来支持员工进行创新性活动。同时为保持竞争优势，以及避免企业能力惰性，企业高层还会营造出积极创新、包容失败、共享学习的文化氛围，这种包含物质和价值观层面的工作氛围构成了多层次的创业文化。这种内部组织文化要素能够触发组织成员的创造意向，使组织成员在追求创业机会的同时能够突破资源约束，影响个人的潜在能力设定。如果缺乏内部创业文化，内部创业活跃度将会被抑制。因此，高层管理者要在价值观与行动上认同"创业"对组织发展的长远意义，给予组织成员更多的管理支持与自主权，建立奖励与容错机制，激发员工主动参与新事业的热情。

公司内部创业组织的挑战是确定有利于组织创业精神的文化特征。许多研究人员已经意识到了公司内部创业文化的各个方面，如风险、情感承诺、授权、参与、可视化管理、透明、认可和特色团队。以下是公司内部创业组织文化的重要特点：

（1）创新。在组织的各个层面鼓励和支持具有未来可能性的创新和创造性想法。

（2）团队工作。鼓励和促进具有多元背景的团队工作方法，以实现更大范围的协同。

（3）支持环境。推动、激励和促进员工自主创新、创造和发明。

（4）所需资源的可用性和可得性。人力资源和财务资源必须可用并且容易获得，以便能够迅速捕获“机会窗口”。组织需要消除可能阻碍创业过程的任何障碍或限制。

（5）容忍错误。在企业创业过程中应该鼓励反复尝试，其中错误是不可避免的，要包容错误的发生。如宝马有一个“成功的失败”计划，授予在新创意付诸实践过程中失败的员工“月度失败奖”。

（6）适当的奖励制度。将员工视为创业过程中非常有价值的要素，并对他们在创造一个新的创业项目过程中所表现出来的动力、激情、努力和坚持不懈进行奖励。奖励应以实现既定的绩效目标为基础。

（7）长期导向。公司必须建立长期导向，因为在对企业的利益进行评估和评价时需要时间和耐心。

（8）内部创业斗士。内部创业斗士一般是具备支持创新和创造活动能力的人才，他们对创业项目来说是十分有帮助的。

（9）管理高层的支持。公司内部创业需要得到管理高层的全力支持。没有管理高层的支持，创业活动不可能存在。

公司内部创业组织需发展一种鼓励创新、创造力和实验工作的文化。它们还必须消除阻碍机会的因素，促进团队合作，确保资源的可用性，并获得管理高层的支持。

延伸阅读 14－1

失败正常化在公司创业中的重要性

创业是一项具有极高风险的活动，创业失败的概率要远大于创业成功的概率，因而，企业如何对待失败的内部创业项目就会显得尤为关键和重要。以创业为导向的内部创业战略对失败要宽容，将失败视作创业过程中不可避免的一环，也就是采用“失败正常化”的文化，并制定相应制度，这样既可以免于对创业失败团队的口诛笔伐，又可以鼓励其他员工去大胆实践。

当然，失败正常化不仅仅是看淡失败的结果，更重要的是重视失败的过程，从本次失败中吸取经验教训，将经验教训整理出来，应用到随后的创业活动中或者警示其他正在走错路的同类创业者。企业采取“失败正常化”政策通常有两种途径：将其常规化（容忍失败作为创新过程的必要组成部分）和分析失败（有目的地尝试将失败经验转化为知识）。

失败正常化的第一个途径是将其常规化——引发员工的拼凑行为，推动内部创业活动。拼凑是组织成员忽视既有环境对资源应该如何投入以及如何使用的定义和标准，通过重新组合，利用手头资源来即刻行动以解决新问题或满足新机会的手段。由于拼凑是不依赖于计划的即兴发挥过程，组织成员只能通过不断测试资源使用边界、调整各种资源组合来解决问题或开发机会。因此，在允许失败且接纳不确定性的组织文化中，拼凑更易发生。在将失败正常化的组织中，组织成员不会因失败产生耻辱感、恐惧等负面情绪，能更敏捷地对失败做出反应，灵活应用手头资源解决当下的问题。此外，由于不畏惧失败，他们更敢于在新产品开发过程中采取探索性的冒险行动，突破既有环境对资源使用场景和条件的限制，整合手头资源做出新尝试，进而引发创业活动。

失败正常化的第二个途径是分析失败——引发失败学习行为。研究表明，对失败的容忍（不是污名化）不会影响坚定的创新性，而失败分析（被视为学习机会）的有效性取决于具有建设性的冲突（建设性和尊重型辩论）。一家公司需要刻意的努力，从过去的失败中吸取教训，以加强创新。相比之下，仅仅是对失败的容忍并不能促进创新性，仅仅积累经验也不足以让学习发生，从以往的经历中提取准确和完整的经验教训需要投入时间、努力和管理关注。这需要在一个充满建设性冲突的环境下，进行开放和坦率的思想交流，集体反思以前的经历。建设性冲突的气氛促进了“富有成效的对话”，这“允许员工就改变公司资源、尊重彼此的观点、提出变革建议的必要性达成不同甚至相互矛盾的共识”。

企业采用失败正常化的策略，将其常规化（引发拼凑行为）和进行失败分析（引发学习行为），可以极大地促进公司内部创业，同时，对组织“宽容失败，鼓励创新”的文化建设也大有益处。

资料来源：Danneels E，Vestal A，2020. Normalizing vs. analyzing：Drawing the lessons from failure to enhance firm innovativeness. Journal of Business Venturing，35（1），105903；于晓宇，梅晨，陶向明，等．成王败寇？失败正常化对新产品开发绩效的影响机制研究．研究与发展管理，2019，31（4）：127 - 138.

二、公司内部创业思维的培养

创业活动要求创业者敢于提出超越人类思维定式的想法，并在瞬息万变的现实面前果断决策。创业者的想法和决策可能从根本上颠覆旧有观念，进而催生大量新技术、新业态和新服务，给人类社会发展带来持久动力。因此，就其本质而言，开展内部创业活动除了要员工具备创业的知识、技术和能力，更重要的是要养成用新思维分析问题的习惯。虽然目前学界对何为“创业”的理解千差万别，但“具有敏锐的机会识别能力”无疑是创业成功的必备素质之一。

内部创业要想长期地坚持下去就要培养一种战略创业思维，就是要融合战略思维和创业思维。战略即是创业，创业即是战略，让战略创业思维深入人心。战略创业关注的主要问题是：企业如何在创造和保持竞争优势的同时识别和利用新机会？著名战略学者迈克尔·希特（Michael A. Hitt）认为，战略创业探究企业如何将优势寻求活动和机会寻求活动相结合，从而为个体、组织和社会创造价值。

培养战略创业思维，首先需要正确地认识战略创业的基本内涵。这包括以下内容：

（1）两个基本维度。希特认为，有效的战略创业要求在优势寻求活动和机会寻求活动两个方面实现平衡，因此，从内涵维度来看，战略创业是二维的，一方面是在既有业务领域创造和保持竞争优势，另一方面是持续搜寻新的机会。战略创业的战略部分是寻求稳定性和可预测性，而创业部分是要实现弹性和新颖性，因此，在当前有限的资源条件下，要想在两类活动中寻求平衡，要么在利用当前的竞争优势和探索未来机会之间做出取舍，要么采取双元组织以支持探索和利用同时进行。

（2）两个基本思路。一个是用战略思维开展创业活动，也就是探索新创企业如何更具战略眼光。比如，新创企业在创业初期的关键问题是探索可行的商业模式，这就是用战略思维开展创业；在位企业开发新事业时，也需要进行战略性布局，以提高创业效果。另一个是用创业思维开发战略，也就是探索在位的大企业如何更具有创业思维。对于在位企业而言，这意味着更新现有主导逻辑和商业模式、具备主动变革的思维和气魄；对于新创企业而言，这意味着基于已有创业手段与利益相关者积极互动、利用而非回避不确定性，通过开创机会可能性空间，探索有潜力的市场定位和最有利可图的商业模式，这就是用创业思维开发新创企业的战略。

公司进行内部创业需要全员具备战略创业思维，公司高层需要重视战略创业思维中的创业思想，而执行创业项目的内部创业者则需要格外重视战略创业思维中战略的部分，两类人员位处不同职位，进行不同的管理活动，需要灵活地运用战略创业思维指导工作。

三、克服公司内部创业的组织障碍

（一）组织障碍

历史告诉我们，大型企业大多不是积极的创新者，它们擅长对现有产品或技术进行渐进性改进，但并不经常实施突破性创新。从产业发展史的角度看，突破性创新破坏整个产业、导致大量既有企业衰退的例子比比皆是。从电子管到半导体、机械计算机到电子计算机、涡轮螺旋桨飞机到喷气式飞机、机械表到石英表的转变过程，以及其他无数的实例都表明，处于领导地位的大型企业会由于新企业实行的突破性创新而遭到毁灭。

大型企业之所以总是创造性破坏的“受害者”，主要是因为僵化的体制阻碍了自身进行破坏性创新的可能性。在某种技术范式下，企业竞争力演化为能够创造宝贵价值的信息过滤器和信息渠道，但竞争力也会起到“眼罩”的作用，妨碍企业理解新技术或感知新技术的出现。结果，一旦出现那些要求新的结构化关系的突破性创新，既有企业就有可能陷入困境，因为它们已经习惯了先前的技术范式。而要突破先前技术范式的束缚，就要关注企业内部形成这套范式的组织因素。

1. 组织政治行为

组织政治行为是个人影响力在商业中的运用。许多开展公司内部创业活动的创业经理，由于缺乏对组织政治规则的了解而遭遇困难。由于与组织现有业务相比，公司内部创业活动通常规模较小，因此创业活动需要导向正确，以争取现有组织的支持和接受。创业者在创业初期面临的主要问题是合法性、人力和非人力资源限制，以及公司内部对创业活动的抵触等。公司内部创业者需要制定策略，从而影响、说服和激励合适的人员，抓住潜在的机会并获得合法性，争取必要的人力和非人力资源支持，以及克服来自母公司的阻力。

组织中的个体和团体均有自身的利益、愿望、期望和需求，会导致各种利益冲突。由于关系、规范、过程、绩效和结果均被整合到组织文化和管理系统中，它们都会不同程度地受到组织政治行为的影响。表 14－5 展示了个体和组织使用组织政治行为的消极影响。

表 14-5　个体和组织使用组织政治行为的消极影响

	消极影响
个体	● 沮丧、消极和不满 ● 士气低落、丧失信心 ● 增加焦虑和压力 ● 地位和影响力缺失 ● 损害信誉
组织	● 消极的操作和游戏 ● 抑制组织效率 ● 不道德的决策和资源使用 ● 增加障碍、抑制沟通 ● 阻碍目标实现 ● 降低灵活性和适应性 ● 阻止组织变革

2. 机械式管理

随着企业的成长和规模扩大，为了有效进行管理和控制，大多数企业选择制定趋于标准化的工作程序和规章制度，但这也可能限制人们的创造力。管理总是设法使人们的行为便于控制，因而运用规则、程序、工作描述等来规范行为，使人们的行为变得具有可预见性。其中，标准化的工作程序是强有力的控制工具，它很容易抑制进行变革的创造性思维与力量。内部创业的特征是变革、灵活性和创新，以提高企业的竞争力，那些强调秩序、规则与制度的企业，可以保持企业的效率与稳定，但会阻碍企业内的创新与创业活动。

传统大公司的机械式管理实践往往不利于公司内部创业，在大多数情况下，企业设计组织战略、体系、结构、规则、政策和程序等都是为了实现组织的目标，而不是致力于公司内部创业。表 14-6 列出了一些经典的传统管理实践对公司内部创业的消极影响。

表 14-6　传统管理实践对公司内部创业的消极影响

传统管理实践	消极影响
● 严格定义的规则、制度和程序	● 创新和创造力受到抑制
● 机械化的组织结构	● 公司内部创业活动受到限制
● 具有有限自主权和授权的控制系统	● 成为公司内部创业者的机会受到限制
● 避免组织面临任何风险和不确定性	● 对变革和威胁的恐惧导致潜在的机会得不到认可
● 基于过去的绩效进行未来决策	● 不能识别市场变化导致决策不准确
● 有限的补偿和奖励制度	● 对创业的有限激励和鼓励
● 基于多年的服务和组织精神的兼容性标准晋升系统	● 积极的公司内部创业者缺乏创造价值的机会

（二）克服障碍

在组织中，内部政治是不可避免的。成功的创业者是那些能够处理和应对组织内不成文规矩和政治的人，他们可以影响和鼓动组织的关键人员，特别是 CEO、高级管理团队和利益相关者。

公司内部创业者可以利用相应手段，通过提高新的公司内部创业活动的有效性和可信度来增强其影响力。这可以通过管理与控制风险和不确定性，使创业者成为组织的宝贵资源，领导和激励个体，创造适宜的资源，建立和发展网络与联盟来实现。

（1）管理与控制风险和不确定性。主要手段是增加那些能够管理风险与减少组织不确定性的创业者的影响力，并使其成为领导者。

（2）使创业者成为组织的宝贵资源。主要手段是挖掘创业者宝贵的核心能力如知识、技能和创意等。

（3）领导和激励个体。如果公司内部创业者具有正确的心态去激励个体和获得支持，他们就能领导和控制组织的活动。

（4）创造适宜的资源。公司内部创业者需要招聘、筛选和留住具备相应技能的人才，或吸引适当的融资和投资。

（5）建立和发展网络与联盟。目的在于在组织内部和外部发展互利关系。

同时，除了个人利用组织政治行为发挥作用之外，组织管理者也应该着手破除机械式的管理模式，打破僵化的体制；实行扁平式的组织结构，给予下层人员更多的自主权；完善激励机制，鼓励创新创业行为，激发员工的积极性和主动性。

四、公司内部创业模式的选择

公司内部创业是改善公司业绩的一种战略。当新流程或新业务在公司原有组织领域中得以创造时，内部创业便出现了。由于公司内部创业项目的目标、所需资源、所面对外部环境等各不相同，从而诞生了众多模式。但无论哪种模式，其方向都是扶持有潜力的创业项目和创业者，让他们成为脱颖而出的“黑马”，并早日成长为财务状况优良的“白马”。以下是公司内部创业常用的四种商业模式。

（一）赛马机制

对于企业来说，赛马机制就是由企业选定业务目标，授权多名具有相关能力和意愿的创业型员工（率领各自的团队）向该业务领域投入人力、财力、物力，最终率先达成业务目标或获得企业肯定的创业者（团队）即成为获胜者，可统领该业务领域的后续推进工作，并分享相应的创业成果。

采用这种模式的典型公司是腾讯，在腾讯内部，赛马机制遵循的一条原则就是“谁提出，谁负责，一旦做大，独立成军”。腾讯有多款重磅产品是在“赛马机制”下跑出来的胜利者。比如微信，先后有几个团队研发基于手机端的通信软件，每个团队的设计理念和实现方式都不一样，最后微信受到了更多用户的青睐。不只是微信，QQ空间、QQ秀，以及游戏《王者荣耀》等，都是赛马机制下的优秀项目。

（二）平台模式

平台模式是指企业将资金、设备、技术、渠道等各类资源以平台的形式提供给创业者使用。采用这种创业模式的平台又可以分为两种：一种是平台资源只对内部开放，比如韩都衣舍；另一种是平台资源对内对外都开放，比如海尔。

韩都衣舍创立了“以产品小组为核心的单品全程运营体系”，每一款产品从设计、生产、销售都以 3～5 人的“产品小组”为核心，企划、摄影、生产、营销、客服、物流等相关业务环节相互配合，将运营组织最小化，实现“权、责、利”的相对统一，实现产品“多款少量，以销定产”，最大限度发挥互联网的优势，建立“款式多、更新快、性价比高”的竞争优势，有效解决了服装行业常见的库存周转问题。

（三）上下游模式

上下游模式是指企业鼓励员工围绕企业的上游（研发、设计、供应等）或下游（渠道、终端、产品转化利用等）进行创业，新创企业可以和原有企业形成生态圈，典型代表如华为。

华为曾发布《关于内部创业的管理规定》，其中规定：凡是工作满两年的员工都可以申请离职创业成为华为的代理商，除了给予员工相当于持股价值70%的华为设备或持股价值50%的现金，还有半年的保护期。员工如果在半年之内创业失败，可以回公司重新安排工作。华为内部众多员工因此纷纷离职创业，其中两位副总裁黄耀旭、刘平分别创办钧天科技、格林耐特，曾经的二号人物李一男则在北京创办港湾网络，成为华为的高级分销商。

（四）虚拟创业

在数字时代，数据是核心，也是新时代的基础资源。企业收集、存储、处理、分析数据的能力快速提升，数据的链接和共享加速了要素之间的流通，并在流通中不断增值，进行着价值共享，从而使得业务成本降低、触达用户迅捷、满足需求精准、用户体验丰富、价值共享深化。数据的繁荣为广大的内部创业者提供了新的创业思路，直接把数据作为生产资料进行创业。

2021年10月，国际著名的社交网络科技公司Facebook正式改名为Meta，宣布进行战略转型——进军元宇宙，开启了一场到目前为止最大的内部创业活动。元宇宙，简单来说，就是现实世界里的所有事物都可以投射到虚拟世界，创造一个和现实世界对应的虚拟世界，这是当下一个极其火爆的概念，也是数字时代一个具有重要意义的伟大创造。截至目前，国内外众多企业开启了有关元宇宙的内部创业项目，包括微软、英伟达、华为、字节跳动、阿里巴巴、腾讯等。

工具箱14-1

内部创业活动潜力评估

表14-7为公司内部创业活动潜力评估表，创业者可以根据自己企业的内部实际情况进行打分评测，评估自己的企业是否适合开启内部创业项目。

表14-7　公司内部创业活动潜力评估

评估标准 评估与以下标准相关的风险潜力：否	不确定	是
1. 是否制订了商业计划？		
2. 商业概念或创意是否可行？		
3. 是否编制与财务经理讨论过的财务报表和预算？		
4. 是否可获得足够的财务资源？		
5. 实现正现金流的期限现实吗？		
6. 所需的人力资源是否具备必要的技能和能力？		
7. 新创企业的财务需求是否符合现有组织的能力？		

续表

评估标准 评估与以下标准相关的风险潜力：否　　　　　　　　　　不确定　　　　　　　　　　是
市场可行性 根据以下标准评估市场的可行性：不足　与竞争对手相当　优于竞争对手　优秀　不确定
1. 评估一个可行和可信的市场机会的潜力。 2. 评估市场方法，包括以下战略： ● 管理客户 ● 供应商 ● 竞争对手 ● 其他外部因素 3. 评估成功创建新业务，同时保护母公司的能力。
风险管理标准 评估与以下标准相关的风险管理潜力：否　　　　　　　　　　不确定　　　　　　　　　　是
1. 风险管理团队里至少有一名成员有资历带领团队承担相关任务？ 2. 是否有适当的管理团队来承担必须完成的工作？ 3. 是否有机会从母公司或外部引入额外的管理支持？ 4. 现有组织中是否有适当的专业人员小组或外部顾问？ 5. 风险管理团队是否有能力和专业知识来调动稀缺的资源？
技术可行性 评估与以下标准相关的技术可行性：不足　与竞争对手相当　优于竞争对手　优秀　不确定
1. 评估技术开发及实现具体目标的可行性。 2. 评估组织现有的技术成果。 3. 利用现有技术（或利用可能的竞争性和未来的技术）比较提出的开发方案。
资源 评估与以下标准有关的资源状况：否　　　　　　　　　　不确定　　　　　　　　　　是
1. 在潜在的新创企业的背景下组织预算是否充分？ 2. 是否存在可用来执行项目的额外资金追加的可能性，以及可用于新创企业的潜在资金来源？ 3. 新创企业所需的空间可用性是否足够？
商业化 评估与以下标准相关的商业化状况：不足　与竞争对手相当　优于竞争对手　优秀　不确定
1. 评估拟议的商业化时间表，涉及以下几个方面： ● 研发 ● 产权保护 ● 人力资源 ● 营销 ● 制造 ● 潜在的监管要求 2. 评估组织在市场上成功竞争的能力。 3. 评估组织的分销渠道。 4. 评估组织的客户服务理念。 5. 就以下几个方面评估组织的能力： ● 财务控制 ● 管理 ● 战略计划 6. 评估组织商业化的可能性。

资料来源：希斯里奇，卡尼．公司内部创业．董正英，译．北京：中国人民大学出版社，2018.

案例分析

海尔的内部创业模式

海尔是一个不断管理创新变革的企业，在不同的时代，海尔有着不同的管理实践，每一次都选对了时代的道路。

在传统工业时代，海尔以优异的质量和服务创建产品品牌，成为中国家电知名品牌，随着海尔全球化品牌战略实施，至2020年海尔连续12年蝉联“全球大型家用电器品牌零售量第一”，成为当之无愧的全球知名家电品牌。

在互联网时代，海尔创平台品牌，从传统家电企业转变为互联网企业，以人单合一价值引领为基础，通过“平台、小微”等组织结构变革，海尔实现了与上下游的关系从零和博弈转向利益共享共同体。

在物联网时代，海尔从传统制造企业转型为共创共赢的物联网社群生态，率先在全球创立物联网生态品牌。现在的海尔在给用户提供最佳体验并与用户不断交互迭代的同时，构建了共创共赢的链群生态，实现生态圈内利益攸关方的不断增值。

海尔内部只有三类成员：平台主、小微主、创客。

平台主：负责建立平台，为小微提供创业资源支持，平台上能产生多少创业团队，有多少创业团队能成功，是平台的价值所在。

小微主：独立经营的小微，对经营的全流程负责，直接为用户创造价值。小微主由创客共同选举，不称职的被淘汰。

创客：海尔员工和外部创客。

平台上有四类小微：创业小微、转型小微、生态小微、虚拟小微。

创业小微：创业小微由创客创立，海尔内部孵化的小微公司有200多个。如生产游戏笔记本电脑的雷神科技，2017年已经于新三板上市。

转型小微：由海尔原来成熟的产业转型而来，实行独立核算，面向市场的自组织，如卡萨帝（高端冰箱品牌）等。

生态小微：由海尔内部员工、供应商、投资人等共同成立的小微公司。数量超过2 000个，是海尔生态圈中最多的小微，如拥有9万辆服务车的车小微。

虚拟小微：原是为海尔提供资源服务的内部部门，自负盈亏，如HOPE（海尔的开放创新平台）接入全球一流的设计资源和研发资源。

海尔变成一个创业平台，首先是具有自己的孵化平台——海创汇。海创汇，成立于2014年，聚合海尔生态圈产业资源及开发的社会资源，为全球创客提供综合的创业孵化服务。2019年6月海创汇入选“中国品牌价值500强”，品牌价值居创业孵化、创业加速行业首位。同时，海尔平台不断产生大量的员工创客和外部创客。

在有了孵化平台和内部创业者之后，有创业项目的小微团队可向海尔孵化平台提交商业计划书，并进行路演，海尔会邀请相关专家、资源方、风投参与项目评审。项目通过后的小微团队获得海尔的投资启动资金。

创业团队和母公司海尔之间的关系则表现在以下几个方面。

在股权配置上，海尔对小微公司控股或持大股或参股，根据对小微公司的资源投入经折算后配置给小微公司比例恰当的股份。如果小微公司的创业项目与海尔的主业相关性强或可能成为海尔以后的主导产业，海尔会以超过 50%的股份控股或以 40%～50%的股份成为大股东，随着创业项目的成长，海尔会逐步向外释放股份。小微公司需与海尔签订对赌协议，只有实现对赌目标才能兑现股份，同时也会留给外部投资机构一定的股份。海尔对小微公司有回购的优先权。

在身份上，海尔与小微公司是动态合伙人。海尔平台上的小微公司数量是动态变化的，有新增加的小微，也有因自身原因被兼并或解散的小微。小微公司可以裂变再生新的小微。小微公司价值放大后可升级：一是竞单“平台主”；二是小微公司发展成生态平台，即成为平台主。如小微公司雷神科技原只做游戏笔记本电脑硬件产品，后利用开发的社群交互做平台生态圈。雷神科技在自己的平台上再建创业平台，成功孵化新的小微，成为平台主。

在薪酬上，小微公司与海尔对赌。在海尔平台上实行新的薪酬机制：人单合一，“用户付薪”。人单合一的结果是“人单酬”，即每一个员工的薪酬都与其用户“单”数量、销售业绩挂钩。平台主、小微、创客都是竞单上岗，按单聚散。就小微创客的薪酬而言，创业初期的基本薪酬四五千元，当项目产品开始有客户预约，并且达到最初签约时的拐点目标和额度，在基本薪酬外，可参与超过目标部分的利润分享（分享酬）。在小微公司开始成长达到“引爆点”时，创业者可以跟投一部分，比如出资 10 万元占股 20%，这时创业者的收入除了基本薪酬、分享酬外还有股份分红。小微公司已经形成小的产业生态圈，商业模式相对成熟的时候，海尔天使基金可以跟投，还可引入外部风险投资人，帮助小微公司做大上市。创业者的收入随小微公司的价值放大水涨船高。

在考核上，海尔对小微公司的业绩考核包括横轴和纵轴两个方面。横轴主要是原来的 KPI 考核，纵轴是小微公司网络化客户的数量。如按照小微主张士勇与日日顺签订的对赌协议，张士勇在横轴上第一年要实现国内家电频道平台交易额同比增长 10 倍；在纵轴上第一年年底前社会化客户达到 1 000 家，次年年底前达到 10 000 家。小微公司为了实现自己的年度目标，拼尽全力不断开发客户获得订单，平台也会给予小微公司各种支持。如果小微公司不能完成目标，则终止双方的合作关系。

在资源上，利用全球资源。“世界就是我的研发部”“世界就是我的人力资源部”。在平台上，创客们能快速整合全球一流的资源满足用户的需求。例如，自然风空调在全球征集创新设计，获得最佳解决方案。海尔平台为小微团队提供品牌背书、资金、技术、人员、业务、供应链、销售渠道、外部资源等资源支持，如给创业小微雷神科技投入价值 72%的股份的资金，为其发展奠定了资金基础。

海尔由一个企业组织变成一个平台组织，如同大自然中的“鲸落”现象一样，哺育了一个繁荣的创业生态圈，如今已经产生丰厚的成果。2020 年 6 月 30 日，在“2020 年 BrandZ 最具价值全球品牌 100 强”榜单上，海尔以全球唯一物联网生态品牌连续两年上榜，全球排名较 2019 年提升 21 位，品牌价值显著提升，生态品牌持续引领；同时获得 BrandZ 授予的全球第一个“物联网生态品牌”奖，旨在表彰海尔在全球品牌进化方面的标杆引领。

资料来源：海尔品牌简介．(2019－10－23)．https://www.haier.com/about_haier/haiererpinpai/ppjj/?spm=cn.29920_pc.tab_20191023.1；海尔的内部创业模式．(2021－08－28)．https://zhuanlan.zhihu.com/p/404410171.

通过阅读上述案例材料，回答以下几个问题。

1. 在员工进行内部创业时，海尔提供了哪些帮助？

2. 从管理角度来说，灵活性与可控度是相悖的，那么当成熟的小微公司脱离海尔发展成平台之后，海尔会不会陷入“失控”状态？

3. 我国的三白电巨头转型各不相同，海尔做平台，美的转科技，格力做智造。你更看好哪家企业的转型之路？为什么？

4. 张瑞敏曾说，“只有时代的企业，没有成功的企业”。在数字时代，大型企业如何才能避免诺基亚曾经的命运，成为新时代的苹果公司？

基本概念

公司内部创业　　内部创业者　　激励机制　　创业型组织文化

内部创业模式

思考与练习

1. 什么是公司内部创业？
2. 公司内部创业者包括哪些人？他们的角色是什么？
3. 如何评估和激励内部创业者？
4. 公司如何通过制度和文化两个层面鼓励内部创业？
5. 公司内部创业会遭遇哪些障碍？如何克服这些障碍？

第15章

发展第二曲线

| 学习目标 |

- 了解第二曲线的概念及特点。
- 掌握跨越第二曲线的步骤（构成要素）。
- 识别目前企业所处的环境和周期，运用所学知识寻找个人或企业的第二曲线。
- 掌握第二曲线的创新策略——分形创新。

引例

美团的第二曲线创新

美团由王兴在2010年创办，业务是提供团购服务。当时，市场上存在许多提供同样服务的竞争对手。随后发生了著名的“千团大战”，在激烈的竞争中，美团成功地杀出重围。2011年，在全国的团购市场中，美团只占13%，到2014年时，美团已经坐拥团购行业的半壁江山，业务占有率超过了53%。“千团大战”结束之时，团购行业的增长速度逐渐达到极值，美团的增长也即将遇到瓶颈，所以它亟须找到能使自身持续增长的第二曲线。

早在团购这条第一曲线达到极限点之前，王兴就已经在考虑第二曲线的发展问题。在“千团大战”中，王兴清醒地认识到，O2O（online to offline）是一个万亿元规模的市场，而团购只是O2O的一种形式。于是，王兴开始思考，有没有更好的模式能取代团购？他认为，如果要革命，也希望是自己革自己的命。

2012年，美团决定成立创新产品部，团队由产品经理和个别工程师组成。从2012年12月到2013年6月，该部门缜密思考了消费者在餐饮消费过程中可能遇到的各种场景，希望能从这种全图谱搜寻中挖掘出商业机会，最终发现了引领新餐饮时代的商机——外卖。而在2014年，美团正式进军外卖市场的早期阶段，饿了么早已经在行业内建立了广泛的影响力。虽然占据50%的市场份额，但饿了么一直深耕一线城市，只布局了12个城市。此时，美团决定强行进入并开启了“抢滩战役”，一次性进军了30个城市，其中18个是饿了么的空白市场。借此，2014年6月，美团成功进入60个城市，在布局城市数量上取得了领先（6∶4）地位。同年10月，美团和饿了么的日订单量均达到100万单。而达到这一业绩，饿了么用了5年，美团只用了1年。

2015年1月，美团开始进军白领市场。为了解决配送方面的问题，它选择了自建配送体系的道路。一方面大力研发配送服务软件，另一方面积极提升配送员的数量。随着平台送餐时效性的问题得到妥善解决，配送速度大大提升，美团在城市白领市场也开始崭露头角。2018 年，美团和饿了么的骑手人数分别为 280 万、66 万；而到了 2019 年，美团与饿了么的骑手人数分别为 399 万、102 万，差距进一步拉大。

资料来源：李善友．第二曲线创新．北京：人民邮电出版社，2019.

请思考：如果你是王兴，当美团的团购业务到达瓶颈时，你会怎么做？

第 1 节　理解第二曲线

一、第二曲线应用现状

什么是第二曲线？哪些企业跨越了第二曲线？失败的后果是什么？这些不断被提起的问题表明越来越多的人对第二曲线产生了浓厚的兴趣。但纵观各大行业，能够避免第二曲线冲击的企业屈指可数。

在手机行业中，诺基亚曾连续 14 年保持行业的领先地位，进入智能手机时代后，诺基亚却迅速衰落。图 15－1 为 2004 年至 2013 年 8 月诺基亚在纽约证券交易所的市值变化曲线，诺基亚当时没有察觉到智能手机未来的可能性，将智能手机业务合并到功能手机业务中，错过转型机会，最终惨淡退场。

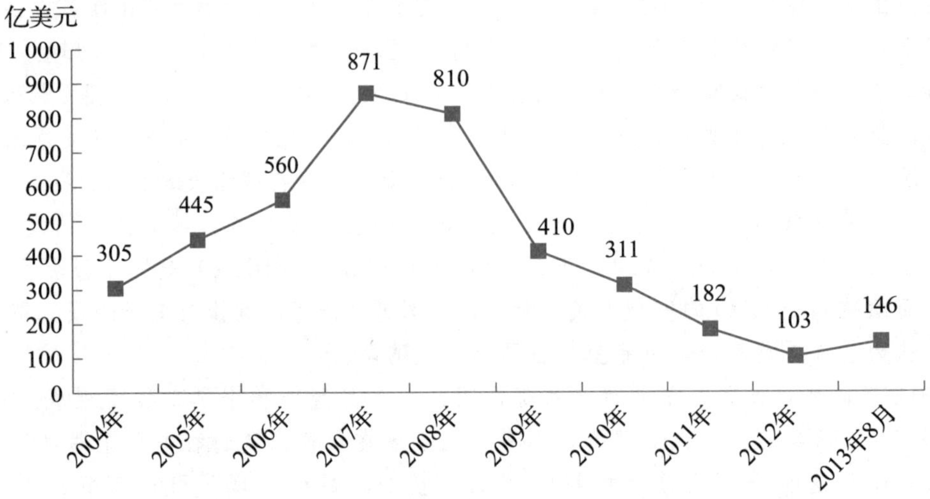

图 15－1　诺基亚市值变化曲线

资料来源：东方财富网诺基亚（NOK）股票价格_行情_走势图．（2022－03－05）．http://quote.eastmoney.com/us/NOK.html.

柯达同样如此。它曾因胶卷业务成为行业巨头，占据 2/3 的市场规模和 90%的利润。1975 年，柯达发明了世界上第一台数码相机，但它并没有将其推向市场。2000 年以后，互联网促使数码摄影技术快速发展，此时的柯达依旧牢牢坚守自己的胶卷业务。直到 2003 年，传统影像部门销售利润急剧减少，柯达才下定决心转型，进攻数码产品市场。

可惜时机已过。最终，柯达的市场地位被佳能等品牌取代，市值从 1997 年 2 月最高时的 310 亿美元跌至 1.75 亿美元。2012 年，柯达破产重组。

大量的商业实例表明，第一曲线的成功会蒙蔽创业者的眼睛，让其看不到新技术或新市场的可能性，从而让对手掌握主动权。越成功的企业往往越难放弃过去的成功模式。如果企业仅着眼于当前利益，主观忽视、抗拒变化，将难以跨越周期，攀登第二曲线，企业的成长也将因此受阻。

二、第二曲线的概念与特点

“第二曲线”由管理学家查尔斯·汉迪（Charles Handy，2017）提出。他将从拐点开始的增长线称为第二曲线，认为企业持续增长的秘密就是在第一条 S 曲线消失之前，开始第二条 S 曲线。拥有高绩效的组织都企图攀登 S 曲线，一次又一次跳到新的曲线上。所谓基业长青，就是能够一次又一次地跨越第二曲线。扬·莫里森（Lan Morrison，1997）通过总结世界著名企业的成长发展规律，提出第一曲线即企业在所熟悉的环境中开展传统业务所经历的企业生命周期，而第二曲线则是当企业面对未来的新技术、新消费者、新市场所进行的一场彻底的、不可逆转的变革并由此开始的一个全新的企业生命周期。国内学者对第二曲线理论的研究处于探索阶段，目前普遍将第二曲线定义为一种非连续性创新，其从第一曲线中无数的小变异里衍生，是创新、选择与隔离三要素共同作用的结果。企业只有进行创造性自我破坏，完成从第一曲线向第二曲线的转换，才有可能实现基业长青。

综上，本书认为第二曲线是市场非连续作用于连续性企业的产物，企业只有从过去的成功中迈出来才能觉察到第二曲线，然后促使自身业务进入新的发展趋势，实现真正的跨越。第二曲线的形状如图 15－2 所示，是一条起点位于第一曲线下方的 S 曲线。

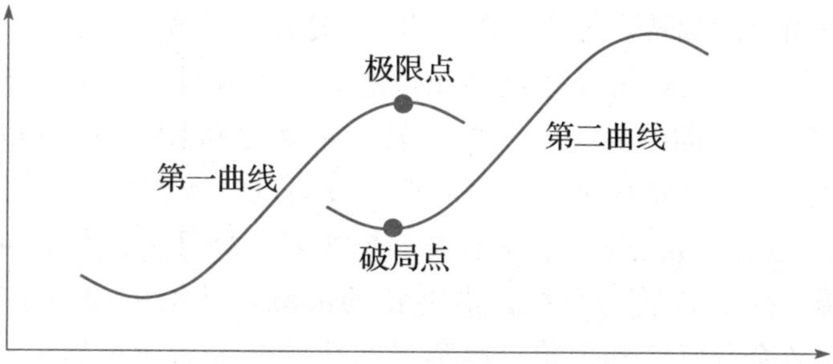

图 15－2　第二曲线示意

关于第二曲线的特点总结如下：

（1）第二曲线是所有行业、所有企业，由于技术、消费者和市场等因素，必然面临的一条 S 曲线。因为产品存在生命周期，业务也有周期性。当旧的业务增长停滞，就要开启新的增长曲线，作为保障企业安全的生命线。

（2）第二曲线必须在第一曲线达到峰值之前开始。只有这样，企业才会有足够的资源（资金、时间和精力）去填补初始阶段的低谷，即投资期。若第二曲线的开辟不及时，旧的业务落后时新业务却没能及时跟进，企业的绩效就会因此受到影响。

（3）第二曲线的起始阶段位于第一曲线下方。第二曲线是从企业的主业务中发展而来，但随着技术的进步，会对原有业务造成破坏性打击。

（4）第二曲线刚开始发展时，整体呈下降趋势。从下往上的反转点称为“破局点”。通过了破局点之后，曲线增长势头较好，达到从上往下反转的“极限点”。

（5）第二曲线与第一曲线往往是矛盾的，可能出现与现有业务竞争、消耗企业现有产品的情况。此时需要企业快速做出取舍，将资源投入新业务中。

三、第一曲线与第二曲线的区别

第二曲线源于第一曲线，两者存在一定的共性，同时也有许多方面的差异。它们的形态均可表示为图 15－3。

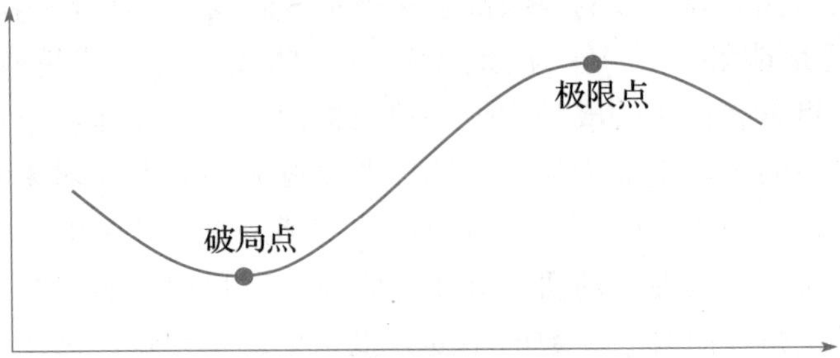

图 15－3　第一曲线与第二曲线的共同形态

首先，第一曲线与第二曲线均呈 S 形。任何一个品类，在技术提升、产品创新或企业/产业发展至一定程度时，最终的增长形态都是“S 曲线”，即经历从诞生、成长、成熟、衰退到最后结束的全过程，均呈现为一条 S 曲线。企业所有的产品业务都逃不过由盛转衰的宿命。从图 15－3 中能够明显看出，S 曲线在开始时呈下降趋势，表明此时的投入高于产出；由下而上的翻转点称为“破局点”，突破了“破局点”后，曲线的上升幅度明显增大；靠近曲线上方时，增长速度开始放缓，虽然还保持着增长态势，但相较之前的高速增长已远远不足；曲线由上往下的翻转点称为“极限点”，同时也是“失速点”，此后曲线便走下坡路。后文将详细介绍破局点与极限点的概念与意义。

第二曲线是企业新的增长点，但并不表示企业要重新开辟战场，而是利用第一曲线积累的能力和资源，抓准合适的时机，借助新的浪潮，从第一曲线中衍生出第二曲线。第一曲线的突破需要企业坚持和聚焦，而第二曲线的开辟需要重新梳理过去的经验和优势，结合新机遇，找到新的增长点。

针对企业和个人两类主体，可将第一曲线与第二曲线的区别总结为表 15－1。

表 15－1　第一曲线与第二曲线的对比

	第一曲线	第二曲线
企业关注	管理 企业 横向和纵向一体化 业务流程	生态 个人和网络 虚拟集成 文化

续表

	第一曲线	第二曲线
个人关注	努力工作 安全 当前的事业 信任 忠诚	高效率 不确定性 未来的事业 希望 勇气

资料来源：Morrison J I，1998. The second curve：Managing the velocity of change. Strategy & Leadership，26 (1)：7 - 11.

四、发展第二曲线的意义

史蒂夫·乔布斯（Steve Jobs）是成功实践第二曲线理论的先驱。当麦金塔电脑证明其商业成功时，乔布斯和他的创新团队已经计划研发 iPod 进军音乐行业。当这款产品开始主导市场时，乔布斯又已经开始设计不同于原有业务的新产品 iPhone，紧随其后的 iPad 又一次获得了市场的青睐。每一条新的业务曲线都源自上一条曲线，但又指向完全不同的市场。这看似非常冒险的举动对乔布斯而言却是合乎逻辑的“第二曲线”。乔布斯的一个个决定使公司产品构成一个无缝互联的生态圈，获得了巨大的成功。

管理学大师查尔斯·汉迪曾说，任何一条增长的 S 曲线，都会滑过抛物线的顶点（极限点）。企业绩效持续增长的秘密在于，在第一条曲线消失之前开始一条新的曲线。企业持续发展需要管理者有足够的敏锐度，在极限点和破局点到来之前，迅速抓住一个要素，提前布局，从而实现一个又一个抛物线似的持续增长。

（一）让初创企业快速占据市场地位

发展第二曲线可以使初创企业快速在市场中占据一定的地位。具体来说，初创企业想要颠覆行业原有的龙头企业，最佳方法就是采用反向非连续性的低端破坏性创新，即颠覆式创新（disruptive innovation）。当需要将更为便利且实惠的新产品销售给新客户或低端客户群时，采用颠覆式创新战略的初创企业往往更容易取得成功。其具体逻辑为，当市场中出现“性能过度”效应，初创企业可以从低端切入，进行错位竞争。首先，在需求端识别尚未被满足的大众需求，在供给端引入新兴技术和更方便、更便宜的产品；其次，努力实现技术和产品的连续性迭代进步（即连续性创新），不断提升自身技术能力，这样才能使初创企业获得持久性成功；最后，完成颠覆，当初创企业的技术发展到能以更低的价格满足高端客户的需求时，便获得了高端客户这部分市场，完成整个颠覆过程。

在拼多多进军电商领域之初，行业竞争激烈，已存在淘宝、京东、当当、聚美优品等电商巨头。但拼多多专注于三四线城市的下沉市场，锚定低消费人群、低端供应链，以及选用微商的传播方式——微信拼团，整合了传统电商的消费模式和“私域流量”的传播方式，让拼多多在电商领域撕开一个口子。拼多多对电商要素的再组合，帮助其抓住了下沉市场的用户，成功让自己跻身巨头之列。

（二）企业基业长青的秘诀

对于成熟企业来说，发展第二曲线可以使企业经久不衰，避免走到生命周期曲线的尽头，达到基业长青的最终目的。众多实例表明，即使身处行业前列，龙头企业在未能跨越第二曲线时，也会消失在历史的长河中。海尔董事局前主席张瑞敏认为，企业最大的战略就是寻找“第二曲线”，即企业“新的生路”。保罗·纽恩斯（Paul Nunes，2013）曾对卓越绩效企业路径进行定义，即一次又一次地跨越第二曲线，如图 15－4 所示。

需要指出的是，发展第二曲线并不意味着将市场上的新机会当作自己的第二曲线，只有将自身业务主题瞄准新的市场趋势，才有可能完成真正的跨越。因此，企业要敢于突破昔日的成功，果断舍弃过气业务与过气产品，将现有资源向新产品倾斜，发展出自己的第二曲线。例如，阿里巴巴以发展面向商家的业务起家，业务增长尤其迅速。但当其发展面向消费者业务的第二曲线与原有业务发生冲突时，果断地选择了淘宝网，阿里巴巴也最终成为一代电商巨头。

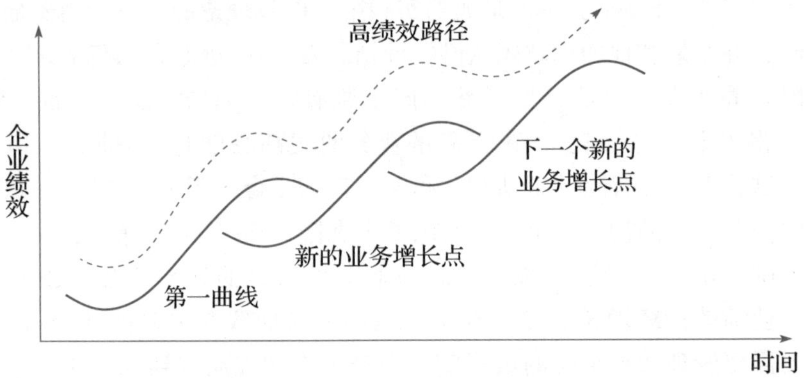

图 15－4　卓越绩效企业路径

第 2 节　攀登第一曲线

发展第二曲线能够帮助初创企业找到扩大市场的机会、快速站稳脚跟，同时能够帮助成熟企业不断实现内部迭代，进而实现长足发展。但在此之前，不够牢固的第一曲线不会催生第二曲线。因此，只有寻找和把握第一曲线的破局点与发展规律，才能为第二曲线的发展提供可能性。

一、如何寻找“破局点”

对于企业的发展而言，破局点是企业找到了更好的发展策略，让企业扭转局势的关键节点。在现实中，发现极限点和破局点非常困难。敏锐的管理者也经常会被起伏不定的市场迷惑，以致错失良机。

（一）发散收敛法

在第一曲线中，可以利用发散和收敛的方式寻找破局的机会。发散即穷举，定义讨论的范畴和颗粒度，尽可能多地列举可选方案；收敛则是按照逻辑可行性减少方案数量。破局点一般具有以下几个特征：（1）相对广谱，在破局点提供的服务应是尽可能多的人所需的；（2）高频，因为企业的高频业务能够带动相对低频的业务；（3）体验可控，必须保证初始资源能够满足用户需求，给用户良好的体验。

（二）“供需连”组合法

李善友（2019）提出利用“供需连”寻找破局点的观点，将组合要素拆解为最小单元后，再将这些要素重新组合，达到创新的目的，即找出单一要素进行单点破局。具体的“供需连”模型如图 15－5 所示，将供给侧、需求侧、连接端三种基本要素重新组合。

供需连组合法
·供给：技术、产品等 ·需求：客户、用户等 ·连接：媒介、平台等

图 15－5 “供需连”模型示意

组合创新是指将旧要素进行重新组合。但在寻找破局点这一环节，企业需要组合的要素并不是越多越好，而是尽量用最少的基本要素满足生存所需。若企业仅依靠较少的基本要素便可存活，更能证明其强大的生存能力，因此企业在踏入第一曲线时，切忌集团化、多元化、复杂化，不宜过度营销、联盟与达成战略合作等，不宜高、大、全。对于初创企业来说，在进行组合创新时，更适合从需求侧或供给侧切入。亚马逊将成为最以消费者为中心的公司作为自己的企业使命，也就是选择了以需求侧为破局点。即使亚马逊在运营中与供应商和媒体的关系不算融洽，仍连续多年被评为消费者满意度最高的零售商。

（三）单一要素十倍速变化

将识别破局点的方法更加具体地进行拆解，可以将影响产业发展的某个因素的十倍速变化作为关键点。企业家不应将目光遍及所有基本要素的整体，而是关注其中某个来自企业内部或者外部的要素变化，因为这一要素的变化可能标志着破局点的产生。企业可以将其作为创造新产品的机会。安迪·格鲁夫（Andy Grove，2010）也列举了可能导致破局点出现的单一要素：竞争力量，技术，顾客作用，供应商和互助企业作用，以及规章的建立和废除。亚马逊、阿里巴巴、小米的蓬勃发展正是互联网技术这一要素的十倍速变化带来破局点的案例。

二、攀登第一曲线的方法

识别破局点后，如何有效突破破局点也是企业面对的重要问题。任正非曾提出要敢于在机会窗开启的时期，聚集力量，实施饱和攻击。换言之，企业需要将最主要的资源、精力投入最关键的业务中，把战略力量集中到主航道、主战场上。所以，竞争中的一条重要原则是，不要轻易分散资源，切忌将时间和资源浪费在疲软的产品和虚弱的业务上，要果断地把大部分资源集中于巩固和强化可以取得长远优势的方向上。

乔布斯在设计 iPod 时会对用户界面进行严格测试，要求用户找某一首歌或者使用某项功能时按键次数不能超过 3 次，而且按键的过程要自然。乔布斯将这些微小的用户痛点当作战略重点，实现了苹果系列产品的一次次成功。复杂并不意味着成功，聚焦单一要素并将其做到极致才是成功的关键所在。只有突破阈值，才能打开一个全新的世界。

对于初创企业来说，若想在攀登第一曲线时获得生存空间，低端颠覆与错位竞争也是值得选择的策略，因为在位企业已经占据一定的市场与消费者心智，新进入者直接挑战在位企业往往难度较大。其中，错位竞争是指避开竞争对手的市场优势，以己之长击彼之短，以此确立相对优势竞争地位的一种竞争策略。市场中只有相同的一批用户，但是有很多不同的产品供用户选择，此时需要凭借产品之间的“差异化”来占据用户心智。企业仿照市场中成功产品的路径方法创造自己的产品时，往往无法复制市场中已有的成功。市场在变化，成功者的方法论可能只适用于过去的场景，后来者难以通过顺位的方式达到那个高度。错位竞争可以避免上述问题，通过放大优势来掩盖劣势。

美团的例子展示了错位竞争的意义所在。在美团创立之初，阿里巴巴的模式是“只读”的 Web 1.0 实物电商。为了避免与阿里巴巴直接竞争，美团主动选择了“用户参与内容创造”的 Web 2.0 生活服务电商。创始人王兴曾表示，实物团购在选品、价格、物流等方面一定要有明确的体验优势，如果没有，肯定打不过淘宝网。淘宝网有非常大的流量，你做的事情它也能做，因为用户的交易行为都是一样的。如果要和聚划算进行差异化竞争，就必须自建物流，保障良好的用户体验。美团如果做实物团购，一定无法敌过在位企业，因此美团选择了聚焦本地生活服务，成功避开了阿里巴巴等企业的拦截，最终在“千团大战”中得以幸存。

第 3 节　跃上第二曲线

跃上第二曲线的过程充满了各式创新机会，同时也充满了挑战。企业在摸索第二曲线的过程中，需要注意规避常见的“陷阱”，把握跃上第二曲线的最佳时机，并且运用正确的方法，这样才能让自身长久立于不败之地。

一、跃上第二曲线失败的原因

（一）固守现状不求创新：达到极限点

在一种经营模式下或在一个认知框架内的提升只能实现有限的连续增长，此类增长带来的收益不足为奇，因为体系内的基本要素没有发生突变。而且在这种情况下很容易达到增长的一个极限点（任何形态的模式、框架、经济体乃至生态都有一个增长极限点），达到极限点之后就无法继续提升，反而形成下降趋势，即所谓的“失速点”。连续性创新不可能无限持续下去，技术、产品、组织，一定都会达到极限点。当创新曲线达到极限点后，主体继续创新将会十分艰难。

随着技术的发展，企业发展达到极限点的速度越来越快，在企业逼近自己或行业的极限点时，越是坚守本业，便越容易走向末路。例如，曾经的手机巨头诺基亚的失败，就是因为它已经达到自己的极限点。诺基亚在功能手机时期，曾连续 14 年保持行业领先地位。2007 年，诺基亚市值为 1 500 亿美元，手机全球出货量达 4 亿部，全球市场占有率高达 40%。这是诺基亚最辉煌的一年，也是诺基亚达到极限点的一年，自此诺基亚便开始断崖式下降，不复往日荣光。在诺基亚成为功能手机行业领军者时，它也曾参与智能手机的研发与销售。只是在当时的诺基亚看来，智能手机只是一个新兴的小物件，远远比不上功能手机带来的利润，因此诺基亚并不重视智能手机的开发，而是满足于现状，继续专注于创新功能手机，放弃了更加长远广阔的智能手机市场。之后智能手机时代来临，诺基亚将手机业务以不到 72 亿美元的价格售予微软。复盘 2007 年的经营，当发展出现非连续性时，诺基亚牢牢握住“第一曲线”不放手，将注意力都放在原有的功能手机市场上，扼杀了第二曲线的增长，最终以失败收场。

由于任何经济体或经营模式都有增长的极限点，因此，企业或个人要想获得突破性增长，就不能固守旧的经营模式，也不能一味将所有资源或精力投到旧的模式上。在全球化、信息化、网络化深入发展的条件下，创新要素更具有开放性、流动性，创业者需要有更开阔的视野。企业需要走出舒适圈，在达到极限点之前挖掘出新的业务增长点。敏锐的企业家需要将资源向创新模式和增长变化明显的系统倾斜，通过导向逐渐形成增长的第二曲线，从而替代旧的模式。企业应适时否定自己，甚至是否定之前带来价值的举措，让自己永远保持谦虚，学习的姿态十分重要。

（二）内部组织结构臃肿：信息不透明

随着企业不断发展，组织结构在不断壮大的同时也愈加臃肿。由于组织结构的演变与信息传递方式具有密切的联系，企业在发展到一定程度之后，往往会出现企业内部信息传递效率逐渐降低、信息不透明等现象，进而影响到企业的创新效率。

在企业内部，大量信息会在逐层上报的过程中出现失真或丢失的现象。除此之外，大部分员工过于注重领导者的意志，在与领导者交流时，往往存在“有言不敢言”的问题，盲目顺从领导者。因此，领导层在做出决策时往往容易忽略底层员工对业务的发展建议，无法了解底层的业务需求，致使决策无法达到预期的目的。另外，在庞大的组织结构下，业务的任何变动都需要层层上报，决策后再层层下达，沟通链长且复杂，使得企业无法及时对该变动做出反应；即使个别部门及时对变动做出了反应，但由于部门之间的沟通同样复杂，使得企业无法及时对变动所带来的各方面影响做出整体的评估，进而不能及时对计划和成本等多方面进行有效的控制。

事实上，信息环境非常重要，因为它会塑造一个人的观念，从而左右一个人的决策。管理良好的企业同样会经常遭遇失败，因为推动它们发展为行业龙头企业的管理方法同时也会严重阻碍它们发展破坏性技术，而这些破坏性技术的发展最终将吞噬它们的市场。信息传递的时效性关系到市场机会转化为现实收益的程度，只有透明的企业制度和灵敏的反应机制才能使企业抓住稍纵即逝的市场机会，及时的信息传递为实现这种转化赢得了时间。时效性受到信息传递技术和距离的影响，与决策层的距离一定时，传统信息传递技术的传递速度慢、时效性差；信息传递技术一定时，与决策层的距离越短，传递时效性越强。

（三）企业领导者缺乏洞察力：错失良机

企业领导者的视野宽度往往决定了企业的命运。有敏锐洞察力的企业家能够精准识别机会点，完成从第一曲线到第二曲线的跨越，而大多数的企业家往往不能洞察开启第二曲线的时机，止步于第一曲线，最终被产业周期淘汰。值得注意的是，第二曲线由显性曲线和隐性曲线两条曲线构成。显性曲线即业务增长曲线，由无数个业务增长点构成，很多创新业务曲线都是从一个业务增长点开始，以财务指标为代表。隐性曲线，即组织创新曲线。为了支撑新的业务增长，组织需要不断进行创新迭代，比如人员能力如何提升，管理机制如何才能更敏捷，文化如何迭代和发展等。这些组织创新点构成了一条组织创新的隐性曲线。在市场上，大多数企业在发展过程中容易仅关注以财务指标为代表的显性曲线，而忽视组织创新的隐性曲线，最终被其他企业颠覆并取代。特别要注意的是，隐性曲线会先于显性曲线达到极限点，如果企业仅仅关注显性曲线，其应对措施往往会出现明显的滞后。一旦财务曲线达到极限点，便意味着技术、市场、组织和产品等要素已经处于崩溃的边缘，此时企业再想变革已无力回天。

二、跃上第二曲线的最佳时机

企业的经营发展遵循 S 曲线。企业在经营伊始时迈进投入期，不断尝试和试验；在后续阶段，当投入高于产出时，曲线开始向下；当产出高于投入时，随着产出的增长，曲线会呈现向上倾斜的增长趋势。但是到某个时刻，曲线将不可避免地达到巅峰并开始下降，即达到了极限点后下降。通常情况下，企业可以使用各种方法和措施延迟这种下降，但是下降终究不可避免。似乎一切事物的发展都逃不开 S 曲线，唯一可变的仅仅是曲线的长度。

对于如何判断第一曲线即将达到巅峰这一问题，按常理来说，当其他条件不变时，如果一切运转正常，人们很自然地希望第一曲线将继续发展下去，并将现在的成功作为对未来的预期。然而，过去的成功往往会蒙蔽人们的双眼，打消人们的疑虑，使其不断巩固原有的成功模式，而觉察不到第二曲线。只有在回顾过去的时候，才会发现“那就是巅峰，那就是我们本应该重新思考的时刻”，但这于事无补。第一曲线的成功可能会让人们对潜在的新技术和新市场视而不见，从而被他人抢占先机，克莱顿·克里斯坦森教授将其称为“颠覆式创新问题”。比如，柯达忽视了数码摄影的可能性，等它回过神来为时已晚。这样的例子有很多。企业让外来者侵入，代替它们创造出了新的曲线。在数字时代各类新技术的出现时刻都在给人们创造新曲线的机会，识别并抓住这些机会是各个行业面临的新的战略挑战。创业者需要紧紧抓住新一轮科技革命和产业变革的机遇，挖掘互联网、大数据、人工智能等新兴技术与行业前沿融合的可能性，在创新中寻觅商机。

在意识到极限点的重要性后，及时有效识别极限点便变得非常重要。主要有两类判断方式：一种方式是可视化数据，如用户数、利润、收入等，可以称之为显性曲线。当这些指标的增长速度达到极限点的时候，将出现增长失速。另一种更为重要的判断方式是难以觉察的隐性曲线，其通常由技术、市场、组织等更关键的要素组成。隐性曲线会比显性曲线更早达到极限点。企业管理层如果没有及时观察，等达到财务极限点再去挽救企业，会产生严重的滞后效应。截至目前，最为简洁有效的识别标准是“单一要素十倍速恶化”，即对企业至关重要的某个单一要素出现了十倍速恶化的迹象是企业即将达到极限点的一个信号。

并不是只有成熟的企业才适合第二曲线创新。第二曲线创新的本质并不是要求企业放弃原有的主营业务。相反，恰恰是需要企业的第一曲线更好地发展，让主营业务不停地微创新，这样其中某一业务也许会“成长”为全新的“物种”。

创业视角 15-1

微医：重塑就医流程的战略布局

自 2009 年起，国家先后发布多项政策，要求医院加强信息化建设，采用多种方式实现实名预约。在这些政策背景下，微医抓住机会，创新性地通过前置服务器的方式，将医院内网系统与互联网进行连接，帮助医院升级信息化建设，获得了医院的号源。由此，微医开启了预约挂号业务。2014 年，微医不仅积累了超过 4 800 万实名注册用户，在全国范围内累计服务患者更是达到 1.6 亿人次。

2015 年初，多点执业政策的出台仿佛又打开了一个“潘多拉盒子”，给“轻问诊”的互联网医疗企业带来了希望。在政策和市场的刺激下，越来越多的创业者瞄准了互联网医疗这块大蛋糕。面对强大的竞争对手，微医的创始人廖杰远始终是一个先行者，深耕互联网医疗健康行业，打造微医的产品，并坚持以患者为中心，重视尚未解决的就医难点与痛点。深化预约挂号业务与探索互联网医院，是微医差异化的前奏。其通过增加看病助手——“AI 导诊台”功能帮助患者独立对症挂号，建设乌镇互联网医院，打通线上线下的商业闭环。与此同时，微医在基层服务中也发挥了巨大作用，创新性地研发出云巡诊车，连接了政府的基层医疗卫生机构管理信息系统、乌镇互联网医院。

随着布局的深入，微医为了维持用户黏性，提升核心服务的转化，进入健康管理市场。在 2017 年到 2019 年两年的时间里，微医陆续推出一系列针对健康 VIP 会员的健康管理服务。微医主动对低频应用的互联网医疗进行剖析，通过聚焦儿童、家庭、老人的健康需求，提供种类更加丰富的健康服务，开拓了高频的健康管理服务。此外，微医通过按年计费，开创了新型医疗服务付费模式，与国内其他相关产品拉开差距，实现了更好的发展。

2017 年 2 月，国务院办公厅发布《关于进一步改革完善药品生产流通使用政策的若干意见》，规定患者可自由选择购药，医疗机构不得限定。2018 年下半年《互联诊医疗管理办法（试行）》发布，完善并推动了“互联网＋”药品供应保障服务与医疗保障结算服务，为医药与医保的发展提供了政策支持。互联网医疗健康行业的发展使微医再一次选择转型，经过深思熟虑后，微医首先选择建立处方共享平台，让医、药分开；然后从商业保险支付入手，保障用户健康；最后，实现医、药、保三方联动。

资料来源：金晓玲，尹梦杰，张晓洁，周中允．微医：重塑就医流程的战略布局．中国工商管理国际案例库——“2019 中国工商管理国际最佳案例奖”提名奖案例，2019。

企业应在何时开启第二曲线？如果启动过早，可能会影响第一曲线的正常发展；如果开启过晚，则会让企业丧失潜在的发展机会，被后来者颠覆。因此，追求企业基业长青最后的关键便在于何时开启第二曲线。对此，本书总结出开启第二曲线的最佳时机需要满足以下几个条件（见图 15-6）。

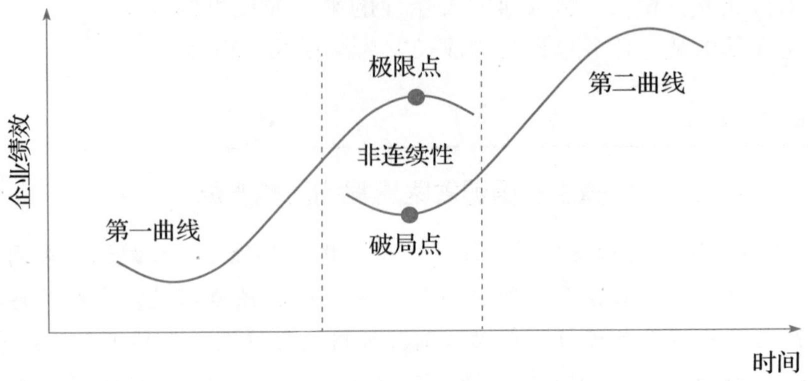

图 15－6　开启第二曲线的最佳时机

（一）第一曲线已过“破局点”

如果第一曲线还没有到达破局点，此时开启第二曲线只会是低水平重复第一曲线。只有当企业已经迈过第一曲线破局点、出现明显的增长趋势，才有可能产生强劲的自增长动力。事实上，启动第二曲线的前提是必须有扎实的第一曲线，这样企业才能有足够的人力、物力、财力来支撑第二曲线的发展。企业应该对第一曲线进行合理的管理，让现有的核心业务曲线发展到极致。如此就拥有了稳定的第一曲线，积累了现金流、流量池、口碑等，从而为第二曲线的发展打下坚实的基础。

（二）第一曲线仍在增长，但增长加速度开始下降

当第一曲线仍在增长，但增长速度已经放缓或者增长加速度开始下降时，企业就应该考虑启动第二曲线。“增速下降”是一个非常重要的指示信号。因为显性指标（如财务指标）具有一定的滞后性，所以增长速度更适合作为判断是否开启第二曲线创新的重要标准。很多企业正是因为只关注显性曲线，只注意到了增长趋势，而没有关注到增长速度已经开始下降，才错过了开启第二曲线的最佳时机。

（三）不晚于第一曲线达到财务极限点

第二曲线开启不能晚于第一曲线的财务极限点。第二曲线刚开始发展时，整体呈下降趋势，此时需要企业投入资源，即需要第一曲线供养第二曲线。此时第一曲线的现金流、流量池、用户等对第二曲线来说都至关重要。所以，一旦迈过第一曲线的财务极限点，便意味着企业此时无论如何自救，成功的概率都非常小。第一曲线的“黑洞效应”会让企业沿着既有的下滑路线走向末路。

在过去，人们往往将基业长青误解为固守主业，将一件事做到极致。然而，实际上基业长青应指企业一次又一次地跨越第二曲线。对一直处于增长态势的企业而言，走上卓越绩效之路的答案在于坚持攀登和跨越 S 曲线。在第一项行业领先业务达到极限点之前，便提前启动新的业务增长点；在第二项业务达到极限点之前，继续启动下一个新的业务增长点。如此往复，生生不息。所谓基业长青，不是让最初的主业永远长青，而是通过自我更迭实现基业长青。

三、利用正确的方法跃上第二曲线

企业跃上第二曲线的过程在实质上也是一种创新。创新策略可以不拘一格，但是对跃上第二曲线来说需要注意采用正确有效的方法。

（一）忘却成就，不断创新

第一曲线的成功可能会让人们对潜在的新技术和新市场视而不见，从而被他人抢占先机。每个企业都追求不同凡响的绩效，但当一个企业成功后，高层决策人员往往迷恋已有的成就，不思创新，或者过分自信，认为自己比周围的人都聪明、认为自己永远正确以及事事尽在掌握之中。这种现象称为自我中毒。自我中毒者贪图虚荣、大肆挥霍、浪费时机的作风会腐蚀管理层，最终拖累企业。过于看重已有成就的企业总是对第二曲线的萌发和成长视而不见或不屑一顾，这将导致错过跃上第二曲线的机会。例如，20 世纪 70 年代末 80 年代初，在计算机行业成就卓著的 IBM 对苹果公司开发微型机和操作系统不屑一顾，后来苹果公司取得巨大成功，但苹果公司也忽视了计算机行业的主导力量转向软件和 CPU 的趋势。IBM 和苹果公司都曾因过去的成就而未能跃上计算机行业的第二曲线，而让微软和英特尔主导潮流。如果微软和英特尔迷恋已有的成就、不再追寻新的第二曲线，也同样会落伍。过去的成功对处于舒适区的企业的创新发展潜力来说，可谓“成功是失败之母”。因此，要不断创新，就必须忘却固有的成就，面向未来的挑战——时时检查第一曲线，常常思考第二曲线。

（二）精心选择，排除假象

技术在创造第二曲线中起着重要作用，但不是技术引起了变化，技术的真正作用是促进变化。在许多情况下，变化的方向是由选择支配的。用此观点来描述整个社会的第二曲线也许并不妥当，但对于企业跃上第二曲线来说，却是切中了要害。因为第二曲线的征兆往往很多，而企业的资源却有限，一般只能选择其中一种征兆作为主攻方向。但在很多情况下，企业发现的并不是真正的第二曲线，而是与市场脱离的技术手段。

例如，盛大推出“盒子”时，提出了一种前所未有的理念——以盛大盒子为核心，包揽个人电脑、电视、手机、电影、音乐、游戏、广告等几大业务。理念的核心在于，用户可以通过盒子在电视机上玩游戏，看新闻、股票走势、电影，听音乐。然而这种转型想法却宣告失败。该产品内容的核心是电影、电视等视频资源，在当时都属于稀缺资源。2005 年，全国接入宽带用户总数为 2 833 万户，这是盛大盒子用户数的上限，而 80％的使用者下载速度低于 100kb/s。即使能够解决游戏和视频资源匮乏的问题，如此网络条件也难以支撑上佳的用户体验。另外，盛大 CEO 在朋友圈里发布用户调查，结果显示受访者对此产品非常感兴趣且乐于尝试，因此给予他十足的转型信心。然而其调查对象非富即贵，少数富人的想法无法代表市场。在创新经验中，著名的“半步理论”认为，创新不等于创造商业价值。无数先进的科技创新在商业上输得一塌糊涂。考虑一款产品的先进性，需要结合市场的兼容性，最好领先其他人半步。企业由于选择了虚幻的第二曲线，在投资者跳出去后，没有落脚之处，只能摔进万丈深渊。

部分第二曲线本身存在，但是对于某一企业来说，可能由于离第一曲线太远，所以也容易在一跃之后半途落空。例如，索尼公司在20世纪80年代末90年代初大举进入美国传媒和娱乐业，因为与核心业务距离太远和文化背景跨度太大，需要跨越的沟壑太宽，在攀登第二曲线后期也陷入了困境。

（三）保证投入，保护市场

第二曲线经常涉及创造一种全新的产品或一个全新的行业，要把一种新产品或一个新行业推向市场，不仅需要投入大量研发费用和导入期的广告宣传费用，而且在相当长的时间内还难以盈利，所以企业必须保证有足够的投入资金。投入资金可以从三个渠道获得：贷款；发行股票；其他成熟业务的利润（对多元化经营的企业而言）。考虑到新产品或新行业风险较大的实际，企业家很难说服债权人或投资者相信自己看好的未来，所以第三个渠道最可靠，这也正是多元化经营的大企业创新能力较强的原因之一。

保护市场是指本企业耗费代价开拓了一种全新的产品或一个全新的市场之后，需要防止别的企业乘虚而入、坐收渔利。这需要把创造市场和保护市场巧妙结合起来。除了申请专利和注册商标外，企业可以尝试在广告宣传中将产品名称和商标融为一体。例如，吉普、康泰克等，既是产品名称，又是商标名称。此时，其他企业要使用这种名称就会涉嫌侵犯商标专用权，而若要另起名，则需大量的广告宣传费用。这种方式可以有效防止本企业开创一个全新市场之后，其他企业乘势而入、不劳而获。例如，在中国VCD大战中，万燕公司倾其财力开辟了一个全新的市场后，因为后续资金不足而让爱多公司乘势而入，爱多公司后来迅速扩大市场份额，成为VCD市场的领先者（1997年市场占有率排第二），而万燕公司却一蹶不振。

（四）扬长避短，后来居上

在追寻第二曲线中处于领先地位的企业当然前途光明，但这并不表明落后企业就永无翻身之日。落后企业也有很多机会奋起直追，实现后来者居上。落后企业可以利用其落后优势（advantage of backwardness），迅速赶上并超过先进者。这是因为：（1）落后企业可以借鉴先进企业在发展中的经验教训，少走弯路，减少探索费用；（2）落后企业可以直接引进技术和人才，节约技术创新和人才培训所花的时间；（3）后来者劳动成本较低，容易吸引外来投资。例如，电话通信经历了手摇电话、自动电话、程控电话三次巨变。落后地区可以跨过自动电话阶段，直接从手摇电话阶段跳到程控电话阶段。从起点来看，把手摇电话称为第一曲线、把自动电话称为第二曲线、把程控电话称为第三曲线，落后地区则是从第一曲线跨过了峡谷，直接跃上了第三曲线。尽管从社会角度来看这只是赶上了第一曲线，但这一例子说明落后企业有不少跨过峡谷并跃上第二曲线的机会。

此外，创新追随者可以借开拓者以大量投入打开市场的东风，利用开拓者忽视的方面或抓住开拓者的失误，奋起直追，超过开拓者。正如在中国VCD大战中爱多公司的策略。再如，小米的崛起为华为带来了启示。小米为国产手机提供了整个商业范式、用户体验样本和市场接受度的验证，挖掘了国产手机市场。华为的战略是一直在最重要的信息枢纽上集中兵力。未来是智能时代，数据是智能时代的血液，而手机是数据采集前端，于是华为在2014年选择进入手机市场。2016年，小米直接围绕手机的开发人员大概是

200 人，而华为投入了 1.2 万人，将近 60 倍的差距使得华为最终实现后来者居上。

（五）改头换面，推陈出新

如果进行根本性创新和业务转移的条件尚不成熟，则可以进行局部功能创新或造型、包装、名称等形式上的创新。从市场学角度看，产品的包装、名称都属于形式产品和附加产品，也是产品的一部分，对消费者也有效用。从实际效果来看，局部创新和形式创新也有意想不到的效益。例如，西安制药厂曾因亏损近 1 000 万元而濒临倒闭，后来将琥乙红霉素改名为“利君沙”作为管理创新的突破口。经过配套策划，“利君沙”终于在同类产品中达到 90%以上的市场占有率，畅销国内外市场。再如，方便面起初是袋装，后来有些企业“改头换面”，增加了碗装和箱装的方便面，拓宽了方便面的销路。其中碗装方便面售价增幅大大高于成本增幅，给厂家带来了新的利润增长点。这种策略并没有在严格意义上使企业跃上第二曲线。但是，在条件不具备的情况下，这不失为一种良策，也可作为跃上第二曲线的演习行动，为企业跃上第二曲线提供观念准备、技术准备和管理准备。

第 4 节　开启第二曲线的创新策略

一、分形创新

（一）分形创新的概念

分形创新背后的支撑理论是生物学的进化论。使用同构性方法将企业创新与生物学进行同构，可以揭示企业创新与生物进化完美的同构性。英国生物学家查尔斯·罗伯特·达尔文（Charles Robert Darwin）在《物种起源》一书中，提出了“自然选择进化论”学说，后来又多次谈到变异、获得性遗传和自然选择，相关论述其实都始终围绕同一个主题展开，即变异＋选择（自然选择）＝新物种。这对传统的“物种不变论”发起了强有力的挑战，也因此受到了当时主流社会的一致质疑。质疑的焦点大多集中于“一个物种如何突然变为另一个物种”，这与“第一曲线如何变为第二曲线”几乎是同构性问题。而遗传可同构为管理，变异则对应着创新。遗传是让基因不断复制，保证物种的长期延续。管理则是通过流程与制度，让企业可以更好地生存下去。但遗传和管理都会遭遇极限点，此时为了生存，从生物学的角度看，解决之道就是变异，而从管理的角度看，解决之道就是创新。

因此，根据分形创新理论可将第二曲线的产生策略概括为：管理创新＋市场选择＝第二曲线。第一曲线即遗传。从大范围来看，任何一个物种从它出现之初直到灭绝，基本架构保持不变，这就是遗传的力量，达尔文称之为“一个共同的始祖”。从小范围来看，个体在代际繁殖时都会产生变异，表现为第一条曲线生发出无数多样的小 S 曲线；同时每一条小 S 曲线，在自然选择的作用下，都有可能成长为一条独立的第二曲线。

达尔文信奉“自然界无飞跃”这一格言。一个物种不是通过“革新”“神奇的进步”

等方式“突然”变为另一个物种，而是在小范围内一代一代地发生微小的变化。这是一个自然选择的过程，缓慢而稳定。假如环境突然发生变化，通过自然选择，其中某一个变异被强化，新的物种才可能产生，这才是进化的真正奥秘。第二曲线不是由第一曲线“突然”变成的，而是产生于第一曲线中无数的小变异，同时它也打破了第一曲线与第二曲线的二元对立。

同理，创新也是无飞跃的。所谓第二曲线创新，并不是让企业放弃主营业务去布局新业务。恰好相反，它是在主营业务之中实现创新，通过创新促进主营业务的发展，从更多的创新中分形出第二曲线。第二曲线是从第一曲线的分形创新中“生长”而来的，新业务是创新的自然结果。第一曲线一定要有变化，主营业务也需要不停微创新，其中某一项业务就可能“生长”成为全新的物种。

基础的单元进行无限的分形，所带来的结果就叫分形创新。恰恰是由于专注于第一条曲线，才产生了无数条小S曲线，其中一条小S曲线经过市场的选择就会成长为独立的第二曲线。

（二）采取分形创新的意义

分形具有自相似性和自生长性。将分形理论引入企业创新，不但会提高企业的整体规模水平，而且会拓展第二曲线创新方法的研究思路，从而拓宽企业家的创新思路，提高企业的市场竞争力。分形创新最大的优点在于可以极大缓解创业中的竞争和增长压力，打破增长魔咒，打破组织熵增桎梏；另外，分形创新增加了产品创新的维度，以往很多企业家采取的常规战略是一种平面思维（或静态思维），讲究“红海蓝海，地盘之争，有你无我”。分形创新则另辟蹊径，它是一种纵向创新。例如，在同一尺度没有空间，但从细分切口突破则会获得无限空间。如果企业掌握了分形的尺度，就能够从“红海”的任何一个角度切入，看到一个更大的“蓝海”。这种战略有利于企业在相对饱和的领域脱颖而出。

分形创新具有极大的解释力度和预测能力。貌似天才般伟大的创新，都是源于第一曲线的分形创新。美团将团购视作第一曲线时，也不断尝试各种到家及到店业务，结果外卖成长为第二曲线；新浪在尝试各种创新，有博客、新闻、微博等，结果微博成长为第二曲线。

创业视角 15-2

字节跳动的分形创新

在推出的众多App中，毫无疑问，字节跳动的第一曲线是2012年上线的今日头条，它是字节跳动资讯类业务的重要产品，是字节跳动分形演化的起点。在不断夯实第一曲线的基础上，字节跳动推出了很多二级分形。

最为典型的是字节跳动在决定发力短视频后，采用了“赛马”机制，同时启动多款产品。在产品发展与评价过程中，将更多资源向表现更好的产品倾斜。即以今日头条为基础，采取分形创新策略，基于短视频栏目，根据用户留存率指标，把握了娱乐时间碎片化的趋势以及年轻人自我表达的需求，开发出西瓜视频、火山小视频、抖音等产品，以实现音乐短视频的内容精准分发，适应了外部环境变化的大致方向。从分形创新的视角来看，所有这些产品都是自下而上的决策过程的产物。分形方向来源于一线员工的发现，是在运营过程中自然涌现的结果，而非取决于事先制订的产品创新计划。

抖音由于用户留存指标表现最好，从火山小视频、西瓜视频等系列产品中脱颖而出，成为短视频领域的爆款，也帮助字节跳动确定了用户的真实需求。不同于传统视频平台模糊的用户和产品定位，抖音精准地把握了用户的碎片化娱乐需求，因此能够在成长阶段将主要精力聚焦于找到高效满足用户需求的方式，包括建立网红池、获取新用户，以及发布滤镜、特效、全屏播放、视频推荐等大量产品功能，并根据用户反馈逐渐固定了产品功能。

类似地，抖音也开启了分形创新。抖音的发展也经历了初创阶段、成长阶段和成熟阶段，而抖音的分形创新始于产品发展的成熟阶段。

抖音在初创阶段的开发基于 A/B test，这是一种用于测试新产品或新功能的在线测试常规方法，测试用户一般分为两组：对照组与实验组。对照组采用已有的产品或功能，实验组采用新产品或新功能。工作人员通过对比两组用户的不同反应，以确定哪个版本更好。通过上述试错式的创新方法，抖音不断调整定位，包括从直播平台转为短视频平台，并逐渐将用户定位调整为城市潮人、留学生等有原创能力的网红，找到了适合抖音发展的方向。

业务进入成熟阶段后，抖音同样采取了分形创新的方式，自然涌现出了 TikTok 等新产品，创下了海外下载量突破 20 亿次的神话。音乐、舞蹈等不分国界的天然属性，成就了抖音这款短视频产品，使其成为一款真正意义上的全球化的互联网产品。

字节跳动在随着环境变化多次进化中，已经积累了应对不确定性和不连续性的经验，TikTok 不会是字节跳动全球化步伐的终点。字节跳动和张一鸣会审时度势，诊断自己所处环境的不确定性与不连续性，从中找到下一步进化的方向，并通过分形创新延展企业的生命。这是成熟创新创业者的宿命：持续不断地在不确定的方向中寻找确定性，在不连续的路径中创造连续性。

资料来源：路江涌，于晓宇，相佩蓉．创新创业中的分形演化．哈佛商业评论（中文版），2021（9）：104－109.

二、战略杠杆

（一）战略杠杆的概念

成功的战略通过集中智慧、资源和行动来获得力量。如果这种集中性在适当的时刻应用于关键目标，就可以产生放大效应，带来一连串积极结果。这种具有放大效应的力量被称为“杠杆作用”。

米林德·雷利（Milind M. Lele，1992）提出了战略杠杆理论。该理论综合了竞争战略理论、业务组合计划、PIMS 原则以及博弈论的基本思想，向管理者阐明了如何通过改变竞争地位及产业结构从而创造新的机遇，因此为管理者分析、制定长远的战略规划提供了一种有效的工具。

战略杠杆的运作可解释为：一个公司通过认识它在产业结构中的自由度以及决定这个自由度的关键竞争要素，寻求改变其竞争地位乃至改变产业结构的战略运作。战略杠杆理论所表达的内容在形式上可以与物理杠杆相类比。

（二）战略杠杆模型

战略杠杆模型包括四个基本要素，分别是：战略指北针、战略红利、战略支点和核心能力，如图 15－7 所示。

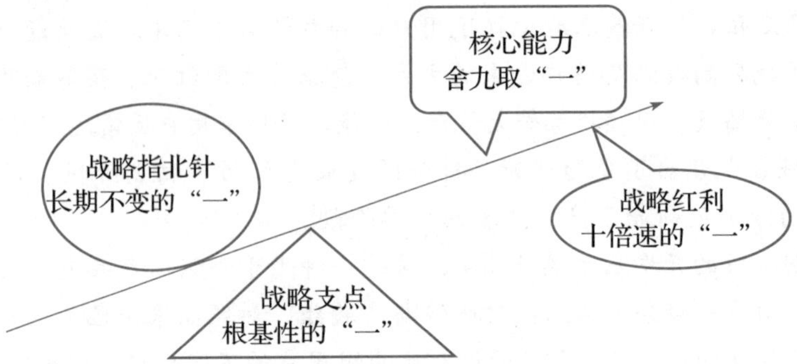

图 15－7 战略杠杆模型

1. 战略指北针：长期不变的“一”

战略指北针是指可以牵引增长的关键指标，本质上是企业为了实现增长，需要长期坚持的、不变的发展目标。首先，它必须针对真实的问题。很多创业者在为企业树立目标时就已经出现偏差，他们找到的问题其实并不真实。在这样的目标的指引下，企业投入的人力、物力、精力越多，受到的伤害就越大。其次，它必须是长线目标，是企业长期不变的“指北针”。

2. 战略红利：十倍速的“一”

战略红利是指行业以及更宏观的经济大环境所带来的红利优势。对企业来说，判断红利优势是否存在，并抓住外部机遇的关键主要有以下几个方面。其一，结合组合创新的“供需连模型”，从供给侧、需求侧、连接端寻找是否有以十倍速变化的单一要素。其二，判断企业所处行业是否正处在风口。在战略杠杆模型中，创新红利可能产生于巨大的风口或周期性力量，如技术周期、用户更替和媒介更新等。其三，企业发展要懂得顺势而为。当一个行业的势能聚集，再辅以正确的战略执行会事半功倍。比如今日头条从电脑端互联网向移动互联网转型，抓住新闻客户端的新机会迅速崛起。

3. 核心能力：舍九取“一”

对初创企业而言，在发展的过程中，通常是先抓住一个外部机遇，然后通过持续不断的内部提升逐渐形成自身的核心竞争力，并将这些核心竞争力注入创新红利，最终突破阈值，实现单点破局。每家企业都希望自己面面俱到，但最好的方法是舍九取“一”。单一要素需要同杠杆匹配，这样才能形成内外相合的力量。在现实中根本不可能出现“全能”公司，不只是初创企业，即便是巨头企业也很难做到。从资源分配的角度来说，企业想要立足于市场，首先要有突出的竞争力。而广泛分散的资源，对核心能力的建设极为不利。所以，对企业来说，最简单的做法就是在自身的经营系统中找到最具有优势的元素，然后集中力量将这种舍九取“一”的因素打造成企业的核心力量。

企业或个人可以从以下三个问题入手，打造核心能力：

第一，作为企业或个体，哪种能力能使得你超越 90%的同行？

第二，如果用十年时间就能让你成就一种能力，你准备选哪种能力？

第三，如果你有这种能力，你能够驾驭什么样的红利？

对企业而言，这一核心能力源自企业文化，能够帮助企业完成使命，最大化红利，撬动杠杆。这一能力能够不断壮大，在时间的复利作用下，加固成企业的竞争壁垒。比如乔布斯对产品的偏执世人皆知，无论面对何种选择，他都毫不迟疑地将舍九取“一”的答案定为“产品”。在乔布斯的理念中，无论从何种角度来说，产品都是一个企业的核心竞争力，技术、管理、销售、资本最终都是要为产品服务的。

此外，需要强调的是，所谓取舍，不是去伪存真、去错存对，也不是在众多不好的选择中选一个对的，而是在对与对之间选择最适合自己的那一个。乔布斯主张舍九取“一”，不是放弃其他能力，而是以此为参考系，用它来统率其他能力。舍九取“一”的“九”可以是技术、产品、营销、管理等，企业一旦选定“一”，就要重点投入，并且它必须能统领一切。如阿里巴巴在围绕商家进行经营的同时，也在致力于为用户提供更好的服务，因为服务质量的提升会为平台带来更多的用户，从而吸引更多的商家入驻。所以，舍与取不是二元对立，而是侧重点不同，二者是统一的。

4. 战略支点：根基性的“一”

即便找到了合适的杠杆，还必须找到合适的支点。初创企业可以没有长期战略，但一定要有增长飞轮。如果增长飞轮只是建立在短期的十倍速变化的创新红利之上，那么企业的发展将不可持续。所以，有了增长飞轮之后，初创企业也发展了 3～5 年，此时就必须开始考虑长期战略，需要把增长建立在长期不变的战略支点之上，它是企业战略的基石假设，也是企业战略的“定海神针”。

战略支点的关键在于牢固，它又被称为根基性的“一”。任何战略都建立在一个“基石假设”之上。正如一幢建筑，如果失去赖以支撑的地基，整幢建筑就会轰然倒塌。在组织层面，有些企业会将使命、愿景作为自己的战略支点并使其长期不变，比如亚马逊以“成为全世界最以消费者为中心的公司”为支点；阿里巴巴以“让天下没有难做的生意”为支点。

以上四个要素并不是独立的，而是相互之间联系紧密，共同促进企业增长。企业应基于坚实的战略支点，通过企业的能力聚焦形成的引擎，借由行业红利的战略杠杆，撬动核心指标即战略指北针，进而实现企业的高速增长。

基本概念

第二曲线　　颠覆式创新　　破局点　　极限点

落后优势

思考与练习

1. 第一曲线与第二曲线的区别是什么？
2. 企业为什么需要发展第二曲线？
3. 为什么大部分企业难以发现危机的初期征兆，并采取行动跃上第二曲线？
4. 企业跃上第二曲线的最佳时机是什么？
5. 有哪些办法可以帮助企业摆脱第一曲线带来的困境？
6. 分形创新策略与第二曲线之间是什么关系？请举例说明。

第 16 章

社会创业

| 学习目标 |

- 理解社会创业的兴起和定义。
- 了解社会创业的特征和维度。
- 了解社会创业的价值所在。
- 理解社会创业面临的发展困境。
- 掌握社会创业的可持续发展路径。

引例

老爸评测

2015 年春季开学前，正在为女儿新课本包书皮的魏文锋被书皮刺鼻的气味震住了。十余年在检测行业的工作经验告诉魏文锋，这种带胶水的自粘包书皮肯定有问题。想到数以万计的孩子都在使用这样的包书皮，魏文锋自掏腰包近万元将包书皮送至第三方检测机构进行检验。检测结果显示，7 款包书皮均含有大量的有毒物质，如化学致癌物多环芳烃和具有生殖毒性的塑化剂。

然而，要想解决问题，魏文锋还需要付出更多的努力。在众多家长的鼓励下，魏文锋于 2015 年 6 月自筹资金 100 万元在杭州创办了“老爸评测”，以一名家长的名义决心与“有毒包书皮”等危害孩子安全健康的物品死磕到底。为了与家长们形成一股力量并促进产品标准的建立与完善，魏文锋和团队成员建立了十余个家长群，其中也包括政府监管部门的工作人员。

2015 年 10 月底，魏文锋团队的初始资金马上要消耗完毕。家长们源源不断的检测需求、宣传活动所需的巨大投入让老爸评测难以为继。出人意料的是，家长们不许老爸评测关门，并纷纷给予老爸评测经济上的支持。最终，老爸评测通过聚募网平台向 112 名家长成功募集 200 万元，这些家长共同持有老爸评测 10%的股份。

众筹事件让魏文锋开始深入思考老爸评测的可持续性。怎样赚钱、怎样实现组织的造血功能成为摆在魏文锋面前的首要难题。做商务有两种选择：一是面向企业，为其检测产品、颁发证书，进而收取费用；二是面向终端用户，解决他们的痛点。考虑到为企业评测并收取费用的模式很难保持公平公正，与创业最初要解决的社会问题相悖，魏文锋最终决定直面消费者，将检验合格的产品销售（或推荐）给粉丝和大众。通过这种方式，一来可以帮助家长买到安全可靠的产品；二来在销售的过程中获得的利润可以反哺检测这一公益事业，从而实现社会企业的可持续发展。

实际上，在 2015 年包书皮事件中，为了应对开学季，魏文锋走访数家包书皮厂家后和一个厂家签订协议，对方同意使用食品安全级材料生产包书皮，但前提是魏文锋要订购 10 万张。2015 年秋季开学前一周，魏老爸的包书皮通过微信平台开始销售，广大家长积极抢购。就这样，名为“老爸良心推荐”的网上微商城于 2015 年底开张了。

在创造经济价值的同时，魏文锋不断扩大社会影响。比如，包书皮事件引起了政府监管部门的关注，江苏和上海质监局于 2016 年初更新了包书皮的检测标准。2017 年年中，实现盈亏平衡的老爸评测决定停止接受粉丝的打赏（捐款）。2018 年初，老爸评测投入 100 万元（其中约 35%的资金来自过往众筹的余额）在浙江省爱心事业基金会成立“魏老爸和粉丝们公益基金”，以支持公开讲座，并奖励那些发现潜在危险产品或有关孩子健康问题的父母。

作为一个肩负着社会责任的企业，老爸评测的发展令人振奋。然而，面向未来，老爸评测作为一个社会企业要想取得更持久的发展还面临着一个很大的问题。魏文锋感慨道：“做检测，是裁判员，家长、消费者作为观众，会相信你。做电商，是运动员，赚的是家长和消费者的钱，如何持续赢得他们的信任，是我们必须持续关注的问题。”这种双重角色的困境与老爸评测的双重社会和经济目标交织在一起，老爸评测需要不断地在它的社会使命和商业价值之间寻求平衡，以确保可持续性。

资料来源：庄汉盟，赵丽缦，李尔成，等．老爸评测：一家社会企业的两难抉择．中国工商管理国际案例库，2020.

请思考：老爸评测在发展过程中面临哪些问题？

第 1 节　社会创业的兴起和定义

开篇案例表明，由于要兼顾社会价值与经济价值，社会创业实践常常面临合法性缺失、资源匮乏、经营不善等挑战，而这些又将进一步阻碍社会创业企业的可持续发展。目前，我国绝大多数社会创业企业仍处于发展初期，仅有少量能够自我造血、持续提供社会服务，实现可持续发展。此外，与互联网时代相比，在数字时代背景下，对资源的传统理解受到挑战。在数字时代资源的价值由消费者定义，换言之，消费者认可，该资源才有价值。因而，在这一时代，抢占消费者的心智资源显得尤为重要。而这要求企业和创业者投入情感，让消费者真正认可产品提供的价值，从而赋予产品更多的价值属性。

与老爸评测一样，面临可持续发展困境的社会创业企业不在少数，它们亟须找到问题的症结所在以及厘清如何跨越前进途中的障碍。什么是数字时代的社会创业？它对经济和社会的发展起到哪些作用？在数字时代，社会创业在发展过程中存在哪些痛点及如何解决？本章将对这些议题进行阐释。

一、社会创业的兴起

社会创业可以追溯到18世纪的“博爱事业”（philanthropic business），常与慈善机构、非营利部门、志愿组织这些名词相关联。社会创业（social entrepreneurship）① 这一词汇是由全球性非营利组织创投机构Ashoka的创始人比尔·德雷顿（Bill Drayton）在20世纪80年代首创，之后格里高利·狄兹（J. Gregory Dees）在《社会企业家的含义》一文中对该词进行了最早的解释。在早期阶段，社会创业的定义强调社会利益，换言之，所有为了实现社会目标而不是私人利益所创立的实体都属于社会创业（Shaw，2007）。真实的社会创业案例最早出现在美国。20世纪80年代以来，美国政府采取了将市场作为主要资源调节机制的新自由主义经济政策，政府对非营利组织的直接资助逐年减少，与此同时，出台了一系列鼓励公民积极参与公益事业的税收优惠政策。政府的这些举措催生了一种新的创业形式，即社会创业。这一形式出现于公共服务领域，并逐渐超越民间非营利组织的范畴，成长为一种不同于商业创业和非营利组织的混合商业模式。它被很多人/组织认为是一种解决社会问题的社会创新模式。

一般而言，社会创业被认为是一种存在已久的社会现象，它的解释与定义随着时代的发展而发展，同时也因国家、政治、经济、企业与文化等方面的不同而有所不同。

二、社会创业的定义

社会创业这一概念的提出距今不久，学术界对社会创业的定义尚处于探索阶段，到目前为止，社会创业的定义呈现出多样化的特征。21世纪初以来，有关社会创业的文献层出不穷。本章从一些经典以及前沿的权威研究文献中选择了1997年以来的8个社会创业的定义（见表16-1），供读者参考。

在近几年的社会创业文献中②，探讨社会创业定义且比较有影响力的文章由马宗达（Majumdar，2014）发表在《商业风险期刊》（*Journal of Business Venturing*）上，在文章中，他认为社会创业领域过于宽泛，因而需要对其进行细分。他指出，社会创业属于一个“群概念”，研究领域包含五大方面：（1）社会价值创造；（2）社会创业者；（3）社会创业组织；（4）市场导向；（5）社会创新。但就中国而言，本书更认同多拉多和温特莱斯卡（Dorado & Ventresca，2013）的观点，即社会创业是利用创业来解决复杂的社会问题，以促进社会的发展。事实上，上面提到的五大方面是相辅相成的，撇开任意一个方面都不能解决复杂的社会问题。

在当前的中国进行社会创业实践，本书认为更应该关心这样的问题：社会创业到底可以为中国带来哪些成长与发展机会？社会创业追求社会价值和经济价值的双重目标，目的是通过解决社会问题使我们的社会更美好，使社会朝着人们希望的方向改变。例如，利百特（Leadbetter，1997）提出，社会创业是利用创业的行为为社会目标服务。这并不是以利润为目标，而是为了服务于特定的弱势群体。肖（Shaw，2004）提出，社会创业是社区、

---

① 在国内，也有学者将social entrepreneurship翻译为公益创业。

② 可参考：傅颖，斯晓夫，陈卉．基于中国情境的社会创业：前沿理论与问题思考．外国经济与管理，2017，39（3）：40-50.

志愿者、公共组织以及私人企业为了整个社会而工作，而不仅仅是为了经济利润。除了解决社会问题，越来越多的社会创业研究者强调在过程中发展和传递创新等因素。例如，梅尔和马蒂（Mair & Marti，2006）指出，社会创业是利用创新的方式整合资源，实现社会价值目标的过程，通过探索和利用创业机会来促进社会变革和满足社会需求。

表 16－1　社会创业的定义

来源	定义
Leadbetter（1997）	社会创业是指利用创业的行为为社会目标服务，这并不是以利润为目标，而是服务于特定的弱势群体
Mort et al.（2002）	社会创业是一个多维构念，通过表现善良的创业行为达到社会使命的目的，具有识别社会价值和创造创业机会的能力。其关键决策特征是创新性、先动性和风险承担性
Shaw（2004）	社会创业是社区、志愿者、公共组织以及私人企业为了整个社会而工作，而不仅仅为了经济利润
Stern（2005）	社会创业是利用创业和商业技能去创造新颖的社会问题解决方式的过程。它既要实现非经济目标，也应具有自我可持续性
Mair & Marti（2006）	社会创业是利用创新的方式整合资源实现社会价值目标的过程，通过探索和利用创业机会来促进社会变革和满足社会需求
Austin et al.（2006）	社会创业是社会目标下的创新活动
Martin & Osberg（2007）	社会创业需要识别机会以发展社会价值，从而锻造一种新的、稳定的社会平衡，帮助和减少弱势群体，建立一个稳定的系统以便有更好和均衡的社会
Zahra et al.（2009）	社会创业是指通过一系列的活动与过程来发现、定义、利用机会以增加社会财富，它可以是创立新的实体，也可以在现有的组织中实行新的创新模式

社会创业的基本点是发现并解决社会问题，增加社会财富。理论上对社会创业的关注表现在：一是研究社会的公平公正，二是研究资源配置的合理性与最优化。但在真实的社会中，任何有利于社会建设的人与事，特别是有助于改善与提高一个社会中人的素质的人与事，都有可能或者可以用社会创业的理论来解释。

第 2 节　社会创业的特征与维度

一、社会创业特征

（一）社会性特征

社会性特征是社会创业区别于经济创业的显著特征。社会创业以解决社会问题为导向，社会问题的存在是社会创业存在的前提和土壤。在非社会企业的商业创业中，也可能会有诸如捐赠、采用环保材料等企业行为，但这些行为并不直接面向社会问题。相反，社会创业源自发现一些未被解决的社会问题，直面没有得到满足的社会需求。解决社会问题是社会创业者的使命和终极目的。社会创业者以解决社会问题为己任，如雇用弱势群体或者销售公共产品和服务，这些直接与他们的使命相关。社会创业主要受社会回报的驱动，希望在解决问题的过程中将社会影响最大化，从而动员更广泛的力量投入到相应社会问题的解决中。在这一点上，它与商业创业的侧重点明显不同。一般而言，社会创业可能促进一些大的或小的社会变革，社会创业必须有显著的社会目标和社会愿景，而经济价值只是社会价值的副产品。

（二）创新性特征

创新性是创业者必须具备的显著特征，其运营方式必须体现创新性，这也是社会创业的重要特征之一。社会创业必须应用具有创新性和持续性的方式使整个社会获益。现有社会福利系统的不完善是社会创业机会的重要来源之一，资源和情境的限制成为政府和社会创业者实现社会收益的障碍。这要求社会创业者能够以创新的方式，调动想法、能力、资源和社会安排，弥补现有社会福利系统的不足。

（三）市场与价值机会特征

社会创业需要借助而非抵制市场的力量。它同样需要重视创业机会的识别、发现与开发过程。识别社会价值和创造创业机会是社会创业的关键维度（Mort et al.，2002），社会创业通过一系列活动与过程来发现、定义、利用机会以增加社会财富（Zahra et al，2009）。社会创业源自发现一些未被解决的社会问题，然后通过机会的评估与开发找到解决问题的新方法。当社会创业者可以有机结合其所识别的社会需求和满足这些需求的新方法时，他们就可能发现创业机会。

社会创业以创造社会价值为导向，具有显著的社会目的性和使命驱动性。其中，社会创业的使命表明社会创业者或创业组织采取创新的业务模式去解决相应的社会问题。因此，通常来说，社会创业者在社会部门中扮演变革代理的角色，而履行这一角色的手段就是选择一项使命去创造和维持社会价值。相较于普通商业创业，追求经济价值也是社会创业的目标之一，但并不是主要目标。在社会创业过程中创造的经济价值往往被再次用于完成社会使命而不是分配给股东。总的来说，经济价值只是实现社会价值的副产品。创造与使命相关的社会价值（而非经济价值）是衡量一个社会创业者是否成功的主要标准。

（四）综合性特征

社会创业常常与很多因素相互/共同作用。比如很多时候社会创业需要运用一般商业创业的模式来做事，尽管二者的侧重点或目标不一样。社会创业不仅需要考虑经济因素，还要结合体制与机制、法律与法规等因素以实现社会创业目的。社会创业是一项涉及创业学习、社会创新、非营利组织管理等众多领域和部门的研究活动。当今时代解决社会问题迫切需要探索跨部门协作的新型方式。事实上，目前商业和公益事业之间的界限正逐渐被打破。

二、社会创业维度

当今世界面临着贫富分化、环境污染等一系列社会难题的挑战。从创业角度而言，推动社会创业的发展成为解决上述问题的重要模式之一。越来越多的证据表明，社会创业能够在以下三个方面为我们的社会提供帮助。

（一）减少贫困

党的十八大以来，以习近平同志为核心的党中央把逐步实现全体人民共同富裕摆在更加重要的位置上，国家出台了一系列“脱贫攻坚”“乡村振兴”策略，在减少贫困方面取得了举世瞩目的成就。学者往往从宏观经济的视角来研究减少贫困的方法，如今，以创业尤其是社会创业的方式来减少贫困已成为研究热点。以浙江义乌为例，斯晓夫等（2015）的研究表明，在早期，义乌地区资源缺乏，农民少有机会迁移到资源丰富的地方去发展。因此，他们选择采用具有创造性的“鸡毛换糖、以物易物”的商业模式，即通过商品交换的形式，改善生产环境并获取薄利。在后续的发展过程中，义乌成为世界最大的小商品集散中心。随后，这个模式被国内外许多地区借鉴与采用。

（二）环境保护与优化

自然环境是人类生存、繁衍的基础，保护和改善自然环境是人类实现生存和发展的前提。人类历史的发展表明，过度追逐经济发展会使自然环境遭到极大的破坏，过高的资源消耗量、严重的环境污染等问题也给未来的发展埋下了隐患。习近平总书记强调，“生态环境保护和经济发展是辩证统一、相辅相成的”。如今，越来越多的创业者开始关注环境问题，他们通过创新的模式，服务社会，为环境保护和优化提供新的治理方式、资源整合方式和解决方案。例如，2004 年 6 月 5 日，我国近百位企业家发起成立阿拉善 SEE 生态协会，致力于阿拉善地区的荒漠化治理和生态保护，这种发展形式也成为社会、企业家和生态治理的社会创业新模式。

（三）社会的可持续发展

社会的可持续发展有助于经济结构日趋合理与优化，并减少资源消耗，从而降低人类活动对生态环境的破坏，最终使总效益最大化。不过，可持续发展的实现，依赖于经济发展与生态发展的有机融合和均衡（栗战书，2011）。在主流经济学和环境经济学基础上，社会创业为实现社会可持续发展提供了一个新视角。环境经济学认为环境的退化是市场失灵所致，而市场失灵正是创业机会的重要来源。因此，迪恩和麦克马伦（Dean & McMullen，2007）认为，创业者如果能够抓住这些机会，全面审视整个系统，依靠系统的创新和变革，他们就能通过创业在全球的社会经济系统中解决环境问题。因此，社会创业弥补了以往经济创业在环境保护等方面可能存在的不足，有助于实现社会的可持续发展。

除了上述三大维度，奥斯汀等（Austin et al.，2006）在美国《创业理论与实践》（*Entrepreneurship Theory and Practice*）上撰文阐述了社会创业与商业创业在四个维度上的区别，包括市场失灵、使命、资源调动以及绩效测度。

（1）市场失灵：市场失灵能给社会创业和商业创业带来不同的机会，社会创业能够更多地弥补公共产品不足的缺陷。

（2）使命：社会创业者的企业管理和个人动机与商业创业者有所不同。在社会创业过程中，组织向外提供更多的公共产品是为了创造社会价值，促进社会进步。

（3）资源调动：社会创业企业中的一些员工不拿薪酬，此外，社会创业企业实现的经济利润和财务资本并不会像商业创业企业那般直接分配给股东，而是继续用于创造社会价值和实现社会使命。

（4）绩效测度：社会创业的绩效并不像商业创业一样容易测度，它更突出对社会的影响，因此其测度具有不可量化性、多重因果性、时效性和主观感知的差异性。

第3节　社会创业的可持续发展

一、社会创业可持续发展的价值

随着经济的发展，贫困、环境污染、资源短缺等一系列社会问题相继涌现。由于在以商业手段解决社会问题方面蕴含着巨大能量，社会创业可以创新性地解决社会经济发展不均衡所造成的一些社会问题，为人类的福祉提供社会价值。作为一种新生模式，我国社会创业的发展尚处于探索阶段，存在很多待解决的问题，例如：如何找到稳定的发展模式，从而实现社会创业的可持续发展？社会创业的可持续发展有助于社会创业企业更好地解决社会问题，并创造更大的社会价值。具体而言，社会创业可持续发展的价值主要包括以下几个方面：

（一）促进弱势群体的能力发展，完善社会主动型福利机制

越来越多的管理者意识到，“能力发展”而非“经济救助”，才是帮助弱势群体摆脱不利地位、实现社会公正的重要途径。社会创业提供了构建主动型福利机制的有效途径，即帮助弱势群体发展自身能力。在社会创业过程中，企业或组织通常以“授人以渔”的方式，鼓励服务对象主动对自己的生活负责，而不是把获得福利当作一种权益。可以说，这种机制是对我国社会福利制度的重要补充。但是，只有社会创业可持续发展，才能更好、更持久地服务弱势群体，并使这些受益者参与社会价值的创造过程，形成良性循环并有效推动主动型福利机制的构建，使社会福利可持续并最大限度聚焦于需要帮助的群体。

（二）整合社会资本，优化社会资源配置

社会创业采用创新性方法整合资源来解决贫困及边缘人群面临的社会问题，从而创造社会价值。社会创业特征要求社会创业企业采用商业手段整合利用社会资本和其他资源：一方面，加速社会资本的循环利用，创造更大的社会价值和经济价值；另一方面，避免组织官僚化、低效率等问题，让整个社会充满创业精神和氛围。通过建立合作网络，社会创业者可以调动各方资源来解决一些处于孤立状态的问题。可持续发展的社会创业能够持续整合社会资本，以创新创业的精神去努力发现和满足那些未得到满足的社会需求。因此，社会创业的可持续发展能够构建社会资本有效积累的良性循环。在这个循环过程中，社会创业不但能创造经济利益，还能实现社会效益，有助于构建基于信任和合作的更为强大、自立的社会共同体（邬爱其和焦豪，2008）。

（三）在实现经济价值的同时稳定创造社会价值

社会创业的社会性要求社会创业企业的商业活动以社会价值为归依。社会创业实现

可持续发展的常见方式是，在坚持创造社会价值的前提下，引入创新的商业手段来获得经济利润，进而为持续服务社会提供保障。显然，社会创业可以在商业与公益、经济利益和社会价值之间达到一个有效平衡，使得创业活动能够在创造社会价值的同时，实现盈利并进一步赋能社会价值的创造和维持。这正是构建和谐社会所需的创业范式。更进一步，社会创业的可持续发展能够更好地填补商业和慈善事业之间的鸿沟，从而使创业精神得以应用和服务于更多社会领域。如此，社会创业也能够在解决社会就业问题、实现共同富裕、增强人际信任、激发创业激情等方面发挥更持久的作用。此外，社会创业的可持续发展有利于在实现经济价值的同时稳定持续地创造社会价值。

二、社会创业发展的主要困境

（一）社会创业的特殊性

管理学的"悖论"理论和组织的双元能力可以解释社会创业的可持续发展难题和解决方法。其中，悖论是指组织中长期存在的相互矛盾又相互依赖的因素。不同于一般商业企业，社会创业企业具有双元目标，即创造社会价值与经济价值，二者之间本身存在一定的矛盾。此外，现有研究普遍表明，组织的可持续发展往往需要满足多种不同的需求。这两个要求对想要实现可持续发展的社会创业企业提出了新的要求和挑战，即具备双元能力（ambidextrous capability）。

双元能力是指组织在复杂情境下，同时具备两种不同能力以解决二元悖论的探索性和开发性任务。组织双元能力有助于更好地利用现有资源提升企业的不同能力（如研发、营销等），以适应不断变化的环境。组织双元能力有三种主要机制：

（1）结构型双元是指两种相矛盾的业务或行为分离到不同的事业部门。

（2）情境型双元是指建立有效的组织情境或文化，鼓励员工同时进行两种相矛盾的行为。

（3）领导型双元是指高管团队在意识、战略层面平衡两种相矛盾的业务和行为。

组织双元能力是创造较好的社会价值的决定因素。相比商业企业，社会创业企业获得双元能力的难度往往更大。

例如，在奥尔特（Alter，2007）提出的可持续性发展谱系中，为了获得可持续发展平衡，以盈利为导向、收益在股东之间进行分配的传统商业企业通过"行善得福"（doing well by doing good）的方式履行企业社会责任（corporate social responsibility，CSR），以获得各利益相关者的持续关注和认可，实现企业、社会和环境的可持续发展；以社会使命为驱动、收益全部（或绝大比例，如 70%）投入社会项目的非营利组织、社会创业企业，则选择运用商业的手段来支持社会项目。对前一模式而言，CSR 行为虽然加大了一定的经济成本，但在一定程度上可以提升企业商誉，从而反哺商业利益的获得；相反，后者受到社会使命的驱使致力于解决社会问题，创业者往往通过开展一系列商业活动获取经济利益，以进一步支持社会价值的实现，但这一举措也产生了许多隐性成本，比如丧失社会认同、带来"使命漂移"（mission drift），使得很多社会创业企业承受着比商业企业更为沉重的社会负担，面临着可持续发展的难题。

延伸阅读 16-1

社会企业与社会责任型企业

为了让读者对社会创业的理解更为深刻，本专栏重点比较社会企业与慈善组织以及“社会责任型企业”的区别。社会创业侧重于创造社会收益，但并不意味着完全忽视经济收益。如今，大多数社会创业企业介于纯慈善与纯商业之间，它们不再完全依靠捐赠而能够实现部分自给自足。

奥尔特（Alter，2007）绘制了一幅详细的可持续性发展谱系图，如图 16-1 所示：传统的非营利组织和传统的纯营利企业在社会变革环境下，尽管初始的目标有所差异，但是为了实现可持续性发展战略，两种组织形式最终还是会向中间状态——“社会企业”或“社会责任型企业”靠拢。此外，不应将一家承担社会责任的企业混同于社会企业。在社会责任型企业中，社会责任通常被看作一种“附加责任”，履行社会责任更多的是它坚持的一种“尝试-检验”模式。但对社会企业而言，社会责任是它出于本心从事的一系列活动，而非一种附加责任。

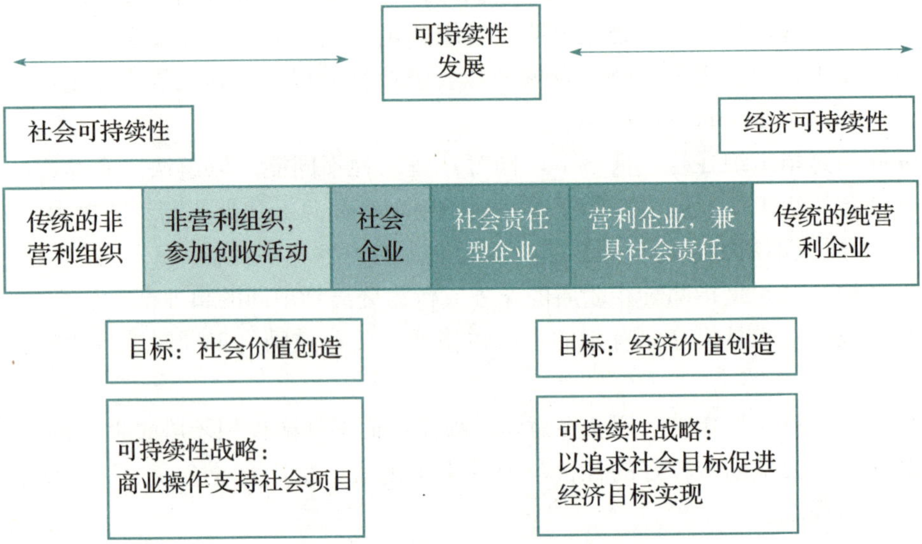

图 16-1　可持续性发展谱系

资料来源：Alter K，2007. Social enterprise typology. Virtue Ventures LLC：1-31.

（二）社会创业的“先天缺陷”

作为一种新兴模式，社会创业在实践过程中面临很多困难与未知，例如如何在制度范围内创造社会价值、如何在创造社会价值的前提下满足投资人的期望。此外，社会资源的约束也使得社会创业在可持续发展方面遇到比商业创业更多的障碍。例如，傅颖、斯晓夫和陈卉（2017）的研究发现创业导向、社会企业过往烙印、市场能力、调动资源的能力都会影响社会企业的成长。在对社会企业可持续发展的关键要素研究中，项继权和耿静（2014）发现需求空间和制度空间、能力、资源、认同对社会企业的生存与可持续发展至关重要。需求空间是指各类社会问题得不到解决为社会企业发展提供的需求与机会，而制度空间是指与社会企业相关的政策法规；能力包括经营、创新和整合资源的能力；认同则包括政治认同与社会认同，前者指政府部门对社会企业的认可，后者则指大众（公民、媒体等）对社会企业的评价与认可。

由此可见，我国社会创业在实现可持续发展方面面临着合法性障碍，以及资源约束与盈利能力不足的困境。下面将分别对这三个层面的困境进行阐述：

1. 社会认同度低

不同于商业创业和公益慈善，社会创业既不以公司和股东利益最大化为目标，也不是单纯靠政府和基金会的资助维持生存，而是利用创新的商业手段同时实现经济目标和社会目标。社会创业企业既要达成经济目标，又要致力于社会目标的实现，两种活动所需的能力有所不同，运营逻辑也有差异，甚至会出现冲突。比如，在老爸评测案例中，当扮演“裁判员”（提供公平、公正的检测）的老爸评测同时扮演“运动员”（即和其他商家一样销售商品）时，其所创造的社会价值将有可能遭受质疑，因此面临着可持续发展的困境。此外，社会创业企业还需顾及多方利益相关者的期望，包括政府、社会公众、投资人等，不同的利益相关者对社会企业的要求与期望也大相径庭。因此，社会创业企业在成长中极有可能出现“使命漂移”的现象，从而使实现可持续发展变得举步维艰。

社会创业在我国仍属于一种新生模式。在实践过程中，社会创业企业会面临诸如不被顾客、政府、投资人等利益相关者认同与接纳的合法性问题，从而陷入身份认同的困境。合法性反映了社会创业企业的行为方式与现有标准、规范、文化的符合程度，意味着社会系统对社会创业企业的认可程度。具体而言，社会创业企业大多面临资源约束，需要外部的资源支持以度过生存期和发展期，而合法性则是外部对社会创业企业能力、效率、价值观及规范性等判断的基础，是影响利益相关者是否投入资源的关键因素。而目前来看，获得社会的广泛认同和合法性是社会创业企业面临的一个重大挑战，而只有获得必要的资源，才能实现可持续发展。

2. 资源不足

市场失灵、政府等力量的有限性是社会创业机会的重要来源，然而这些问题也在一定程度上使社会创业者难以有效调动社会资源开发创业机会。社会创业通过交易获取收益，以此支撑其社会目标或环境目标的实现，这种以社会价值为最终目标的创业活动使得资源获取成本比一般创业活动高。社会创业企业多数依赖现有资源或在难以取得外部资源支持的情况下承担高投入、低创收、漫长的社会创业活动，而这一现状也促使我国的社会创业企业始终处于起步阶段。实际上，社会资源对社会创业企业的生存与发展至关重要，也是社会创业企业可持续发展的基础。若想将社会创业机会成功转化为实践，资源可得性与资源异质性是关键。只有获得资源支持社会创业企业才能生产产品或提供服务，并更好地实现社会目标。因此，社会创业者需要以创新的方式，调动想法、能力和社会安排，弥补现有社会福利系统的不足。

创业视角 16－1
“多背一公斤”的资源压力

3. 造血能力较弱

社会创业兼具营利活动性质与非营利活动性质，社会创业者通过运行商业价值系统获得经济收益，将这些收益再用于社会价值创造，这种双重目标对社会企业提出了更高的造血能力要求。社会创业者往往并不太重视经济收益的获取，而更倾向于企业的可持续发展，希望更好地回报社会。不过，与商业创业相比，社会创业在商业开发和盈利方面具有先天的劣势。此外，由于经营所得多用于社会价值再创造，社会创业企业的规模往往相对较小且获利能力较差、自身造血能力较弱。学者普遍认为，组织的创新能力、市场能力、资源开发能力及内部运作与管理能力是其完成预设目标的必要条件，也是实现组织可持续发展的关键。但是社会创业企业在这些方面相对而言都属于弱势，因此，实现可持续发展将面临更大的挑战。

（三）解决方案“治标不治本”

在成长的过程中，社会创业企业不仅面临“如何实现自身的可持续发展”的问题，还面临“如何提供可持续性解决方案”的问题。如图 16－2 所示，社会创业应提供可持续性解决方案，从而维持受助群体长期的生机与活力。然而，在很多情况下，社会创业企业所提供的解决方案是短期的，如一次性捐款或帮助，而无法给需要帮助的人提供长久的服务。解决方案的可持续性意味着社会创业企业应提供长期的、根本性的解决方案，进而从根本上解决社会问题。

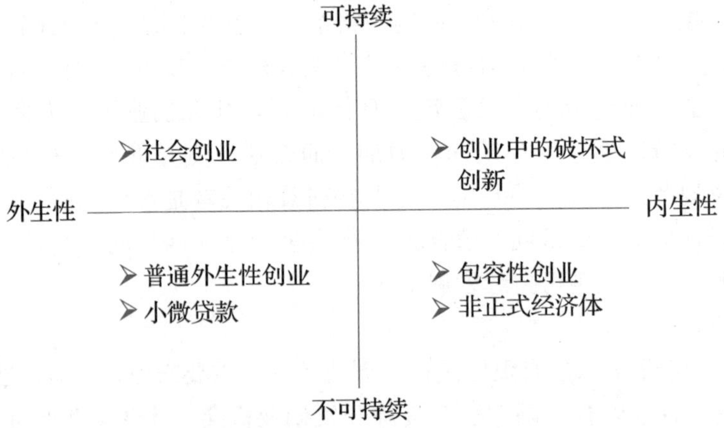

图 16－2　创业减贫途径分类

资料来源：斯晓夫，钟筱彤，罗慧颖，等．如何通过创业来减少贫穷：理论与实践模式．研究与发展管理，2017，29（6）：1－11.

随着社会的不断进步，社会创业所提供的解决方案也在逐步正规化。但不可否认的是，目前我国的社会创业所提供的解决方案依旧存在缺乏长久性、受众范围较小等问题。

1. 缺乏长久性

目前，我国的社会创业主要分布在教育、养老、社会服务等领域，大部分处于探索阶段。虽然社会创业企业可以通过自身的服务或产品实现盈利，但由于其利润率远远小于商业创业企业，因此，大部分社会创业企业入不敷出，难以创造长久稳定的社会价值。以“慈善超市”为例，它扮演着“爱心中转站”的角色。一方面，超市将大众捐献的物资转赠给生活贫困的人，以满足他们的日常所需。另一方面，超市致力于提供就业援助服务，帮助生活困难的无业者找到合适的工作，让人们通过自己的劳动摆脱贫困。然而，慈善超市在我国的运行现状并不理想。其定位基本是募集和发放社会捐赠物，就业功能并没有得到充分发挥，而且大部分慈善超市都没有提供就业培训和服务的功能。

2. 受众范围小

通常而言，社会创业发挥的作用都是局部性的，也就是说，其服务的对象分布在小范围内，而这也成为阻碍社会创业发展的一个主要障碍。大部分社会企业或非营利组织，由于能力和资源有限，很难将“善举”铺开进行。以“海角公益组织”为例，其宗旨是通过创新的公益模式为偏远地区的孩子带去优质的教育资源。成立至今，该组织服务了 5 000 余名学生，但是由于该组织采取的是远程在线教学的方式，真正有需求的地区由于基础设施不完善，很难享受到这种帮助。这意味着，最需要优质教育资源的孩子反而得不到这些帮助。因此，如何扩大社会创业企业所提供服务的受众面，是社会创业在可持续发展过程中需要解决的重要问题。

三、社会创业可持续发展的路径

（一）社会创业企业的可持续发展

1. 谋求社会认同

社会认同关乎公众对社会创业企业的判断与理解，以及企业战略行动间的彼此作用与联系。换言之，只有突破社会认同的合法性门槛（legitimacy threshold），社会创业企业才能实现可持续发展，并创造更大的社会价值。

在实践过程中，大多数社会创业企业可通过“精心设计”的管理举措和组织活动来谋求社会认同。例如，在跨部门伙伴关系管理中，通过与政府部门、行业内外部、顾客建立伙伴关系，分别提升其规制、规范、认知合法性；通过积极参与社区实践，彰显企业与社会价值观、道德规范的一致性，进而谋求规范合法性；借助印象管理策略操纵或顺从公众的期望来影响大家对社会创业企业“社会性”的认同。然而，采取这些措施并不意味着社会创业企业一定会取得预期成果。该过程还受到组织构成、组织内部稳定性等内部环境，及制度环境、竞争环境、行业属性、市场不确定性等外部环境的影响。对于那些具备较高社会声誉的社会创业者来说，其创办的企业或组织本身就获得了一定程度的社会认同。此外，有些社会创业组织形式本身就具备天生的社会认同优势，无须额外付出大量精力采取措施即可获得合法性，例如非营利组织、慈善机构等社会组织，它们比企业更容易得到政府及公众的认可，更容易获得外界的支持。因此，社会创业企业应当在“社会性”方面对标非营利组织、慈善机构，但是必须比它们更加注重创新性，利用商业手段可持续地解决社会问题。

2. 实施资源拼凑

资源整合能力是影响社会创业可持续发展的重要因素。社会创业者能否成功争取到外部合作，在很大程度上取决于创业者的资源获取、整合与创新应用能力。社会创业企业是一个“多资源”组织，需要充分利用包括资金、人力资源、社会资本等各种市场和非市场资源来实现经济和社会目标。其中，运作资金可来自不同的渠道，如通过提供产品或服务等商业活动获取资金收入、通过公益创投获取资金支持；人力资源是实现可持续发展的核心力量，社会创业企业的可持续运营离不开那些具有创新能力、奉献精神的人才的支持；社会资本是社会创业企业所建立的社会关系网络及由此产生的信任，市场关系网的建立有利于降低社会创业企业的生产与交易成本。

资源拼凑是指为了达到新目的而对现有资源的重构和利用。拼凑需要社会创业者重新审视手头资源的功能与价值，并对其进行创造性的组合来满足社会创业企业的资源需求。重新审视手头现有资源能够深化社会创业企业对自身资源禀赋的认知，提高资源的易获得性和利用价值。通过对资源的重构和利用，创业者能够冲破资源限制对社会创业成败的影响。此外，资源拼凑能使社会创业企业摆脱对特定资源或资源持有者的依赖，通过资源重构与组合提高自身能力，甚至开拓新的组织能力，以较低的资源成本获取相对满意甚至意料之外的成果。此外，资源拼凑不仅对社会创业企业摆脱资源桎梏有启示性意义，还为企业创新和机会识别提供了契机。

3. 构建社会关系网络

社会关系网络对社会创业企业获取资源和合法性认同至关重要。社会创业企业与政府部门、行业内外其他组织的关系，能帮助社会创业企业确立合法性地位并拓宽获取资源的渠道。例如与政府部门、监管机构间的网络关系能为社会创业企业带来政府信息、资金支持、政策扶持等资源；社会创业企业在行业外建立资源网络，寻求供应商、银行、媒体、大学、科研机构、认证机构、行业协会、专业社团等的接纳与认可，可扩大声誉，有利于其提升合法性水平及整合外部资源；与行业内有话语权和影响力的其他组织建立网络关系则具有“溢出效应”。社会创业者应重视社会关系网络的构建及与各利益相关者间的动态平衡关系，借此谋求对社会创业的社会认同和资源支持。另外，通过行业组织、顾客建立积极的关系网络与互动平台也可帮助社会创业企业获取社会认同，社会创业者也将获得相应的关注与资源支持。

4. 提升经营管理能力

经营管理能力是社会创业企业进入市场、参与竞争、创造收益的重要能力。为此，有学者指出，社会创业企业应学习商业企业的运营与管理技巧，或采取与其他组织进行跨部门合作的策略，在创造共同价值的同时，提升自身运营与管理能力。近年来，商业领域的“风险投资”“创业投资”广泛应用于社会创业领域，即通过公益创投的方式投资社会创业企业，并对社会创业企业实施投后管理，在社会创业企业拥有可持续发展的能力后撤出。公益创投有利于解决社会创业资金短缺问题，是社会创业企业获取资金支持的来源之一。成长阶段的中小型社会创业企业在获取资金投入后，更加需要系统性的规范管理能力，以保证自身运营的可持续。在此背景下，有学者提出投后管理（post-investment management），即公益创投除提供资金支持外，还要提供系统的经营管理支持，尤其是在战略管理、人力资源管理、市场营销管理、风险管理、财务管理以及价值实现等方面，例如：帮助企业制订完善的战略规划，协助构建品牌形象，培育市场营销能力，建立完善的人力资源管理体系等。这种为社会创业企业提供资金、技术与管理支撑的公益创投模式通过参与并指导社会创业企业的运营，能够拓展社会创业企业的价值并提升其发展潜力，以更好地实现社会创业经济目标与社会目标的可持续发展。

此外，提升企业的双元能力，有效平衡和结合企业的商业目标和社会目标，将大大提升企业的社会价值创造能力，进而实现企业的可持续发展。比如，残友集团通过“基金会＋非营利的社会组织＋营利的社会企业”的结构型双元机制，将不同目标的行为和业务分散在不同的事业部门；以“家训”为代表的组织文化的构建在一定程度上展现了它情境型双元能力的构建，能够鼓励员工有效实现双重目标。此外，由于集团高层中 95%是重度残疾人，出于同理心和道德感，在战略制定和制度建设的过程中能够充分平衡商业目标和社会目标，进而保证残友集团在稳定的双元能力机制下持续向前发展。

5. 提高企业的数字能力

近年来，包括云计算、人工智能、移动计算、3D 打印、社交媒体等在内的数字技术逐渐渗透到私人和公共组织中（Nambisan，2017）。数字能力（digital capability）是指对上述数字技术的应用能力，它可以帮助社会创业企业解决合法性困境、资源获取和经营能力较低导致的可持续发展困境。首先，数字能力可以提高社会创业企业对外的透明度。其次，数字能力可以提高社会创业企业募集资金及资源的效率，并使得其资金及资源投放更为精准，从而显著提高经营效率。目前，已有不少扶贫、助农等相关创业项目通过众筹平台及其他平台募集到所需资金。最后，数字能力可以帮助社会创业企业追踪问题的解决程度，在一定程度上提高了其在产品/服务上的可持续性。因此，提升数字能力可作为社会创业企业实现可持续发展的对策之一。例如，使用人工智能分拣传送带可以有效帮助社会创业企业在物流运输中节约时间和人力资源；社会创业企业使用云计算意味着采用更少的物理服务器，从而可以帮助社会创业企业减少碳足迹，实现可持续发展。

作为一家旨在解决闲置 3C 数码产品的社会创业企业，爱回收一直秉持着“让弃之不用，都物尽其用”的循环经济理念，期望通过商业实践落地实施环保倡导。经过十年的发展，爱回收已成为中国最大的二手 3C 数码产品交易平台。过去，行业质检主要靠人工检测，因而存在手机划痕难以定级、内部情况肉眼无法辨别等问题。同时，由于数码产品型号较多，二手数码产品经过不同程度的使用后又是非标品，所以检测难度比较大。人工检测耗时耗力，成为该行业的痛点。随着人工智能时代的到来，自动化检测中心可以快速检测数码产品的功能、型号、配置、成色及维修状况等，改变了过往依赖密集型人工操作导致效率较低的行业状态。未来，爱回收将持续提升供应链能力，包括自动化检测能力的增强、线上线下回收场景和服务的增强、交易效率的提升等。这一系列举动将显著提升其运营效率，从而为生态环境的转型升级和智慧城市的产业纵深发展做出更大贡献。

（二）提供可持续性解决方案

1. 提供创新性解决方案

社会创业是为解决社会问题而生。为了更好地解决社会问题，找到其存在的最根本原因才能对症下药。在此过程中，社会创业企业要基于切实的社会问题与市场需求，为社会问题提供创造性解决方案以推动社会变革。社会创业企业需要明确受助人群最核心的困难，从根源出发，以提供最有力的帮助。近年来，越来越多的创业者踏上社会创业之路，为弱势群体提供可持续性解决方案，帮助解决弱势群体就业难的问题。社会创业企业可以通过向弱势群体提供必要的技能培训、帮助他们识别就业机会、提供配套的就业服务等提供创新性解决方案。

2. 与更广泛的利益相关者合作

在提供解决方案时，社会创业企业与广泛的利益相关者展开合作不仅能将本企业内部资源效用最大化，还能获得许多额外的益处。以南都公益基金会为例，为了解决进城务工人员子女的教育问题，南都公益基金会花费 1 亿元在各地建立学校。但是，作为一个资助型基金会，南都公益基金会的能力和财力十分有限。为了更好地解决进城务工人员子女的教育这一社会问题，南都公益基金会不仅与当地政府展开合作，还陆续与其他商业企业、媒体、学术界等展开合作。与政府的合作让学校获得“名分”，也让其获得了一系列的政府政策支持。除此之外，在政府的带动下，部分非营利组织也给予帮助。与商业企业的合作使学校获得了企业资助，有效解决了部分资金缺口。与媒体的合作一方面让社会公众关注到农民工子女教育这一社会问题，另一方面扩大了学校的知名度。与学术界的合作让南都公益基金会在政策制定中拥有了一定的话语权，这为人大附中新公民班学生享受免费入学待遇奠定了基础。除此之外，南都公益基金会与中国社会工作联合会、中国科学院心理研究所、腾讯公益慈善基金会、中国宋庆龄基金会等组织的合作进一步推动了社会对农民工子女教育的关注。通过与不同社会群体的合作，南都公益基金会成功地调动了政府和其他社会组织的资源，实现多方力量的整合，促进了新公民学校针对这一社会问题所提出的解决方案在各地的复制与推广。南都公益基金会的经验为社会创业企业解决方案的可持续性提供了思路。具体来说，与更广泛的利益相关者进行合作，可以将社会创业企业与利益相关群体联系起来，从而更好地提供和完善问题解决方案，最终实现长久的社会效应。

3. 将数字技术与社会创业相融合

在数字时代背景下，数字技术已经成为新商业和新公益共同的趋势。尽管新技术是连接商业、公益和社会的桥梁，数字化同样给传统企业以及社会企业带来了巨大的挑战。在这一情境下，将数字技术与社会创业相融合的新型创业活动，即数字社会创业应运而生。数字社会创业以解决复杂社会问题为导向，推动社会创业机会、资源、治理和价值测量的数字化，从而能够更有效地实现混合价值。

数字技术的可供性（affordance）构建了一个共享、通用的服务平台以及用于承载包括数字工件在内的互补产品的架构（Tiwana et al.，2010；Parker et al.，2016）。通过对数字技术平台的利用，社会创业者能够更快捷地获取资源，也能更精准地匹配资源。此外，数字社会治理的发展也提高了社会创业生态系统的适应性和可持续性。以美国的数字社会创业众筹平台 Kickstarter 为例，该平台将社会创业与数字技术相结合，设计了一套完备的筛选及服务匹配系统，将创意项目与投资人的认知规范和偏好进行匹配，以此帮助社会创业者获得所需的资金。

基本概念

博爱事业	社会创业	双元能力	企业社会责任
使命漂移	合法性门槛	投后管理	数字能

思考与练习

1. 在社会创业过程中会面临哪些困境？

2. 社会创业有哪些特征和维度？
3. 你怎么理解社会创业、慈善组织和商业创业？
4. 社会创业为什么重要？
5. 你觉得社会创业会如何改变中国？
6. 社会创业面临的可持续发展困境都有哪些？
7. 你怎么理解社会创业的可持续发展？
8. 社会创业如何实现可持续发展？

参考文献

[1] 德鲁克．组织的管理：德鲁克文集：第2卷．上海：上海财经大学出版社，2006.

[2] 德鲁克．创新与企业家精神．北京：机械工业出版社，2009.

[3] 汉迪．第二曲线：跨越“S型曲线”的二次增长．北京：机械工业出版社，2017.

[4] 蔡莉，鲁喜凤，单标安，等．发现型机会和创造型机会能够相互转化吗?：基于多主体视角的研究．管理世界，2018，34（12）：81－94＋194.

[5] 蔡莉，杨亚倩，卢珊，等．数字技术对创业活动影响研究回顾与展望．科学学研究，2019，37（10）：1816－1824＋1835.

[6] 蔡莉，张玉利，蔡义茹，等．创新驱动创业：新时期创新创业研究的核心学术构念．南开管理评论，2021，24（4）：217－226.

[7] 陈晓红，李杨扬，宋丽洁，等．数字经济理论体系与研究展望．管理世界，2022，38（2）：208－224.

[8] 董保宝，葛宝山．经典创业模型回顾与比较．外国经济与管理，2008，30（3）：19－28.

[9] 傅颖，斯晓夫，陈卉．基于中国情境的社会创业：前沿理论与问题思考．外国经济与管理，2017，39（3）：40－50.

[10] 李家华，张玉利，雷家骕．创业基础．北京：清华大学出版社，2015.

[11] 李善友．第二曲线创新．北京：人民邮电出版社，2019.

[12] 李雪灵，万妮娜．基于Timmons创业要素模型的创业经验作用研究．管理世界，2009，(8)：182－183.

[13] 栗战书．文明激励结构分析：基于三个发展角度．管理世界，2011，27（5）：1－10.

[14] 邬爱其，焦豪．国外社会创业研究及其对构建和谐社会的启示．外国经济与管理，2008，30（1）：17－22.

[15] 余江，孟庆时，张越，等．数字创业：数字化时代创业理论和实践的新趋势．科学学研究，2018，36（10）：1801－1808.

[16] 莫里森．第二曲线．北京：团结出版社，1997.

[17] 熊彼特．经济发展理论．北京：中国商业出版社，2009.

[18] 于晓宇，蒲馨莲．中国式创业失败：归因、学习和后续决策．管理科学，2018，31（4）：103－119.

[19] 野中郁次郎，胜见明．创新的本质．北京：人民邮电出版社，2020.

[20] 朱秀梅，刘月，陈海涛．数字创业：要素及内核生成机制研究．外国经济与管理，2020，42（4）：19－35.

[21] 张玉利，薛红志，陈寒松，等．创业管理．北京：机械工业出版社，2020.

［22］ Ardichvili A，Cardozo R N，2000. A model of the entrepreneurial opportunity recognition process. Journal of Enterprising Culture，8（2）：103－119.

［23］ Austin J，Stevenson H，Wei-Skillern J，2006. Social and commercial entrepreneurship：Same，different，or both？. Entrepreneurship Theory and Practice，30（1）：1－22.

［24］ Baker T，Nelson R E，2005. Creating something from nothing：resource construction through entrepreneurial bricolage. Administrative Science Quarterly，50（3）：329－366.

［25］ Baker T，Nelson R E，2011. Making that which is old new again：Entrepreneurial bricolage. Social Science Electronic Publishing，6（2）：330－343.

［26］ Barney J B，1991. Firm resources and sustained competitive advantage. Journal of Management，17（1）：99－120.

［27］ Barney J B，Ketchen D J，Wright M，2021. Resource-based theory and the value creation framework. Journal of Management，47（7）：1936－1955.

［28］ Barringer B R，Ireland R D，2006. Entrepreneurship：Successfully launching new ventures. New Jersey：Pearson Prentice Hall.

［29］ Barton L，2010. Core capabilities and core rigidities：A paradox in managing new product development. Strategic Management Journal，13（1）：111－125.

［30］ Baum J R，Locke E A，Smith K G，2001. A multidimensional model of venture growth. Academy of Management Journal，44（2）：292－303.

［31］ Bergmann H，Geissler M，Hundt C，et al.，2018. The climate for entrepreneurship at higher education institutions. Research Policy，47（4）：700－716.

［32］ Bessen J，Impink S M，Reichensperger L，et al.，2022. The role of data for AI startup growth. Research Policy，51（5）：104513.

［33］ Bhave M P，1994. A process model of entrepreneurial venture creation. Journal of Business Venturing，9（3）：223－242.

［34］ Bhide A，2000. The origin and evolution of new businesses. New York：Oxford.

［35］ Brettel M，Mauer R，Engelen A，et al.，2012. Corporate effectuation：Entrepreneurial action and its impact on R&D project performance. Journal of Business Venturing，27（2）：167－184.

［36］ Brown S L，Eisenhardt K M，1999. Patching：Restitching business portfolios in dynamic markets. Harvard Business Review，77（5）：172－182.

［37］ Bruno A V，Leidecker J K，Harder J W，1987. Why firms fail. Business Horizons，30（2）：50－58.

［38］ Cardon M S，Wincent J，Singh J，et al.，2009. The nature and experience of entrepreneurial passion. Academy of Management Review，34（3）：511－532.

［39］ Chamberlin E H，1949. Theory of monopolistic competition：A re-orientation of the theory of value. London：Oxford University Press.

［40］ Chirico F，Sirmon D G，Sciascia S，et al.，2011. Resource orchestration in family firms：Investigating how entrepreneurial orientation，generational involvement，and participative strategy affect performance. Strategic Entrepreneurship Journal，5 (4)：307－326.

[41] Choi N，Majumdar S，2014. Social entrepreneurship as an essentially contested concept：Opening a new avenue for systematic future research. Journal of Business Venturing，29 (3)：363－376.

[42] Cope J，2011. Entrepreneurial learning from failure：An interpretative phenomenological analysis. Journal of Business Venturing，16 (3)：604－623.

[43] Covin J G，Slevin D P，2000. High growth transitions：Theoretical perspectives and suggested directions // Sexton D L，Smilor R W. Entrepreneurship. Chicago：Upstart Publishing.

[44] Dean T J，McMullen J S，2007. Toward a theory of sustainable entrepreneurship：Reducing environmental degradation through entrepreneurial action. Journal of Business Venturing，22 (1)：50－76.

[45] Dorado S，Ventresca M J，2013. Crescive entrepreneurship in complex social problems：Institutional conditions for entrepreneurial engagement. Journal of Business Venturing，28 (1)：69－82.

[46] Gartner W，1985. A conceptual framework for describing the phenomenon of new venture creation. Academy of Management Review，4 (10)：696－706.

[47] Gonzalez-Pernia J L，Jungb A，Peña I，2015. Innovation-driven entrepreneurship in developing economies. Entrepreneurship and Regional Development，27 (9/10)：555-573.

[48] Grimes M G，2018. The pivot：How founders respond to feedback through idea and identity work. Academy of Management Journal，61 (5)：1692－1717.

[49] Gruber M，MacMillan I C，Thompson J D，2013. Escaping the prior knowledge corridor：What shapes the number and variety of market opportunities identified before market entry of technology start-ups? . Organization Science，24 (1)：280－300.

[50] Hansen E L，1995. Entrepreneurial networks and new organization growth. Entrepreneurship Theory and Practice，19 (4)：7－19.

[51] Helfat C E. Peteraf M A，2003. The dynamic resource-based view：Capability lifecycles. Strategic Management Journal，24 (10)：997－1010.

[52] Henderson R M，Clark K B，1990. Architectural innovation：The reconfiguration of existing product technologies and the failure of established firms. Administrative Science Quarterly：9－30.

[53] Ireland R D，Hitt M A，Sirmon D G，2003. A model of strategic entrepreneurship：The construct and its dimensions. Journal of Management，29 (6)：963－989.

[54] Jones T M，Ryan L V，1997. The link between ethical judgment and action in organizations：A moral approbation approach. Organization Science，8 (6)：663－680.

[55] Katz J, Gartner W, 1988. Properties of emerging organizations. Academy of Management Review, 13 (3): 429 - 442.

[56] Kirtley J, O'Mahony S, 2020. What is a pivot?: Explaining when and how entrepreneurial firms decide to make strategic change and pivot. Strategic Management Journal.

[57] Kirzner I M, 1997. Entrepreneurial discovery and the competitive market process: An Austrian approach. Journal of Economic Literature, 35 (1): 60 - 85.

[58] Lechler T, 2001. Social interaction: A determinant of entrepreneurial team venture success. Small Business Economics, 16 (4): 263 - 278.

[59] Lele M M, 1992. Creating strategic leverage: Matching company strengths with market opportunities. New York: John Wiley & Sons.

[60] Malerba F, Mckelvey M, 2020. Knowledge-intensive innovative entrepreneurship integrating Schumpeter, evolutionary economics, and innovation systems. Small Business Economics, 53 (3): 591 - 611.

[61] Nambisan S, 2017. Digital entrepreneurship: Toward a digital technology perspective of entrepreneurship. Entrepreneurship Theory and Practice, 41 (6): 1029 - 1055.

[62] Nambisan S, Baron R A, 2021. On the costs of digital entrepreneurship: Role conflict, stress, and venture performance in digital platform-based ecosystems. Journal of Business Research, 125: 520 - 532.

[63] Osterwalder A, Pigneur Y, 2010. Business model generation: A handbook for visionaries, game changers, and challengers. New York: John Wiley & Sons.

[64] Pava M L, Krausz J, 1996. The association between corporate social responsibility and financial performance: The paradox of social cost. Journal of Business Ethics, 15 (3): 321 - 357.

[65] Penrose E T, 1959. The theory of the growth of the firm. Oxford: Oxford University Press.

[66] Peteraf M A, 1993. The cornerstones of competitive advantage: A resource-based. Strategic Management Journal, 5 (2): 251 - 260.

[67] Politis D, 2005. The process of entrepreneurial learning: A conceptual framework. Entrepreneurship Theory and Practice, 29 (4): 399 - 424.

[68] Prahalad C K, Hamel G, 2006. The core competence of corporation. Harvard Business Review, 69 (3): 275 - 292.

[69] Romanelli E, 1989. Environments and strategies of organization start-up: Effects on early survival. Administrative Science Quarterly: 369 - 387.

[70] Sarasvathy S D, 2001. Causation and effectuation: Toward a theoretical shift from economic inevitability to entrepreneurial contingency. Academy of Management Review, 26 (2): 243 - 263.

[71] Sarasvathy S D, 2008. Effectuation: Elements of entrepreneurial expertise. Northampton, MA: Edward Elgar Publishing.

[72] Sethi S P，1975. Dimensions of corporate social performance：An analytic framework. California Management Review，17 (3)：58 - 64.

[73] Shane S，Venkataraman S，2000. The promise of entrepreneurship as a field of research. Academy of Management Review，25 (1)：217 - 226.

[74] Shaw E，Carter S，2007. Social entrepreneurship：Theoretical antecedents and empirical analysis of entrepreneurial processes and outcomes. Journal of Small Business and Enterprise Development，14 (3)：418 - 434.

[75] Shaw M E，1981. Group Dynamics：The psychology of small groups behavior. New York：McGraw Hill.

[76] Sheldon O，1924. The philosophy of management. London：Sir Isaac Pitman and Sons Ltd.

[77] Shepherd D A，2003. Learning from business failure：Propositions of grief recovery for the self-employed. Academy of Management Review，28 (2)：318 - 328.

[78] Shepherd D A，2009. Grief recovery from the loss of a family business：A multi-and meso-level theory. Journal of Business Venturing，24 (1)：81 - 97.

[79] Shepherd D A，Wiklund J，Haynie M，2009. Moving forward：Balancing the financial and emotional costs of business failure. Journal of Business Venturing，24 (1)：134 - 148.

[80] Siegel D S，Simons K L，2010. Assessing the effects of mergers and acquisitions on firm performance，plant productivity，and workers：New evidence from matched employer-employee data. Strategic Management Journal，31 (8)：903 - 916.

[81] Slevin D P，Covin J G，1997. Strategy formation patterns，performance，and the significance of context. Journal of Management，23 (2)：189 - 209.

[82] Stevenson H H，Jarrillo-Mossi J C，1986. Preserving entrepreneurship as companies grow. Journal of Business Strategy，7 (1)：10 - 23.

[83] Teece D J，Pisano G，Shuen A，1997. Dynamic capabilities and strategic management. Strategic Management Journal，18 (7)：509 - 533.

[84] Timmons J A，Spinelli S，Tan Y，2004. New venture creation：Entrepreneurship for the 21st century. New York：McGraw-Hill/Irwin.

[85] Tiwana A，Konsynski B，Bush A A，2010. Research commentary—Platform evolution：Coevolution of platform architecture，governance，and environmental dynamics. Information Systems Research，21 (4)：675 - 687.

[86] Trevino L K，Nelson K A，2021. Managing business ethics：Straight talk about how to do it right. New York：John Wiley & Sons.

[87] Ucbasaran D，Westhead P，Wright M，et al.，2010. The nature of entrepreneurial experience，business failure and comparative optimism. Journal of Business Venturing，25 (6)：541 - 555.

[88] Wernerfelt B，1984. A resource-based view of the firm. Strategic Management Journal，5 (2)：171 - 180.

［89］ Wiltbank R，Dew N，Read S，et al.，2006. What to do next? The case for non-predictive strategy. Strategic Management Journal，27（10）：981－998.

［90］ Zahra S A，Gedajlovic E，Neubaum D O，et al.，2009. A typology of social entrepreneurs：Motives，search processes and ethical challenges. Journal of Business Venturing，24（5）：519－532.

［91］ Zott C，Amit R，2007. Business model design and the performance of entrepreneurial firms. Organization Science，18（2）：181－199.

图书在版编目（CIP）数据

创业管理：数字时代的商机：数字教材版／于晓宇，王斌编著. --北京：中国人民大学出版社，2022.6
高等学校经济管理类核心课程教材
ISBN 978-7-300-30861-6

Ⅰ.①创… Ⅱ.①于… ②王… Ⅲ.①企业管理－高等学校－教材 Ⅳ.①F272.2

中国版本图书馆 CIP 数据核字（2022）第 138936 号

高等学校经济管理类核心课程教材
创业管理：数字时代的商机（数字教材版）
于晓宇　王　斌　编著
Chuangye Guanli：Shuzi Shidai de Shangji

出版发行	中国人民大学出版社		
社　　址	北京中关村大街 31 号	**邮政编码**	100080
电　　话	010－62511242（总编室）		010－62511770（质管部）
	010－82501766（邮购部）		010－62514148（门市部）
	010－62515195（发行公司）		010－62515275（盗版举报）
网　　址	http://www.crup.com.cn		
经　　销	新华书店		
印　　刷	北京宏伟双华印刷有限公司		
规　　格	185 mm×260 mm　16 开本	**版　　次**	2022 年 6 月第 1 版
印　　张	20.5 插页 1	**印　　次**	2022 年 6 月第 1 次印刷
字　　数	448 000	**定　　价**	49.00 元

中国人民大学出版社　管理分社

教师教学服务说明

中国人民大学出版社管理分社以出版经典、高品质的工商管理、统计、市场营销、人力资源管理、运营管理、物流管理、旅游管理等领域的各层次教材为宗旨。

为了更好地为一线教师服务，近年来管理分社着力建设了一批数字化、立体化的网络教学资源。教师可以通过以下方式获得免费下载教学资源的权限：

★ 在中国人民大学出版社网站 www.crup.com.cn 进行注册，注册后进入“会员中心”，在左侧点击“我的教师认证”，填写相关信息，提交后等待审核。我们将在一个工作日内为您开通相关资源的下载权限。

★ 如您急需教学资源或需要其他帮助，请加入教师 QQ 群或在工作时间与我们联络。

中国人民大学出版社　管理分社

教师 QQ 群： 648333426（仅限教师加入）

联系电话： 010-82501048，62515782，62515735

电子邮箱： glcbfs@crup.com.cn

通讯地址： 北京市海淀区中关村大街甲 59 号文化大厦 1501 室（100872）